de Gruyter Studienbuch

Sehen und Begreifen

Sehen und Begreifen

Wahrnehmungstheorien
in der frühen Neuzeit

herausgegeben von
Dominik Perler und Markus Wild

W
DE
G

Walter de Gruyter · Berlin · New York

♾ Gedruckt auf säurefreiem Papier,
das die US-ANSI-Norm über Haltbarkeit erfüllt.

ISBN 978-3-11-018957-5

Bibliografische Information der Deutschen Nationalbibliothek

Die Deutsche Nationalbibliothek verzeichnet diese Publikation in der
Deutschen Nationalbibliografie; detaillierte bibliografische Daten sind
im Internet über http://dnb.d-nb.de abrufbar.

Vorwort

Nous allons donc faire voir, que ne nous ne devons point nous appuyer sur le témoignage de nôtre vûë [...], que nos yeux nous trompent généralement dans tout ce qu'ils nous représentent, dans la grandeur des corps, dans leurs figures & dans leurs mouvemens, dans la lumiére & dans les couleurs, qui sont les seules choses que nous voyons; que toutes ces choses ne sont point telles qu'elles nous paroissent, que tout le monde s'y trompe, & que cela nous jette encore dans d'autres erreurs dont le nombre est infini. (N. Malebranche, *De la recherche de la vérité* I, 6, 1)

For I think no body can, in earnest, be so sceptical, as to be uncertain of the Existence of those things which he sees and feels. [...] This is certain, the confidence that our Faculties do not herein deceive us, is the greatest assurance we are capable of, concerning the Existence of material Beings. (J. Locke, *An Essay concerning Human Understanding* IV, 11, 3)

Philosophische Probleme entstehen meistens, wenn Sachverhalte, die auf den ersten Blick ganz simpel erscheinen, näher betrachtet werden und immer verwirrender wirken. So scheint es zunächst selbstverständlich, dass wir Gegenstände in unserer Umgebung wahrnehmen können, dadurch Informationen über ihre konkrete Beschaffenheit erhalten und ein Wissen von ihnen gewinnen. Vor allem das Sehen der Gegenstände scheint uns ein solides Wissensfundament zu bieten. Doch sehen wir tatsächlich materielle Gegenstände? Oder nehmen wir bloß einzelne Eigenschaften wahr? Und handelt es sich dabei um Eigenschaften, die materielle Gegenstände tatsächlich haben? Oder sind es Eigenschaften, die in uns aufgrund des Wahrnehmungsprozesses entstehen und die wir den materiellen Gegenständen vorschnell zuschreiben? Schließlich stellt sich eine grundsätzliche Frage: Dürfen wir davon ausgehen, dass wir mit einem Wahrnehmungsapparat ausgestattet sind, der es uns erlaubt, zuverlässige Informationen über die materielle Welt zu gewinnen? Oder sind unsere Wahrnehmungsorgane derart defizient, dass wir selbst unter den besten Bedingungen nicht in der Lage sind, irgendetwas Zuverlässiges über Tische, Bäume und andere Gegenstände in unserer Umgebung herauszufinden? Wie können wir dann auf der Grundlage von Wahrnehmung ein Wissen von der materiellen Welt gewinnen?

Frühneuzeitliche Philosophen erörterten diese Fragen und zahlreiche weitere Wahrnehmungsprobleme mit großem Scharfsinn. Sie machten deutlich, dass Wahrnehmung keineswegs bloß ein Thema für die empirischen Wissenschaften ist, sondern in hohem Maße auch ein philosophisches Thema, das mitten in das Dickicht der Erkenntnistheorie, Philosophie des Geistes, Naturphilosophie und Metaphysik führt. Der vorliegende Band, der Originalbeiträge zu zehn einflussreichen Wahrnehmungstheorien des 17. und 18. Jahrhunderts enthält, soll diese Komplexität aufzeigen, gleichzeitig aber auch das Dickicht etwas lichten, indem er ausgehend von konkreten Textanalysen Argumentationsstrategien im Umgang mit Wahrnehmungsproblemen aufzeigt. Drei Ziele stehen dabei im Vordergrund. Erstens soll für jeden einzelnen frühneuzeitlichen Autor bestimmt werden, welche Wahrnehmungsprobleme er in seinem spezifischen Kontext gestellt hat und von welchen philosophischen, aber auch naturwissenschaftlichen Voraussetzungen er dabei ausgegangen ist. Zweitens soll näher untersucht werden, mit welchen methodischen Mitteln jeder der zehn Philosophen eine Lösung der Wahrnehmungsprobleme angestrebt hat, welche begrifflichen Klärungen er vorgenommen hat und auf welche inhaltlichen Thesen er sich festgelegt hat. Drittens schließlich soll auch kritisch untersucht werden, wie tragfähig der jeweilige Lösungsvorschlag ist, welche Folgeprobleme er nach sich zieht und wie überzeugend er in systematischer Hinsicht ist. Eine ausführliche Einleitung soll die einzelnen Theorien in einen umfassenderen Kontext einbetten und aufzeigen, wie sich durch den Übergang von einer aristotelisch-scholastischen zu einer mechanistischen Naturauffassung der theoretische Rahmen verschoben hat, in dem Wahrnehmungsprobleme diskutiert wurden.

Eine Beschäftigung mit Wahrnehmungstheorien der frühen Neuzeit ist nicht nur spannend und anregend, weil in dieser Epoche Erklärungsmodelle entwickelt wurden, die bis heute in den philosophischen Debatten präsent sind. Eine Auseinandersetzung mit Theorien des 17. und 18. Jahrhunderts ist auch von besonderem Interesse, weil in dieser Periode der Philosophiegeschichte besonders deutlich wird, wie unterschiedlich, ja diametral entgegengesetzt die Einschätzung des epistemischen Werts der Wahrnehmung – insbesondere der visuellen Wahrnehmung – sein kann. Während es beispielsweise Malebranche selbstverständlich scheint, dass die Sinne uns permanent täuschen und uns zu zahlreichen falschen Meinungen über die materielle Welt verleiten, hält es Locke für ebenso selbstverständlich, dass die Sinne uns im Normalfall zuverlässige Informationen liefern, die es uns erlauben, Schritt für Schritt ein Wissenssystem aufzubauen. Das Faszinierende an frühneuzeitlichen Theorien liegt nicht zuletzt darin, dass sie das Verhältnis von Wahrnehmung und Wissen ganz unterschiedlich bestimmen und dazu herausfordern, über das scheinbar Selbstverständliche nachzudenken.

Dieser Band hätte nicht ohne die Mitarbeit zahlreicher Personen entstehen können. Unser Dank richtet sich zunächst an die Autorin und an die Autoren, die – über drei Kontinente verstreut – sich bereit erklärt haben, an einem Gemeinschaftsprojekt mitzuwirken. Sie haben geduldig auf unsere Nachfragen, Bemerkungen und Bitten um Revisionen reagiert. Wir danken auch Simone Ungerer, die drei Beiträge aus dem Englischen ins Deutsche übersetzt hat. Rebekka Hufendiek und Pedro Stoichita, die alle Texte für den Druck vorbereitet haben, sind wir ebenfalls zu Dank verpflichtet.

Berlin, im August 2007   Dominik Perler & Markus Wild

Inhaltsverzeichnis

Dominik Perler & Markus Wild

Einleitung

1 Wahrnehmung als philosophisches Problem

Dass wir durch die Wahrnehmung einen Zugang zur materiellen Welt haben, scheint selbstverständlich zu sein. Und dass die visuelle Wahrnehmung dabei einen prominenten Platz einnimmt, scheint ebenfalls eine unbestreitbare Tatsache zu sein. Durch das Sehen gelingt es uns nämlich, die materiellen Gegenstände als dreidimensionale, farbige Objekte zu erfassen, sie voneinander zu unterscheiden und in einem Raum in Beziehung zueinander zu setzen. So sehe ich, dass ein brauner, viereckiger Tisch vor mir steht, davor ein schwarzer Stuhl und dahinter eine große, grüne Pflanze. Dank meiner visuellen Wahrnehmung bin ich in der Lage, alle diese Dinge differenziert zu erfassen und entsprechend zu beschreiben. Natürlich versetzt mich die Wahrnehmung auch in die Lage, ein Wissen von meiner Umgebung zu erwerben. So weiß ich, dass ein Tisch vor mir steht, weil ich ihn unmittelbar sehe. Mein Wissen beruht auf Wahrnehmung, und ein Verweis auf die Wahrnehmung begründet einen bestimmten Wissensanspruch.

All dies erscheint auf den ersten Blick so selbstverständlich, dass wir uns im Alltag kaum Gedanken darüber machen. Wenn Wahrnehmung zu einem Problem wird, so am ehesten in empirischer Hinsicht. Wir können etwa fragen, wie eine visuelle Wahrnehmung überhaupt zustande kommt. Wie treffen Lichtstrahlen auf der Augennetzhaut auf, wie werden dadurch Reize ausgelöst, wie werden sie im zentralen Nervensystem verarbeitet und wie entstehen dadurch Wahrnehmungszustände? Ebenso mögen wir vielleicht fragen, durch welche Störungen und Pathologien der Wahrnehmungsorgane die Entstehung von Wahrnehmungszuständen beeinträchtigt oder gar verhindert wird. Dies sind alles empirische Fragen, die entsprechend von den empirischen Wissenschaften – von der Optik über die Physiologie bis zur Neurowissenschaft und Kognitionspsychologie – zu beantworten sind. Doch warum sollte Wahrnehmung philosophische Probleme aufwer-

fen? Philosophische Probleme tauchen immer dann auf, wenn die Grundbegriffe, die in der alltäglichen oder wissenschaftlichen Beschreibung eines
Phänomens verwendet werden, unscharf sind und einer Klärung bedürfen.
Betrachtet man die Begriffe, die bei der Beschreibung und empirischen Untersuchung von Wahrnehmungen gebraucht werden, tauchen gleich mehrere Probleme auf.[1]

Zunächst stellt sich die Frage, was gemeint ist, wenn vom *Wahrnehmungsobjekt* die Rede ist. Ist darunter einfach ein materieller Gegenstand
zu verstehen, etwa ein Tisch oder ein Stuhl? Oder ist die Eigenschaft eines solchen Gegenstandes gemeint, etwa eine Farbe oder eine geometrische
Form? Handelt es sich dabei um eine Eigenschaft, die ein Gegenstand an
sich hat, unabhängig davon, in welcher Situation er wahrgenommen wird?
Im Hinblick auf die Farbe ist dies kaum plausibel. Wenn ich den Tisch
vor mir im hellen Tageslicht sehe, erscheint er mir hellbraun; wenn ich
ihn in der Abenddämmerung sehe, erscheint er mir aber dunkelgrau. Offensichtlich kann ich nicht von der Farbe sprechen, die der Tisch an sich
hat, sondern nur von jener, die mir unter bestimmten Wahrnehmungsbedingungen gerade erscheint. Heißt dies, dass das Objekt meiner visuellen
Wahrnehmung bloß eine erscheinende Eigenschaft ist? Um welche Art von
Eigenschaft handelt es sich dabei? Und wie verhält sie sich zu den physikalischen Eigenschaften, die der materielle Gegenstand unabhängig von jeder
Wahrnehmungssituation besitzt?

Ebenso problematisch ist die Rede von einem *Wahrnehmungssubjekt*.
Wenn ich meine Wahrnehmungen beschreibe, gehe ich wie selbstverständlich davon aus, dass ich das Subjekt bin. Doch wer oder was ist damit
gemeint? Man könnte zunächst annehmen, dass darunter nichts anderes
als ein Organismus zu verstehen ist – genauer gesagt: ein mit Wahrnehmungsorganen und einem Nervensystem ausgestatteter Körper, auf den
materielle Gegenstände einwirken. Aber wie ist es dann möglich, dass die
einzelnen Wahrnehmungszustände gleichsam gebündelt und von einem
einheitlichen Standpunkt aus koordiniert werden? Wenn ich den braunen
Tisch, den schwarzen Stuhl und die grüne Pflanze sehe, gibt es ja nicht bloß
eine lose Ansammlung einzelner Zustände, sondern eine strukturierte, einheitliche Wahrnehmung eines ganzen Feldes, in dem mehrere Gegenstände
aufeinander bezogen und in einem Raum angeordnet werden. Wer nimmt
diese Anordnung vor: einfach das Gehirn oder eine Instanz, die zwar auf

---

1   Die Aufteilung in die folgenden fünf Wahrnehmungsprobleme ist von Dretske
     1995 angeregt, unterscheidet sich aber von dieser Darstellung in vielerlei Hinsicht.

neuronaler Grundlage existiert, aber nicht mit dem Gehirn gleichgesetzt werden darf?

Darüber hinaus ist auch die Rede von einem *Wahrnehmungsprozess*, durch den einzelne Wahrnehmungen erworben werden, erklärungsbedürftig. Bislang schien es, als sei dieser Prozess nichts anderes als ein kausaler Vorgang: Materielle Gegenstände wirken auf die Wahrnehmungsorgane ein und lösen Reize aus, die neuronale Zustände verursachen. Es ist aber kaum verständlich, wie dieser Vorgang allein eine Wahrnehmung hervorrufen soll. Wenn ich etwa den Tisch vor mir sehe, reicht es nicht aus, dass Lichtstrahlen auf meinen Augen auftreffen und dass Reize irgendwie an das Gehirn weitergeleitet werden. Die kausalen Inputs müssen auch kognitiv ausgewertet werden; es müssen Zustände mit einem bestimmten Inhalt entstehen. Nur so ist das Sehen eines Tisches überhaupt vom Sehen eines Stuhls unterscheidbar. Und wenn man einen Gegenstand nicht nur sehen, sondern auch *als etwas* sehen will, benötigt man Klassifikationsmuster. Will ich etwa den Tisch vor mir tatsächlich als braunen Tisch sehen, muss ich über ein Klassifikationsmuster verfügen, das mir erlaubt, Tische von Stühlen, aber auch braune Tische von roten Tischen zu unterscheiden. Genau dieses Klassifikationsmuster muss ich irgendwie auf die Sinneseindrücke anwenden, die ich durch den kausalen Vorgang erhalte. Heißt dies, dass zusätzlich zum kausalen Prozess noch ein weiterer erforderlich ist, der vom Wahrnehmungssubjekt – nicht vom Objekt – ausgeht und aktiv ist? Und wie kann durch die Verbindung der beiden Prozesse ein einheitlicher Wahrnehmungsprozess entstehen?

Weiter bedürfen auch die *Wahrnehmungsrelationen* einer Erklärung, insbesondere jene zwischen Wahrnehmen und Wissen. Wenn nämlich behauptet wird, Wissen beruhe auf Wahrnehmung, taucht sogleich die Frage auf, was unter dieser Fundierungsrelation zu verstehen ist. Bedeutet dies einfach, dass ein „niederer" Wahrnehmungsprozess sogleich einen „höheren" Prozess des Wissenserwerbs auslöst? Dann würde es sich um eine rein kausale Relation zwischen zwei hierarchisch geordneten Prozessen handeln. Oder soll darüber hinaus behauptet werden, dass auch eine Begründungsrelation besteht, nämlich in dem Sinne, dass Wahrnehmung empirisches Wissen begründet und dass ein Verweis auf Wahrnehmung einen Wissensanspruch rechtfertigt? Dann müsste erläutert werden, welchen Bedingungen die Wahrnehmung genügen muss, damit sie tatsächlich Wissen begründet und nicht bloß eine beliebige Meinung hervorruft. Ebenso problematisch ist die Relation zwischen Wahrnehmen und Handeln. Meistens nehmen wir an, dass Handlungen durch Wahrnehmungen ausgelöst werden, etwa wenn wir sagen, das Sehen eines Gegenstandes habe das Greifen nach diesem Gegenstand ausgelöst. Dann stellt sich aber sogleich die Frage, was hier unter einem Auslösen zu verstehen ist. Ist dies wiederum rein kausal zu deuten, d. h. ist mein Sehen des Stuhls einfach eine Ursache (oder zumindest eine Teilursache) dafür, dass ich zum Stuhl greife und mich hinsetze? Oder liegt darüber hinaus auch eine Begründungsrelation vor, d. h. begründet meine Wahrnehmung den Glauben, dass da eine Sitzgelegenheit besteht, der dann zusammen mit einem Wunsch nach Erholung die entsprechende Handlung auslöst?

Schließlich verlangt auch die Rede von *Wahrnehmungspathologien* eine Prüfung. Wir stellen nämlich immer wieder fest, dass Wahrnehmung auch misslingen kann, und zwar nicht nur aufgrund von defizienten Wahrnehmungsorganen. Selbst wenn wir über optimal funktionierende Augen verfügen, können wir Opfer von Sinnestäuschungen und Halluzinationen werden. So kann es sein, dass mir der viereckige Tisch aus großer Distanz rundlich erscheint und ich dann fälschlicherweise etwas Rundes wahrnehme. Es ist sogar möglich, dass ich unter Drogeneinfluss stehe und glaube, einen Tisch wahrzunehmen, obwohl keiner vor mir steht. Derartige Fälle werfen unweigerlich die Frage auf, welche Struktur die Wahrnehmung aufweist. Ist sie intentional, d. h. auf etwas gerichtet? Und worauf ist sie gerichtet: auf einen realen oder auf einen bloß phänomenalen Gegenstand, der nicht (oder nur teilweise) mit einem realen Gegenstand übereinstimmt? Vergleicht man die pathologischen Fälle mit den „normalen", taucht natürlich auch die Frage auf, ob es eine einheitliche Wahrnehmungsstruktur gibt. Sind alle Wahrnehmungen intentional? Oder sind nur jene, die unter Normalbedingungen stattfinden, auf etwas gerichtet, während die pathologischen nur scheinbar intentional sind? Schließlich werfen Sinnestäuschungen und Halluzinationen die skeptische Frage auf, ob wir mithilfe der Wahrnehmung zuverlässiges Wissen von der materiellen Welt gewinnen können. Verfügen wir über ein Kriterium, mit dem wir die pathologischen Fälle von den nicht-pathologischen unterscheiden können? Wenn nicht, wie können wir uns je auf eine zuverlässige Wahrnehmung berufen? Es könnte doch sein, dass wir selbst dann, wenn wir glauben, wir würden uns in einer optimalen Wahrnehmungssituation befinden und hätten eine zuverlässige Wahrnehmung, einer Sinnestäuschung oder Halluzination zum Opfer fallen. Und das heißt natürlich: Es könnte immer sein, dass wir uns täuschen.

Diese fünf Bündel von Fragen verdeutlichen, dass Wahrnehmung nicht nur ein empirisches Problem ist. Da die Grundbegriffe, mit denen in einer

Beschreibung und Analyse von Wahrnehmungszuständen operiert wird, alles andere als selbst-evident sind, müssen sie einer philosophischen Prüfung unterzogen werden. Es gilt, die einzelnen Begriffe zu klären und auf kohärente Weise in ein Begriffsnetz oder gar in eine Theorie einzufügen. Erst wenn wir über eine konsistente und inhaltlich aufschlussreiche Theorie verfügen, können wir die einzelnen Phänomene, die wir im Alltag an uns selber und an anderen Personen beobachten, befriedigend erklären und verstehen.

2 Die aristotelische Wahrnehmungstheorie als Hintergrund der frühneuzeitlichen Debatten

Bis in das frühe 17. Jahrhundert hinein gab es eine kohärente, explanatorisch gehaltvolle Hintergrundtheorie, mit deren Hilfe eine Antwort auf die aufgeworfenen Fragen gefunden werden konnte: die aristotelische Wahrnehmungstheorie. Dabei handelte es sich keineswegs um eine monolithische Theorie. Die verschiedenen scholastischen Interpretationen der aristotelischen Texte (etwa averroistische, thomistische oder ockhamistische) und die Verbindung aristotelischer Theorieelemente mit Elementen aus anderen Traditionen (etwa aus der platonischen oder der galenischen) führten dazu, dass um 1600 unterschiedliche Varianten der aristotelischen Wahrnehmungstheorie kursierten.[2] Die Debatten unter den Aristotelikern verschiedener Ausprägung waren keineswegs steril und auf eine bloße Paraphrase der antiken Vorlage ausgerichtet, sondern zeichneten sich durch eine große Vielfalt und Vitalität aus.[3] Trotz aller Differenzen gab es aber einige Grundthesen, denen alle Aristoteliker zustimmten.[4] Auf diesen Thesen beruhte die Hintergrundtheorie für die frühneuzeitlichen Autoren, die in diesem Band untersucht werden. Einige von ihnen (z. B. Descartes, Malebranche,

---

2 Zur Koexistenz verschiedener Traditionen und Schulen vgl. Schobinger 1998 und Ariew & Gabbey 1998; zu den Konsequenzen, die Auseinandersetzungen zwischen den Schulen für die Ausarbeitung verschiedener Fassungen einer aristotelischen Wahrnehmungstheorie hatten, vgl. Des Chene 1996 und 2000, Salatowsky 2006. Es ist zu betonen, dass sich diese Schulen aufgrund externer Einflüsse teilweise von der Textvorlage des Aristoteles entfernten.

3 Dies verdeutlicht prägnant Mercer 1993; vgl. auch Perler 2002 und Stone 2006.

4 Diese Grundthesen finden sich etwa bei Franciscus Suárez, Petrus Fonseca, Franciscus Toletus, den Conimbricenses und Eustachius a Sancto Paulo. Die folgenden Ausführungen stützen sich auf einen exemplarischen Text: Suárez' *De anima*.

Hobbes und Leibniz) setzten sich explizit mit dem aristotelisch-scholastischen Erklärungsmodell auseinander. Andere (z. B. Spinoza, Locke und Hume) bauten in ihren Analysen auf früherer Kritik an diesem Modell auf. Daher empfiehlt es sich, die Hintergrundtheorie genauer zu betrachten. Erst dann wird deutlich, von welchem Erklärungsansatz sich die frühneuzeitlichen Autoren distanzierten und welche Probleme sich ihnen nach der Überwindung der traditionellen Theorie stellten.

Gestützt auf *De anima*, gingen die spätscholastischen Aristoteliker von der These aus, dass die materiellen Gegenstände bestimmte wahrnehmbare Eigenschaften besitzen, die wir unter normalen Bedingungen korrekt erfassen können.[5] Die so genannten „eigentümlichen Wahrnehmungseigenschaften" (*sensibilia propria*) sind jeweils einem bestimmten Sinn zugeordnet. So ist die Farbe des vor mir stehenden Tisches von Natur aus dem Gesichtssinn und der Ton des quietschenden Drehstuhls dem Gehörsinn zugeordnet. Die so genannten „gemeinsamen Wahrnehmungseigenschaften" (*sensibilia communia*) hingegen können von mehreren Sinnen erfasst werden. Beispielsweise kann die Bewegung des sich drehenden Stuhls sowohl gesehen, als auch getastet werden. Entscheidend ist dabei, dass beide Arten von Eigenschaften in den Gegenständen selbst sind, und zwar unabhängig davon, ob sie aktuell wahrgenommen werden, ja sogar unabhängig davon, ob sie je von einer Person erfasst werden. Darüber hinaus gibt es die so genannten „akzidentellen Wahrnehmungseigenschaften" (*sensibilia per accidens*), die gleichsam nebenbei wahrgenommen werden. Ein von den Aristotelikern häufig zitiertes Beispiel lautet: Die Süße der Milch wird zwar nicht unmittelbar gesehen, wohl aber akzidentell, denn wann immer jemand weiße Milch sieht, erfasst er sogleich, dass sie auch süß ist, und zwar ohne dass er den Geschmackssinn einsetzt; er assoziiert die weiße Farbe spontan mit der Süße. Genau wie die anderen beiden Arten von Wahrnehmungseigenschaften ist auch diese real.[6]

---

5   Vgl. Suárez, *De anima* III, cap. 8, 643–644. Diese Ausführungen beruhen auf *De anima* II, 6 (418a7-25).

6   Dies gilt zumindest für Eigenschaften wie die assoziierte Süße, die Suárez als Beispiel anführt. Aristoteles verweist in *De anima* II, 6 (418a20–23) aber noch auf einen anderen Fall: Wer etwas Weißes sieht, nimmt akzidentell wahr, dass dies der Sohn des Diares ist. Angeregt durch dieses Beispiel, diskutierten die scholastischen Interpreten auch den Fall von relationalen Eigenschaften, die nicht unmittelbar wahrnehmbar sind. Auch für diese Eigenschaften gilt aber, dass sie in einer Substanz verankert sind und ihr nicht bloß zugeschrieben werden.

Aus dieser Bestimmung verschiedener Arten von Eigenschaften ergibt sich sogleich eine Antwort auf die Frage nach dem Wahrnehmungsobjekt. Dieses besteht in einer Menge von realen Eigenschaften, die gleichsam zum Inventar der materiellen Welt gehören. Zwar erscheinen uns diese Eigenschaften je nach Wahrnehmungssituation ganz unterschiedlich. Dies liegt aber nicht daran, dass es besondere Eigenschaften (etwa phänomenale oder intentionale) gibt, die von den realen Eigenschaften zu unterscheiden wären. Es sind die realen Eigenschaften selbst, die uns unterschiedlich erscheinen. Unser Ziel sollte stets darin bestehen, normale Wahrnehmungsverhältnisse herzustellen, damit wir die Eigenschaften so erfassen, wie sie wirklich sind.

Eng damit verknüpft ist die Antwort auf die Frage nach den Wahrnehmungspathologien. Es kann zwar immer wieder vorkommen, dass wir einen Gegenstand unter ungünstigen Bedingungen wahrnehmen und Opfer von Sinnestäuschungen und Halluzinationen werden, etwa wenn der Gegenstand zu weit entfernt ist, wenn er in künstliches Licht eingetaucht wird oder wenn wir selbst unter Drogen gesetzt werden. Dies ändert aber nichts daran, dass unter normalen Bedingungen eine korrekte Wahrnehmung stattfindet, ja stattfinden muss. Die Wahrnehmungseigenschaften sind nämlich von Natur aus einem oder mehreren Sinnen zugeordnet, und die Sinne sind von Natur aus dazu disponiert, die jeweiligen Eigenschaften korrekt zu erfassen. Daher sollte das Auftreten gelegentlicher Irrtümer keinen Anlass zu radikal skeptischen Fragen geben: Aus der Tatsache, dass wir uns *manchmal* täuschen, folgt keineswegs, dass wir uns *immer* täuschen könnten. Sinnestäuschungen und Halluzinationen zeigen lediglich, dass wir uns unter besonderen Bedingungen täuschen können. Doch diese Bedingungen lassen sich genau bestimmen und gegebenenfalls korrigieren.[7] Aus der Möglichkeit pathologischer Einzelfälle ergibt sich auch kein Zweifel an der intentionalen Struktur der Wahrnehmung. Denn auch wenn die realen Eigenschaften nicht immer so erfasst werden, wie sie tatsächlich

---

7 Suárez illustriert dies am klassischen Beispiel der grauen Taubenfedern, die unter besonderen Bedingungen bunt erscheinen; vgl. *De anima* III, cap. 15, 666–667. Er betont, dass wir diese Bedingungen genau bestimmen können, wenn wir die Brechung der Lichtstrahlen oder die Präsenz eines Mediums (z. B. eines farbigen Lichtstrahls) untersuchen. Die These, dass wir in diesem Fall „erscheinende" Eigenschaften von realen unterscheiden müssen, weist er entschieden zurück. Es sind die realen Eigenschaften der Taubenfedern, die unter ungünstigen Bedingungen verzerrt wahrgenommen werden. Sobald wir normale Bedingungen herstellen, lassen sich diese Eigenschaften korrekt erfassen.

sind, richten sich doch alle Wahrnehmungen auf solche Eigenschaften und präsentieren sie mehr oder weniger korrekt. Verzerrende Wahrnehmungsbedingungen haben keinen Einfluss auf diese intentionale Struktur.

Ausgehend von der Analyse der Wahrnehmungseigenschaften widmeten sich die Aristoteliker auch ausführlich der Frage nach dem Wahrnehmungsprozess. Dabei gingen sie von der These aus, dass die einzelnen Eigenschaften vom materiellen Gegenstand auf die wahrnehmende Person übertragen werden, und zwar mithilfe besonderer Entitäten, so genannten *species in medio*.[8] Was diese *species* genau sind (materielle Partikel oder immaterielle Entitäten), war zwar umstritten. Und wie sie eine bestimmte Eigenschaft – etwa eine Farbe – von einem Gegenstand auf das Auge übertragen können, war ebenfalls eine kontroverse Frage. Doch die meisten Aristoteliker waren sich einig, dass es vermittelnde Entitäten geben muss, damit eine Wahrnehmungsrelation zwischen zwei voneinander getrennten Dingen überhaupt zustande kommt.[9] Ebenfalls einig waren sie sich darin, dass diese Entitäten eine Aufnahme der wahrnehmbaren Eigenschaften ermöglichen. Sie präzisierten allerdings, dass nicht die Materie, sondern nur die Form dieser Eigenschaften aufgenommen wird. Wer etwa eine rote Farbe sieht, nimmt nicht rote Partikel auf; seine Augen werden ja nicht im wörtlichen Sinn rot gefärbt. Er nimmt nur das auf, was für die Struktur der roten Farbe verantwortlich ist: ein immaterielles Prinzip.[10] Sobald dieser Prozess des Aufnehmens abgeschlossen ist, befindet sich die Form der wahrnehmbaren Eigenschaft im Wahrnehmenden und wird von den äußeren Sinnen an die inneren weitergeleitet. Zwischen der wahrnehmbaren Form und dem Wahrnehmenden findet dann eine „Assi-

---

8   Diese These geht nicht direkt auf Aristoteles zurück, sondern hat ihren Ursprung in der arabischen Optik, wurde aber bereits im 13. Jh. von den meisten Aristotelikern übernommen; vgl. Tachau 1988 und einen konzisen Überblick in Smith 1992. Suárez hält sie für so selbstverständlich, dass er in *De anima* III, cap. 9, 646–651, gar nicht mehr die Frage diskutiert, ob *species* existieren, sondern gleich zu den Fragen übergeht, wie sie entstehen und welche Art von Existenz (materiell oder immateriell) sie haben.

9   Eine Ausnahme stellten nur die Ockhamisten dar, die sich auf das Ökonomieprinzip beriefen und *species* als überflüssige Entitäten ablehnten; vgl. Perler 2002, 322–342. Sie stellten in den Debatten des späten 16. und frühen 17. Jhs. aber eine Minderheit dar.

10 Im Anschluss an Thomas von Aquin, *Summa theologiae* I, q. 78, art. 3, sprachen daher viele Spätscholastiker von einer „spirituellen Veränderung" der Wahrnehmungsorgane, die von einer rein materiellen (dem Gefärbt-werden im wörtlichen Sinn) zu unterscheiden ist. Vgl. dazu Burnyeat 2001.

milation" statt, wie die Aristoteliker sagten.[11] Dies bedeutet natürlich, dass der Wahrnehmungsprozess passiv ist: Der Wahrnehmende „erleidet" etwas, wenn die Formen der wahrnehmbaren Eigenschaften auf ihn übertragen werden, und er gleicht sich unwillkürlich diesen Eigenschaften an, ohne dass er dazu eine besondere Leistung – etwa eine willentliche Entscheidung oder die Anwendung eines Klassifikationsmusters – vollbringen müsste.

Diese Erklärung des Wahrnehmungsprozesses bildete die Grundlage für eine Analyse der Wahrnehmungsrelationen, vor allem der Relation zwischen Wahrnehmung und Wissen. Wenn empirisches Wissen nämlich auf Wahrnehmung beruht, wie alle Aristoteliker bekräftigten, kann eine Person nur dann ein Wissen von einem materiellen Gegenstand gewinnen, wenn sie die Formen der wahrnehmbaren Eigenschaften in sich aufnimmt. Dies allein genügt freilich nicht. Die einzelnen Formen müssen auch konkreten Gegenständen zugeordnet werden und es müssen Urteile über diese Gegenstände gefällt werden. Doch das Aufnehmen von Formen ist der unverzichtbare erste Schritt im Prozess des Wissenserwerbs.

Der Verweis auf Formen spielte auch für die Bestimmung des Wahrnehmungssubjekts eine zentrale Rolle. Denn genau wie jedes Wahrnehmungsobjekt eine Form hat, besitzt auch derjenige, der diese Form aufnimmt, selber eine Form. Streng genommen ist er nichts anderes als eine Einheit aus Form und Materie – eine Person – und verfügt dadurch über verschiedene Vermögen, die aktualisiert werden können. Stellt man die Frage, wer denn das Wahrnehmungssubjekt ist, muss die Antwort daher lauten: die ganze Person, insofern sie ihr Wahrnehmungsvermögen einsetzt, um wahrnehmbare Eigenschaften aufzunehmen. Dass eine Person tatsächlich in der Lage ist, dieses Vermögen erfolgreich zu verwenden, wurde von den Aristotelikern nicht in Zweifel gezogen, denn wir können ihrer Ansicht nach gar nicht verstehen, was eine Person ist, wenn wir sie nicht als eine Einheit von Form und Materie auffassen und wenn wir nicht einsehen, dass die Form für eine Menge von Vermögen verantwortlich ist.[12] Das Wahrnehmungs-

---

11 Suárez betont in *De anima* III, cap. 1, 615: „... modus cognoscendi est per assimilationem cognoscentis ad rem cognitam; ideo, dum res cognoscitur, quasi trahitur ad cognoscentem, ut quisque apud se experitur, dum cognoscitur ..." (Interpunktion verändert)

12 Im Anschluss an *De anima* II, 1 (412a27–28) wurde diese Form als „erste Aktualität" bezeichnet, die einen Körper zu einem funktionierenden Organismus macht. Sie ist für die basalen vegetativen Vermögen ebenso verantwortlich wie für die kognitiven Vermögen. Vgl. zu diesem Erklärungsansatz, der auf die Einheit der Seele und auf ihre notwendige Verbindung mit dem Körper abzielt, Pasnau 2003.

vermögen ist eines dieser Vermögen, die von Natur aus dazu angelegt sind, erfolgreich aktualisiert zu werden.

Diese kurze Zusammenfassung gibt natürlich nur verkürzt die aristotelisch-scholastischen Grundthesen wieder. Bereits eine geraffte Darstellung verdeutlicht aber, dass die aristotelische Wahrnehmungstheorie ein konsistentes Erklärungsmodell für alle fünf eingangs skizzierten Probleme liefert. Es ist daher nicht erstaunlich, dass sie bis in das frühe 17. Jh. hinein die philosophischen Debatten dominierte. Allerdings ist leicht ersichtlich, dass sie auf gehaltvollen Thesen aufbaut. Die wichtigsten lauten:

1. *Realismus-These*: Das Wahrnehmungsobjekt ist eine reale Eigenschaft in der materiellen Welt.
2. *Hylemorphismus-These*: Sowohl das Wahrnehmungsobjekt als auch das Wahrnehmungssubjekt besteht aus Form und Materie.
3. *Assimilationsthese*: Das Wahrnehmungssubjekt gleicht sich dem Wahrnehmungsobjekt an, indem es die Form einer wahrnehmbaren Eigenschaft aufnimmt.
4. *Naturalismus-These*: Das Wahrnehmungssubjekt ist von Natur aus dazu disponiert, sein Wahrnehmungsvermögen korrekt zu aktualisieren und Wahrnehmungsobjekte korrekt aufzunehmen.

Die frühneuzeitlichen Autoren griffen genau diese Thesen an und brachten dadurch die traditionelle Theorie zum Einstürzen. Der entscheidende Impuls kam dabei von der mechanistischen Naturphilosophie, die radikal mit dem Aristotelismus brach.[13] Als besonders einflussreich erwies sich die korpuskularistische Ausprägung dieses naturphilosophischen Programms. Dem Korpuskularismus zufolge besteht die Natur aus kleinsten Teilen, so genannten „Körperchen" (*corpuscula*), die den Sinnen nicht direkt zugäng-

13 Natürlich gab es auch andere Impulse, etwa das Wiedererstarken des Atomismus (exemplarisch bei Gassendi), das Aufleben eines augustinischen Dualismus (etwa bei Malebranche), die Anknüpfung an antike Formen des Skeptizismus (bei Mersenne, Descartes u. a.), den Einfluss theologischer Omnipotenzlehren (etwa bei Malebranche, der bestritt, dass Wahrnehmungsobjekte etwas verursachen können, und Gott allein eine kausale Kraft zuschrieb) und ganz generell die Kritik an aristotelisch-scholastischen Erklärungsmodellen. Wenn nämlich Erklärungen des Typs „x hat eine Eigenschaft F aufgrund der Form der F-heit" oder „x wirkt aufgrund der Form der F-heit auf y ein" generell fragwürdig sind (in der Psychologie ebenso wie in der Physik und in der Astronomie), so auch im Hinblick auf Wahrnehmungen. Aussagen wie „x hat eine Wahrnehmung von F, weil es die Form der F-heit in sich hat" oder „x erzeugt in y eine Wahrnehmung, weil es ihm die Form der F-heit überträgt" sind dann nichtssagende Erklärungen. Vgl. zu diesem Wandel des generellen Erklärungsmusters Nadler 1998 und Joy 2006.

lich sind. Alle Phänomene der Natur, insbesondere die unseren Sinnen direkt zugänglichen Eigenschaften, sind auf die Eigenschaften, das Verhalten und die Anordnung von Korpuskeln zurückzuführen. Boyle bringt dieses von ihm propagierte und von vielen Nachfolgern vorangetriebene Programm in der Aussage auf den Punkt, dass „die korpuskulare oder mechanistische Philosophie danach strebt, alle Phänomene der Natur aus undifferenzierter Materie und örtlicher Bewegung"[14] herzuleiten. Dabei spricht er freilich nur von einer „korpuskularen Hypothese" (*corpuscular hypothesis*) und nicht von einer Theorie.[15] Der Nutzen einer guten Hypothese bestehe darin, dass sie eine sparsame und klare Darstellung der beobachtbaren Phänomene und eine verständliche Erklärung der jeweiligen Ursachen und Wirkungen ermögliche, ohne dabei Naturgesetzen oder anderen Phänomenen zu widersprechen. Je größer die Anzahl der Darstellungen und Erklärungen und je kleiner die Menge der Widersprüche und Erklärungslücken sei, desto wahrscheinlicher werde die Hypothese.[16] Neben dieser Auffassung des Korpuskularismus existierten natürlich noch andere. So vertrat Gassendi die Auffassung, Korpuskeln seien unteilbare Partikel im leeren Raum. Besonders wichtig für die Entwicklung der Naturphilosophie war aber die cartesische Variante des Korpuskularismus.[17] Ihr zufolge gibt es keinen leeren Raum, in dem die Korpuskeln existieren. Vielmehr bilden alle Korpuskeln zusammen einen dreidimensionalen Raum. Da sie nichts anderes als geometrische Eigenschaften besitzen,[18] können auch die ganzen Körper – Bäume, Tische usw., aber auch tierische und menschliche Kör-

---

14 Boyle, *About the Exellency and Grounds of the Mechanical Hypothesis*, (*Works* IV, 19): „ ... the corpuscularian or mechanical philosophy strives to deduce all the phaenomena of nature from adiaphorous matter, and local motion".

15 Die Begriffsschöpfung „korpuskular" stammt von Boyle; vgl. Anstey 2000, 2. Es ist hingegen Henry More, der in *The Immortality of the Soul* (1659) zum ersten Mal von „Mechanick Philosophy" spricht, allerdings als einer ihrer Kritiker; vgl. Gabbey 1990.

16 Boyles Fragment „Requisites of a Good Hypothesis", das ebenso durch seine Knappheit wie durch seinen Gehalt besticht, findet sich abgedruckt in Boyle 1991, 119.

17 Zur Entstehung und Entwicklung der korpuskular-mechanistischen Naturphilosophie vgl. Garber et al. 1998; zu der besonders einflussreichen cartesischen Variante vgl. Garber 1992 und Gaukroger 2002.

18 Aufgrund von Bewegungsgesetzen, die das Verhalten von Körpern regeln, gibt es auch kinematische Eigenschaften, die häufig zusammen mit den geometrischen genannt werden, so etwa in *Principia philosophiae* I, 48, AT VIII-1, 23. („AT" steht für die von Ch. Adam & P. Tannery besorgte Gesamtausgabe der Werke Descartes' in 11. Bd. Dem Sigel „AT" folgen Bandnummer und Seitenzahl.)

per – nur solche Eigenschaften haben. Wenn von den realen Eigenschaften der Gegenstände die Rede ist, können also nur die jeweilige Länge, Breite und Tiefe gemeint sein. Descartes zieht ausdrücklich diesen Schluss:

> ... wir werden erkennen, dass die Natur der Materie oder eines Körpers, der im Universum betrachtet wird, nicht darin besteht, dass die Materie ein hartes oder schweres oder farbiges oder auf irgendeine andere Weise die Sinne erregendes Ding ist, sondern allein darin, dass sie ein in Länge, Breite und Tiefe ausgedehntes Ding ist. (*Principia philosophiae* II, 4; AT VIII-1, 42)

Daraus ergibt sich eine weit reichende Konsequenz für die Wahrnehmungstheorie. Wie können wir noch behaupten, dass wir eine *reale* Eigenschaft wahrnehmen, wenn wir etwas Braunes oder Grünes sehen? Die aus Korpuskeln bestehenden Körper haben ja keine Farben. Wenn die Aristoteliker behaupten, die Farbe sei eine „eigentümliche Eigenschaft" eines materiellen Gegenstandes, stellen sie eine Behauptung auf, die den Grundprinzipien der mechanistischen Naturphilosophie widerspricht und sich empirisch nicht erhärten lässt. Empirische Untersuchungen (etwa mithilfe eines Mikroskops) können höchstens eine korpuskulare Feinstruktur sichtbar machen, jedoch keine Farbe, die ein Körper an sich hat.[19] Von einer Farbe kann nur noch die Rede sein, wenn ein Körper in seiner Wirkung auf ein Wahrnehmungssubjekt beschrieben wird. Konkret heißt dies: Man darf nicht mehr sagen, eine Pflanze sei grün, sondern nur noch, sie erscheine einer Person grün oder erzeuge in ihr den Eindruck von etwas Grünem. Wird sie unter dem Mikroskop inspiziert, erzeugt sie vielleicht einen ganz anderen Farbeindruck, als wenn sie im Garten betrachtet wird.

Diese Zurückweisung der aristotelischen Realismus-These wirft allerdings neue Probleme auf. Welchen ontologischen Status haben Farben, wenn sie keine realen Eigenschaften von materiellen Gegenständen sind? Sind sie tatsächlich nichts anderes als „Eindrücke im Geist", also mentale Zustände oder gar mentale Objekte? Oder existieren sie trotzdem in der materiellen Welt, nämlich als höherstufige dispositionale Eigenschaften, die bestimmte „Eindrücke im Geist" auslösen? Wie verhalten sie sich dann zu den basalen geometrischen Eigenschaften? Es ist nicht erstaunlich, dass die frühneuzeitlichen Autoren in ihren Diskussionen über visuelle Wahr-

---

19   Wie Wilson 1995 nachweist, wurde die Widerlegung der aristotelischen Realismus-These durch die Erfindung des Mikroskops nicht nur gestützt, sondern entscheidend vorangetrieben. Der Einsatz dieses neuen technischen Instruments zeigte nämlich, dass die Feinstruktur der Körper ganz anders ist als jene, die uns in einer normalen Wahrnehmungssituation erscheint, und dass auch die jeweilige Farbe variiert.

nehmung um diese Fragen kreisen; die Ablehnung der Realismus-These erzeugte unweigerlich eine explanatorische Lücke. Daher soll dieses Problem in Abschnitt 4 näher erläutert werden.

Die mechanistische Naturphilosophie unterminierte aber nicht nur die Realismus-These, sondern auch die Hylemorphismus-These. Wenn materielle Gegenstände nämlich Körper mit ausschließlich geometrischen Eigenschaften sind, können sie nicht aus Form und Materie bestehen; sie sind nichts anderes als Materiestücke mit einer Korpuskularstruktur. Die Behauptung, in einem Wahrnehmungsprozess werde die Form einer wahrnehmbaren Eigenschaft auf die wahrnehmende Person übertragen, ergibt dann keinen Sinn mehr. Formen sind „nichts als Chimären", wie Descartes spöttisch bemerkte.[20] Wer etwa behauptet, eine Pflanze werde als ein grüner Gegenstand wahrgenommen, weil die Form des Grünseins auf den Wahrnehmenden übertragen werde, macht eine leere Aussage. Noch unsinniger ist die Behauptung, eine Form werde mithilfe besonderer Entitäten, so genannter *species*, auf das Wahrnehmungssubjekt übertragen. Wer solch „kleine, fliegende Bildchen" annimmt,[21] postuliert Descartes zufolge nicht nur mysteriöse Dinge, sondern verkennt auch die Struktur der materiellen Welt: Es gibt neben den Materiestücken keine Entitäten, die Eigenschaften oder deren Formen transportieren. Auch Hobbes weist die Annahme von *species* entschieden zurück:

> Die philosophischen Schulen in allen Universitäten der Christenheit dozieren aber eine andere Lehre, die auf gewissen Texten des *Aristoteles* beruht. Zur Ursache des *Sehens* sagen sie, das gesehene Ding sende nach allen Seiten eine *visible species* (auf Englisch), einen *sichtbaren Schein*, ein *Erscheinen*, ein *Aufscheinen* oder ein *Gesehenwerden* aus; dessen Empfang in den Augen sei das *Sehen*. [...] Ich muss Ihnen bei jeder Gelegenheit deutlich machen, welche Dinge verbessert werden sollten; die Häufigkeit bedeutungsloser Rede ist eines davon. (*Leviathan*, ch. 1; ed. Tuck, 14)

Die Rede von *species* ist Hobbes zufolge bedeutungslos, weil sie den Wahrnehmungsprozess gar nicht analysiert, sondern einfach Entitäten postuliert, die sich empirisch nicht feststellen lassen und deren ontologischer Status vollkommen unklar ist. Will man die Entstehung einer Wahrnehmung ad-

---

20 Vgl. den Brief an Mersenne vom 28. Oktober 1640 (AT III, 212) Zur Kritik am Hylemorphismus siehe ausführlich Garber 1992, 94–116, und Ariew 1999, 77–96.

21 Vgl. *La Dioptrique* I (AT VI, 85). Malebranche betont in der *Recherche de la vérité* II, 2, ii (OC I, 418), das ganze Fundament, auf der die *species*-Theorie beruhe, sei instabil; daher müsse man sich nicht länger mit der traditionellen Wahrnehmungstheorie aufhalten, die auf diesem Grund gebaut sei.

äquat erklären, muss man zum einen erläutern, wie ein Gegenstand durch
Druck und Stoß auf den Körper einer Person einwirkt. Zum anderen muss
man auch darlegen, wie ein Körper als Reaktion darauf bestimmte Hirnzustände herausbildet. Kurzum: Es geht darum, eine komplexe kausale Kette
und einen Mechanismus von Druck und Gegendruck zu analysieren.

Damit fällt natürlich auch die Assimilationsthese der Aristoteliker in
sich zusammen. Wenn es nämlich keine Formen in den materiellen Gegenständen gibt, kann sich das Wahrnehmungssubjekt auch nicht an Formen
angleichen. An die Stelle einer Assimilation tritt eine Kausalrelation.[22] Freilich gilt es dann zu erklären, wie eine solche Relation beschaffen ist. Wirkt
einfach ein materieller Gegenstand auf den Körper ein, sodass in ihm unmittelbar Wahrnehmungszustände hervorgebracht werden? Oder entstehen
solche Zustände erst in einem Geist, der vom Körper verschieden ist und
auf den der Körper einwirkt? Doch wie kann etwas Materielles eine Wirkung in etwas Geistigem hervorrufen? Und wie kann diese Wirkung eine
Information über den materiellen Gegenstand enthalten, wenn es nichts
gibt, was Ursache und Wirkung miteinander teilen? Die Assimilationsthese hatte zumindest den Vorteil, dass sie eine Lösung für das Problem bot,
warum eine Wahrnehmung Informationen über die materielle Welt liefert.
Wurde etwa gefragt, warum eine Grün-Wahrnehmung Aufschluss über die
Beschaffenheit einer Pflanze liefert, lautete die Antwort: weil im Wahrnehmungsprozess die Form des Grünseins aufgenommen wird und weil der
Wahrnehmungszustand dann genau jene Form präsentiert, die auch in der
Pflanze vorkommt. Wenn nun aber bloß eine Kausalrelation vorliegt, ist
völlig unklar, ob eine Wahrnehmung überhaupt Informationen über die
materielle Welt liefert. Man kann ja nur noch sagen, dass ein materieller
Körper mit der Partikelstruktur *xyz* im Körper der wahrnehmenden Person
einen Hirnzustand mit der Struktur *abc* verursacht, der Descartes zufolge
wiederum einen geistigen Wahrnehmungszustand mit einem bestimmten

---

22 Auch die Aristoteliker stimmten zu, dass eine Kausalrelation vorliegt. Unter einer
Ursache verstanden sie aber nicht nur eine Wirkursache, sondern auch eine Form-
und eine Zielursache. Konkret heißt dies: Eine grüne Pflanze wirkt nicht einfach auf
die Augen ein, indem sie eine materielle Veränderung in den Pupillen hervorruft. Sie
legt auch fest, welche Form übertragen wird und auf welche Weise das natürliche
Ziel der Augen – die Aktualisierung des Sehvermögens – verfolgt wird. Für die
Antiaristoteliker ergibt die Rede von einer Form und einem natürlichen Ziel keinen
Sinn. Ihrer Meinung nach liegt hier *ausschließlich* eine wirkursächliche Relation vor.
Vgl. zu dieser kausaltheoretischen Kritik Joy 2006.

Inhalt verursacht. Doch warum sollte dieser Inhalt Auskunft über den Baum geben, wenn er nichts mit der Partikelstruktur *xyz* gemeinsam hat?

Dass eine Wahrnehmung zuverlässige Informationen über die materielle Welt liefert, war für die Aristoteliker nicht nur aufgrund der Assimilationsthese, sondern in mindestens so hohem Maße auch aufgrund der Naturalismus-These selbstverständlich. Wenn nämlich die wahrnehmbaren Eigenschaften von Natur aus auf die Wahrnehmungssinne abgestimmt sind und wenn das Wahrnehmungsvermögen von Natur aus darauf ausgerichtet ist, die Formen dieser Eigenschaften aufzunehmen, dann muss – zumindest unter Normalbedingungen – Wahrnehmung erfolgreich sein. Fragen wie „Könnte es nicht sein, dass mir meine visuelle Wahrnehmung ganz andere Eigenschaften präsentiert, als der Gegenstand wirklich hat?" oder „Könnte es nicht sein, dass meine Wahrnehmungssinne überhaupt nicht ausreichen, um die Gegenstände so zu erfassen, wie sie wirklich sind?" lassen sich dann sogleich negativ beantworten. Genau diesen antiskeptischen Konsens stellten die durch die mechanistische Naturphilosophie beeinflussten Autoren infrage. Welche Garantie, so fragte Descartes prominenterweise in der Ersten Meditation, haben wir dafür, dass unsere Wahrnehmungssinne tatsächlich dazu taugen, die materiellen Gegenstände korrekt zu erfassen? Die Sinne liefern doch je nach Situation ganz unterschiedliche Informationen. Wir stellen aber immer wieder fest, dass wir irreführende Informationen erhalten, und sollten uns daher nicht auf die Sinne verlassen (*Med.* I; AT VII, 18). Es gibt keine Zuverlässigkeitsgarantie, die den Sinnen gleichsam eingebaut ist. Ja, es gibt überhaupt keine Garantie dafür, dass kognitive Vermögen zuverlässig funktionieren. Wenn sie lediglich durch eine Kausalrelation mit den materiellen Gegenständen verbunden sind, kann diese Relation jederzeit manipuliert werden – im radikalsten Fall durch einen bösen Dämon. Wir dürfen daher nicht von vornherein eine Naturalismus-These annehmen und uns auf die Wahrnehmung verlassen, sondern müssen zunächst *begründen*, warum wir ein Vertrauen in unsere kognitiven Vermögen haben dürfen und warum wir folglich annehmen dürfen, dass unsere Wahrnehmungszustände uns unter Normalbedingungen korrekte Informationen über die materielle Welt liefern.

Damit war skeptischen Überlegungen natürlich Tür und Tor geöffnet.[23] Es ist daher nicht erstaunlich, dass die frühneuzeitlichen Debatten

---

23 Diese Überlegungen, die bei Mersenne, Gassendi und Charron ebenso ausgeprägt waren wie bei Descartes, gaben zur Frage Anlass, ob die kognitiven Fähigkeiten überhaupt einen zuverlässigen Zugang zur materiellen Welt ermöglichen. Die Debatten waren daher von einem prinzipiellen Misstrauen in die natürlichen Fähig-

nicht nur um die Frage kreisten, wie wir durch die Wahrnehmung Informationen über die materielle Welt erhalten, sondern mindestens so sehr auch die Frage aufgriffen, ob wir durch die Wahrnehmung überhaupt zuverlässige Informationen gewinnen. Damit stellte sich das Problem der Relation von Wahrnehmung und Wissen in verschärfter Form. Dürfen wir annehmen, dass Wahrnehmung eine zuverlässige Grundlage für Wissen liefert? Müssen wir nicht ein anderes Wissensfundament finden? Sollten wir nicht – wie Descartes vorschlägt – einen Weg suchen, „um den Geist von den Sinnen wegzuführen" (Synopsis; AT VII, 12) und das Wissen auf eine Grundlage zu stellen, die gegenüber skeptischen Überlegungen immun ist?

Die meisten frühneuzeitlichen Autoren entwickelten Strategien, um dieser skeptischen Herausforderung zu begegnen. Entscheidend ist hier nicht die Ausformulierung der einzelnen Strategien, sondern deren Ausgangspunkt: Die Ablehnung der aristotelischen Assimilationsthese erzeugte unweigerlich ein Theorievakuum, das gefüllt werden musste. Wenn Wahrnehmung nämlich nicht durch die Aufnahme von Formen zustande kommt und wenn das Wahrnehmungsvermögen nicht von Natur aus auf die realen Eigenschaften der Gegenstände abgestimmt ist, muss erläutert werden, durch welchen Prozess eine Wahrnehmung entsteht und auf welchen Gegenstand sie sich richtet. Wenn durch die Ablehnung der Hylemorphismus-These zudem bestritten wird, dass die wahrnehmende Person eine Einheit aus Form und Materie bildet, muss erläutert werden, wer oder was das jeweilige Wahrnehmungssubjekt ist. Und wenn schließlich durch die Zurückweisung der Naturalismus-These infrage gestellt wird, dass Wahrnehmung unter Normalbedingungen einen zuverlässigen epistemischen Zugang zur materiellen Welt ermöglicht, muss erklärt werden, wie wir eine Garantie für die prinzipielle Zuverlässigkeit der Wahrnehmung gewinnen und pathologische Fälle von nicht-pathologischen unterscheiden können. Kurz gesagt: Alle Problemkomplexe, mit denen sich eine Wahrnehmungstheorie auseinandersetzen muss, stehen wieder zur Debatte.

---

keiten geprägt, wie Hatfield 1998, 963, zeigt, und betrafen nicht nur das heute häufig diskutierte Problem des Außenwelt-Skeptizismus.

3 Die Ideentheorie als neuer Erklärungsansatz

Der neue Lösungsansatz, den die frühneuzeitlichen Autoren für die Grundprobleme der Wahrnehmungstheorie wählten, scheint auf den ersten Blick klar und einfach zu sein: Wahrnehmung erfolgt mithilfe von Ideen, die ein Wahrnehmungssubjekt in seinem Geist erfasst oder sogar selber bildet.[24] Diese Ideen ermöglichen keine Assimilation an materielle Gegenstände, sondern eine Repräsentation. Je klarer und deutlicher jemand mit seinen Ideen die materiellen Gegenstände repräsentiert, desto besser ist seine Wahrnehmung. Vollständige Klarheit und Deutlichkeit garantiert eine absolut korrekte Wahrnehmung und damit auch eine absolut zuverlässige Grundlage für das Wissen von materiellen Gegenständen.

Thomas Reid, der im späten 18. Jh. auf diesen Erklärungsansatz zurückblickte, würdigte ihn als einen bedeutenden Fortschritt gegenüber dem aristotelisch-scholastischen Modell. Die modernen Philosophen überwanden nämlich eine mit starken metaphysischen und physikalischen Annahmen belastete Theorie, die kaum noch verständlich war:

> Sie beseitigten eine unendliche Menge von Staub und Schutt, der in Zeiten der scholastischen Sophisterei angehäuft worden war und den Weg versperrt hatte. Sie brachten uns auf den richtigen Weg, nämlich auf den Weg der Erfahrung und des genauen Nachdenkens. (*Inquiry*, 1.4; ed. Beanblossom & Lehrer, 6)

Doch die Ideentheorie bietet Reid zufolge nur scheinbar eine Lösung für die wahrnehmungstheoretischen Probleme. In Tat und Wahrheit ist sie genauso unbefriedigend wie das aristotelisch-scholastische Modell und führt auf einen Weg, der sich bei näherer Betrachtung als Irrweg erweist:

> Descartes' System des menschlichen Erkennens, das ich der Einfachheit halber das Ideensystem nennen werde und das heute – mit einigen Verbesserungen von späteren Autoren – allgemein akzeptiert ist, birgt ein Grundübel in sich: Der Skeptizismus wohnt ihm inne und wird mit ihm zusammen groß gezogen. Daher müssen wir es bis auf das Fundament offen legen und das Material untersuchen, bevor wir erwarten können, ein festes und nützliches Wissensgebäude auf ihm zu errichten. (*Inquiry*, 1.6; ed. Beanblossom & Lehrer, 10–11)

Was bewegt Reid zu dieser pessimistischen Einschätzung? Warum glaubt er, dass der Übergang von der aristotelisch-scholastischen Theorie zur Ideentheorie trotz aller Fortschritte nur in den Skeptizismus führt? Und was

---

24 Zwei bemerkenswerte Ausnahmen sind Francis Bacon und Thomas Hobbes, vgl. dazu die Beiträge zu Bacon und Hobbes in diesem Band.

spricht für oder gegen seine Einschätzung? Um diese Fragen zu beantworten, muss man sich vergegenwärtigen, wie die Ideentheorie die Grundprobleme der Wahrnehmungstheorie zu lösen versucht und welche Folgeprobleme sie sich mit ihrem Erklärungsmodell einhandelt. Allerdings gilt es
zu betonen, dass es im 17. und 18. Jahrhundert kein einheitliches „Ideensystem" gab, wie Reid meinte, nicht einmal innerhalb der cartesischen
Tradition. Es wurden vielmehr unterschiedliche Fassungen einer Theorie
diskutiert, die bezüglich ihrer ontologischen und epistemologischen Annahmen erheblich voneinander abwichen. Zudem gab es prominente Autoren, die von vornherein die Rede von Ideen so weit wie möglich ver-
mieden (z. B. Hobbes) oder die These zurückwiesen, mithilfe von Ideen
könnten materielle Gegenstände wahrgenommen werden (z. B. Berkeley).
Will man die Ähnlichkeiten und Unähnlichkeiten zwischen den verschiedenen ideentheoretischen Ansätzen verstehen, empfiehlt es sich, die fünf
systematischen Probleme, die eingangs erwähnt wurden, in den Blick zu
nehmen und zu fragen, in welcher Weise sie jeweils erklärt wurden. Doch
zunächst gilt es den Ideenbegriff selbst zu klären. Was ist unter einer Idee
zu verstehen?

Bereits bei Descartes finden sich mindestens drei Antworten auf diese zentrale Frage.[25] In einem ersten Sinn ist unter einer Idee eine geistige
Fähigkeit oder ein Vermögen zu verstehen, das einem Menschen angeboren
ist und bei Bedarf aktualisiert werden kann. In einem zweiten Sinn ist eine
Idee als ein Hirnzustand (oder in Descartes' Terminologie: als Anordnung
von „Lebensgeistern" im Gehirn) aufzufassen, der durch die Einwirkung
eines materiellen Gegenstandes entsteht.[26] Schließlich ist unter einer Idee
in einem dritten Sinn ein geistiger Zustand zu verstehen, der einen bestimmten repräsentationalen Inhalt hat und dadurch im Normalfall auf
einen materiellen Gegenstand verweist.[27] Fasst man alle drei Interpretationen als Bestandteile einer umfassenden Ideentheorie auf, ergibt sich folgendes Bild: Jeder Mensch verfügt über angeborene Fähigkeiten, geistige
Zustände hervorzubringen, die sich auf etwas beziehen und dadurch einen

25 Vgl. eine ausführliche Analyse (mit Textbelegen) in Perler 1996, 25–47, Kemmer-
    ling 1996, 17–76.
26 Zu den „körperlichen" Ideen im 17. Jahrhundert vgl. Michael und Michael 1989.
27 Neben dem Normalfall berücksichtigt Descartes auch Ideen für fiktive Gegenstän-
    de, die allerdings immer auf Ideen für materielle Gegenstände beruhen, und Ideen
    von immateriellen Gegenständen, die allein durch eine geistige Aktivität (z. B. durch
    mathematisches Denken) entstehen und keines körperlichen Auslösers bedürfen.
    Vgl. zu den verschiedenen Arten von Ideen *Med*. III (AT VII, 37–38).

repräsentationalen Inhalt haben. Diese Fähigkeiten werden aber erst dann aktiviert, wenn materielle Gegenstände auf den Körper einwirken und in ihm Hirnzustände hervorrufen. Sobald ein bestimmter Hirnzustand vorliegt, entsteht ein geistiger Zustand, der sich genau auf jenen Gegenstand bezieht, der den Hirnzustand ausgelöst hat. Der repräsentationale Inhalt der Idee wird also durch eine Kausalrelation festgelegt.

Doch wie kann eine Idee, verstanden als aktueller Zustand des Geistes, etwas repräsentieren? Auf diese Frage findet sich in den *Meditationes* folgende Antwort:

> Einige von diesen [Gedanken] sind gleichsam Bilder von Gegenständen; ihnen allein kommt der Ausdruck ‚Idee‘ im strengen Sinne zu, z. B. wenn ich an einen Menschen, an eine Chimäre, an den Himmel, an einen Engel oder an Gott denke. Andere aber haben darüber hinaus gewisse andere Formen. Wenn ich z. B. will, wenn ich mich fürchte, wenn ich verneine, erfasse ich immer einen Gegenstand, der meinem Denken zugrunde liegt, aber ich umfasse im Denken noch etwas über eine Abbildung des Gegenstandes hinaus. Von diesen werden einige Willensakte oder Affekte genannt, andere aber Urteile. (*Med.* III; AT VII, 37)

Es scheint auf den ersten Blick, als setze Descartes Ideen einfach mit Bildern gleich und erkläre das Repräsentieren als piktoriales Abbilden. Doch dieser Blick trügt, denn Ideen sind nur *gleichsam* Bilder von Gegenständen. Genau wie sich Bilder (zumindest realistisch gemalte) immer auf Gegenstände beziehen und diese darstellen, beziehen sich auch Ideen auf Gegenstände; beide sind intentional. Doch dies heißt noch lange nicht, dass die intentionale Beziehung als piktoriale Abbildbeziehung zu verstehen ist. Descartes betont ja, dass Ideen sich auf alle möglichen Dinge beziehen können, auch auf jene, die wir nicht abbilden können, etwa auf immaterielle Entitäten wie Engel oder Gott. Und er fügt hinzu, dass einer basalen Idee eine „andere Form" wie das Bejahen hinzugefügt werden kann. Das Bejahen ist aber eine propositionale Einstellung, mit der ein propositionaler Inhalt – nicht ein Bild – erfasst wird. Daher kann man festhalten: Eine Idee ist im einfachsten Fall ein intentionaler Zustand, der sich auf einen Gegenstand bezieht (S denkt an x). Im komplexeren Fall ist sie eine propositionale Einstellung, mit der ein propositionaler Inhalt erfasst wird (S denkt, dass x F ist). Diese Einstellung kann unterschiedlicher Art sein (S denkt bejahend oder verneinend oder zweifelnd usw., dass x F ist).

Doch warum ist eine Idee intentional? Diese Frage lässt sich zum einen in genetischer Hinsicht verstehen: Wie entsteht die Bezugnahme auf einen Gegenstand? Genau dadurch, so würde Descartes antworten, dass eine Idee von etwas verursacht wird.[28] Selbst die Idee von Gott bezieht sich nur dadurch auf Gott, dass sie eine entsprechende Ursache hat. Die Frage lässt sich aber auch in struktureller Hinsicht verstehen: Was ist in der Idee selbst dafür verantwortlich, dass sie sich auf etwas bezieht? Dann lautet die Antwort: die Tatsache, dass sie einen bestimmten Inhalt – eine „objektive Realität" oder eine „Form" – hat, die sie zu einer Idee von etwas Konkretem macht.[29] Es ist daher wichtig, dass man eine Idee nicht nur als geistigen Zustand auffasst; so betrachtet sind alle Ideen gleich, denn alle sind Zustände (so genannte „Modi") der geistigen Substanz. Man muss eine Idee immer mit Bezug auf ihren besonderen Inhalt betrachten.[30] Genau in diesem Inhalt unterscheiden sich die verschiedenen Zustände voneinander. Freilich ist der Inhalt nicht etwas, was zusätzlich zum jeweiligen Zustand existiert, sondern gleichsam in ihm steckt. Um den Vergleich mit den Bildern wieder aufzugreifen, könnte man sagen: Ein Bild hat nicht zusätzlich zur Leinwand und den Ölfarbklecksen noch einen Inhalt. Die Art und Weise, wie die Kleckse auf der Leinwand angeordnet sind, gibt ihm einen bestimmten Inhalt und bewirkt, dass es einen bestimmten Gegenstand repräsentiert. In ähnlicher Weise ist eine Idee, verstanden als geistiger Zustand, nicht zusätzlich noch mit einer besonderen Entität verbunden, die ihr einen Inhalt gibt. Ihr Inhalt ist nichts anderes als eine interne Struktur – freilich nicht eine materielle Struktur (im immateriellen Geist kann es nichts Materielles wie Ölfarbkleckse geben), sondern eine formale.[31]

---

28 Dies ist natürlich nur eine Minimalbedingung, denn eine Idee entsteht nicht allein durch die Einwirkung von etwas Äußerem. Andernfalls würde jede Kausalrelation eine intentionale Relation hervorrufen. Wichtig ist, dass auch eine besondere Fähigkeit oder Disposition vorliegen muss, die – wie bereits betont – Descartes zufolge angeboren ist. Daher betont er in *Notae in Programma* (AT VIII-2, 357–358), dass Ideen wie angeborene Krankheiten sind: Sie werden durch die Einwirkung von etwas Äußerem nicht *ex nihilo* hervorgebracht, sondern aktualisiert.

29 Vgl. *Med.* III (AT VII, 41) und *Resp.* II (AT VII, 161).

30 Descartes nennt dies die „objektive" Betrachtungsweise, die er von der „materialen" unterscheidet. Vgl. Vorrede zu den *Med.* (AT VII, 8).

31 In *Resp.* II (AT VII, 160) betont Descartes daher, dass er unter einer Idee nicht einfach den Gedanken als geistigen Zustand versteht, sondern „die Form eines Gedankens, durch deren unmittelbare Perzeption ich mir dieses Gedankens bewusst bin". Konkret heißt dies: Meine Idee von Gott zeichnet sich durch eine interne formale Struktur aus, und indem ich diese Struktur erfasse, bin ich mir dieser Idee bewusst und kann sie von anderen Ideen unterscheiden, die eine andere Struktur aufweisen.

Damit sind die Weichen für eine Erklärung von Wahrnehmungszuständen gestellt. Derartige Zustände sind Descartes zufolge nichts anderes als Ideen, die eine „objektive Realität" oder „Form" aufweisen und sich genau dadurch auf Gegenstände in der materiellen Welt beziehen – im Normalfall genau auf jene Gegenstände, durch die sie verursacht worden sind. Diese Gegenstände werden repräsentiert (und nicht etwa assimiliert), weil sie nur mithilfe von repräsentationalen Vehikeln, d. h. von Ideen als aktuellen Zuständen, vom Geist erfasst werden können. Dies heißt natürlich nicht, dass immer eine korrekte Repräsentation erfolgt. Im Gegenteil: Gerade die Tatsache, dass die repräsentierenden Ideen durch eine Kausalrelation gewonnen werden und diese Relation in vielfacher Weise eingeschränkt oder verfälscht werden kann (z. B. wenn der einwirkende Gegenstand zu weit entfernt ist, wenn er nur bei schwachem Licht oder mit eingeschränkt funktionstüchtigen Augen gesehen wird), hat zur Folge, dass die Ideen materielle Dinge gelegentlich verzerrt oder unvollständig repräsentieren. Doch im Prinzip bieten repräsentierende Ideen einen zuverlässigen Zugang zu den materiellen Gegenständen, ja sie sind der einzige Zugang, den wir zu ihnen haben.

Mithilfe dieses Erklärungsansatzes lässt sich nun eine Lösung für die systematischen Probleme einer Wahrnehmungstheorie finden. Das *Wahrnehmungsobjekt* ist im Rahmen der cartesischen Theorie nichts anderes als ein materieller Gegenstand, insofern er in einer Idee als deren Inhalt (als „objektive Realität") präsent ist. Da es gemäß der mechanistischen Naturphilosophie nur ausgedehnte Körper mit geometrischen und kinematischen Eigenschaften gibt, können nur diese Gegenstände die angemessenen Wahrnehmungsobjekte sein. Diese kurze Antwort wirft aber sogleich zwei Probleme auf. Erstens stellt sich die Frage, wie es sich mit den Sinneseigenschaften – Farbe, Geruch, Geschmack usw. – verhält, die keine geometrischen oder kinematischen Eigenschaften sind. Wenn ich etwa einen Tisch betrachte, sehe ich doch nicht nur das Viereckigsein, sondern auch die Farbe. Nehme ich dann eine Eigenschaft wahr, die der Tisch gar nicht hat? Descartes ist sich dieses Problems bewusst und betont, dass ich in diesem Fall durchaus etwas sehe, aber nichts, was der Gegenstand als eine reale Eigenschaft hat. Ich schreibe ihm aufgrund dessen, was mir in meiner Idee präsent ist, lediglich eine solche Eigenschaft zu. Meine Idee vom Tisch ist daher „dunkel und verworren": Sie repräsentiert nicht die reale geometrische Eigenschaft, die der Tisch hat, sondern eine in mir entstandene Sinneseigenschaft, die ich gleichsam auf den Tisch proji-

ziere.[32] Dadurch werde ich zu einem falschen Urteil über den Tisch verleitet. Will ich eine klare und deutliche Idee vom Tisch gewinnen, muss
ich sorgfältig zwischen der realen Eigenschaft und der Sinneseigenschaft
unterscheiden.

Mit dieser Unterscheidung ist die Frage nach dem Wahrnehmungsobjekt allerdings nicht endgültig beantwortet. Gerade die Unterscheidung
zwischen den so genannten primären und sekundären Qualitäten löste im
17. Jh. eine rege Debatte über das Wahrnehmungsobjekt aus. Hier sollen nicht die Details dieser Debatte dargestellt werden.[33] Wichtig ist an
dieser Stelle nur die Motivation für die Debatte. Wenn die aristotelische
Realismus-These aufgegeben wird, gleichzeitig aber daran festgehalten wird,
dass wir Farben und andere Sinneseigenschaften wahrnehmen, muss zum
einen geklärt werden, welchen ontologischen Status diese Eigenschaften
haben. Sind sie nichts anderes als Inhalte von dunklen und verworrenen
Ideen, also etwas rein Geistiges? Oder kann man sie auch in den materiellen
Gegenständen verorten, wenn auch nicht als basale Eigenschaften, so doch
als höherstufige Eigenschaften? Zum anderen muss auch genauer bestimmt
werden, welchen epistemischen Zugang wir zu den Sinneseigenschaften
haben. Sind sie, verstanden als der Inhalt einer dunklen und verworrenen
Idee, einfach etwas unmittelbar Präsentes, das gleichsam in unserem Geist
aufleuchtet und untrüglich erfasst werden kann? Oder ist hier auch eine
Täuschung möglich?

Die cartesische Erklärung des Wahrnehmungsobjekts wirft noch ein
weiteres Problem auf. Wenn ein Gegenstand nur als Inhalt einer Idee (also als „objektive Realität") erfasst wird, taucht die Frage auf, ob nun ein
Gegenstand in der materiellen Welt oder bloß ein geistiger Inhalt mein
unmittelbares Wahrnehmungsobjekt ist. Sehe ich den Tisch, der vor mir
steht, oder nur die „objektive Realität" des Tisches? Descartes' Antwort würde zweifellos lauten: Ich sehe den materiellen Tisch, aber eben nur indem
ich von ihm eine Idee habe und indem er mir somit als „objektive Realität"
präsent ist. Die Idee ist – technisch gesprochen – nicht der *terminus ad
quem*, sondern nur das *medium quo* einer Wahrnehmung. Doch diese Ant-

---

32 Descartes sagt daher in *Med.* III (AT VII, 43), dass meine Idee dann ein „Nicht-
    Ding als ein Ding" repräsentiert. Das heißt: Ich repräsentiere eine Farbe, die nicht
    eine reale Eigenschaft des Tisches ist, als ob sie eine derartige Eigenschaft wäre.
    Meine Idee ist dann „material falsch", denn sie liefert mir Material für die Bildung
    eines falschen Urteils. Vgl. dazu Perler 2007.

33 Vgl. unten Abschnitt 4 sowie die Beiträge von J. Haag, A. Kemmerling und D. Perler
    in diesem Band.

wort reizte bereits Descartes' Zeitgenossen und unmittelbare Nachfolger zum Widerspruch. Wie, so fragte Malebranche, kann ich behaupten, dass ich den materiellen Tisch unmittelbar sehe, wenn mir doch nur der Inhalt einer Idee unmittelbar präsent ist? Wie kann ich überhaupt annehmen, dass meinem immateriellen Geist etwas Materielles unmittelbar präsent sein kann?[34] Zudem tauchten skeptische Fragen auf. Wie kann ich sicher sein, dass es tatsächlich einen Tisch in der materiellen Welt gibt? Gewissheit habe ich nur von der „objektiven Realität" in meinem Geist, doch diese könnte auch von einer anderen Ursache als dem Tisch – etwa von Gott – hervorgebracht worden sein. Ich kann höchstens annehmen, dass normale Wahrnehmungsbedingungen vorliegen und dass somit tatsächlich der Tisch die Ursache ist. Zu mehr als einer Annahme oder Vermutung bin ich aber nicht berechtigt. Aus diesem Grund war Reid der Auffassung, dass die Ideentheorie nur auf den ersten Blick eine Lösung für wahrnehmungstheoretische Probleme bietet. Bei näherer Betrachtung erweist sie sich als eine skeptische Falle. Sobald nämlich vermittelnde Ideen zwischen den materiellen Gegenständen und dem wahrnehmenden Geist angenommen werden, kann die natürliche Verursachung der Ideen stets angezweifelt werden.[35]

Ebenso wichtig wie die Frage nach dem Wahrnehmungsobjekt ist jene nach dem *Wahrnehmungssubjekt*. Auch hier scheint es zunächst eine einfache Antwort zu geben: Nicht eine mysteriöse Form-Materie-Einheit, sondern der über Ideen verfügende Geist hat Wahrnehmungen. Dieser ist nichts anderes als eine immaterielle, vom Körper real verschiedene Substanz. Descartes betont daher, unter dem Geist als einer denkenden Substanz sei nicht nur etwas Zweifelndes, Bejahendes oder Verneinendes zu verstehen, sondern immer auch etwas Wahrnehmendes (*Med.* II; AT VII, 28). Allerdings greift diese Antwort zu kurz. Zwar ist es in der Tat der Geist, der mithilfe von Ideen etwas wahrnimmt, aber diese können nur entstehen, wenn es auch Sinnesreizungen und Hirnzustände im Körper gibt. Daher kann der Geist nur Wahrnehmungen haben, insofern er mit dem Körper verbunden ist. Descartes präzisiert deshalb, dass man sich den Geist nicht wie einen Schiffer vorstellen darf, der einfach in einem Schiff sitzt. Der Geist ist vielmehr „aufs engste" mit dem Körper verbunden, und Wahrnehmungen können nur adäquat verstanden werden, wenn man die Geist-Körper-Einheit in den Blick nimmt (*Med.* VI; AT VII, 78). Descartes geht sogar

---

34 Vgl. *Recherche de la vérité* III, ii, 1 (OC I, 413–414); dazu Nadler 1992, 66–79, und Pyle 2003, 47–61.

35 Vgl. dazu ausführlich den Beitrag von A. Staudacher in diesem Band.

so weit, dass er den Begriff für diese Einheit als einen nicht reduzierbaren Grundbegriff einführt.[36] Nur mit diesem Begriff, der auf eine funktionale Einheit von körperlichen Zuständen und geistigen Ideen abzielt, lassen sich Wahrnehmungen korrekt beschreiben.

Diese Präzisierungen verdeutlichen, dass die Ersetzung eines hylemorphistischen Erklärungsschemas durch ein dualistisches nicht dem Ziel diente, einen autonomen, vom Körper losgelösten Geist als Wahrnehmungssubjekt einzuführen.[37] Vielmehr sollte der Geist, der stets in Relation zum Körper steht, als Wahrnehmungssubjekt bestimmt werden. Und die Ideen, die dem Geist eine Wahrnehmung ermöglichen, sollten als durch körperliche Zustände ausgelöste Repräsentationen erklärt werden. Ohne Nervenreizungen und Hirnzustände, so lautet die Grundthese, gibt es keine Ideen von materiellen Gegenständen und ihren Eigenschaften.

Allerdings stellt gerade diese Grundthese eine der Hauptschwierigkeiten der cartesischen Ideentheorie dar. Wie können geistige Ideen durch körperliche Zustände ausgelöst werden, wenn Geist und Körper zwei real verschiedene und sogar verschieden geartete Substanzen sind? Wie kann es eine Interaktion zwischen einer denkenden und einer ausgedehnten Substanz geben? Ist es überhaupt plausibel, zwei distinkte Substanzen anzunehmen, die in einer Kausalrelation zueinander stehen? Und ist es generell erforderlich, eine Kausalrelation zu postulieren? In der Auseinandersetzung mit diesen Fragen wurden in der frühen Neuzeit mindestens fünf verschiedene Strategien verfolgt:[38]

1. *Korrelationstheorie:* Die Kausalrelationen zwischen den real verschiedenen Substanzen Körper und Geist sind als nomologisch geregelte Korrelationen zu verstehen. Der Körper wirkt nicht im wörtlichen Sinn auf den Geist ein (und umgekehrt), sondern einem bestimmten körperlichen Zustand ist naturgesetzlich ein bestimmter geistiger Zustand zugeordnet.

---

36 Vgl. Brief an Prinzessin Elisabeth vom 21.5.1643 (AT III, 665).
37 Dies ist gegenüber jenen Interpretationen zu betonen, die bei Descartes eine Auflösung der Person als Körper-Geist-Einheit und damit ein „Ende der Anthropologie" (vgl. Voss 1994) sehen. Vgl. Perler 2002, Alanen 2003, Brown 2006.
38 Meistens wird die erste Position Descartes selbst zugeschrieben (zumindest von jenen Interpreten, die ihm nicht einfach eine mysteriöse Interaktionstheorie unterstellen), die zweite Malebranche, die dritte Spinoza, die vierte Hobbes und die fünfte Leibniz. Die genaue Ausformulierung der jeweiligen Position ist aber umstritten. Vgl. Nadler 1993 und Garber & Wilson 1998.

2. *Occasionalismus:* Weder ein körperlicher noch ein geistiger Zustand ist eine Ursache im strengen Sinn. Die einzige wahre Ursache ist Gott, der gemäß von ihm selbst erlassenen Naturgesetzen immer dann bestimmte geistige Zustände hervorbringt, wenn bestimmte körperliche Zustände als „Gelegenheiten" vorhanden sind (und umgekehrt).

3. *Monismus:* Körperliche und geistige Zustände gehören nicht zwei real verschiedenen Substanzen an, sondern einer einzigen Substanz. Sie fallen innerhalb dieser Substanz jedoch unter unterschiedliche Attribute und können daher nicht in einer Kausalrelation zueinander stehen. Sie sind jedoch naturgesetzlich aufeinander abgestimmt, sodass ein bestimmter körperlicher Zustand immer mit einem bestimmten geistigen Zustand einhergeht (und umgekehrt).

4. *Materialistischer Reduktionismus:* Es gibt streng genommen nur eine Art von Substanz, nämlich den Körper, und folglich auch nur körperliche Zustände. Was uns als geistiger Zustand erscheint, ist in Tat und Wahrheit nichts anderes als ein körperlicher Zustand, der durch die Einwirkung äußerer Gegenstände entsteht. Kausalrelationen können nur zwischen körperlichen Zuständen bestehen.

5. *Idealistischer Reduktionismus:* Es gibt streng genommen nur eine Art von Substanz, nämlich den immateriellen Geist. Was uns als körperlicher Zustand erscheint, ist in Tat und Wahrheit nichts anderes als der Inhalt eines geistigen Zustandes. Dieser Inhalt kann mehr oder weniger klar und deutlich ausgedrückt werden, ist aber streng genommen nicht kausal mit anderen Inhalten verknüpft.

Je nach Position, die man wählt, ergibt sich eine unterschiedliche Bestimmung des Wahrnehmungssubjekts. Natürlich stellen sich dann auch unterschiedliche Folgeprobleme. Wählt man beispielsweise die Korrelationstheorie (wie Descartes selber sie andeutet), kann man an der Position festhalten, dass der Geist das Wahrnehmungssubjekt ist, muss aber präzisieren, nach welchen Gesetzen Geist und Körper miteinander verbunden sind und welche Art von körperlichem Zustand notwendigerweise mit einem geistigen einhergeht. Entscheidet man sich für die monistische Position (wie dies prominenterweise Spinoza tut), muss man von vornherein die These aufgeben, dass eine besondere Substanz das Wahrnehmungssubjekt ist. Es gilt dann zu präzisieren, welche geistigen Zustände innerhalb der einen Substanz das Wahrnehmungssubjekt konstituieren, wie sie mit körperlichen Zuständen einhergehen und wie sie materielle Gegenstände repräsentieren können, auch wenn sie nicht kausal mit diesen verbunden sind. Optiert man für die materialistische Position (wie dies Hobbes vorschlägt), muss man natürlich den Körper als das Wahrnehmungssubjekt bestimmen, gleichzeitig aber erklären, wie er Zustände haben kann, die materielle Gegenstände repräsentieren und somit nicht nur kausale, sondern auch intentionale Eigenschaften haben. Verpflichtet man sich schließlich auf die idealistische Position (wie etwa Leibniz), muss man erklären, wie in einer Wahrnehmung materielle Gegenstände präsentiert werden können, wenn es streng genommen nichts Materielles gibt und wenn folglich auch kein kausaler Input von einem materiellen Gegenstand verarbeitet werden kann. Angesichts dieser verschiedenen Optionen ist es nicht erstaunlich, dass die Frage nach dem Wahrnehmungssubjekt als Eingangstür zu einer umfassenden Debatte über das Körper-Geist-Verhältnis diente.

Die Bestimmung des Wahrnehmungssubjekts hatte unmittelbare Auswirkungen auf die Analyse des *Wahrnehmungsprozesses*. Gemäß dem cartesischen Ansatz muss eine solche Analyse zwei Teile umfassen. Einerseits gilt es im Rahmen einer naturwissenschaftlichen Theorie zu erläutern, wie die Nerven durch materielle Gegenstände gereizt werden und wie Hirnzustände entstehen, die Informationen über die äußeren Gegenstände enthalten. Andererseits muss man auch untersuchen, wie auf dieser Grundlage Ideen im Geist entstehen, welchen Inhalt sie haben und wie dieser Inhalt klarer und deutlicher gemacht werden kann. Problematisch waren im 17. und frühen 18. Jh. nicht so sehr die mechanistischen Annahmen, die der ersten Analyse zugrunde gelegt wurden; alle von der neuen Physik beeinflussten Philosophen stimmten ihnen zu.[39] Zu Diskussionen Anlass gab eher die Frage, in welchem Verhältnis der körperliche und der geistige Teil zueinander stehen (ganz abgesehen davon, dass materialistische Reduktionisten die Existenz eines unabhängigen geistigen Teils bestritten und idealistische Reduktionisten die Existenz eines unabhängigen körperlichen Teils). Legen die körperlichen Prozesse vollständig fest, welche Ideen im Geist entstehen und welchen Inhalt sie haben? Dies würde bedeuten, dass man durch eine naturwissenschaftliche Untersuchung vollständig angeben könnte, welche Ideen entstehen, wenn bestimmte Hirnzustände vorliegen. Oder gibt es im Geist bereits angelegte Strukturen (so genannte „angeborene Ideen"), die bei Bedarf aktualisiert werden können? Dies würde bedeuten, dass der Inhalt der geistigen Ideen nicht einfach durch Hirnzustände festgelegt wird. Vielmehr gibt es im Geist bereits dispositional vorhandene Inhalte, die un-

---

39   Dies schloss freilich nicht aus, dass es einen Dissens über die genauen physiologischen Abläufe gab. Vgl. Duchesneau 1998 und Des Chene 2001.

ter besonderen Bedingungen aktualisiert und bewusst erfasst werden können.[40] Körperliche Prozesse hätten dann nur die Funktion, den Übergang
von einem impliziten zu einem expliziten Inhalt auszulösen. Dann könnte
man durch eine naturwissenschaftliche Analyse natürlich auch nicht erklären, wie der Inhalt einer Idee entsteht; man könnte nur angeben, welche
Bedingungen erfüllt sein müssen, damit ein implizit vorhandener Inhalt
explizit gemacht wird.

   Die Analyse des Wahrnehmungsprozesses wirft auch ein Licht auf die
Wahrnehmungsrelationen, vor allem auf die Relation zwischen Wahrnehmung und Wissen. Wenn nämlich nur durch körperliche und geistige Prozesse Ideen von materiellen Gegenständen gewonnen werden und wenn
Wissen auf solchen Ideen beruht, kann Wissen nur dann entstehen, wenn
zuverlässige Prozesse Ideen generiert haben. Konkret heißt dies: Ich habe
nur dann ein Wissen davon, dass ein viereckiger Tisch vor mir steht, wenn
ich auf zuverlässige Weise eine Idee vom Tisch erworben habe – nicht eine
beliebige Idee, sondern eine klare und deutliche, die den Tisch genau so
repräsentiert, wie er wirklich ist. Angesichts dieser Fundierung von Wissen
durch Ideen ist es nicht erstaunlich, dass Descartes in seiner Erarbeitung
einer Wissenstheorie in drei Schritten vorgeht. In einem ersten Schritt beseitigt er mithilfe eines skeptischen Arguments sämtliche Meinungen, die
ein unsicheres, stets anfechtbares Fundament für Wissen bilden. In einem
zweiten Schritt führt er Gott als Garanten dafür ein, dass wir zuverlässige
geistige Vermögen haben, die es uns erlauben, wahre Meinungen zu bilden.
In einem dritten Schritt zeigt er dann, dass genau die klaren und deutlichen Ideen wahre Meinungen liefern und dass wir in unseren Meinungen
gerechtfertigt sind, wenn wir uns auf diese Ideen beschränken.

   So einfach diese Fundierung von Wissen durch klare und deutliche
Ideen auch erscheint, wirft sie doch zwei grundlegende Probleme auf, die
sämtliche wahrnehmungstheoretischen Debatten im 17. und 18. Jahrhundert beherrschten. Das erste Problem betrifft die bereits erwähnte Frage,
worauf wir uns beziehen, wenn wir eine Idee von einem Gegenstand haben: auf den Gegenstand selbst oder nur auf den Inhalt unserer Idee, d. h.
auf die „objektive Realität"? Für die Wissensproblematik heißt dies: Be-

---

40 Dies ist eines von Leibniz' Hauptargumenten gegen die These, dass körperliche
    Zustände den Inhalt geistiger Zustände festlegen. In *Nouveaux Essais,* Vorwort (ed.
    Holz 1985, xvi; ed. Gebhardt 1962, 52) vergleicht er den Geist mit einem Stück
    Marmor, das immer schon Adern aufweist. Durch eine Politur des Marmors werden
    diese Adern nur sichtbar gemacht und nicht in ihn hineingelegt; vgl. Jolley 1990,
    153–172.

zieht sich unser Wissen, das auf Ideen beruht, auf die Gegenstände in der materiellen Welt oder nur auf den Inhalt unserer Ideen? Können wir nur indirekt ein Wissen von den materiellen Gegenständen gewinnen, nämlich indem wir auf die Ursachen für den Inhalt unserer Ideen schließen? Falls dies zutrifft, können wir nie den Anspruch erheben, ein unmittelbares Wissen von der materiellen Welt zu haben. So darf ich nicht sagen: „Ich weiß, dass ein viereckiger Tisch vor mir steht." Ich darf nur behaupten: „Ich weiß, dass ich eine Idee habe, die einen viereckigen Tisch repräsentiert, und soweit mir bekannt ist, ist diese Idee von einem viereckigen Tisch verursacht worden." Diese einschränkende Aussage gibt sogleich zur Formulierung eines zweiten Problems Anlass, nämlich eines skeptischen: Wie kann ich sicher sein, dass meine Idee tatsächlich von einem viereckigen Tisch verursacht worden ist? Descartes' Antwort würde lauten: Wenn ich eine klare und deutliche Idee habe, kann ich sicher sein, denn eine solche Idee ist aufgrund der göttlichen Wahrheitsgarantie immer korrekt.[41] Doch eine solche Antwort ist nur befriedigend, wenn man erstens davon ausgeht, dass die Klarheit und Deutlichkeit tatsächlich als Wahrheitskriterium dient (und auch als solches erkannt werden kann), und wenn man zweitens annimmt, dass Gott als Wahrheitsgarant existiert. Beide Prämissen sind alles andere als selbst-evident. Daher bleibt die Fundierung von Wissen durch Ideen ein Problem. Oder wie Reid meinte: Die Ideentheorie ist wie ein Trojanisches Pferd. Sie blendet durch ihre scheinbare Unschuld und Schönheit, birgt aber in ihrem Bauch „Tod und Zerstörung", weil sie das Wissen eines sicheren Fundaments beraubt.[42]

Schließlich gilt es die Frage nach den *Wahrnehmungspathologien* in den Blick zu nehmen. Auch auf diese Frage bietet die cartesische Ideentheorie zunächst eine eindeutige Antwort: Pathologien können aufgrund defizienter körperlicher und geistiger Prozesse zwar auftreten, stellen aber kein grundsätzliches Problem dar. Hat man nämlich das Wahrheitskriterium der Klarheit und Deutlichkeit etabliert, kann man die pathologisch entstandenen Ideen, die allesamt nicht klar und deutlich sind, aussondern. Diese Antwort setzt freilich voraus, dass klare und deutliche Ideen untrüglich als solche erfasst werden können (dass eine Idee aufgrund besonderer Wahrnehmungsbedingungen klar und deutlich erscheint, obwohl sie es nicht ist, wird von vornherein ausgeschlossen). Ebenso wird vorausgesetzt, dass

---

41 Vgl. *Med.* III (AT VII, 35) und *Med.* VI (AT VII, 78), wo Klarheit und Deutlichkeit als Wahrheitskriterium bestimmt wird.
42 Vgl. *Inquiry*, 5.8 (ed. Beanblossom & Lehrer, 61); dazu Greco 2004.

die kognitiven Vermögen im Prinzip zuverlässig funktionieren und unter günstigen Bedingungen klare und deutliche Ideen liefern. Natürlich setzt Descartes dies nicht unkritisch voraus. Er beweist ja zuerst die Existenz eines untrüglichen Gottes, der die Menschen mit zuverlässigen kognitiven Vermögen ausstattet. Erst dann führt er das Wahrheitskriterium der Klarheit und Deutlichkeit ein.[43] Doch damit steht und fällt die Ausscheidung pathologischer Fälle mit den Beweisen für die Existenz Gottes. Werden diese Beweise angezweifelt (wofür bereits Descartes' Zeitgenossen gute Gründe anführten), wird auch die Garantie des Wahrheitskriteriums angetastet. Damit wird infrage gestellt, ob es prinzipiell möglich ist, pathologische Fälle von nicht-pathologischen zu unterscheiden.

Wie die bisherigen Ausführungen verdeutlichen, bietet die cartesische Ideentheorie einen Erklärungsansatz für die fünf eingangs erwähnten wahrnehmungstheoretischen Probleme. Dieser Ansatz vermeidet die starken metaphysischen Annahmen des aristotelischen Erklärungsmodells und berücksichtigt den naturwissenschaftlichen Rahmen, der durch die Entstehung der mechanistischen Naturphilosophie geschaffen wurde. Gleichzeitig generiert er aber eine Reihe von neuen Problemen, die Descartes' Zeitgenossen und Nachfolger dazu veranlassten, die Ideentheorie zu erweitern, zu modifizieren oder – wie etwa Reid – zurückzuweisen.

4 Die Unterscheidung zwischen primären und sekundären Qualitäten

Wie wir gesehen haben, muss man Descartes zufolge die realen Eigenschaften der Körper von den sinnlichen Eigenschaften unterscheiden. Zu den realen Eigenschaften gehören geometrische und kinematische Eigenschaften wie Gestalt, Größe, Bewegung, Ausdehnung oder Undurchdringbarkeit; unter die Sinneseigenschaften hingegen fallen Farben, Töne, Geschmäcker, Schmerzempfindungen und dergleichen. Diese Unterteilung entspricht grob der Unterscheidung zwischen primären und sekundären Qualitäten. Es besteht eine weit verbreitete Übereinstimmung, dass diese Unterscheidung für unser Verständnis der physischen Welt und unseren phänomenologischen Platz in ihr unerlässlich ist. Es fällt uns auch nicht schwer, Listen aufzustellen, die einerseits primäre Qualitäten wie

43 Schütt 1996, 195, spricht daher treffend von einer „Erkenntnistheologie", die dazu dient, die Zuverlässigkeit der kognitiven Vermögen nachzuweisen.

etwa Gestalt, Bewegung, Ausdehnung und andererseits sekundäre Qualitäten wie Farben, Töne, Geschmäcker aufführen. Doch fällt es sehr viel weniger leicht anzugeben, worin der Unterschied zwischen primären und sekundären Qualitäten eigentlich besteht.[44]

Die Unterscheidung zwischen zwei Arten von Qualitäten richtet sich gegen den Aristotelismus und verdankt sich der Entstehung der mechanistischen Naturphilosophie. Sie liegt dem überwiegenden Teil der philosophischen Diskussionen um die sinnliche Wahrnehmung seit dem 17. Jahrhundert zugrunde. David Hume zufolge handelt es sich sogar um die grundlegende Unterscheidung der neuzeitlichen Philosophie:

> Das Grundprinzip dieser Philosophie ist die Auffassung bezüglich von Farben, Tönen, Geschmäckern, Gerüchen, Hitze und Kälte. Es besagt, dass diese nichts als Eindrücke im Geist sind, die von der Aktivität äußerer Gegenstände stammen und keine Ähnlichkeit mit den Qualitäten dieser Objekte aufweisen. [...] Ist dieses Prinzip einmal zugestanden, folgen alle anderen Lehren dieser Philosophie daraus mit Leichtigkeit. Denn wenn wir erst einmal die Töne, Farben, die Hitze, die Kälte und die anderen sinnlichen Qualitäten aus dem Bereich des kontinuierlich und unabhängig Seienden entfernt haben, so finden wir uns allein auf das zurückgeworfen, was als primäre Qualitäten bezeichnet wird, als die einzig realen Qualitäten, von denen wir einen angemessenen Begriff bilden können. Diese primären Qualitäten sind Ausdehnung und Solidität zusammen mit deren unterschiedlichen Mischungen und Modifikationen, nämlich Gestalt, Bewegung, Schwere und Kohäsion. (*Treatise* 1.4.4, 149)

Hume behauptet, bei den sekundären Qualitäten handle es sich um nichts weiter als um Eindrücke im Geist. Sekundäre Qualitäten seien gleichsam aus der Materie entfernt und in Ideen oder Eindrücke der Sinne verwandelt worden, die lediglich „im Geist" existieren, nicht jedoch „im Körper". Hume liefert damit zugleich ein Kriterium für die Unterscheidung zwischen primären und sekundären Qualitäten: Während es sich bei sekundären Qualitäten um Ideen im Geist handle, also um Eigenschaften des Wahrnehmungssubjekts, sollen primäre Qualitäten wahrnehmungsunabhängige, objektive Eigenschaften der materiellen Körper sein. Hume glaubt jedoch, dass die neuzeitliche Philosophie auf einem sehr schwachen Fundament ruht. Denn wer über die Unterscheidung nachdenkt, wird seiner Ansicht nach bald darauf stoßen, dass es sich um einen Unterschied handelt, den

---

44 Wie M. Johnston schreibt: „Die fragwürdige Unterscheidung wird besser im Hinblick auf ihre Extension als auf ihre Intension verstanden. Die meisten von uns können unter den beiden Überschriften zwei Listen aufstellen, doch die Grundsätze, nach denen diese Listen erstellt werden, sind umstritten, ja dunkel." (Johnston 1992, 229)

wir *innerhalb* unserer Ideen treffen, nicht zwischen unseren Ideen und den Körpern. Damit verschwindet aber das Unterscheidungskriterium, handelt es sich doch auch bei primären Qualitäten um Ideen im Geist, also um Eigenschaften des Wahrnehmungssubjekts.

Woher stammt die Unterscheidung, die Hume hier so scheinbar beiläufig zur Strecke bringt? Und hat er die richtige Unterscheidung im Visier? In philosophiehistorischen Darstellungen wird oft die folgende Linie gezogen: Galileo Galilei hat die Unterscheidung zwischen primären und sekundären Qualitäten der Sache nach eingeführt und Descartes hat sie von ihm übernommen. Robert Boyle[45] hat diesen Faden aufgenommen und sich ebenso wie sein Briefpartner und Freund John Locke intensiv der Unterscheidung gewidmet.[46] Anschließend haben dann Berkeley und Hume die Unterscheidung aus erkenntnistheoretischen Gründen in Frage gestellt. Es scheint also, als würde sich eine Entwicklungslinie von Galilei zu Hume ziehen lassen. Bei genauerer Betrachtung zeigt sich aber, dass Galilei und Descartes die Unterscheidung zwischen primären und sekundären Qualitäten anders ansetzen als Boyle und Locke. Für die Entwicklung der Wahrnehmungsdebatte ist es wichtig, die von Boyle und Locke stammende *objektive* Auffassung von der durch Galilei und Descartes geprägten *subjektiven* Auffassung zu trennen. Boyle und Locke versuchen zwischen grundlegenden (primären) und abgeleiteten (sekundären) Eigenschaften materieller Körper zu unterscheiden, wobei es sich sowohl bei primären als auch bei sekundären Qualitäten um *objektive* Eigenschaften der materiellen Körper handelt. Demgegenüber geht es Galileo und Descartes um einen Unterschied zwischen Eigenschaften des materiellen Körpers und Eigenschaften des Wahrnehmungs*subjekts*. Vereinfacht gesagt sind gemäß der objektiven Auffassung sekundäre Qualitäten „im Körper", gemäß der subjektiven hingegen „im Geist". Humes Unterscheidungskriterium liegt nun ganz auf der Linie der subjektiven Auffassung. Diesen beiden Auffassungen entsprechend ändern sich die Wahrnehmungstheorien und die Ansichten über

45 Boyle hat seine Auffassung der Unterscheidung vor allem in *The Origins of Forms and Qualities According to the Corpuscular Philosophy* (1666) und *An Introduction to the History of Particular Qualites* (1671) dargelegt (Boyle 1991, 1–96, 97–118). Vgl. dazu Hall 1965, Curley 1972, Alexander 1985 und Anstey 2000.

46 Lockes Diskussion im 8. Kapitel des 2. Buchs des *Essay Concerning Human Understanding* (1689/1690) gilt gemeinhin als philosophischer Bezugspunkt der Unterscheidung. Vgl. auch Jackson 1968, Mackie 1976, Kienzle 1997, Rickless 1997, Wilson 2002. Eine ausführliche Analyse der sekundären Qualitäten bei Locke findet sich im Beitrag von A. Kemmerling in diesem Band.

das Verhältnis der repräsentationalen und sinnlichen oder phänomenalen Aspekte der Wahrnehmung.[47] Nicht zuletzt aufgrund der divergierenden Unterscheidungen zwischen primären und sekundären Qualitäten werden unterschiedliche Wahrnehmungstheorien entwickelt, nämlich eine indirekte, repräsentationalistische Theorie der Sinneswahrnehmung (etwa bei Locke) und eine funktionalistische, nicht-repräsentationalistische Theorie der sinnlichen Eigenschaften der Wahrnehmung (etwa bei Malebranche). Da es sich, wie Hume zu Recht betont, bei der Unterscheidung zwischen primären und sekundären Qualitäten um eine Grundunterscheidung der neuzeitlichen Philosophie der Wahrnehmung handelt, lohnt es sich, die Sache genauer zu betrachten.

Die Unterscheidung zwischen primären und sekundären Qualitäten ist eng in den Kontext der Entstehung der mechanistischen Naturphilosophie und der mit ihr einhergehenden Entwicklung der Naturwissenschaften im 17. Jahrhundert eingebettet. Die der mechanistischen Naturphilosophie zugrunde liegende Auffassung der Materie ist korpuskular, wie in Abschnitt 2 bereits ausgeführt wurde. Die korpuskulare Hypothese findet sich bei allen Autoren, die der mechanistischen Naturphilosophie anhängen.[48] Die neue Naturphilosophie kann weiter auch über ihre Grundanliegen charakterisiert

---

47 Zwei Beispiele für diese unterschiedlichen Tendenzen in der Gegenwartsphilosophie sollen kurz erwähnt werden. Für die objektive Auffassung der sekundären Qualitäten: „Sekundäre Qualitäten umfassen den meisten Aufzählungen zufolge Farbe, Geschmack, Hitze und Kälte, Ton, Geruch und deren spezifische Ausprägungen. Die Auffassung über Farben und möglicherweise auch über andere sekundäre Qualitäten, die ich hier verteidigen möchte, lautet, dass wir gute, wenn auch eher tentative Gründe für die Annahme haben, dass man Farben und anderen sekundären Qualitäten genau dieselbe geistunabhängige Zugehörigkeit zur physikalischen Welt zuschreiben kann wie den primären." (Vision 1982, 126); Für die subjektive Auffassung der sekundären Qualitäten: „Meine These lautet kurz gesagt, dass sekundäre Qualitäten jene Qualitäten der Objekte sind, die in einer bestimmten Relation zu unseren Sinnesvermögen stehen. Grob gesagt handelt es sich um jene Qualitäten, die wir durch bestimmte phänomenale Erfahrungen erfassen können. Anders als einige meinen, gibt es nichts in der Welt (unabhängig von unserem Geist), das die Unterscheidung zwischen primären und sekundären Qualitäten festlegen würde. Eine Theorie der sekundären Qualitäten muss auf Tatsachen beruhen, die unser Erfassen dieser Qualitäten betreffen, letztlich auf Tatsachen über die menschliche Wahrnehmung." (Pasnau, 2006, 568)

48 Freilich darf die mechanistische Naturphilosophie nicht mit einem reduktiven Materialismus identifiziert werden, dem zufolge es nur aus Korpuskeln zusammengesetzte Körper gibt und folglich auch nur körperliche Zustände (vgl. Abschnitt 3). Zwar vertrat Hobbes als ein Exponent der neuen Naturphilosophie einen derart umfassenden metaphysischen Reduktionismus, dass sogar der Geist und Gott aus-

werden. Es handelt sich dabei um vier Anliegen: erstens um die Entwicklung einer Theorie der Materie und ihrer Qualitäten; zweitens um die Entwicklung einer Theorie der Bewegung und der ihr zugrunde liegenden Naturgesetze; drittens um die Erklärung natürlicher Phänomene auf der alleinigen Grundlage der beiden genannten Theorien; viertens schließlich soll das angestrebte Erklärungsmodell der Erklärung der Operationen von Maschinen gleichen, kann doch die Natur selbst als eine große Maschine aufgefasst werden.[49]

Den Eigenschaften oder Qualitäten der korpuskular verstandenen Materie kommt in der mechanischen Naturphilosophie nun eine entscheidende Rolle zu. Auf der ontologischen Ebene sollen diejenigen Qualitäten benannt werden, bei denen es sich um unabtrennbare und intrinsische Eigenschaften von Korpuskeln handelt.[50] Es sind diese Qualitäten, die Boyle als „primäre Qualitäten" oder als „mechanische Qualitäten" bezeichnet. Er nennt „Größe, Form, Bewegung und Ruhe" als wichtigste primäre Qualitäten (Boyle, *Works* III, 292; ders. 1991, 97). Locke zählt unter die primären Qualitäten „Solidität, Ausdehnung, Gestalt, Bewegung, Ruhe und Anzahl" (*Essay* 2.8.9, 135). Gassendi, der sich der Boyleschen Terminologie allerdings nicht bedient, nennt Form, Größe, Fülle, Härte und Unteilbarkeit als primäre Eigenschaften der Atome. Hobbes lässt der Materie nur noch Größe und Bewegung (*Leviathan* 1.9). Diese Qualitäten sind primär, weil alle anderen Qualitäten von ihnen ableitbar sein sollen. Dies kann man entweder so auffassen, dass die abgeleiteten – und deshalb: sekundären – Qualitäten ontologisch vollständig auf die primären Qualitäten reduziert werden können, oder aber auch so, dass sie höherstufige und nicht-reduzierbare Eigenschaften von Körpern sind, die aus Korpuskeln mit primären Qualitäten zusammengesetzt sind. Das ist ein wichtiger

---

gedehnt und körperlich sein müssten. Andere jedoch, wie Descartes oder Boyle, waren lediglich Reduktionisten hinsichtlich der materiellen Welt.

49 Die Mechanik ist folglich die Grundwissenschaft, so dass es keinen interessanten Unterschied zwischen der Naturphilosophie und der Mechanik gibt. Der *locus classicus* dieser Auffassung ist Descartes' *Principia philosopiae* IV, 203 (AT VIII-1, 327–328). Vgl. dazu im Überblick Shapin 1998. Eine wegweisende Abhandlung zur mechanistischen Philosophie ist Gabbey 1985.

50 Locke schreibt über primäre Qualitäten, sie seien „ganz und gar vom Körper untrennbar, in welchem Zustand er sich auch befinden möge; und ebenso verhält es sich mit allen Veränderungen und Wechseln, die er erleidet. Welche Kräfte auch immer auf ihn einwirken mögen, er bleibt diesbezüglich konstant. Und solches finden die Sinne stets in jedem Materiepartikel, der genug Masse hat, um wahrgenommen werden zu können." (*Essay* 2.8.9, 134)

Unterschied. Während etwa Galilei, wie wir noch sehen werden, die subjektive Auffassung vertritt, der zufolge sekundäre Qualitäten vollständig auf
Eigenschaften der Materie reduzierbare Sinneseindrücke sind, vertreten die
Verfechter der objektiven Auffassung wie Boyle und Locke die Ansicht,
bei den sekundären Qualitäten handle es sich um selbständige Eigenschaften von Körpern, die durch unsere Sinnesideen zwar repräsentiert werden,
jedoch nicht mit ihrem Vorhandensein in unserem Geist zusammenfallen.

Trotz des gewichtigen Unterschieds zwischen diesen Auffassungen gilt
in jedem Fall, dass die sekundären den primären Qualitäten ontologisch
nachgeordnet sind. Auf der explanatorischen Ebene sind primäre Qualitäten vorrangig, weil allein aus ihnen erklärt werden soll, welche Wirkungen
ein Körper haben und erleiden kann. Es sind letztlich die primären Qualitäten, die es einem Körper ermöglichen, auf bestimmte Weise auf andere
Körper oder auf die Sinne von Lebewesen einzuwirken. Und es sind die
primären Qualitäten, die Veränderungen des betreffenden Körpers selbst
erklären müssen.[51] Schließlich sind die primären Qualitäten für die Naturgesetze wichtig, handeln diese doch von Relationen zwischen den primären
Qualitäten der Körper.[52] Es ist nun leicht zu sehen, dass die primären
Qualitäten jene Eigenschaften darstellen, die für die vier Grundanliegen
der neuen Naturphilosophie erforderlich sind: Sie sind die grundlegenden Bestandteile einer Theorie der Materie; sie sind Ausgangspunkt einer
Theorie der Bewegung und der ihr zugrunde liegenden Naturgesetze; und

---

51   Vgl. Hume, *Treatise* 1.4.4, 150: „Die Zeugung, das Wachstum, der Zerfall und die
     Auflösung von Tieren und Pflanzen sind nichts weiter als Veränderungen der Gestalt
     und der Bewegung, ebenso die Einwirkungen der Körper aufeinander; und ebenso
     das Feuer, das Licht, das Wasser, die Luft, die Erde und alle anderen Elemente und
     Kräfte in der Natur."

52   Zwischen der ontologischen und der explanatorischen Ebene gibt es einen gewissen
     Widerstreit. Dieser Widerstreit wird erkennbar, wenn man das Problem der Liste
     der primären Eigenschaften betrachtet: Wann ist diese vollständig, welche Qua-
     litäten sind wirklich primär? Betont man den ontologischen Aspekt, so muss es
     eine Liste unabtrennbarer, intrinsischer Eigenschaften der Materie geben. Betont
     man jedoch den explanatorischen Aspekt, dann wären „die primären Qualitäten
     genau jene, die der Naturphilosoph als ausreichend für die Erklärung physika-
     lischer Phänomene erachtet" (Alexander 1985, 131). Unter dem explanatorischen
     Aspekt wären die primären Qualitäten abhängig von der Entwicklung der Physik.
     Die erste Betrachtung unterstreicht den metaphysischen Anspruch der Korpuskel-
     theorie und ist Ausdruck eines metaphysischen Realismus. Die zweite Betrachtung
     betont den hypothetischen Anspruch der Korpuskeltheorie und kann als Ausdruck
     eines internen Realismus betrachtet werden.

sie bieten die Grundlage für eine einheitliche und dem Funktionieren von Maschinen analoge Theorie der natürlichen Phänomene.

Betrachten wir nun die objektive Ansicht der Unterscheidung zwischen primären und sekundären Qualitäten bei Boyle und Locke ein wenig genauer. Sowohl bei den primären als auch bei den sekundären Qualitäten handelt es sich um *Qualitäten*. Was ist darunter zu verstehen? Allgemein ist eine Qualität jede Eigenschaft eines Korpuskels oder eines aus Korpuskeln bestehenden Körpers, kraft derer er einen anderen Körper zu affizieren vermag.[53] Dabei ist es gleichgültig, ob es sich bei dem affizierten Körper um ein Lebewesen mit Sinnesorganen oder um einen leblosen Körper handelt. Diese Kraft oder Disposition verdankt sich entweder den Eigenschaften der Korpuskel oder der Art der Anordnung und Zusammensetzung von Korpuskeln. Kräfte nun, die sich der Zusammensetzung verdanken, sind sekundäre Qualitäten. Ein Korpuskel oder ein Atom haben folglich begriffsanalytisch keine sekundären Qualitäten. Primäre Qualitäten sind fundamentale Eigenschaften von Korpuskeln und folglich von Körpern. Sekundäre Qualitäten resultieren aus der Art der Anordnung und Zusammensetzung der Korpuskeln. Boyle und Locke sprechen hier bisweilen von der „Textur" der Körper.

Die folgende Tabelle gibt einen Überblick über die Aufteilung der primären und sekundären Qualitäten bei Boyle (Anstey 2000, 29; vgl. Boyle 1991, 98).

---

53 Locke schreibt: „Die Kraft eine *Idee* in unserem Geist hervorzubringen, werde ich als *Qualität* des Objekts bezeichnen, dem diese Kraft innewohnt." (*Essay* 2.8.8, 134). Unter „Kraft" kann man sich Dispositionen oder Vermögen denken. Locke zufolge sind sowohl primäre als auch sekundäre Qualitäten solche Dispositionen der Korpuskeln selbst (im Falle der primären Qualitäten) oder aber der Körper als Korpuskelkompositionen (im Falle der sekundären Qualitäten). Es gibt auf den ersten Blick ein Problem damit, dass Locke primäre Qualitäten sowohl als von den Korpuskeln unabtrennbare und intrinsische Eigenschaften als auch als Dispositionen anspricht. Denn offensichtlich ist beispielsweise „Festigkeit" keine Disposition. Locke nennet im Zusammenhang mit „Festigkeit" jedoch auch „Undurchdringbarkeit" (*Essay* 2.4.1, 123), was eine Disposition ist. Man kann bei Locke zwischen den intrinsischen Eigenschaften von Körpern (den primären Qualitäten wie etwa „Festigkeit") und dem Vermögen dieser Körper, die Ideen primärer Qualitäten hervorzurufen (beispielsweise durch deren „Undurchdringbarkeit") unterscheiden, vgl. Mackie 1976, 15–16.

Primäre Qualitäten	Sekundäre Qualitäten	
	manifest[54]	sinnlich
Form Größe Bewegung usw.	*1. Ordnung:* warm/kalt und feucht/trocken *2. Ordnung:* chemische Wirkungen wie die Kraft des Feuers, Wachs zu schmelzen, oder die Kraft des Wassers, Zucker zu lösen *3. Ordnung:* medizinische Wirkungen wie etwa Verdickung des Blutes	Farben Töne Gerüche Geschmäcker

So wie Boyle die Unterscheidung einführt, ist es offensichtlich, dass *sinnliche Qualitäten* eine wenn auch wichtige Untergruppe der sekundären Qualitäten bilden. Neben sie gesellen sich die manifesten Qualitäten. Der wichtigste Aspekt der sinnlichen Qualitäten besteht nicht nur darin, dass sie gegenüber den primären Qualitäten derivativ sind, sondern dass sie im Unterschied zu den manifesten sekundären Qualitäten in naturphilosophischen Kausal- und Gesetzeserklärungen keine Rolle spielen. Sinnliche Qualitäten können bestenfalls erklärt werden, indem sie auf andere Qualitäten zurückgeführt werden, sie selbst erklären innerhalb der mechanistischen Naturphilosophie jedoch nichts.[55]

Was die manifesten Qualitäten betrifft, kann man sich die verschiedenen in der Tabelle aufgeführten Ordnungen wie folgt vorstellen: Ein Apfel

---

54 Der Einfachheit halber wurde der Gegenbegriff zu den manifesten Qualitäten weggelassen, nämlich die *okkulten* Qualitäten, unter denen Boyle etwa den Magnetismus oder die Elektrizität fasst. Die okkulten Qualitäten sind eine dritte Untergruppe der sekundären. Okkulte Qualitäten sind verborgen, sie können im Unterschied zu vielen manifesten und allen sinnlichen Qualitäten nicht direkt am Objekt wahrgenommen werden. Ein wichtiger Punkt ist jedoch, dass okkulte Qualitäten nicht direkt auf die grundlegenden Qualitäten zurückgeführt werden können, sei es aus ontologischen Gründen (wie die Paracelsisten glaubten) oder aus epistemologischen Gründen (wie die Mechanisten meinten). Dieser Umstand widerspricht bei den mechanistischen Naturphilosophen jedoch nicht der These, die sekundären seien gegenüber den primären Qualitäten derivativ. Im Falle von Magnetismus oder Elektrizität stellen sich einfach noch erhebliche Erkenntnisschwierigkeiten, die eine Einsicht in die Wirkungsweisen dieser Phänomene verhindern. Zu den okkulten Qualitäten in der Neuzeit vgl. den für die historische Forschung wegweisenden Artikel von Hutchinson 1982.

55 Dies bedeutet keineswegs, dass sinnliche Qualitäten überhaupt nichts zu erklären vermögen. Wenn beispielsweise jemand nach dem weißen Laken greift, wenn wir ihn bitten, uns das weiße Laken zu reichen, dann lässt sich sein Verhalten natürlich auch daraus erklären, welche Farbe das Laken hat.

kann mehr oder weniger feucht und mehr oder weniger kalt sein (manifeste
Qualitäten 1. Ordnung), er vermag Müsli braun einzufärben (2. Ordnung),
und er regt die Verdauung an und hält bekanntlich den Arzt fern (3. Ordnung). Auffällig ist jedoch, dass die manifesten Qualitäten erster Ordnung,
also die Empfindungen von Wärme und Kälte bzw. von Trockenheit und
Feuchtigkeit, nicht in die Gruppe der sinnlichen Qualitäten fallen. Aus
heutiger Perspektive springt der Umstand natürlich unmittelbar ins Auge,
dass diese konträren Tastwahrnehmungen von den sinnlichen Qualitäten
getrennt aufgeführt sind. Im Kontext des 17. Jahrhunderts jedoch ist vielmehr ein anderer Umstand erstaunlich, nämlich dass diese beiden Kontrast-
paare überhaupt unter die abgeleiteten Qualitäten fallen und nicht selbst
grundlegend sind. Warum? Wie wir bereits gesehen haben (Abschnitt 3),
wenden sich die Vertreter der mechanistischen Naturphilosophie gegen
aristotelische Hintergrundtheorien. Auch Boyles Unterscheidung zwischen
verschiedenen Qualitäten stellt eine Auseinandersetzung mit dem Aristotelismus dar. Er übernimmt zwar die „drei Klassen, in welche die Peripatetiker
gewöhnlich die körperlichen Qualitäten unterteilen" (Boyle 1991, 17; vgl.
Woolhouse 1983, 104–115). Doch mit dieser Übernahme dreht Boyle die
Erklärungsrichtung unter der Hand um. Tatsächlich ist die Unterscheidung
zwischen primären und sekundären Qualitäten terminologisch bereits im
frühen 13. Jahrhundert vertraut.[56] Man unterschied „vier erste Qualitäten,
nämlich Wärme und Kälte, Trockenheit und Feuchtigkeit" und erklärte,
dass etwa infolge der Aktivität des ersten Paares die Sinne affiziert und
sinnliche Qualitäten hervorgebracht werden. Unter die ersten Qualitäten
wurden also das Warme und Kalte, das Feuchte und Trockene als die vier
unvermischten, ursprünglichen, aktiven und sowohl ontologisch wie auch
explanatorisch grundlegenden Qualitäten der *Elemente* gezählt. Von diesen ersten Qualitäten unterschieden sich Qualitäten der einzelnen Körper,
wie etwa Leichte und Schwere, die von den ersten ontologisch und explanatorisch abhängig sind. Boyles Einordnung der Paare Wärme und Kälte,
Trockenheit und Feuchtigkeit unter die sekundären Qualitäten bedeutet
natürlich, dass diese den Status grundlegender Qualitäten verlieren. Dies
stellt eine bemerkenswerte Umkehrung der Erklärungsrichtung und der on-

---

56 Terminologisch als *qualitates primae* oder *primariae* und *secundae* oder *secunda-*
    riae, vgl. Eucken 1879, Baeumcker 1908, MacIntosh 1976. Freilich sollte man
    die neuzeitliche Unterscheidung zwischen primären und sekundären Qualitäten
    auf keinen Fall als bloße Fortführung und Übernahme der scholastische Diskus-
    sion der Primär- und Sekundärqualitäten verstehen, wie es etwa bei Hübner 1989
    geschieht. Vgl. dazu die Diskussion bei Anstey 2000, 20–30.

tologischen Ordnung dar, denn in der aristotelischen Theorie sind die vier
Qualitäten Wärme und Kälte, Trockenheit und Feuchtigkeit das *Explanans*,
in der Boylschen Einteilung jedoch das *Explanandum*. Diese Umkehrung
der Erklärungsrichtung zeigt sich besonders augenfällig in Descartes' früher
Schrift *Le Monde*:

> Wenn Sie es aber seltsam finden, dass ich mich zur Erläuterung dieser Elemente
> nicht, wie es die Philosophen [*die Aristoteliker*] tun, der Qualitäten bediene,
> die man Wärme, Kälte, Feuchtigkeit und Trockenheit nennt: so sage ich Ihnen,
> *dass mir diese Qualitäten selbst erklärungsbedürftig scheinen*; und falls ich mich
> nicht täusche, können nicht nur diese vier Qualitäten, sondern auch alle an-
> deren und sogar alle Formen der unbelebten Körper erklärt werden, ohne dass
> man deswegen in ihrer Materie irgendetwas anderes annehmen muss als die
> Bewegung, die Größe, die Gestalt und die Anordnung ihrer Teile. (*Le Monde*;
> AT XI, 25–26)[57]

Eine mechanistische Erklärung insbesondere von Kälte und Wärme wurde
unter den Anhängern der neuen Naturphilosophie also auch deshalb hervorgehoben, weil sie die scholastischen ersten Qualitäten als ontologisch
und explanatorisch derivativ aufzuweisen vermochte.[58]

Halten wir also fest, dass Boyle unter die sekundären Qualitäten auch
die Wirkungen von Körpern zählt und dass die Sinneseigenschaften nur *eine*
Gruppe von sekundären Qualitäten bilden. Die sekundären Qualitäten sind
folglich von uns unabhängige, höherstufige Eigenschafen der Körper selbst.
Halten wir auch fest, dass Boyle die Unterscheidung zwischen primären und
sekundären Qualitäten im Rahmen einer mechanistischen Naturphilosophie einführt. Halten wir schließlich die anti-aristotelische Umkehrung
der Erklärungsrichtung fest. Es sind dieser Anti-Aristotelismus und das Bemühen um die Etablierung einer neuen Naturwissenschaft, die Boyle mit
Galilei verbinden. Was freilich den ersten Punkt betrifft, setzt Galilei die
Betonung ganz anders. Aggressiv tritt der Anti-Aristotelismus bei ihm zutage. An einer berühmten Stelle in *Der Goldwäger* (*Il Saggiatore; Opere* IV,
347–352) wendet er sich ebenfalls gegen die Annahme, Wärme sei eine
erste Qualität, die den Körpern selbst innewohnen soll, und verweist im

---

57 Zitiert nach der Übersetzung in Descartes 1989, 33.
58 So auch Bacon im *Novum Organon* 2.20 (*Works* IV, 150), vgl. Gaukroger 2001, 142–
    148. So Descartes' Darstellung in *Le Monde* (AT XI, 9–10) und die Erläuterungen
    im Brief an Plempius vom 03.10.1637 (AT I, 413ff.). So Boyle in *The Origins of
    Forms and Qualities According to the Corpuscular Philosophy*: „ ... Wärme (nichts
    anderes als die rege und wirre Ortsbewegung der kleinen Teile eines Körpers)"
    (Boyle 1991, 27).

Anschluss alle Sinnesqualitäten aus dem Reich der Materie. Betrachten wir
Galileis Ausarbeitung genauer.

Galileo beginnt seine Betrachtung mit dem Zweifel, ob dasjenige, was
Wärme genannt wird, tatsächlich eine der Materie innewohnende Qualität
sei. Stellen wir uns nämlich einen Körper vor, so stellen wir uns ihn stets
als begrenzt, mit bestimmter Gestalt, als im Verhältnis zu anderen Körpern
groß oder klein, an einem bestimmten Ort, zu einer bestimmten Zeit, als
bewegt oder ruhend, als andere Körper berührend oder nicht, als einfach
oder komplex vor. Diese Eigenschaften kann selbst die Vorstellungskraft
nicht vom Körper lösen. Dies trifft jedoch nicht auf Farben, Geräusche,
Töne und Gerüche zu, also nicht auf Sinneseigenschaften. Verstand und
Einbildungskraft verfielen ohne die Sinne gar nicht auf den Gedanken, einem Körper solche Eigenschaften zuzuschreiben. Aus dieser Überlegung
folgert Galilei, dass sinnliche Qualitäten – im Hinblick auf den Körper,
dem wir diese zuschreiben – nichts weiter als Namen sind (*non sieno altro
che puri nomi*) und allein dem Wahrnehmungssubjekt innewohnen. Kurz
gesagt: ohne Lebewesen keine sinnlichen Qualitäten. Doch weil wir auch
sie wie die oben genannten, von Körpern unablösbaren Eigenschaften mit
Namen versehen haben, denken wir sie uns als distinkt und real. Anhand
eines Beispiels erläutert Galilei seine Position. Streichen wir mit einer Feder
über eine Person, so wird sie an verschiedenen Stellen etwas verspüren, das
wir „Kitzel" nennen. Doch der Kitzel befindet sich nicht in der kitzelnden
Feder (dort gibt es nur Bewegung und Druck), sondern in der gekitzelten
Person. Ohne das empfindende Wesen bliebe vom Kitzel lediglich der Name
übrig. Galilei verallgemeinert dieses Beispiel und versucht zu zeigen, dass
auch den Qualitäten des Geschmacks, des Geruchs oder der Farbe nicht
mehr Realität zukommt. Die Reizung der unterschiedlichen Sinne erklärt
sich Galilei aus der unterschiedlichen Bewegung und Beschaffenheit kleiner
Materieteilchen und der unterschiedlich durchlässigen Struktur der Sinnesorgane; und entsprechend dieser Beschaffenheit sind einige Empfindungen
angenehm, andere hingegen unangenehm. So hängt der Geschmack davon
ab, wie die Kleinstkörper gestaltet sind, ob es sich um wenige oder viele handelt, und wie schnell sie sich bewegen. Um also Geschmäcker, Gerüche und
Töne in uns zu erzeugen, braucht es nicht mehr, als dass Körper Gestalt,
Anzahl und Bewegung haben. Qualitäten sind losgelöst von Lebewesen
nichts als Namen.

Anders als Boyle und Locke verwendet Galilei die einschlägige Terminologie nicht. In Galileis Darstellung fallen die derivativen (die sekundären)
Qualitäten mit den sinnlichen zusammen. Seiner Auffassung zufolge sind

sinnliche Qualitäten den primären in keiner Weise ähnlich und haben, obwohl sie von den Grundeigenschaften der Materie hervorgerufen werden, keinerlei objektiven Gehalt. Bezeichnend für seine Auffassung des Unterschiedes zwischen primären und sekundären Qualitäten sind deshalb die folgenden Punkte: (1) Galilei führt unter den „primären Qualitäten" nicht nur intrinsische, sondern auch *relationale* Eigenschaften von Körpern auf, wie beispielsweise Lage, Berührung, relative Größe. (2) Bei den „sekundären Qualitäten" konzentriert sich Galilei anders als Boyle ausschließlich auf *sinnliche* Qualitäten. Über diese macht er folgende Aussagen: (2a) Sie können vollständig durch die Beschreibung der materiellen Beschaffenheit der Sinnesorgane und der Gestalt, Anzahl und Bewegung von Materieteilchen ersetzt werden. (2b) Sie haben außerhalb ihres Empfundenwerdens im Wahrnehmungssubjekt keine Existenz in den Körpern. (2c) Die Zuschreibung sinnlicher Qualitäten an externe Körper ist ein Irrtum, den Galilei durch den Umstand erklärt, dass wir sowohl für die primären als auch für die sinnlichen Eigenschaften von Körpern Namen prägen.[59] (3) Die primären Qualitäten der Körper schließlich werden mit der Einbildungskraft und dem Verstand erkannt und existieren wahrnehmungsunabhängig, die sinnlichen Qualitäten hingegen werden mit den Sinnen erfasst, sie existieren ja nur durch die Sinne.

Galileis subjektive Auffassung der Qualitäten unterscheidet sich von der objektiven Auffassung Boyles in einigen der aufgeführten Punkte: (1) Bei primären Qualitäten handelt es sich nicht um relationale Eigenschaften, sondern um intrinsische. (2) Zu den sekundären Qualitäten gehören nicht nur sinnliche, sondern auch manifeste und okkulte. (2a) Sekundäre Qualitäten leiten sich zwar aus primären Qualitäten ab, sie sind jedoch nicht durch Beschreibungen mithilfe primärer Qualitäten ersetzbar. (2b) Sekundäre Qualitäten, auch sinnliche, existieren in den Körpern und unabhängig von ihrem Wahrgenommenwerden. (2c) Die Zuschreibung sinnlicher Qualitäten gegenüber Objekten ist kein Irrtum. (3) Bei Boyle und Locke findet sich keine Zuordnung der beiden Qualitäten zu unterschiedlichen Erkenntnisvermögen.

---

59 Die heutige naturwissenschaftliche Beschäftigung mit sinnlichen Eigenschaften, mit Farben etwa, unterscheidet sich von den Begriffen, Theorien und Mitteln Galileis beträchtlich, doch in einer Hinsicht reichen sich Galilei und heutige Farbwissenschaftler die Hand: Farbe ist eine *psychische* Eigenschaft unserer visuellen Verarbeitung von externen Informationen, und keine *physische* Eigenschaft von Körpern oder des Lichts. Licht mag zwar wahrnehmungsunabhängig unterschiedliche Wellenlängen aufweisen, doch es gibt keine wahrnehmungsunabhängige Farbe.

Um nun den Unterschied zwischen der subjektiven und der objektiven Auffassung zu vertiefen und eine direkte Verbindung zur Wahrnehmungs- und Ideentheorie herzustellen, können wir einen Blick auf Locke werfen. Locke führt, wenn man so will, seine Ideentheorie in Boyles Lehre von den Qualitäten ein (Mackie 1976, 17). Wenn Qualitäten auf unsere Sinne einwirken, so entstehen in unserem Geist Ideen dieser Qualitäten. Die Qualitäten sind folglich nicht im Geist, sondern in den Körpern. Primäre Qualitäten bringen Ideen hervor, die diesen ähnlich sind, sekundäre Qualitäten hingegen nicht. Nehmen wir zur Illustration wiederum einen Apfel. Der Apfel ist aus Korpuskeln zusammengesetzt, die auf bestimmte Weise angeordnet sind. Diesen Korpuskeln verdankt der Apfel seine rundliche Form und seine Ausdehnung. Der Apfel sieht rot aus, riecht süßlich und schmeckt leicht säuerlich, weil seine „Textur" die Disposition hat, in unseren Sinnen bestimmte Wirkungen hervorzubringen und in unserem Geist Ideen von rot, süß und sauer zu erzeugen. Zwar gibt es nichts im Apfel, was seiner von uns gesehenen Farbe oder seinem von uns wahrgenommenen Geschmack ähnlich wäre, doch die sekundären Qualitäten, aufgrund derer der Apfel die entsprechenden Farb- und Geschmacksideen herruft, gehören als Dispositionseigenschaften zum Apfel. Jedoch sieht der Apfel einfach deshalb rund aus, weil er bzw. seine korpuskularen Bestandteile eine bestimmte Form und Ausdehnung haben. Insofern gibt es etwas im Apfel, das unserer Idee seiner Gestalt ähnlich ist. Es wird also deutlich, dass die Unterscheidung zwischen primären und sekundären Qualitäten nicht mit der Unterscheidung „physisch versus sinnlich" oder „objektiv versus subjektiv" gleichgesetzt werden darf. Vielmehr geht es im Rahmen der korpuskularen Naturphilosophie um die Frage, was grundlegende (primäre) und was derivative (sekundäre) Eigenschaften materieller Körper sind (Smith 1990).

Wie seine Vorgänger unternimmt auch Locke den gegen die Aristoteliker gerichteten Versuch, Wärme korpuskular-mechanistisch zu erklären. In einem Drei-Schüssel-Experiment erläutert er, „wie dasselbe Wasser zur selben Zeit die Idee der Kälte in der einen, und die Idee der Wärme in der anderen Hand erzeugen kann" (*Essay* 2.8.21, 139). Wenn wir unsere Hände je in ein Becken mit kaltem und heißem Wasser halten und beide Hände dann in eine dritte Schüssel lauwarmen Wassers eintauchen, so empfinden wir in der einen Hand Wärme, in der zweiten Kälte. Gemäß der Hypothese nun, dass „die Empfindung von Wärme und Kälte nichts weiter als die Zunahme oder Abnahme der Bewegung der kleinen Teilchen unseres Körpers ist", kann dieses Phänomen leicht erklärt werden. Die unterschiedlichen

Temperaturempfindungen werden durch die unterschiedliche Geschwindigkeit der Korpuskeln in unseren Nerven hervorgerufen. Hier soll gezeigt werden, dass die Wärme- und Kälteempfindungen keine realen Eigenschaften des Wassers, sondern Zustände des Körpers des Wahrnehmungssubjekts sind (Curley 1972, 458, Mackie 1976, 22–23, Kienzle 1997, 95f.). Eine anders gelagerte Erklärung für die Wärme gibt Locke mithilfe einer Analogie. Diesmal handelt es sich darum zu zeigen, dass Wärme und Farbe vom Wahrnehmungssubjekt unabhängige, aber keineswegs nicht-derivative Phänomene sind, die von der Anordnung und Bewegung der Korpuskeln abhängen: „Wenn wir also beobachten, dass die heftige Reibung zweier Körper Wärme erzeugt und häufig sogar selbst Feuer, haben wir Grund zur Annahme, dass dasjenige, was wir Wärme oder Feuer nennen, eigentlich die heftige Bewegung der nicht wahrnehmbaren Teilchen der brennenden Materie ist." (*Essay* 4.16.12, 665–666)

Diese beiden Beispiele verwirren auf den ersten Blick. Handelt es sich – wie für Galilei – bei der Wärmeempfindung um etwas, das vom Wahrnehmungssubjekt abhängig ist? Oder um etwas, das wahrnehmungsunabhängig in den Körpern der Außenwelt existiert und lediglich von der korpuskularen Beschaffenheit und vom Zustand dieser Körper abhängt? An dieser Stelle nun kommt die Ideentheorie ins Spiel: „Insofern ein Schneeball über die Kraft verfügt, in uns die Ideen der Weiße, der Kälte und der Rundheit so zu erzeugen, wie sie im Schneeball sind, spreche ich von Qualitäten; insofern es sich aber um Empfindungen oder um Wahrnehmungen in unserem Verstand handelt, spreche ich von Ideen." (*Essay* 2.8.8, 134.) Insofern es sich also um *Ideen* von sekundären oder primären Qualitäten handelt, sind diese „im Geist". Die *Qualitäten* selbst sind jedoch in den Körpern. Die primären Qualitäten sind unabtrennbare, intrinsische Eigenschaften der Korpuskel, die sekundären hingegen Dispositionen einer „bestimmten Masse, Gestalt und Bewegung der nicht wahrnehmbaren Teilchen der Körper" (*Essay* 2.8.15, 137). Denn sekundäre Qualitäten sind „Kräfte, die in uns verschiedene Empfindungen aufgrund der ihnen zugrunde liegenden primären Qualitäten, also durch Masse, Gestalt, Textur und Bewegung der nicht wahrnehmbaren Teilchen der Körper, erzeugen, wie etwa Farben, Töne, Geschmäcker usw." (*Essay* 2.8.10, 135) Entfernt man die Lebewesen, so verschwinden lediglich die Ideen, übrig bleiben die Ursachen der Ideen, nämlich die sekundären Qualitäten. Freilich beschränkt auch Locke die Klasse der sekundären Qualitäten nicht auf *sinnliche*, sondern übernimmt mehr oder minder die Unterteilung von Boyle und fügt deshalb den sekundären Qualitäten eine Unterklasse hinzu, nämlich die kausalen oder dispositionalen Eigenschaften von Körpern, wie etwa „die Kraft des Feuers, eine neue Farbe zu erzeugen, oder die Konsistenz von Wachs oder Lehm aufgrund ihrer primären Qualitäten" (ebd.).

Vergleichen wir nun die Lockesche Ausarbeitung mit derjenigen Galileis: Während Galilei unter die primären Qualitäten vom Körper unabtrennbare sowohl intrinsische als auch relationale Eigenschaften subsumiert, beschränkt sich Locke vorwiegend auf unabtrennbare intrinsische Eigenschaften. Zu den sekundären Qualitäten zählt Locke nicht allein die Wirkungen von Körpern auf die Sinne von Lebewesen (sinnliche Qualitäten), sondern auch die Wirkungen von Körpern auf andere unbelebte Körper (Boyles manifeste Qualitäten). *Ideen* existieren „im Geist" allein, die *Qualitäten* (sowohl sekundäre als auch primäre) existieren als intrinsische oder dispositionale Eigenschaften „in Körpern". Zwar irren wir, wenn wir glauben, das Weiße, das Süße oder die Hitze würden im Schnee, im Apfel oder im Feuer existieren, denn weiß, süß und heiß sind Ideen, die entsprechenden sekundären Qualitäten jedoch schreiben wir den Körpern zu Recht zu. Sie bringen Ideen hervor, ohne diesen jedoch ähnlich zu sein. Die Zuordnung der primären Qualitäten zum Verstand und der sekundären zu den Sinnen schließlich spielt in Lockes Ausarbeitung der Unterscheidung keine Rolle.

Locke und Boyle versuchen also zwischen grundlegenden und von diesen abgeleiteten Qualitäten von Körpern zu unterscheiden. Davon unterschieden sind die Ideen, die im Geist existieren.[60] Indem wir Galilei die entsprechende Terminologie einfach unterstellen, können wir die entscheidende Differenz zwischen dem *subjektiven Ansatz* Galileis und dem *objektiven Ansatz* Lockes wie folgt veranschaulichen. Dies erlaubt es uns nun auch, die Relevanz der Unterscheidung zwischen primären und sekundären Qualitäten für die Wahrnehmungstheorie aufzuzeigen.[61]

---

60 Boyle war sich im Hinblick auf Descartes der Unterschiede dieser beiden Auffassungen wohl bewusst: „The most ingenious Descartes has something concerning some qualitites [. . .] yet I find by turning over the leaves that he has left most of the other qualities untreated of; and of those that are more properly called *sensible*, he speaks but very briefly and generally, *rather considering what they do upon the organs of sense, than what changes happen in the objects themselves to make them cause in us a perception* sometimes of one quality and sometimes of another" (Boyle 1991, 14; unsere Hervorhebung).

61 In der folgenden Gegenüberstellung steht nicht die akkurate Rekonstruktion der Ansichten von Galilei oder Locke im Vordergrund, sondern die idealtypische Rekonstruktion des Zusammenhangs zweier Auffassungen.

Subjektive Auffassung (Galilei)

Externe Körper haben primäre Qualitäten	
↙	↘
Ideen der primären Qualitäten, die diesen ähnlich sind	Sinnesideen, die den primären Qualitäten nicht ähnlich sind und keinen objektiven Gehalt haben

Objektive Auffassung (Locke)

Externe Körper haben	
primäre Qualitäten ⟶	Ideen von primären Qualitäten, die diesen ähnlich sind
sekundäre Qualitäten ⟶	Ideen von sekundären Qualitäten, die diesen nicht ähnlich sind

Für die objektive Auffassung sind die wahrnehmungstheoretischen Konsequenzen gleichsam unmittelbar ersichtlich. Die Lockesche Auffassung führt zu einem indirekten Realismus oder Repräsentationalismus. Unsere Sinnesideen repräsentieren die sie verursachenden primären und sekundären Qualitäten. Nur insofern sie von Qualitäten handeln, haben sinnliche Ideen einen repräsentativen Gehalt. Wenn wir also einen Apfel wahrnehmen, dann deswegen, weil die Qualitäten des Apfels in uns bestimmte Ideen hervorrufen, wovon einige den Qualitäten der Bestandteile des Apfels ähnlich sind, andere hingegen lediglich aufgrund der Anordnung und Beschaffenheit der primären Qualitäten erzeugt werden, worunter etwa die Farbe des Apfels fällt. Aufgrund ihres repräsentationalen Charakters führt uns die Sinneswahrnehmung zur Annahme, die Ideen würden in den Dingen selbst existieren.

Eine wichtige Konsequenz der Galileischen Auffassung ist, dass der Unterschied zwischen primären und sekundären Qualitäten nicht als objektiver Unterschied in den Körpern betrachtet wird. Wenn sekundäre Qualitäten mit Sinnesideen gleichgesetzt und nicht in erster Linie als abgeleitet, sondern als „im Geiste seiend" aufgefasst werden, so verschiebt sich die Unterscheidung zwischen sekundären und primären Qualitäten in Richtung der Unterscheidung zwischen dem Subjektiven und dem Objektiven, dem Materiellen und dem Mentalen. Die Unterscheidung wird dann nicht mehr im Hinblick auf die Körper gezogen, sondern im Hinblick auf die Ideen.[62] Die wahrnehmungstheoretischen Konsequenzen der subjektiven Auffassung hingegen sind zunächst nicht unmittelbar ersichtlich. Was bedeutet es, dass Sinnesideen keinen objektiven Gehalt haben? Handeln sie von nichts? Vertritt ein Verfechter der subjektiven Auffassung eine nicht-repräsentationalistische Theorie der Wahrnehmung? Dies wäre übertrieben. Es trifft aber zu, dass Vertreter dieser Auffassung eine nicht-repräsentationalistische Ansicht *der sinnlichen Eigenschaften der Wahrnehmung* verfechten. Da nämlich sinnliche Eigenschaften wie Farbe, Geruch oder Ton lediglich Affektionen des Wahrnehmungssubjekts sind, repräsentieren sie keine Eigenschaften von Körpern. Ihnen kommt kein objektiver Gehalt zu. Die wirklichen Eigenschaften der Körper werden nicht mit den Sinnen erkannt, sondern mit dem Verstand. Weil die sinnlichen Eigenschaften der Wahrnehmung keinen repräsentationalen Charakter aufweisen, kann dieser auch nicht für die irrtümliche Projektion sinnlicher Eigenschaften auf Körper verantwortlich sein. Im Folgenden soll kurz aufgezeigt werden, wie sich die wahrnehmungstheoretischen Konsequenzen der subjektiven Auffassung bei Malebranche ausnehmen.

Im Rahmen der cartesischen Ideentheorien stellen sinnliche Ideen keine realen Eigenschaften der Körper dar. Wir schreiben den Wahrnehmungsobjekten irrtümlicherweise sinnliche Eigenschaften zu, sie gehören jedoch zum Wahrnehmungssubjekt. Will man eine klare und deutliche Idee von einem Körper gewinnen, muss man sorgfältig zwischen realen und sinnlichen Eigenschaften und folglich auch zwischen den klaren Ideen des Verstandes und den verworrenen Ideen der Sinne unterscheiden. Diese Auffassung wird bei Malebranche radikalisiert. Malebranche zufolge ist der Verstand auf die Natur der Dinge, die Moral und auf Gott gerichtet. Die Sinne hingegen dienen der Selbsterhaltung, denn „sie sind uns zur Erhaltung unseres Körpers gegeben". Die Sinne rufen in der Seele Zustände des Schmerzes und der Lust, gute und üble Geschmacksempfindungen und andere Sinnesideen hervor (*Recherche* II, 5, i; OC I, 76–77). Dadurch sind sie wichtig für die Erhaltung der Gesundheit unsers Körpers. Doch als Repräsentationen der Körper und der Außenwelt sind die Ideen der Sinne systematisch

---

62 Zahlreiche Interpreten lokalisieren die angesprochene Verschiebung im Werk von Berkeley, vgl. Jackson 1968, Alexander 1985, Smith 1992, Bennett 2001 Bd. 2, 148. Zu wenig beachtet wird dabei die Herauslösung der Unterscheidung zwischen sekundären und primären Qualitäten aus dem (teilweise polemischen) Kontext der mechanistischen Naturphilosophie, in dem sie ihre ursprüngliche Arbeit zu leisten hatte.

irreführend, ja „ganz und gar bizarr und von der Wahrheit gar weit weg" (*Recherche* II, 7, v, OC I, 142). Aufgrund der Ideen der Sinne urteilen wir, dass der Himmel blau, die Brise frisch, der Fisch salzig und das Wasser kühl ist. Alles falsch. Die Welt, in der wir leben, ist keinesfalls so, wie wir glauben, denn sie ist überhaupt nicht so, wie wir sie wahrnehmen. Die Sinne enthalten kein Quäntchen Wahrheit oder Genauigkeit (vgl. *Entretiens* I; OC XII, 30). Diese negative Einschätzung gilt alleine im Hinblick auf Überzeugungen, welche die Sinne in uns über die Beschaffenheit der Welt und der Körper hervorrufen, nicht jedoch im Hinblick auf die Funktion der Sinne, einerseits Zustände unseres Körpers und andererseits die Relationen unseres Körpers zu anderen Körpern anzuzeigen, insofern sie der Selbsterhaltung nützlich sind. Die Sinne sind gleichsam die Wächter des Körpers, wie der Traum der Wächter des Schlafes ist, und verrichten ihren Dienst, solange wir die Sinnesideen und Träume nicht für wirkliche Eigenschaften bzw. Ereignisse in der materiellen Welt halten.

Malebranche unterscheidet strikt zwischen den Ideen und den sinnlichen Eigenschaften der Wahrnehmung, die er „Empfindungen" (*sentiments*) nennt (Nadler 1992, Schmaltz 1996, 109 ff.). Farb-, Ton-, Wärme-, Geruchs- oder Schmerzempfindungen sind nichts anderes als Modifikationen des Geistes, d. h. der endlichen, immateriellen Seele. Folglich existieren diese sekundären Qualitäten „im Geist" und nicht in den Körpern. Letzteren kommt allein Ausdehnung (als primäre Qualität) zu. Während Ideen einen repräsentationalen Charakter haben, geht dieser den Empfindungen ganz und gar ab. Während die Idee eines Dreiecks ein Dreieck repräsentiert, repräsentieren Schmerz- oder Farbempfindungen nichts. In der Wahrnehmung aber liegen Ideen und Empfindungen normalerweise vermischt vor:

> Die Empfindung ist eine Modifikation unserer Seele, und es ist Gott, der sie in uns verursacht. [...] Die mit dieser Empfindung verbundene Idee jedoch ist in Gott und wir sehen sie, weil es ihm gefällt sie uns zu enthüllen. Und Gott verbindet die Empfindung mit der Idee, sobald die entsprechenden Objekte präsent sind, damit wir auch an sie glauben. (*Recherche* III, 2, vi; OC I, 445)

Die Idee repräsentiert die reine Ausdehnung eines Körpers. Die mit ihnen verbundenen Sinnesempfindungen hingegen ergießen (wie man mit Farbe auf eine Leinwand malt) die sekundären Qualitäten über die Ausdehnung und machen uns dadurch die Körper verfügbar. Unsere Augen stellen Farben als Oberflächen der Körper dar und unsere Ohren lassen uns Töne hören, als ob diese in der Luft lägen und von Körpern widerhallten (vgl. *Recherche*, Eclaircissement VI; OC III, 55–56). Dies ist in doppeltem Sinne irreführend. Erstens kommen den Körpern diese Qualitäten gar nicht zu. Zweitens stellen die Sinne diese Qualitäten uns so dar, als würden sie Qualitäten von Körpern repräsentieren. Den Sinnesempfindungen korrespondieren gar keine Objekte. Sie existieren „im Geist" als Modifikationen des Geistes (Nadler 1992). Der sinnliche Anteil der Wahrnehmung, die Empfindung, ist also nicht-repräsentationalistisch zu verstehen. Darin besteht der Unterschied der wahrnehmungstheoretischen Konsequenz der subjektiven Auffassung der sekundären Qualitäten gegenüber den entsprechenden Konsequenzen der objektiven Auffassung, die wir bei Locke angetroffen haben.

Ein Problem für Malebranche besteht nun aber darin, dass die Sinne uns die Welt als mit sekundären Qualitäten ausgestattet darstellen. Und wie wir gesehen haben, verbindet Gott Ideen und Empfindungen, wenn Objekte der Außenwelt gegenwärtig sind (vgl. *Recherche* VI, 2, vi; OC III, 152). Malebranche zufolge haben wir zwar eine starke und natürliche Neigung, an die Existenz dieser Objekte zu glauben, doch weil die Sinne hinsichtlich der Wahrheit und Genauigkeit unzuverlässig sind, haben wir keine zwingenden Gründe für den Glauben an ihre Existenz. Einige Kritiker haben aus Malebranches Wahrnehmungstheorie den Schluss gezogen, dass wir uns hinsichtlich *sämtlicher* Qualitäten täuschen könnten, was zu einer radikalen Außenweltskepsis führt.[63] Der Skeptiker Pierre Bayle hat diese Kritik in einem Artikel über „Pyrrho" seines weithin gelesenen *Dictionnaire critique* aufgenommen und in popularisierter Form wie folgt wiedergegeben:

> Der Cartesianismus hat letzte Hand ans Werk gelegt, und unter den guten Philosophen zweifelt niemand mehr, dass die Skeptiker mit ihrer Behauptung recht haben, dass die Eigenschaften der Körper, die unsere Sinne reizen, lediglich Erscheinungen sind. Jeder von uns kann mit Recht sagen *Ich empfinde Wärme in Gegenwart von Feuer,* aber nicht *Ich weiß, dass das Feuer selbst so beschaffen ist, wie es dir erscheint.* Das war der Stil der alten Pyrrhoneer. Heutzutage spricht die neue Philosophie eine bestimmtere Sprache. Die Wärme, der Duft, die Farben usw. sind nicht in den Gegenständen unserer Sinne; sie sind Modifikationen der Seele. Ich weiß, dass die Körper gar nicht so beschaffen sind, wie sie mir erscheinen. Man hätte die Ausdehnung und die Bewegung gern davon ausgenommen, aber man konnte es nicht. Denn wenn uns die Gegenstände der Sinne farbig, warm, kalt, duftend erscheinen, obwohl sie es nicht sind, warum sollten sie nicht ausgedehnt und gestaltet, in Ruhe und in Bewegung erscheinen können, auch wenn sie nichts dergleichen wären? Mehr noch: Die Gegenstände der Sinne können nicht die Ursache meiner Empfindungen sein. Ich könnte also Kälte und Hitze empfinden, Farben, Figuren,

---

63 Insbesondere Simon Foucher in der *Critique de la Recherche de la vérité* (1675).

Ausdehnung, Bewegung sehen, auch wenn es keinen einzigen Körper im Universum gäbe. Ich habe somit keinen überzeugenden Beweis für die Existenz der Körper. (Bayle 2003, 261)

Es ist nicht so sehr die objektive Auffassung der Unterscheidung zwischen primären und sekundären Qualitäten, sondern die subjektive Auffassung und deren wahrnehmungstheoretische Weiterentwicklung, die zum Skeptizismus führt. Über Bayle, Malebranche und Berkeley gelangt die Unterscheidung schließlich zu Hume in jener Form, die wir zu Beginn dieses Abschnitts angetroffen haben. Vor dem Hintergrund von Humes Interpretation der Unterscheidung von primären und sekundären Qualitäten kann nun die gemeinsame Wurzel der fünf eingangs vorgestellten Wahrnehmungsprobleme wie folgt formuliert werden: „Das Problem der Wahrnehmung besteht darin, eine Erklärung der Beziehung der Sinneserfahrung zu den materiellen Objekten zu finden." (Quinton 1965, 497) Gegeben Humes Interpretation, ist die Beziehung zwischen Sinneserfahrungen und materiellen Wahrnehmungsobjekten tatsächlich ein Rätsel: Wie können externe Körper in einem Wahrnehmungssubjekt Sinneserfahrungen hervorbringen, die keinerlei Ähnlichkeit mit den wahrnehmungsunabhängigen, objektiven Eigenschaften dieser Körper aufweisen, kein Korrelat in diesen Körpern haben? Wie kann es uns scheinen, als wären die subjektiven Wahrnehmungseigenschaften wirkliche Eigenschaften der Körper? Allgemein formuliert ist das philosophische Wahrnehmungsproblem eine Spielart des Verhältnisses von Realität und Erscheinung: Inwiefern ist die Welt so, wie sie uns erscheint? Durch die mechanistische Naturphilosophie wird das Wahrnehmungsproblem verschärft, denn nun stehen sich zwei Sichtweisen gegenüber: einerseits unsere natürliche, lebensweltliche, praktische, phänomenale Einstellung, in der die Welt mit manifesten und sinnlichen Eigenschaften bestückt ist, die Wirkungen ausüben und erleiden; andererseits die reflektierte, philosophisch-naturwissenschaftliche, korpuskularistische Sichtweise, in der die materielle Welt nur aus Ausdehnung und Bewegung, aus Kraft und Stoff besteht.

5   Die Spannung zwischen der naiven und der reflektierten Sichtweise

David Chalmers hat die Spannung zwischen diesen Sichtweisen in einem bekannten Mythos zum Ausdruck gebracht (Chalmers 2006). Im Garten Eden hatten Adam und Eva unmittelbaren Kontakt mit der Welt. Die Dinge waren ihnen ohne kausale Zwischenglieder zugänglich und deren Eigenschaften zeigten sich in vollkommener Pracht. Ihre Wahrnehmung eines roten Apfels war die Offenbarung eines roten Apfels. Doch dann kosteten Adam und Eva vom Baum der Sinnestäuschung. Die Dinge zeigten nun zu verschiedenen Zeiten unterschiedliche Farben und Formen, obschon sich die Dinge selbst gleich geblieben waren. Danach kosteten sie vom Baum der Wissenschaften. Ihnen wurde klar, dass etwa im Sehen eines Dinges stets ein kausaler Prozess involviert ist, der seinen Ausgang bei der mikrophysikalischen Oberflächenstruktur des Gegenstands nimmt, zur Retina und von dort nach einer Transduktion durch die Lebensgeister zum Hirn gelangt. Chalmers meint, dass uns unsere Sinne nach wie vor eine Welt von Farben und Formen, von Dingen und Eigenschaften offenbaren, obschon wir um die Argumente von der Sinnestäuschung und das wissenschaftliche Weltbild wissen. Welt und Wahrnehmung treten auseinander. Nicht alle wahrgenommenen Eigenschaften kommen den uns umgebenden Dingen und Lebewesen auch tatsächlich zu, sondern hängen von unserer Wahrnehmung ab. Die Naturwissenschaften lehren uns, dass unsere Sinne Daten einer Welt interpretieren, die uns ganz anders erscheint, als sie in Wirklichkeit ist. Nur mittelbar sind wir in Kontakt mit dieser Welt. Unmittelbar präsent sind uns nur unsere Wahrnehmungen. Allegorisch gesprochen besteht das Wahrnehmungsproblem darin, dass die Sinne uns auch noch nach dem Fall einen Garten Eden zeigen. Der von Chalmers nacherzählte Mythos verschärft das Problem, eine Erklärung der Beziehung der Sinneserfahrung zu den materiellen Objekten zu finden. Denn intuitiv scheint unsere Wahrnehmung gegenüber der Welt unmittelbar offen zu sein, wir haben scheinbar einen direkten Zugang zu den Dingen und ihren Eigenschaften. Doch diese Offenheit wird durch naturwissenschaftliche Theorien und durch unser Nachdenken über Halluzinationen und Illusionen in Frage gestellt.

Die philosophischen Diskussionen zur Wahrnehmung vom 17. Jahrhundert bis heute können als unterschiedliche Reaktionen auf die Existenz dieser zwei sich widerstreitenden Sichtweisen aufgefasst werden. Folgen wir Humes „Galileischer" Unterscheidung zwischen primären und sekundären Qualitäten, so wird deutlich, dass sich die Spannung zwischen der naiven oder gleichsam paradiesischen Sichtweise und der reflektierten, wissenschaftlichen oder nachparadiesischen Sichtweise und die Unterscheidung zwischen Qualitäten, die nur in unserer Wahrnehmung existieren, und Qualitäten, die als wahrnehmungsunabhängige Eigenschaften existieren, in gewisser Weise überschneiden. Es lohnt sich, Humes Analyse dieser Überschneidung genauer zu betrachten.

Hume zufolge behandelt die naive Sichtweise (die Alltagssicht) sämtliche Sinneswahrnehmungen als Eigenschaften der wahrgenommenen Welt, und nicht als Eigenschaften des wahrnehmenden Subjekts. Die Alltagssicht betrachtet also im Extremfall alle sekundären als primäre Qualitäten. Diese Sichtweise entspricht einem naiven Realismus. Neben mir sitzt ein Hund. Ich höre ihn atmen, sein Fell ist schwarz, weiß und braun und es fühlt sich weich und dicht an. Blicke ich zurück auf meinen Rechner und tippe weiter oder verlasse ich das Zimmer, so gehe ich selbstverständlich und stillschweigend davon aus, dass der Hund immer noch hörbar atmet, dass sein Fell die Farben behält und weiterhin weich und dicht ist. Der Realismus dieser Sichtweise besteht darin, dass Dingen, Lebewesen und ihren wahrnehmbaren Eigenschaften eine von uns unabhängige Realität zugesprochen wird. Gemäß dieser Sichtweise nehmen wir sehend, hörend, riechend, schmeckend oder tastend eine von uns unabhängige Realität wahr. Doch ein wenig Überlegung bringt die Alltagssicht ins Wanken. Die situationsbedingte Veränderbarkeit der sinnlichen Eigenschaften von Objekten, Illusionen und Halluzinationen belehren uns schnell eines Besseren. Mit anderen Worten: Man benutzt Veränderungen im Wahrnehmungsobjekt und Wahrnehmungspathologien, um die Alltagssicht zu destabilisieren. Bei Hume findet sich ein knappes Argument, das später als „Argument der Sinnestäuschung" bekannt geworden ist. Hume führt uns gleichsam den Schreibtisch seines Studierzimmers vor Augen, tritt ein paar Schritte zurück und meint: „Der Tisch, den wir sehen, scheint kleiner zu werden, wenn wir uns weiter von ihm entfernen; aber der wirkliche Tisch, der unabhängig von uns existiert, erleidet keine Veränderung: Es war somit nur ein Bild, das dem Geist gegenwärtig war." (*Untersuchung* XII; Hume 1967, 191–192) Das von Hume angeführte Argument besteht aus drei Schritten:

(1) Der wahrgenommene Tisch wird kleiner, wenn wir uns von ihm entfernen.
(2) Der wirkliche Tisch verändert sich nicht.
(3) Dem Geist ist lediglich ein Bild (eine Idee oder Perzeption) des Tisches gegenwärtig.

Diese Kurzversion des Arguments der Sinnestäuschung nimmt ihren Ausgang bei der sicher nicht ungewöhnlichen Beobachtung, dass wir bisweilen Eigenschaften an einem Objekt wahrnehmen, die offenbar nicht zu diesem Objekt gehören bzw. dass wir an ein und demselben Objekt Eigenschaften wahrnehmen, die ihm nicht *zugleich* zukommen können. Man kann Versionen dieses Arguments auf die sinnlichen Qualitäten anwenden. Nehmen wir an, vor uns befinde sich ein bestimmtes Objekt, etwa ein Glas mit Apfelsaft. Es steht tatsächlich vor uns und wir verwechseln es nicht mit etwas Anderem. Ich nehme die gelbliche Farbe des Apfelsaftes wahr. Wenn ich den Apfelsaft aber im Licht einer Natriumdampflampe sehe, erscheint er mir nicht gelblich, sondern weiß. Die Farbe, so könnte man folgern, ist keine Eigenschaft des Saftes, sondern nur die Art und Weise wie mir der Gegenstand erscheint. Worin besteht das Beweisziel des Arguments? Das Argument der Sinnestäuschung wird oft angeführt, um eine Antwort auf die Frage zu geben, was die unmittelbaren Objekte der Wahrnehmung sind: Handelt es sich um Eigenschaften der von uns unabhängigen materiellen Körper oder um von uns abhängige Eigenschaften unserer Wahrnehmung? (Wir erkennen darin unschwer das Problem des Wahrnehmungsobjekts wieder.) Hume beschränkt das Argument jedoch nicht auf sinnliche Qualitäten, sondern erweitert es auf Körper. In seiner Kurzversion zielt das Argument auf die Antwort ab, dass dem Geist lediglich „Bilder" gegenwärtig sind, wenn er wahrnimmt:

> Niemand, der nachdenkt, hat je daran gezweifelt, dass die existierenden Dinge, die wir im Auge haben, wenn wir sagen *dieses Haus und jener Baum*, nichts als Perzeptionen des Geistes und flüchtige Abbilder oder Darstellungen anderer existierender Dinge sind, die sich gleich und selbständig bleiben. (*Untersuchung* XII; Hume 1967, 192).

Es liegt nahe zu behaupten, dass Perzeptionen oder Ideen die Objekte der Wahrnehmung sind. Und da Perzeptionen und Ideen „mentale Entitäten" sind, zeigt das Argument angeblich, dass wir keine materiellen Objekte (den wirklichen Tisch) sehen, sondern geistige Objekte (ein Bild oder Abbild, eine Repräsentation des Tisches). Demzufolge würde das Argument die Ansicht untermauern, die Objekte unserer Wahrnehmung seien geistiger Natur. In der vorliegenden Version kann das Argument jedoch nicht zeigen, dass es sich bei diesem Tisch, den wir sehen, um ein geistiges Objekt handelt, sondern vorrangig, dass der *wahrgenommene* Tisch nicht derselbe ist wie der *wirkliche* Tisch, wobei es sich beim wahrgenommenen Tisch um keine geistige Entität zu handeln braucht. Das wird deutlich, wenn wir das Argument allgemeiner formulieren:

(4) Das wahrgenommene Objekt O1 hat während des Zeitraums t die Eigenschaft E.

(5) Das wirkliche Objekt O2 hat während des Zeitraums t die Eigenschaft E nicht.

(6) Ein Objekt kann während des Zeitraums t nicht die Eigenschaft E sowohl haben als auch nicht haben.

(7) O1 und O2 sind nicht dasselbe Objekt.

Bei O1 kann es sich um den wahrgenommenen Tisch handeln, bei der Eigenschaft E um die sich verändernde Größe oder aber um die sich verändernde Farbe im wechselnden Licht usw. Der Zeitraum t kann einfach jene Zeitspanne umfassen, die Hume benötigt, um sich von seinem Schreibtisch zu entfernen. Die Prämisse (6) ist nichts weiter als eine Formulierung des Satzes vom ausgeschlossenen Widerspruch, die implizit zur Kurzversion des Arguments gehört. Das Argument zeigt also nicht, dass wir Bilder, Perzeptionen oder Ideen wahrnehmen, sondern dass es zwei Objekte gibt, ein wirkliches, d. h. unabhängig vom Geist existierendes Objekt, und ein davon numerisch verschiedenes, wahrnehmungsabhängiges Objekt. Das Argument versucht zu zeigen, dass der wirkliche Tisch keinesfalls das unmittelbare Objekt der Wahrnehmung sein kann. Es existieren sozusagen zwei Tische, ein wirklicher und ein wahrgenommener. Der wirkliche Tisch kann in der Sprache der Korpuskulartheorie beschrieben werden. Er besteht aus Korpuskeln, die als solche lediglich primäre Qualitäten wie Ausdehnung oder Bewegung haben. Der wahrgenommene Tisch kann in unserer Alltagssprache charakterisiert werden, die den Tisch als Gegenstand klassifiziert oder ihn mittels Sinneseigenschaften beschreibt. Den wirklichen Tisch sehen wir nur indirekt, sozusagen via den wahrgenommenen Tisch.

Erst in einem weiteren Schritt kann man folgern, dass das wahrnehmungsabhängige Objekt lediglich „im Geist" existiert. Nun würde es sich bei dem unmittelbaren Objekt der Wahrnehmung um ein geistiges Objekt handeln, also um „flüchtige Abbilder oder Darstellungen anderer existierender Dinge". Das Argument etabliert als Resultat einen indirekten Realismus oder Repräsentationalismus. Dieses Resultat ist gegen die direkte und naive Alltagssicht gerichtet. Hume bezeichnet dieses Resultat als „Theorie der Doppelexistenz" (*the double existence of perceptions and objects*).[64] Dies entspricht der reflektierten nachparadiesischen Sichtweise, die Hume

---

64 Insofern es wahrgenommen wird, hängt das wahrgenommene Objekt vom Geist ab. Aber das bedeutet nicht, dass der Wahrnehmende ein geistiges Objekt wahrnimmt. Dem Geist sind zwar stets nur Ideen (Perzeptionen) gegenwärtig, doch das heißt nicht, dass der Geist Ideen (Perzeptionen) wahrnimmt. In der Kurzversion gelangt Hume auch gar nicht zu dem Schluss, dass der Wahrnehmende geistige Objekte wahrnimmt, sondern er schließt: „Es war somit nur ein Bild [eine Perzeption], das dem Geist gegenwärtig war." Die Formulierung „ist dem Geist gegenwärtig" muss nicht notwendigerweise als „ist ein geistiges Objekt" gelesen werden. Für

als „Philosophensicht" bezeichnet. Die der Korpuskeltheorie anhängenden Philosophen sind nämlich der Ansicht, dass uns nur sinnliche Qualitäten oder sekundäre Qualitäten gegeben seien. Da die sekundären Qualitäten „keine Ähnlichkeit mit den Qualitäten dieser Gegenstände aufweisen", sind die beiden Tische (O1 und O2) radikal voneinander verscheiden. Die Folge der Ernte vom Baum der Sinnestäuschungen besteht darin, zwischen Perzeptionen und Objekten zu unterscheiden, mit anderen Worten: die Doppelexistenzthese zu akzeptieren. Hume zufolge gerät die Philosophensicht jedoch in verschiedene Schwierigkeiten. *Erstens* postuliert sie die Existenz eines wahrnehmungsunabhängigen Objekts (des wirklichen Tischs), über dessen Qualitäten sie jedoch keine Aussagen machen kann, weil dem Geist ja nur das wahrnehmungsabhängige Objekt (der wahrgenommene Tisch) gegeben ist. Der wirkliche Tisch wird zu einem eigenschaftslosen Etwas, das die mysteriöse Fähigkeit besitzt, in uns Sinnesideen hervorzurufen. Was bleibt also vom wirklichen Tisch übrig? Nicht viel, nämlich „nur ein gewisses, unbekanntes Etwas als Ursache unserer Perzeptionen" (*Untersuchung* XII; Hume 1967, 195). *Zweitens* droht der Philosophensicht der Unterschied zwischen geistesabhängigen Eigenschaften wie Farbe, Ton, Geruch, Wärme usw. und unabhängigen Eigenschaften wie Gestalt, Größe oder Bewegung abhanden zu kommen. Beides sind dem Argument zufolge gleichermaßen Eigenschaften des wahrgenommenen Objekts. Der Grundsatz der neuzeitlichen Philosophie besteht ja laut Hume darin, dass alle Eigenschaften wie Härte und Weichheit, Kälte und Wärme nicht zu den Objekten selbst gehören, sondern lediglich Ideen des Geistes sind und keine direkte Entsprechung – wie etwa die Ähnlichkeit – in den Objekten haben. Den Dingen selbst kommen nur primäre Qualitäten wie Ausdehnung oder Undurchdringlichkeit zu. Dies sind wahrnehmungsunabhängige Eigenschaften der Körper. Aber diese primären Qualitäten sind wiederum nur über Wahrnehmungen zugänglich. Da sinnliche Qualitäten Ideen sind, handelt es sich bei den vermeintlich primären Qualitäten ebenfalls um sekundäre. Wenn aber sekundäre Qualitäten dadurch bestimmt sein sollen, dass sie nur „im Geist", d. h. abhängig von einem Wahrnehmungssubjekt existieren, dann bleibt gemäß diesem Unterscheidungskriterium die Menge der primären Qualitäten wiederum leer oder vollkommen unbestimmt. Schließlich scheint *drittens* die natürliche Folgerung der ersten beiden Schwierigkeiten der Philosophensicht der Skeptizismus zu sein: Es

---

Hume bleibt an dieser Stelle die Frage offen, worin das unmittelbare Objekt der Wahrnehmung besteht. Vgl. den Beitrag von M. Wild in diesem Band.

existieren gar keine von unseren Ideen und Perzeptionen unterschiedenen materiellen Objekte. Zerstört sich die These von der Doppelexistenz folglich nicht selbst?

Während also die Alltagssicht naiv dazu tendiert, sämtliche sekundären als primäre Qualitäten aufzufassen, wohnt der Philosophensicht die reflexive Tendenz inne, auch die primären als sekundäre Qualitäten aufzufassen. Für diese philosophische Sichtweise hat Hume nicht viel übrig, weil sie eine falsche Theorie der Doppelexistenz nach sich zieht und ihr eine Tendenz zu einem unheilbaren Skeptizismus innewohnt. Damit könnte Hume der kritischen Auffassung über die Folgen der Unterscheidung von primären und sekundären Qualitäten und hinsichtlich der Vermischung von mechanistischer Naturwissenschaft und korpuskularer Metaphysik durchaus zustimmen, die sich bei dem amerikanischen Philosophen John Dewey findet. Sowohl Dewey als auch Hume identifizieren die Unterscheidung zwischen primären und sekundären Qualitäten mit der Galileischen Auffassung:

> Wenn man die philosophischen Kommentare und Erörterungen durchforscht, findet man eine umfangreiche Diskussion der Tatsache, dass die so genannten sekundären Qualitäten, Farbe, Klang, Geruch, Geschmack, aus der „Realität" eliminiert worden seien. Aber so weit ich sehen kann, wird kein Wort darüber verloren, dass andere sinnliche Qualitäten bei der Definition des Gegenstands der Wissenschaft unter dem Namen der primären Qualitäten beibehalten wurden. Und trotzdem ist diese Beibehaltung die *fons et origo malorum*. [...] Dass man einige Qualitäten los wurde, die man als wesentliche Eigenschaften der natürlichen Dinge angesehen hatte [z. B. *Wärme und Kälte*], während man andere [z. B. *Gestalt oder Größe*] beibehielt, förderte die wirkliche Arbeit der Wissenschaft nicht im geringsten, während es unvermeidlich darauf hin wirkte, einen tiefen Graben und Gegensatz zwischen den Dingen der gewöhnlichen Wahrnehmung, des gewöhnlichen Gebrauchs und Genusses, und den Gegenständen der Wissenschaft zu schaffen, die nach der Tradition die einzig letztlich „realen" Gegenstände waren. Bis zu welchem Ausmaß dieser Gegensatz zum grundlegenden Problem der modernen Philosophie geworden ist, braucht nicht noch einmal erzählt zu werden. [...] Denn den Qualitäten, die aus den wissenschaftlichen Gegenständen vertrieben worden waren, wurde „im Geist" Asyl gewährt; sie wurden ihrer Natur nach mental und psychisch. So entstand das Problem, wie der Geist, der aus solchen Elementen besteht, die nichts mit der Wissenschaft gemein haben, [...] überhaupt imstande ist, aus sich herauszukommen und seine Objekte zu erkennen. (Dewey 1998, 123–124)

Humes und Deweys positiver Konzeption zufolge kommt der Philosophie die Aufgabe zu, die Spannungen zwischen der naiv-alltäglichen und der reflektiert-naturwissenschaftlichen Sichtweise aufzulösen. Ihrer kritischen Konzeption der Philosophie zufolge sollten wir Thesen und Problemstellungen, die zu solchen Spannungen führen, hinter uns lassen oder zumindest nicht ins Zentrum unserer Aufmerksamkeit rücken. Für beide Denker handelt es sich sowohl bei dem Problem eines Gegensatzes „zwischen den Dingen der gewöhnlichen Wahrnehmung, des gewöhnlichen Gebrauchs und Genusses, und den Gegenständen der Wissenschaft" als auch bei dem Problem, „wie der Geist [...] überhaupt imstande ist, aus sich herauszukommen und seine Objekte zu erkennen", um Probleme, die wir besser loswerden oder zumindest nicht besonders hoch veranschlagen sollten. Doch die Spannung zwischen der naiv-alltäglichen und der reflektiert-naturwissenschaftlichen Sichtweise lässt sich nicht einfach umgehen. Wie wir gesehen haben, bündeln sich in der Wahrnehmungsphilosophie zentrale philosophische Probleme und diese Probleme betreffen durchaus das Verhältnis zwischen der alltäglichen und der wissenschaftlichen Sichtweise der Welt einerseits und das Verhältnis zwischen unseren Sinneserfahrungen und den materiellen Gegenständen andererseits. An dieser Stelle kann man wiederum an die objektive Auffassung der Unterscheidung zwischen primären und sekundären Qualitäten denken. Boyle und Locke zufolge handelt es sich um eine Unterscheidung zwischen fundamentalen und derivativen Eigenschaften materieller Objekte. Diese Unterscheidung ziehen sie vor dem Hintergrund der mechanistischen Naturphilosophie, die ein an ontologischen Zutaten sparsames und der Alltagssicht in vielerlei Hinsichten entgegenstehendes Bild der Natur liefert. Ebenso wie die mechanistische Naturphilosophie im 17. und 18. Jh. wirft die moderne Naturwissenschaft nach wie vor philosophische Fragen darüber auf, wo und wie wir die phänomenalen Qualitäten und die intentionalen Inhalte der Wahrnehmung verorten sollen.[65]

6 Methodologische Überlegungen zur Interpretation frühneuzeitlicher Wahrnehmungstheorien

Welche Schlüsse lassen sich aus den bisherigen Ausführungen ziehen? Es ist hoffentlich deutlich geworden, dass das Wahrnehmungsproblem keineswegs ein rein empirisches Problem ist. Empirische Untersuchungen setzen voraus, dass die wahrnehmungstheoretischen Begriffe, mit denen die jeweiligen Daten ausgewertet werden, hinreichend klar sind und zusammen ein

---

65 F. Jackson nennt dies das „Lokalisierungproblem" (Jackson 1998, 5). Vgl. dazu die Beiträge von J. Haag, M. Hampe und A. Kemmerling in diesem Band.

kohärentes Begriffsnetz ergeben. Doch genau die Klärung dieser Begriffe wirft verschiedene Probleme auf, die im ersten Abschnitt vorgestellt wurden. Vor dem Hintergrund der aristotelischen Wahrnehmungstheorie, wie sie im zweiten Abschnitt skizziert worden ist, scheinen die zentralen Problemkomplexe durch die Realismus-These (Wahrnehmungseigenschaften sind reale Eigenschaften in der materiellen Welt), die Hylemorphismus-These (Wahrnehmungsobjekt und -subjekt bestehen aus Form und Materie), die Assimilationsthese (das Wahrnehmungssubjekt gleicht sich dem Wahrnehmungsobjekt an) und die Naturalismus-These (das Wahrnehmungssubjekt ist von Natur aus dazu disponiert, sein Wahrnehmungsvermögen korrekt zu aktualisieren) kontrolliert werden zu können. Die neuzeitliche Kritik an der aristotelischen Hintergrundtheorie, wie sie von Descartes, Hobbes und Boyle im Rahmen der mechanistischen Naturphilosophie etabliert wird, lehnt indessen genau diese Thesen ab und stellt dadurch die Problemkomplexe erneut zur Diskussion. Die frühneuzeitlichen Autoren beschränken sich aber nicht auf eine Kritik, sondern entwickeln mit der Ideentheorie ein neues Instrument zur Lösung der Probleme. Diese Theorie, die im dritten Abschnitt in den Grundzügen vorgestellt worden ist, kann die Problemkomplexe jedoch nur teilweise kontrollieren. Wie wir gesehen haben, bleibt innerhalb des ideentheoretischen Paradigmas vor allem die Frage nach dem Wahrnehmungsobjekt virulent: Sind die Objekte unserer Wahrnehmungen Sinnesideen in einem (immateriellen) Wahrnehmungssubjekt oder handelt es sich um Eigenschaften der (materiellen) externen Körper? Diese Frage stellt sich natürlich besonders hinsichtlich der sekundären Qualitäten. Sowohl die Unterscheidung von primären und sekundären Qualitäten als auch die Frage nach dem Wahrnehmungsobjekt verdeutlicht, dass die wahrnehmungstheoretischen Probleme in der frühneuzeitlichen Philosophie offen und umstritten bleiben, weil eine Spannung zwischen der naiven und der reflektierten Sichtweise besteht: Was in einer *alltäglichen* Betrachtung der Dinge als real und unbezweifelbar erscheint, deckt sich nicht mit dem, was in einer *wissenschaftlichen* Untersuchung als real und experimentell gesichert dargestellt wird.

Wie konnte es zu dieser Spannung kommen? Wie konnte, mit Hume gesprochen, ein Konflikt zwischen der Ansicht der „gewöhnlichen Leute" (*the vulgar*) und der wissenschaftlichen Weltsicht entstehen?[66] Und was war dafür verantwortlich, dass in diesem Konflikt das Wahrnehmungsproblem

---

66 Besonders scharf formuliert Hume diesen Konflikt in der Konklusion zu Buch I des *Treatise*; vgl. dazu Garrett 2006.

immer mehr in den Mittelpunkt rückte? Verschiedene Gründe lassen sich anführen, etwa die Wiederentdeckung antiker Texte (z. B. des Sextus Empiricus)[67] oder die radikale Ausformulierung theologischer Lehren (z. B. der Allmachtslehre, die jede natürliche Kausalrelation und damit auch die natürliche Verursachung von Wahrnehmungszuständen infrage stellte).[68] Eine zentrale Rolle spielte aber sicherlich die Entstehung einer naturwissenschaftlichen Kultur, und zwar nicht nur in dem allgemeinen Sinne, dass sie einen Einfluss auf die philosophischen Debatte ausübte (dies gilt für jede Epoche), sondern in dem spezifischeren Sinne, dass sie die Fragestellungen und Lösungsmodelle der frühneuzeitlichen Autoren unmittelbar prägte. Diese Kultur gilt es in mindestens dreifacher Hinsicht in den Blick zu nehmen, wenn man sich mit Wahrnehmungstheorien des 17. und 18. Jhs. beschäftigt.

Erstens muss die simple, aber entscheidende Tatsache beachtet werden, dass viele Philosophen dieser Zeit selber praktizierende Naturwissenschaftler waren oder sich zumindest intensiv mit den Entdeckungen und Erfindungen empirischer Wissenschaftler beschäftigten.[69] So widmet sich Descartes in *Le Monde* Problemen der Optik, der Physiologie, der Meteorologie und der Astronomie, bevor er sich erkenntnistheoretischen und metaphysischen Fragen im engeren Sinne zuwendet. Hobbes erörtert in *De corpore* eingehend Spezialprobleme der Physik, der Meteorologie und der Physiologie und erläutert vor dem Hintergrund empirischer Studien

---

67 So diskutierte Sextus Empiricus Fälle von Wahrnehmungstäuschungen, die zu der fundamentalen Frage Anlass gaben, ob korrekte Wahrnehmung überhaupt möglich ist und ob es ein Kriterium gibt, um korrekte von unkorrekter Wahrnehmung zu unterscheiden. Daher trug Sextus auch in der Wahrnehmungsdebatte zur Entstehung einer „skeptischen Krise" bei, die gemäß Popkin 2003 für die gesamte frühe Neuzeit charakteristisch ist.

68 Dass theologische Diskussionen die Wahrnehmungsdebatte prägten, zeigt sich deutlich bei Malebranche, der bestreitet, dass ein materieller Gegenstand einen Wahrnehmungszustand hervorrufen kann. Dies wirft natürlich die Frage auf, wie die „gewöhnliche Ansicht", die eine solche Kausalrelation annimmt, noch aufrechterhalten werden kann. Zur methodologischen Funktion der Omnipotenzlehre vgl. Perler & Rudolph 2000, 245–258.

69 Darüber hinaus waren natürlich einige (z. B. Descartes und Leibniz) auch Mathematiker. Da die Mathematik die Instrumente für eine Beschreibung der materiellen Gegenstände und ihrer geometrischen Eigenschaften bereitstellte, wurde sie als wissenschaftliche Grundlagendisziplin betrachtet. Descartes bringt diese Auffassung auf den Punkt, wenn er festhält, dass er „keine anderen Prinzipien in der Physik annimmt als jene der Geometrie oder der abstrakten Mathematik" (*Principia philosophiae* II, 64; AT VIII-1, 78).

eine materialistische Wahrnehmungstheorie. Leibniz diskutiert in der *Hypothesis physica nova* Fragen der Mechanik und entwickelt daraus ein naturphilosophisches Programm. Berkeley knüpft in *An Essay towards a New Theory of Vision* an optische Untersuchungen seiner Zeit an und diskutiert wahrnehmungstheoretische Probleme im Rahmen dieser Untersuchungen. Eine derart enge Verbindung von empirischen und philosophischen Studien lässt sich bei fast allen in diesem Band diskutierten Autoren nachweisen. Dies bedeutet natürlich, dass in der frühen Neuzeit begriffliche Arbeit nicht von empirischer Tätigkeit abgetrennt wurde, sondern im Gegenteil unmittelbar an sie anschloss und sich häufig aus ihr entwickelte. Konkret heißt dies: Descartes untersucht im *Traité de L'Homme* (einem Bestandteil von *Le Monde*) eingehend die Frage, wie im Falle einer visuellen Wahrnehmung Reize rein mechanisch an das Gehirn weitergeleitet werden, wie dort Konfigurationen von so genannten „Lebensgeistern" (Ansammlungen von Korpuskeln) entstehen und wie diese den Geist dazu veranlassen, Ideen von materiellen Gegenständen zu bilden. Diese zunächst rein empirische Betrachtung gibt zu fundamentalen Fragen Anlass: Wie ist es möglich, dass eine bloße Konstellation von Korpuskeln im Gehirn etwas außerhalb des Gehirns repräsentiert? Wie kann aus einer mechanischen Kausalbeziehung eine Repräsentationsbeziehung entstehen? Und wie ist es zu erklären, dass Farben, Gerüche und andere Eigenschaften, die wir normalerweise den materiellen Gegenständen zuschreiben, repräsentiert werden? Wer etwas Grünes sieht, hat doch nicht grüne Korpuskel in seinem Gehirn. Es ist auch nicht empirisch nachweisbar, dass eine Form im aristotelischen Sinne auf sein Gehirn übertragen wird. Welchen Sinn kann man dann einer Aussage wie „Ich sehe etwas Grünes" geben? Ist sie schlichtweg falsch oder bloß irreführend? Wie könnte sie präzisiert oder in eine wissenschaftliche Sprache übersetzt werden? Bereits die Konfrontation von Alltagsaussagen mit empirischen Befunden führt Descartes und nach ihm die meisten frühneuzeitlichen Philosophen dazu, scheinbar triviale Aussagen über Gegenstände und ihre Eigenschaften infrage zu stellen. Denn die Eigenschaften, die sich im Anatomiesaal oder unter dem Mikroskop beobachten lassen, stimmen nicht mit jenen überein, die wir im täglichen Leben den Gegenständen zuschreiben.

Zweitens gilt es auch zu beachten, dass sich die methodischen Ideale der frühneuzeitlichen Philosophen weitgehend an jenen der Naturwissenschaften orientierten. Hume bringt dies deutlich zum Ausdruck, wenn er in der Einleitung zum *Treatise* programmatisch festhält:

Und wie die Wissenschaft vom Menschen die einzige solide Grundlage für die anderen Wissenschaften ist, so muss die einzige solide Grundlage, die wir dieser Wissenschaft geben können, auf Erfahrung und Beobachtung beruhen. (*Treatise*, Einleitung, 4)

Zwei Punkte fallen an dieser Aussage auf. Zum einen betont Hume, dass es ihm um eine *Wissenschaft* vom Menschen geht, nicht etwa um eine anthropologische Betrachtung, die aus theologischen, literarischen oder anderen künstlerischen Quellen schöpft, auch nicht aus philosophischen Texten der Vergangenheit. Sein Vorbild ist die Physik Newtons. Genau wie diese eine Wissenschaft von der Natur ist, die auf gesicherter empirischer Basis und in methodisch kontrollierter Weise Aufschluss über die Struktur der materiellen Welt gibt, soll die Wissenschaft vom Menschen einen Einblick in die Struktur des Menschen geben – in die Genese und Verknüpfung von menschlichen Vorstellungen, Überzeugungen, Emotionen und Handlungen. Dabei soll eine intersubjektiv nachvollziehbare Methode zugrunde gelegt werden. Zum anderen fällt auch auf, dass Hume fordert, die Wissenschaft vom Menschen müsse auf *Erfahrung und Beobachtung* beruhen. Sie darf also nicht von spekulativen metaphysischen Prinzipien ausgehen, auch nicht von der Exegese klassischer Texte, wie dies in der aristotelisch-scholastischen Tradition üblich war. Einzig und allein die Erfahrung, die jeder Mensch für sich machen kann, aber auch die durch eine experimentelle Anordnung kontrollierte Erfahrung, darf die Grundlage bilden. Diese empiristische Forderung ist in dieser zugespitzten Form natürlich nicht von allen frühneuzeitlichen Philosophen geteilt worden. Rationalistische Autoren wie Malebranche oder Spinoza haben auch andere Grundlagen akzeptiert, etwa das rein geistige Erfassen von abstrakten Objekten oder von nicht empirisch beweisbaren Axiomen. Doch auch diese Autoren haben darauf insistiert, dass alle Axiome und Lehrsätze, die nicht-empirisch gewonnen werden, von der Erfahrung zumindest bestätigt werden müssen.[70] Und die zuverlässigste Erfahrung, die intersubjektiv überprüfbar ist und objektiv gemessen werden kann, ist die wissenschaftliche Erfahrung in Form eines Experiments. Daher muss letztendlich alles, was wissenschaftlich über den Menschen ausgesagt wird, unmittelbar auf einem Experiment beruhen oder zumindest durch ein Experiment bestätigt werden können. Wenn dieses methodische Ideal auf die Wahrnehmungsproblematik angewendet wird, entsteht wiederum ein Konflikt zwischen der alltäglichen und der wissenschaftlichen Weltsicht. Im Alltag scheint es nämlich selbstver-

---

70 Zur zentralen Bedeutung, die der Erfahrung beigemessen wurde, vgl. Dear 2006.

ständlich, dass wir materielle Gegenstände mit Eigenschaften wie Farben, Gerüchen und Geschmäcken wahrnehmen. Doch in wissenschaftlichen Experimenten können höchstens korpuskulare Feinstrukturen festgestellt und Schallwellen gemessen werden. Bestenfalls lassen sich die Ergebnisse dieser Messungen in mathematischer Form darstellen. Doch wie verhält sich eine solche Darstellung zu dem, was im Alltag beschrieben wird? Eine mathematische Formel bildet eine Farbe oder einen Geschmack ja nicht im wörtlichen Sinne ab. Noch viel weniger bildet sie den subjektiven Eindruck von einer Farbe oder einem Geschmack ab. Was stellt sie dann dar? Es ist nicht zuletzt die Forderung nach einer wissenschaftlichen, methodisch kontrollierten Darstellung von Wahrnehmungsobjekten und -prozessen, die zu einer Spannung zwischen zwei Weltsichten geführt hat.

Drittens schließlich ist zu beachten, dass die naturwissenschaftliche Kultur auch in institutioneller Hinsicht die philosophischen Debatten der frühen Neuzeit prägte. In dieser Zeit entstanden Gesellschaften (etwa die Royal Society und die Académie française) und Gelehrtenzirkel (etwa der Pariser Zirkel um Mersenne), die sich vorwiegend mit naturwissenschaftlicher Forschung beschäftigten. Die in diesem Band vorgestellten Autoren waren entweder selber Mitglieder dieser Gesellschaften und Zirkel oder standen in regem Kontakt zu deren Mitgliedern. Dies hatte zwei unmittelbare Konsequenzen. Zum einen verloren die traditionellen Universitäten zunehmend an Bedeutung. Autoren wie Descartes, Spinoza und Leibniz lehrten nie an einer Universität, sondern pflegten einen ausgedehnten Briefwechsel mit den führenden Gelehrten und Wissenschaftlern ihrer Zeit. Dies bedeutet mit Blick auf die Wahrnehmungsdebatte, dass diese Autoren sich immer mehr von den universitären Diskussionen entfernten, die sich an der Aristoteles-Exegese (vornehmlich an der Auslegung von *De anima*) orientierten, und sich stattdessen auf die Fragen, Probleme und Erklärungsmodelle konzentrierten, die ihnen von ihren Briefpartnern unterbreitet wurden. Da diese Partner häufig praktizierende Wissenschaftler waren, drehten sich ihre Fragen entsprechend um empirische Modelle.

Zum anderen hatte das zunehmende institutionelle Gewicht außeruniversitärer Zirkel auch zur Folge, dass sich die philosophischen Debatten immer mehr von theologischen abkoppelten. Philosophie wurde ja nicht mehr (oder zumindest nicht exklusiv) an Artistenfakultäten betrieben, die auf die Ausbildung an einer Theologischen Fakultät vorbereiteten, sondern stellte eine intellektuelle Disziplin dar, die keiner anderen Disziplin über- oder untergeordnet war, vor allem nicht der universitären Theologie.[71] Dies heißt natürlich nicht, dass die Theologie vollständig in den Hintergrund trat. Einige der in diesem Band vorgestellten Autoren waren selber Theologen (z. B. Malebranche), andere beschäftigten sich eingehend mit theologischen Fragen (z. B. Leibniz). Und selbstverständlich stellten theologische Lehren weiterhin einen wichtigen Bezugspunkt dar.[72] Aber die universitäre Theologie war für die Autoren des 17. und 18. Jhs. nicht mehr – wie etwa noch für Suárez im späten 16. Jh. – die Leitdisziplin. Dies ist für die wahrnehmungstheoretischen Debatten von unmittelbarer Bedeutung. Wenn sie nämlich nicht mehr in eine christlich geprägte Gottes- und Schöpfungslehre eingebunden werden, können sie sich auch nicht mehr auf übergeordnete theologische Thesen berufen, um philosophische Probleme zu lösen. Konkret heißt dies: Wer in einem theologischen Rahmen diskutierte, konnte die Annahme, dass wir im Prinzip über zuverlässige Wahrnehmung verfügen, mit der These begründen, dass Gott als gütiger Schöpfer jeden Menschen mit einem zuverlässigen Wahrnehmungsvermögen ausstattet. Fällt dieser Rahmen weg, stellt sich sogleich eine skeptische Frage: Welche Garantie haben wir, dass wir tatsächlich über zuverlässige Wahrnehmungsvermögen verfügen? Es ist angesichts dieser Frage nicht erstaunlich, dass skeptische Überlegungen in den frühneuzeitlichen Debatten eine dominante Rolle spielten. Genau diese Überlegungen führten einmal mehr zu einer Spannung zwischen alltäglicher und wissenschaftlicher Weltsicht. Im Alltag wird nämlich nicht daran gezweifelt, dass wir über zuverlässige Wahrnehmungsvermögen verfügen, die uns – abgesehen von lokalen, korrigierbaren Sinnestäuschungen – korrekte Informationen über die materielle Welt liefern. In wissenschaftlicher Sicht können wir aber sehr wohl an der Zuverlässigkeit zweifeln. Wir dürfen uns nicht einfach auf

---

71 Selbstverständlich bestanden die Artistenfakultäten auch im 17. und 18. Jh. fort, und die so genannte Schulphilosophie wurde weiterhin in diesem institutionellen Rahmen praktiziert (vgl. Schobinger 1998, 619–750). Entscheidend ist aber, dass sich innovative philosophische Debatten zunehmend außerhalb dieses Rahmens abspielten und dass vor allem wahrnehmungstheoretische Diskussionen sich vom etablierten Curriculum der Universitäten ablösten. Es entstanden auch zunehmend Publikationsorgane, die unabhängig von universitären Strukturen waren (z. B. das *Journal des savants*); vgl. Tuck 1998.

72 So bildete die bereits erwähnte Omnipotenzlehre, aber auch die Gnadenlehre einen Ausgangspunkt für zahlreiche frühneuzeitliche Debatten und beförderte die „wissenschaftliche Imagination", wie Funkenstein 1986 gezeigt hat. Doch auch diese theologischen Lehren wurden immer mehr aus dem traditionellen universitären Kontext herausgelöst und von Autoren wie Descartes oder Leibniz in einem streng philosophischen Rahmen eingesetzt.

die spekulative Annahme berufen, dass Gott uns im Prinzip vor Irrtümern schützt, sondern müssen die Existenz Gottes erst beweisen oder – falls ein solcher Beweis misslingt – von einem solchen Zuverlässigkeitsgaranten absehen. Dann stellt sich freilich die skeptische Frage in aller Schärfe: Wie lässt sich die alltägliche Annahme, dass wir Gegenstände im Normalfall so wahrnehmen können, wie sie tatsächlich sind, mit der wissenschaftlich nüchternen Feststellung vereinbaren, dass wir über die Beobachtung von Wahrnehmungsprozessen hinaus nichts feststellen können, was den Glauben an zuverlässige Wahrnehmungsvermögen stützt?

Angesichts der engen Verflechtung von naturwissenschaftlicher und philosophischer Kultur darf eine Interpretation frühneuzeitlicher Texte nicht einfach von einer scharfen Trennung von (nicht empirischen) philosophischen und (empirischen) wissenschaftlichen Fragen ausgehen.[73] Warum bestimmte wahrnehmungstheoretische Probleme gestellt wurden und wie sie gestellt wurden, lässt sich häufig erst verstehen, wenn sie in einem größeren Kontext untersucht werden, der physikalische und physiologische Theorien ebenso berücksichtigt wie metaphysische. Will man die frühneuzeitlichen Texte, in denen diese Probleme behandelt werden, angemessen interpretieren, muss man auf mehreren Ebenen ansetzen. Besonders drei Ebenen gilt es zu beachten, auch wenn sie natürlich nicht in jeder Untersuchung – auch nicht in den Einzelbeiträgen dieses Bandes – in gleichem Umfang und mit gleicher Akzentsetzung berücksichtigt werden können. Doch auch wenn je nach Autor und Text die eine oder andere Ebene stärker betont wird, muss ein umfassender Interpretationsrahmen alle drei beinhalten.[74]

Auf einer ersten Ebene muss eine *interne Rekonstruktion* angestrebt werden. Es gilt zu fragen, wie wahrnehmungstheoretische Probleme von den

---

73   Garber 2001, 25, betont mit Bezug auf die frühneuzeitlichen Debatten zu Recht: „… there is no radical distinction between what we call philosophical and what we call scientific." Zum einen floss in die Formulierung philsophischer Fragen nämlich eine Menge an empirischen Annahmen; zum anderen beruhten wissenschaftliche Experimente auf nicht-empirischen Thesen.

74   Dies empfiehlt sich vor allem, um auf der einen Seite eine rein historische (z. B. quellen- oder rezeptionsgeschichtliche) Methode zu vermeiden, die jede systematische Dimension ausblendet, und auf der anderen Seite einer rein systematischen, auf einzelne Argumente konzentrierten Rekonstruktion vorzubeugen, die jeden historischen Kontext ausblendet. Ayers & Garber 1998, 4, betonen in ihrer methodologischen Einleitung zu Recht, „that the historical and the philosophical understanding of a text are not as separable as philosophers have often seemed, from both their practice and their methodological pronouncements, to have supposed."

einzelnen Autoren gestellt werden, von welchen expliziten oder impliziten Voraussetzungen sie dabei ausgehen, welcher Terminologie sie sich bedienen, welche Argumente für oder gegen eine bestimmte Problemlösung sie vorbringen und welche Lösung sie schließlich selber wählen. Bereits auf dieser Ebene muss beachtet werden, dass es kaum so etwas wie „reine" philosophische Probleme gibt, die vollständig von wissenschaftlichen abgetrennt werden können. Denn die frühneuzeitlichen Autoren formulierten die wahrnehmungstheoretischen Probleme (z. B. das bereits oft erwähnte Problem, wie sich sekundäre Qualitäten von primären unterscheiden lassen) ausgehend von physikalischen und physiologischen Untersuchungen, sie entwickelten die Fachterminologie (z. B. die Rede von Attributen und Qualitäten einer Substanz) im Rahmen eines mechanistisch-physikalischen Programms, und sie diskutierten Problemlösungen, die sich in diesen Rahmen einfügten (z. B. die „Verbannung" sekundärer Qualitäten aus dem Bereich der basalen Eigenschaften materieller Gegenstände). Berücksichtigt man diesen Rahmen, zeigt sich nicht nur, welche Lösungen in der frühen Neuzeit zur Debatte standen, sondern ebenso, welche Lösungen *nicht* in Betracht gezogen wurden, ja gar nicht in Betracht gezogen werden konnten.

Auf einer zweiten Ebene muss eine *vergleichende Rekonstruktion* angestrebt werden. Wenn man die wahrnehmungstheoretischen Modelle der einzelnen Autoren in Beziehung zueinander setzt, zeigt sich, dass sie diese in kritischer Auseinandersetzung mit Vorgängermodellen erarbeiteten, teilweise auch im unmittelbaren Dialog mit Zeitgenossen. Ihre jeweilige Position lässt sich häufig erst verstehen, wenn klar ist, welche Schwierigkeiten eines Vorgängermodells sie vermeiden oder beheben wollten und für welche bislang ungelösten Probleme sie eine Lösung anzubieten versuchten. Auch hier gilt es, die philosophischen Debatten in einen größeren – vornehmend naturwissenschaftlichen – Kontext einzubetten, um die besondere Pointe der Kritik an Vorgängermodellen zu verstehen. So wird erst deutlich, worauf Malebranche mit seiner occasionalistischen Erklärung von Wahrnehmungsprozessen abzielt, wenn seine Kritik an der cartesischen Erklärung in den Blick genommen wird. Wie, so fragt Malebranche, kann ein materieller Gegenstand einen Wahrnehmungsprozess verursachen, wenn ein solcher Gegenstand doch nur geometrische Eigenschaften hat? Was keine kausalen Eigenschaften hat, kann doch nichts auslösen, weder im Körper noch im Geist.[75] Entscheidend ist dabei, dass Malebranches eigener Lösungsansatz

---

75   Es geht Malebranche daher nicht nur um die berühmte Interaktion von Geist und Körper, sondern um *jede* Kausalrelation, wie er in *Entretiens sur la métaphysique et*

(nämlich dass Gott die einzige wahre Ursache für alle Ereignisse ist, auch für Wahrnehmungsprozesse), der aus heutiger Sicht merkwürdig oder gar befremdlich erscheint, erst verständlich wird, wenn er vor dem Hintergrund einer konsequent mechanistischen Erklärung der materiellen Welt rekonstruiert wird. Es ist die radikale Anwendung der Grundprinzipien der mechanistischen Physik, die ihn zu einer Kritik am Vorgängermodell und zur Entwicklung eines eigenen Wahrnehmungsmodells geführt hat.

Schließlich muss auf einer dritten Ebene auch eine *systematische Rekonstruktion* angestrebt werden. Es gilt zu fragen, wie überzeugend die Argumente sind, die ein Autor für oder gegen eine bestimmte Position vorträgt, und es gilt zu evaluieren, wie groß die explanatorische Kraft seines Lösungsmodells ist. Von systematischer Bedeutung ist eine Position allerdings nicht nur dann, wenn sie aus heutiger Sicht überzeugend erscheint und sich nahtlos in Gegenwartsdebatten einfügen lässt. Denn frühneuzeitliche Autoren antworten nicht einfach auf heutige Fragen und präsentieren keine Wahrnehmungsmodelle, die sich unvermittelt neben Modelle heutiger Autoren stellen lassen. Sie antworten auf *ihre* Fragen in *ihrem* Kontext, der von der mechanistischen Naturwissenschaft geprägt ist. Freilich sind einige ihrer Fragen auch heute noch relevant, und einige Antworten lassen sich so in eine heutige Sprache übersetzen, dass sie in Gegenwartsdebatten integriert werden können.[76] Doch selbst wenn eine solche Integration nicht möglich ist, sind sie von systematischer Bedeutung. Zum einen ist ein philosophisches Modell nämlich systematisch relevant, wenn es eine kohärente, argumentativ gut begründete und explanatorisch gehaltvolle Lösung für bestimmte Probleme bietet – auch wenn es sich dabei um eine Lösungsstrategie handelt, die heute angesichts eines veränderten naturwissenschaftlichen Rahmens nicht mehr attraktiv erscheint. Zum anderen ist ein solches Modell auch deshalb von systematischem Interesse, weil es Alternativen zu heutigen Lösungsstrategien aufzeigt und damit vor einer „Tyrannei der Gegenwart" befreit, wie D. Garber pointiert festgestellt hat.[77] Wenn man nämlich frühneuzeitliche Modelle rekonstruiert und mit heutigen vergleicht, zeigt sich,

---

sur la religion IV, xi (OC XII–XIII, 96) betont. Vgl. dazu Perler & Rudolph 2000, 18.

76   So knüpfen einige Gegenwartsautoren (z. B. Stroud 2000) direkt an frühneuzeitliche Debatten an, wenn sie das Problem der sekundären Qualitäten diskutieren.

77   Garber 2005, 145: „Realizing how philosophical problems, as well as the very concept of philosophy, have changed over the years can help us free ourselves from the tyranny of the present, essentialism with respect to the notion of philosophy itself."

dass man je nach Diskussionskontext von unterschiedlichen Prämissen ausgehen und zu unterschiedlichen Lösungen gelangen kann, ja dass man sogar
die zu lösenden Probleme unterschiedlich formulieren kann. Es eröffnen
sich dann Alternativen zu heute gängigen Diskussionsstrategien. Deshalb
sind frühneuzeitliche Autoren nicht nur dann systematisch anregend, wenn
sie Positionen vertreten, die heute plausibel erscheinen, und wenn sie Gegenwartsdebatten antizipieren. Sie sind mindestens so anregend, wenn sie
Gegenpositionen präsentieren, die uns heute vielleicht befremdlich erscheinen, und wenn sie dadurch zu einer Reflexion über die Voraussetzungen
philosophischer Erklärungsmodelle herausfordern – Voraussetzungen, die
weit über einzelne philosophische Prämissen hinausgehen und häufig in
der wissenschaftlichen Kultur einer Epoche liegen. Der Reiz bei einer Beschäftigung mit frühneuzeitlichen Theorien liegt nicht zuletzt darin, dass
sie exemplarisch zeigen, wie in einer wissenschaftlichen Kultur bestimmte
philosophische Probleme überhaupt entstehen konnten, mit welchen methodischen Mitteln diese Probleme angegangen und welche Strategien zur
Problembewältigung entwickelt wurden.

Literatur

Primärliteratur

Aristoteles, *De anima*, hrsg. von W. D. Ross, Oxford: Clarendon 1963.
Bacon, F., *Novum Organon*, in: *The Works of Francis Bacon*, hrsg. von J. Spedding et al., London 1861–1874 (Nachdruck Stuttgart/Bad Cannstatt: Frommann-Holzboog 1989), Bd. IV, 1–248.
Bayle, P., *Historisches und kritisches Wörterbuch. Eine Auswahl*, übers. von G. Gawlick und L. Kreimendahl, Hamburg: Meiner 2003.
Berkeley, G., *A Treatise Concerning the Principles of Human Knowledge*, hrsg. von J. Dancy, Oxford & New York: Oxford University Press 1998.
Boyle, R., *Selected Philosophical Papers of Robert Boyle*, hrsg. von M. A. Stewart, Indianapolis, Cambridge: Hackett 1991.
–, *The Works of the Honourable Robert Boyle*, hrsg. von Th. Birch, 6 Bde., London 1772.
Descartes, R., *Oeuvres*, hrsg. von Ch. Adam & P. Tannery (= AT), Paris: Vrin 1981 ff.
–, *Le Monde ou Traité de la Lumière/Die Welt oder Abhandlung über das Licht*, übersetzt von G. M. Tripp, Weinheim: VCH 1989.
Galilei, G., *Il Saggiatore*, in: *Opere di Galileo Galilei*, hrsg. von A. Favaro, Florenz: G. Barbera, 1890–1909 (repr. 1968), Bd. VI, 197–369.
Hobbes, Th., *Leviathan*, hrsg. von R. Tuck, Cambridge: Cambridge University Press 1991.

Hume, D., *A Treatise of Human Nature*, hrsg. von D. F. Norton & M. J. Norton, Oxford & New York: Oxford University Press 2000.
–, *Eine Untersuchung über den menschlichen Verstand*, übers. von H. Herring, Stuttgart: Reclam 1965.
Leibniz, G. W., *Nouveaux Essais sur l'entendement humain*, hrsg. von H. H. Holz, Darmstadt: Wissenschaftliche Buchgesellschaft 1985 (= *Philosophische Schriften* Bd. VI, hrsg. von G. Gebhardt, Berlin: Akademie Verlag 1962).
Locke, J., *An Essay concerning Human Understanding*, hrsg. von P. H. Nidditch, Oxford: Clarendon Press 1975.
Malebranche, N., *De la recherche de la vérité*, hrsg. von G. Rodis-Lewis, *Oeuvres complètes* (= OC) I–III, Paris: Vrin 1991.
Reid, Th., *An Inquiry into the Human Mind and the Principles of Common Sense*, hrsg. von R. E. Beanblossom & K. Lehrer, Indianapolis: Hackett 1983.
Suárez, F., *De anima*, in: *Opera omnia* III, hrsg. von A. D. M. André, Paris: Vivès 1856.
Thomas von Aquin, *Summa theologiae*, hrsg. von P. Caramello, Turin & Rom: Marietti 1961.

Sekundärliteratur

Alanen, L., *Descartes's Concept of Mind*, Cambridge, Mass.: Harvard University Press 2003.
Alexander, P., *Ideas, Qualities and Corpuscles – Locke and Boyle on the External World*, Cambridge: Cambridge University Press 1985.
Anstey, P. R., *The Philosophy of Robert Bolye*, London & New York: Routledge 2000.
Ariew, R., *Descartes and the Last Scholastics*, Ithaca & London: Cornell University Press 1999.
Ariew, R. & Gabbey, A., „The Scholastic Background", in: Garber & Ayers 1998, 425–453.
Baeumker, C. „Zur Vorgeschichte zweier Lockescher Begriffe", *Archiv für Geschichte der Philosophie* 21 (1907–08), 492–517.
Bennett, J., *Learning from Six Philosophers – Descartes, Spinoza, Leibniz, Locke, Berkeley, Hume*, 2 Bde., Oxford: Oxford University Press 2001.
Brown, D. J., *Descartes and the Passionate Mind*, Cambridge & New York: Cambridge University Press 2006.
Burnyeat, M. F., „Aquinas on 'Spiritual Change' in Perception", in: *Ancient and Medieval Theories of Intentionality*, hrsg. von D. Perler, Leiden: Brill 2001, 129–153.
Chalmers, D., „Perception and the Fall from Eden", in: *Perceptual Experience*, hrsg. von T. Szabo Gendler und J. Hawthorne, Oxford: Oxford University Press 2006, 49–125.
Curley, E. M. „Locke, Boyle, and the Distinction between Primary and Secundary Qualitites", *Philosophical Review* 81 (1972), 439–442.

Dear, P., „The Meanings of Experience", in: *The Cambridge History of Science*, hrsg. von K. Park & L. Daston, Cambridge: Cambridge University Press 2006, 106–131.

Des Chene, D., *Physiologia. Natural Philosophy in Late Aristotelian and Cartesian Thought*, Ithaca & London: Cornell University Press 1996.

–, *Life's Form. Late Aristotelian Conceptions of the Soul*, Ithaca & London: Cornell University Press 2000.

–, *Spirits & Clocks. Machine & Organism in Descartes*, Ithaca & London: Cornell University Press 2001.

Dewey, J., *Die Suche nach Gewissheit. Eine Untersuchung des Verhältnisses von Erkenntnis und Handeln*, Frankfurt a. M.: Suhrkamp 1998.

Dretske, F., „Meaningful Perception", in: *Visual Cognition*, hrsg. von S. Kosslyn & D. N. Osherson, Cambridge, Mass.: MIT Press 1995, 331–352.

Duchesneau, F., *Les modèles du vivant de Descartes à Leibniz*, Paris: Vrin 1998.

Eucken, R., *Geschichte der philosophischen Terminologie in Umrissen*, Leipzig 1879 (Nachdruck Hildesheim: Georg Olms 1964).

Funkenstein, A., *Theology and the Scientific Imagination from the Middle Ages to the Seventeenth Century*, Princeton: Princeton University Press 1986.

Gabbey, A., „The Mechanical Philosophy and its Problems. Mechanical Explanations, Impenetrability and Perpetual Motion", in: *Change and Progress in Modern Science*, hrsg. von J. C. Pitt, Dordrecht: Riedel 1985, 9–84.

–, „Henry More and the Limits of Mechanism", in: *Henry More (1614–1687)*, hrsg. von S. Hutton, Dordrecht: Kluwer 1990, 19–35.

Garber, D., *Descartes' Metaphysical Physics*, Chicago & London: Chicago University Press 1992.

–, *Descartes Embodied. Reading Cartesian Philosophy through Cartesian Science*, Cambridge: Cambridge University Press 2001.

–, „What's Philosophical about the History of Philosophy?", in: *Analytic Philosophy and History of Philosophy*, hrsg. von T. Sorell & G. A. J. Rogers, Oxford: Clarendon Press 2005.

Garber, D. & Ayers, M., *The Cambridge History of Seventeenth-Century Philosophy*, Cambridge: Cambridge University Press 1998.

Garber, D. et al., „New Doctrines of Body and its Powers, Place, and Space", in: Garber & Ayers 1998, 553–623.

Garber, D. & Wilson, M., „Mind-Body Problems", in: Garber & Ayers 1998, 833–867.

Garrett, D., „Hume's Conclusions in 'Conclusions of this Book'", in: *Hume's Treatise*, hrsg. von S. Traiger, Oxford: Blackwell 2006, 151–175.

Gaukroger, S., *Francis Bacon and the Transformation of Early-Modern Philosophy*, Cambridge: Cambridge University Press 2001.

–, *Descartes' System of Natural Philosophy*, Cambridge & New York: Cambridge University Press 2002.

Greco, J., „Reid's Reply to the Skeptic", in: *The Cambridge Companion to Thomas Reid*, hrsg. von T. Cuneo & R. van Woudenberg, Cambridge & New York: Cambridge University Press 2004, 134–155.

Hall, M. B., *Robert Boyle on Natural Philosophy*, Bloomington, Ind.: Indiana University Press 1965.

Hatfield, G., „The Cognitive Faculties", in: Garber & Ayers 1998, 953–1002.

Hübner, W., „Primäre und sekundäre Qualitäten", in: *Historisches Wörterbuch der Philosophie*, hrsg. von J. Ritter & K. Gründer, Bd 7: P-Q, Basel: Schwabe 1989, 1758–1766.

Hutchinson, K., „What Happenend to the Occult Qualities in the Scientific Revolution?", *Isis* 73 (1982), 233–253.

Jackson, F., *From Metaphysics to Ethics. A Defence of Conceptual Analysis*, Oxford: Oxford University Press 1998.

Jackson, R., „Locke's Distinction Between Primary and Secondary Qualities", in: *Locke and Berkeley: A Collection of Critical Essays*, hrsg. von C. B. Martin und D. M. Armstrong, New York: Doubleday 1968, 53–77 (*Mind* 38, 1929).

Johnston, M., „How to Speak of the Colors", *Philosophical Studies* 68 (1992) 221–263.

Jolley, N., *The Light of the Soul. Theories of Ideas in Leibniz, Malebranche, and Descartes*, Oxford: Clarendon 1990.

Joy, L. S., „Scientific Explanation from Formal Causes to Laws of Nature", in: Park & Daston 2006, 70–105.

Kargon, R. H., *Atomism in England from Harriot to Newton*, Oxford: Clarendon Press 1966.

Kemmerling, A., *Ideen des Ichs. Studien zu Descartes' Philosophie*, Frankfurt a. M.: Suhrkamp 1996.

Kienzle, B., „Primäre und sekundäre Qualitäten. Essay II.viii.7–28", in: *John Locke, Versuch über den menschlichen Verstand*, hrsg. von U. Thiel, Berlin: Akademie-Verlag 1997, 89–117.

MacIntosh, J. J. „Primary and Secundary Qualities", *Studia Leibnitiana* 8 (1976), 88–104.

Mackie, J. L., *Problems from Locke*, Oxford: Oxford University Press 1976.

Mercer, Ch., „The Vitality and Importance of Early Modern Aristotelianism", in: *The Rise of Modern Philosophy*, hrsg. von T. Sorell, Oxford: Clarendon 1993, 33–67.

Michael, E. & Michael, F. S., „Corporeal Ideas in Seventeenth-Century Psychology", *Journal of the History of Ideas* 90 (1989), 31–48.

Nadler, S., *Malebranche and Ideas*, Oxford & New York: Oxford University Press 1992.

–, „Doctrines of Explanation in Late Scholasticism and in the Mechanical Philosophy", in: Garber & Ayers 1998, 513–552.

– (Hrsg.), *Causation in Early Modern Philosophy*, University Park: Pennsylvania State University Press 1993.

Park, K. & Daston, L. (Hrsg.), *The Cambridge History of Science. Vol. 3: Early Modern Science*, Cambridge & New York: Cambridge University Press 2006.

Pasnau, R., *Theories of Cognition in the Later Middle Ages*, Cambridge: Cambridge University Press 1997.

–, „Human Nature", in: *The Cambridge Companion to Medieval Philosophy*, hrsg. von A. S. McGrade, Cambridge & New York: Cambridge University Press 2003, 208–230.

–, „A Theory of Secondary Qualities", *Philosophy and Phenomenological Research* 73 (2006) 568–591.

Perler, D., *Repräsentation bei Descartes*, Frankfurt a. M.: Klostermann 1996.

–, *Theorien der Intentionalität im Mittelalter*, Frankfurt a. M.: Klostermann 2002 (= 2002a).

–, „Aristotelismus in der frühen Neuzeit", *Philosophische Rundschau* 49 (2002), 273–289 (= 2002b).

–, „Descartes' Transformation des Personenbegriffs", in: *Die autonome Person – eine europäische Erfindung?*, hrsg. von K.-P. Köpping, M. Welker, R. Wiehl, München: Fink 2002, 141-161 (= 2002c).

–, *Zweifel und Gewissheit. Skeptische Debatten im Mittelalter*, Frankfurt a. M.: Klostermann 2006.

–, „Descartes über Farben", in: *Farben. Betrachtungen aus Philosophie und Naturwissenschaften*, hrsg. von J. Steinbrenner & S. Glasauer, Frankfurt a. M.: Suhrkamp 2007, 17–41.

Perler, D. & Rudolph, U., *Occasionalismus. Theorien der Kausalität im arabisch-islamischen und im europäischen Denken*, Göttingen: Vandenhoeck & Ruprecht 2000.

Popkin, R., *The History of Scepticism. From Savonarola to Bayle*, Oxford & New York: Oxford University Press 2003.

Pyle, A., *Malebranche*, London & New York: Routledge 2003.

Quinton, A. M., „The Problem of Perception", in: *Perceiving, Sensing, and Knowing*, hrsg. von R. J. Schwartz, New York: Anchor Books 1965, 497–526.

Rickless, S. C., „Locke on Primary and Secondary Qualities", *Pacific Philosophical Quarterly* 78 (1997), 297–319.

Salatowsky, S., *De anima. Die Rezeption der aristotelischen Psychologie im 16. und 17. Jahrhundert*, Amsterdam: Benjamins 2006.

Schmaltz, T. M., *Malebranche's Theory of the Soul: A Cartesian Interpretation*, New York: Oxford University Press 1996.

Schobinger, J.-P. (Hrsg.), *Die Philosophie des 17. Jahrhunderts*, Bd. 1, Basel: Schwabe 1998.

Schütt, H.-P., „Kant, Cartesius und der ‚sceptische Idealist' ", in: *Descartes nachgedacht*, hrsg. von A. Kemmerling & H.-P. Schütt, Frankfurt a. M.: Klostermann 1996, 170–199.

Shapin, S., *Die wissenschaftliche Revolution*, Frankfurt a. M.: Fischer 1998.

Smith, A. D., „Of Primary and Secondary Qualities", *Philosophical Review* 99 (1990), 221–254.

Smith, A. M., „Picturing the Mind: The Representation of Thought in the Middle Ages and Renaissance", *Philosophical Topics* 20 (1992), 149–170.

Stone, M. F., „Scholastic Schools and Early Modern Philosophy", in: *The Cambridge Companion to Early Modern Philosophy*, hrsg. von D. Rutherford, Cambridge & New York: Cambridge University Press 2006, 299–327.

Stroud, B., *The Quest for Reality. Subjectivism & the Metaphysics of Colour*, Oxford: Oxford University Press 2000.

Tachau, K. H., *Vision and Certitude in the Age of Ockham. Optics, Epistemology and the Foundations of Semantics 1250–1345*, Leiden: Brill 1988.

Tuck, R., „The Institutional Setting", in: Garber & Ayers 1998, 9–32.

Vision, G., „Primary and Secondary Qualities. An Essay in Epistemology", *Erkenntnis* 17 (1982), 135–169.

Voss, S., „Descartes: The End of Anthropology", in: *Reason, Will, and Sensation. Studies in Descartes's Metaphysics*, hrsg. von J. Cottingham, Oxford: Clarendon 1994, 273–300.

Wilson, C., *The Invisible World. Early Modern Philosophy and the Invention of the Microscope*, Princeton: Princeton University Press 1995.

Wilson R. A., „Locke's Primary Qualities", *Journal of the History of Philosophy* 40 (2002), 201–228.

Woolhouse, R. S., *Locke*, London: Harvester 1983.

Stephen Gaukroger

Bacons Psychologie der Wahrnehmungskognition*

Im Gegensatz zu seinen Zeitgenossen und Nachfolgern, deren Ansatz zur Wahrnehmungskognition größtenteils von einer Kombination optischer, physiologischer und epistemologischer Fragen diktiert wurde, richtete sich Francis Bacons (1561–1626) Ansatz in erster Linie an der Verbindung von naturphilosophischen und psychologischen Überlegungen aus. Es handelt sich hier nicht nur um eine andere Wahl der Quellen, sondern vielmehr um einen Hinweis darauf, dass sein Vorhaben sich auf anders geartete Fragen richtet.

Man könnte den Gegensatz etwa an den Begriffen von Wahrnehmung und Beobachtung festmachen. Für Aristoteles und die aristotelische Tradition sind Wahrnehmung und Beobachtung Bestandteile der Fragestellung, wie wir uns Wissen über die Welt aneignen. Aber spätestens in der frühen Neuzeit entsteht eine Kluft zwischen den beiden Begriffen. Wahrnehmung wird entweder als epistemologisches Problem behandelt, oder als Problem der Optik oder Psychophysiologie. Im Gegensatz dazu wird die Beobachtung als eigenständige methodologische Frage betrachtet. Für Autoren wie Bacon hat sie hauptsächlich eine psychologische Dimension. Entsprechend schließt die Beobachtung die Person als Ganze ein, während die Wahrnehmung hauptsächlich als zum Gehirn gehörend behandelt wird – als wäre es der Geist, der die Welt erfasst und nicht eine Person, die sie erfasst und sich dabei ihres Geistes bedient. Daher ist die psychologische Dimension in frühneuzeitlichen Darstellungen der (Epistemologie der) Wahrnehmung im Allgemeinen überflüssig, in Darstellungen der (Methodologie der) Beobachtung jedoch von zentraler Bedeutung.

Die Fragen, die Bacon aufwirft, kreisen nicht um abstrakte Problemstellungen zu der Beziehung zwischen dem wissenden Subjekt und der Welt, sondern vielmehr um die Herausbildung eines neuen Naturphilosophen: eines Naturphilosophen, der den traditionellen, als Autoritäten anerkannten

---

* Aus dem Englischen übersetzt von Simone Ungerer.

Quellen nicht verpflichtet ist, und der insbesondere eine Naturphilosophie zurückweist, die auf Lehrbüchern beruht. Mehr als andere Philosophen der frühen Neuzeit stellt Bacon das Ansehen und das Wesen der Naturphilosophie in den Mittelpunkt der philosophischen Untersuchung und beschäftigt sich mit diesen Fragen weitgehend vermittels des Ansehens und des Wesens des Naturphilosophen. Die Neubildung der Naturphilosophie findet für Bacon durch die Neubildung derer, die sie ausüben, statt, und er verfolgt diese Zielsetzung weitaus gewissenhafter und zielstrebiger als irgendwer sonst. Insbesondere sind die methodologischen Anweisungen, die er aufstellt, sensibel für die Überwindung von Schwächen der kognitiven Fähigkeiten des Naturphilosophen. Müsste man den Unterschied zwischen Bacons Interessen und denen seiner Zeitgenossen zusammenfassen, bestünde der auffälligste Unterschied darin, dass Bacon sich vor allem anderen mit der Beobachtung befasst, und die Fragen der Wahrnehmung unterordnet, während spätere Autoren, wie etwa Descartes, Gassendi und Hobbes sich hauptsächlich mit der Wahrnehmung beschäftigen.[1]

Ein Großteil der Naturphilosophie und Naturgeschichte war bis ins 16. Jahrhundert hinein durch Kommentare zu Texten, die aus der Griechischen und Römischen Antike stammen, betrieben worden. Sie galten als maßgeblich, wenn sie auch gelegentlich im Lichte neuer Informationen überarbeitet werden mussten. Im ersten Abschnitt möchte ich betrachten, was bei dem Übergang vom Wissen, das aus den Lehrbüchern gewonnen wurde, zum Wissen, das aus der Beobachtung gewonnen wird, auf dem Spiel steht. Im zweiten Teil untersuche ich, worauf Bacons Neubildung des Naturphilosophen hinausläuft und wie sich die Erklärung des Vorrangs des durch Beobachtung gewonnenen Wissens mit der neuen Vorstellung vom Naturphilosophen verbindet, und besonders, warum dies ein neues psychologisches Verständnis erforderlich macht. Im dritten Abschnitt untersuche ich, worin dieses psychologische Verständnis besteht.

1   Der Übergang zum Wissen durch Beobachtung

Im 16. und frühen 17. Jahrhundert veränderten sich Rolle und Bedeutung der Beobachtung entscheidend. Am deutlichsten zu erkennen ist diese Ver-

---

1   Galileo, der sich in *Il Saggiatore* unmittelbar mit Fragen der Wahrnehmung beschäftigt, und in einem Werk wie dem *Dialog über die Weltsysteme* Fragen bezüglich der Beobachtung direkt behandelt, steht zwischen diesen beiden Traditionen.

änderung im Bereich der Naturgeschichte. Traditionellerweise wurden naturhistorische Fragen behandelt, indem man einen Kommentar zu einem Text von Aristoteles verfasste (vgl. Grant 1978). Das war jedoch nur möglich, wenn man davon ausging, dass der eigene Forschungsbereich in dem kommentierten Text im Wesentlichen abgeschlossen oder festgeschrieben war. Die Naturgeschichten der Neuen Welt verstießen gegen diese Annahme, indem sie Tiere und Pflanzen vorstellten, die in den traditionellen Klassifizierungen nicht vertreten waren. Die Frage der Autorität war dabei von großer Wichtigkeit: Wie sollte es möglich sein, die Autorität eines kanonischen Textes einfach auf der Grundlage persönlicher Beobachtung zu verwerfen? Die Autorität eines Textes von Aristoteles unterschied sich gewaltig von der Autorität eines Beobachters. Anthony Pagden stellt fest,

> dass die Autorität des „Ich" das Aristoteles, Thomas von Aquin oder Hieronymus hieß, nicht, wie bei den Autoren, die Amerika beschrieben, auf vorrangigem Zugang zu Informationen und Erfahrungen beruhte. Vielmehr ging sie, wie Thomas Hobbes vermerkte, auf eine kulturelle Position zurück, von der man glaubte, dass ihrem Inhaber Autorität zuwüchse. Thomas von Aquin und Hieronymus galten als von Gott begnadet, Aristoteles war als Angehöriger einer vergangenen Gesellschaft sanktioniert, der man ein einzigartiges Verständnis der Natur nachsagte, obwohl diese Ansicht nicht unumstritten war, deren Vertreter sich aber der Billigung eines Thomas von Aquin erfreuten und dadurch wiederum sanktioniert waren. Wer sich indessen über Amerika äußerte, bezog seine Autorität allein daraus, dass er Augenzeuge war. Er musste daher sich selbst (und damit den von ihm verfassten Text) auf eine Ebene erheben, die, wenn sie auch nicht völlig jener entsprach, auf der sich die Bibel und die Schriften der Kirchenvätern befanden, doch immerhin so abgehoben und autoritativ war wie die Werke antiker Gelehrter. (Pagden 1996, 83)[2]

Die Entdeckung der Neuen Welt habe es, wie es der Geograph André Thevet im Jahre 1588 ausdrückte, diesen „Giftpilzen von Philosophen" gezeigt, die „mit ihrer Sophisterei das widerlegen wollen, was ganz gewöhnliche Erfahrung lehrt" (zitiert in Pagden 1996, 136). Aber ganz so einfach verhielten sich die Dinge nicht. Der neu gesetzte Akzent auf der Beobachtung bedeutete, dass die Naturgeschichte der Neuen Welt unter Bedingungen arbeitete, denen ihre europäische Variante nicht unterworfen war, und es war nicht immer klar, worin ihre Legitimität bestand.

Tatsächlich waren die Streitpunkte, die im Hinblick auf die Autorität der Naturgeschichte der Neuen Welt aufgeworfen wurden, nicht einzigartig, und über die zweite Hälfte des 16. Jahrhunderts hinweg wurde die Natur-

---

2 Vgl. auch Momigliano 1966, Kap. 8 zu den Fallbeispielen bei Herodot für die Historiker der Neuen Welt.

geschichte einer Revision unterworfen. Ein Großteil der Naturgeschichte
von der Mitte des 16. Jahrhunderts an wurde als Reaktion auf die Lücken in
den traditionellen Aristotelischen und didaktischen Klassifizierungen von
Wissen erstellt. Cardanos *De subtilitate* (1550) und *De varietate* (1557)
handeln beispielsweise von der Naturphilosophie und von verschiedenen
Geheimnissen des Handwerks und der Medizin, sowie von Akrostichen,
Gedichten, die in Gedichten verborgen sind, und von mathematischen
Rätseln. Johann Jakob Weckers *De secretis* (1582) schreitet von der meta-
physischen und naturphilosophischen Bedeutung der Schöpfung über das
Fälschen von Münzen zu Edelsteinen und Fischfang. Della Portas *Magia
Naturalis* (1589) diskutiert viele Kategorien, die normalerweise von den
Klassifizierungen von Wissen ausgeschlossen waren. Entweder, weil man
sie als zu flüchtig betrachtete (wie die Kunst, Frauen zu verschönern) oder,
weil sie „Merkwürdigkeiten" behandeln (optische Täuschungen, unsichtbare Schrift usw.). Er beschäftigte sich aber auch mit praktischen Fragen
der Metallurgie und Optik, die, wenn überhaupt, in anderen Klassifizierungen nicht erschöpfend besprochen wurden. Diese Ausdehnung des Bereichs
dessen, was zum Wissen hinzugezählt werden sollte, war nicht nur dadurch
motiviert, dass sie eine Gelegenheit bot, die Exklusivität traditioneller Klassifizierungen in Frage zu stellen, sondern auch durch die Möglichkeit, deutlich zu machen, wie weit das moderne Wissen über Aristoteles hinausging.
Im Buch 17 von *De subtilitate* stellt Cardano beispielsweise fest, dass es
so viele Erfindungen gibt, die den Alten nicht bekannt waren – wie etwa Hausöfen, Kirchenglocken, Steigbügel und Gegengewichte in Uhren –,
dass man sie nicht alle in einem einzigen Buch unterbringen könnte.

Diese Entwicklungen haben die traditionellen Quellen der Autorität
möglicherweise in gewissem Maße unterlaufen, dabei aber keine Alternative autorisiert oder auch nur nahegelegt, wie die entsprechenden Tatsachen
bewiesen werden könnten. Es gab jedoch zwei Bereiche, in denen Entwicklungen stattfanden, die sich auf die Fragen der Autorität auswirkten,
und die auch Bacons neuer Fokus auf die Beobachtung aufwirft. Erstens
handelt es sich um die Frage, was ein kanonischer Text tatsächlich leisten konnte, welche Interpretationsprinzipien angemessen waren, und was
man mit ihrer Hilfe über ihn herausfinden könnte. Die zweite Frage betraf
die Vorgehensweise der Juristen und Historiker bei der Untersuchung von
Beweismaterial.

Im ersten Fall sind die Prinzipien, die von Bibelübersetzern angewendet
wurden, von Bedeutung, und zwar hauptsächlich aufgrund der heftig um-
strittenen Frage der „inspirierten Übersetzung", der zufolge Gottes direkte

Vermittlung erforderlich ist, wenn seine Worte, wie sie in der Bibel offenbart werden, übersetzt werden sollen, wobei eine solche inspirierte Fassung
nicht überarbeitet oder ergänzt werden kann, wenn sie erst einmal existiert
(Schwarz 1955, 15–16). Übersetzer wie Reuchlin und Erasmus haben mit
ihrer Zurückweisung der Idee, dass Hieronymus' lateinische Bibelüberset-
zung eine „inspirierte Übersetzung" biete, und dadurch, dass sie darauf
beharrten, dass man sprachliche Anleitung in zeitgenössischen, weltlichen
Autoren und nicht in späteren christlichen Autoren zu suchen habe, letztendlich die Schrift in einen neuen Kontext gestellt. Wenn nun die Schrift
vermittels geisteswissenschaftlicher Methoden der Interpretation kontex-
tualisiert werden konnte, traf dies auch auf die klassischen Texte der Naturgeschichte zu. Genau eine solche Kontextualisierung der Naturgeschichte
war für die Legitimation der Berichte über die Flora und Fauna der Neuen
Welt erforderlich.

Die Geschichts- und Rechtswissenschaften befassten sich mit Bereichen, die Fragen aufwarfen, die denen der Naturgeschichte ähnlich waren.
Deshalb waren sie in der Lage, Untersuchungsmodelle vorzuschlagen, die
sich in den paradigmatischen Bereichen der geisteswissenschaftlichen Forschung bewährt hatten. Die Geschichtswissenschaften wie auch das Recht
beschäftigten sich mit Handlungen oder Ereignissen, die nicht direkt zugänglich waren. Beide hatten zum Ziel, Untersuchungsprozesse zu entwickeln, durch die eine angemessene Erkenntnis über solche Handlungen oder
Ereignisse gewonnen werden sollte. Was die Rechtswissenschaften angeht,
so wurde in englischen Rechtsverfahren angenommen, dass die intellektuellen Fähigkeiten und die moralische Integrität der Juroren ausreichten, um
die Glaubwürdigkeit der Zeugenaussagen entsprechend einschätzen und
vernünftige Urteile fällen zu können, sobald ein Richter die Zeugnisfähig-
keit festgestellt hatte (Shapiro 2000, 13, dies. 1983, 175–186). Die Sprache
des Historikers spiegelte häufig die Rechtssprache wider, denn er sprach
verschiedentlich von sich als „unter Eid" stehend oder als unparteilichen
Zeugen, und entschuldigte sich dafür, wenn er nicht als Augenzeuge auftrat (Shapiro 2000, 43). Wie die Richter in Gerichtsverfahren versuchten
viele Historiker aus den Tatsachen, die sie präsentierten, Urteile abzuleiten.
Sie hatten die Überzeugung, dass die Geschichte Lektionen für die Regie-
renden beinhaltete. Außerdem wurden primäre und sekundäre Ursachen
voneinander unterschieden und die nicht durch göttliche Vorsehung entstandene historische Verursachung bei menschlichen Handlungen untersucht, obwohl historische Ereignisse gewöhnlich mit göttlicher Vorsehung
erklärt wurden. Unabhängig davon welcher Grad an explanatorischem Ehr-

geiz den historischen Untersuchungen zugeschrieben wurde, zeichnete der Historiker sich in aller Augen durch Unparteilichkeit aus. Dies bedeutet natürlich nicht, dass alle Historiker unparteilich oder objektiv waren, nur, dass dies die Tugenden waren, die man für sich selbst beanspruchte und seinen Gegnern absprach. Dabei bedeutet Unparteilichkeit und Objektivität einfach die Abwesenheit von Parteilichkeit oder Voreingenommenheit.

Die Methoden des scholastischen Streitgesprächs hingegen waren traditionell zwar sehr penibel, aber die Abwesenheit von Parteilichkeit war ihnen in mancher Hinsicht fremd. Ziel war es ja, bestimmte Interpretationen zu verteidigen und nicht den Argumenten ohne Sorge um Orthodoxie zu folgen, wohin sie auch führten.

Das Zusammenspiel der Schwächung traditioneller, als Autoritäten geltender Textquellen durch die Kontextualisierung, die in den humanistischen Prinzipien, die der protestantischen Bibelauslegung zugrunde liegen, implizit enthalten ist, einerseits, und des Modells, in dem die Abwesenheit von Parteilichkeit oder Voreingenommenheit zum vorrangigen Untersuchungsmerkmal wird, andererseits, ließ eine Kultur entstehen, innerhalb derer Bacon seine Reform der Naturphilosophie verfolgen konnte, deren wichtigstes Element die Aufwertung der Beobachtung war. Objektivität ist allerdings sowohl eine Eigenschaft gewisser Vorgehensweisen in der Forschung als auch eine persönliche Eigenschaft des Forschenden: Es handelt sich sowohl um ein Merkmal der Beobachtungen als auch um eine Eigenschaft des Beobachters. Zur Diskussion stehen gleichermaßen Eigenschaften der Methoden und des Charakters des Naturphilosophen. Nicht nur die Vorgehensweise, der man folgt, sondern auch die Eigenschaften, die der Naturphilosoph mitbringt, wirken sich auf das Unternehmen aus, gerade so wie – insbesondere im Kielwasser der Reformation – die persönlichen Eigenschaften des Geistlichen die Authentizität seiner Religion ebenso manifestieren wie seine theologischen Überzeugungen.[3]

---

3 Ein verblüffendes Beispiel stellen die *Regulae Societatis Iesu* (Rom 1580) dar, in denen die Jesuitenpriester angewiesen werden, eine ernste und distanzierte Betragensweise und Haltung anzunehmen: „Gestus corporis sit modestus, et in quo gravitas quaedam religiosa praecipue eluceat" (127)/„Die Körperhaltung sei maßvoll und vorzugsweise sollte sich in ihr ein (gewisser) frommer Ernst zeigen." Zitiert in Knox 1990, 114.

7

2 Die Psychologie des Wissens

Die Beschäftigung mit den persönlichen Eigenschaften des Philosophen ist für die westliche philosophische Tradition von grundlegender Bedeutung. Mit Platons Definition des Philosophen in den frühen Sokratischen Dialogen geht sie zurück auf die klassischen Ursprünge der Philosophie. Die Verpflichtung zur Auflösung von Mehrdeutigkeiten in gegensätzliche Positionen und zur Argumentation sind Merkmale, die den Philosophen kennzeichnen, reichen aber nicht aus, denn auch der Sophist verpflichtet sich dazu. Dennoch kann ein Sophist jene Art politischer und intellektueller Verantwortung nicht übernehmen – insbesondere nicht die Verantwortung des Königtums –, die Platon sich für den Philosophen vorstellt. Für Platon ist der Sophist kein philosophischer Gegner, denn er ist überhaupt kein Philosoph. Er ist jemand, der von Natur aus nicht in der Lage ist, ein Argument zu einem philosophischen Ende zu führen (Hadot 1987, Domanski 1996, Gaukroger 2007, Kap. 7). Der Sophist benutzt die Argumentation zum falschen Zweck, nämlich um Streitgespräche zu gewinnen oder mit seinen Fähigkeiten zu prahlen, und das liegt nicht so sehr an einem intellektuellen als an einem moralischen Mangel. Andererseits handelt es sich bei der fehlenden Tugend nicht um irgendeine Form des Gutseins, sondern um eine intellektuelle Eigenschaft. Was dem Sophisten fehlt, könnten wir als Moralität bezeichnen. Dieses Thema zieht sich durch die gesamte Geschichte der Philosophie, es taucht in verschiedenen Formen in der hellenistischen und mittelalterlichen Zeit, in der Renaissance sowie der frühen Neuzeit immer wieder auf. Obwohl Platon und Aristoteles den Sophisten in einer Art beschreiben, die eine moralische Verurteilung einschließt, fassen sie dieses moralische Versagen in erster Linie in epistemologische und nicht in moralische Begriffe und behaupten, dass die Rechfertigungen für bestimmte Doktrinen nicht nur danach streben sollten, auf der Basis gültiger Argumente und eindeutiger Beweise zu überzeugen, sondern zusätzlich eine besondere Qualität besitzen sollten, die darüber hinausgeht und tatsächlich unabhängig von ihnen ist. Für Platon z. B. ist das wahre Merkmal des Philosophen etwas, das dem Sophisten gänzlich fehlt, nämlich das Bestreben, transzendente Wahrheiten zu entdecken.

Es gibt in der Antike jedoch eine weitere Tradition, die für gewöhnlich als rhetorische Tradition bezeichnet wird, und zu deren bedeutendsten Vertretern Isokrates, Cicero und Quintilian zählen (Kennedy 1994). Das Hauptaugenmerk dieser Autoren liegt auf den moralischen Eigenschaften des Philosophen. Diese Herangehensweise ist auch in den Hellenistischen

Schulen festzustellen (Hadot 1969, Hadot 1995, Kimmich 1993). In der Renaissance begegnen wir einem Wiederaufleben dieses Ansatzes, der einen äußerst wichtigen Bestandteil in der Neuorientierung der Naturphilosophie darstellte, wobei der Fokus explizit auf Fragen der intellektuellen Moralität liegt.

Ein zentraler Punkt in Bacons frühen Überlegungen war die Frage der jeweiligen Meriten von Dichtkunst und Philosophie. Bei seiner Rückkehr aus Paris im Jahr 1578 stand Bacon für eine gewisse Zeit der Londoner Gruppe „Areopagus" nahe. In diesem Zirkel wurden literarische und politische Vorstellungen heftig diskutiert, Vorstellungen, die in Philip Sidneys *An Apology for Poetry* und in seiner *Arcadia* eine herausragende Rolle spielen. Besonders Sidney war der Anführer der wiederauflebenden Dichtkunst in den 1580er Jahren. Die Gruppe „Areopagus", die sich im Leicester House traf und sich der Erneuerung der englischen Dichtkunst nach italienischen und klassischen Prinzipien widmete, sprach sich ausdrücklich für die Überlegenheit der Dichtkunst über die Rechts- und Geschichtswissenschaften sowie die Philosophie aus. Durch *formidine poena*, die Angst vor Bestrafung, will das Gesetz den Menschen zum Guten bewegen, und nicht durch die *amor virtutis*, die Tugendliebe, während die Dichtkunst ihrer Leserschaft nicht nur die Tugendliebe einflößt, sie tut dies auch noch, indem sie ihren Willen bewegt und sie dazu bringt, tugendhaft sein zu wollen (Sidney 1965, 106).[4] Der Historiker beschäftigt sich andererseits mit einzelnen Ereignissen, „muss von Ereignissen erzählen, für die er keine Ursache anführen kann" (Sidney 1965, 110), während der Dichter den einzelnen Fall mit einer allgemeinen Überlegung verknüpfen kann. Im Gegensatz dazu deckt die Philosophie Ursachen auf, kann aber die Seele nicht zum Handeln bewegen, und verfehlt somit das oberste Wissensziel (Sidney 1965, 112).[5] Sidney behauptete, dass die Philosophen allein der Natur folgen können, die Natur aber seit dem Sündenfall verdorben sei, wohingegen der Dichter

---

4   Zu der aus der Renaissance stammenden Tradition, die Dichtkunst als Tugendbringerin zu betrachten, eine Tradition, in deren Schuld Sidney in mancherlei Hinsicht steht, vergleiche Vickers 1988.

5   Vgl. Bacons Einschätzung in *De aug.* 7, 1: „Moralphilosophen haben sich eine gewisse glitzernde und glänzende Masse von Stoff auserwählt, worin sie hauptsächlich sich selbst mit der Schärfe ihres Intellekts oder der Macht ihrer Beredsamkeit so recht ins Licht setzen können; aber was am nützlichsten für die Praxis ist, haben sie größtenteils übergangen, da es sich nicht so mit rhetorischem Zierat einkleiden läßt." (*Works* I, 715/V, 4–5; dt. Bacon 2006, 395). Die Vorstellung, dass Philosophen nutzlose Gelehrsamkeit den Tugenden vorziehen geht auf Petrarca zurück. Tatsächlich ist sie eine der bedeutendsten Stützen des Petrarcischen Humanismus.

eine neue Natur schaffen könne, die die ewig gültigen Archetypen genauer abbilde. Diese Behauptung beruht auf der Überlegenheit des aktiven, praktischen Lebens (*negotium*) über das kontemplative Leben (*otium*). Sidney zieht hieraus Konsequenzen für das moralische Denken. Insbesondere sei eine Belehrung über das Wesen der Tugend nicht gleichbedeutend damit und keinesfalls ein Ersatz dafür, Menschen dazu zu bringen, tugendhaft zu handeln. Wenn das Pendel erst vom *otium* zum *negotium* ausgeschlagen hat, wird die Person des Philosophen, die noch immer von der Vorstellung vom streitbaren Scholastiker überlagert ist, der kein echtes Verstehen erlangt und noch weniger etwas Nützliches hervorbringt, noch weniger reizvoll. Bacon nun verwandelt die Philosophie erfolgreich in etwas, das zum Bereich des *negotium* gehört. Motiviert durch die rhetorische Einheit von *honestas* und *utilitas*, wird die Philosophie als gut und nützlich dargestellt, und somit als etwas, was dem aktiven Leben angehört (Gaukroger 2001, Kap. 2). In der Tat wird sie allmählich zu einer paradigmatischen Form des *negotium*, und kann auf diese Weise die Ansprüche übernehmen, die von Autoren wie Sidney im Hinblick auf die Dichtkunst erhoben wurden.

Eine Frage, um die es bei dieser Neudefinition des Naturphilosophen als Paradigma des *negotium* geht, betrifft das philosophische Argument. Mehr als jeder andere antike Philosoph hatte sich Aristoteles damit beschäftigt, eine Darstellung der demonstrativen Beweisführung zu liefern: worin besteht sie, was kann sie erreichen, welche Arten von Argumenten können als beweiskräftig erachtet werden usw. (Patzig 1963). Die klassischen griechischen Philosophen hatten sich in erster Linie mit der demonstrativen Beweisführung beschäftigt, die Disziplinen der Naturphilosophie, die diese Argumentationsweisen enthalten, sind in hohem Maße theoretisch. Betrachtet man stattdessen die praktischen Disziplinen, steht die demonstrative Beweisführung kaum je zur Debatte. Die gesamte Aufmerksamkeit gilt vielmehr der Plausibilität und der Wahrscheinlichkeit. Besonders die aus der Renaissance stammenden humanistischen Modelle der Rechts- und Geschichtswissenschaft hatten detaillierte Vorgehensweisen entwickelt, mit denen die Verlässlichkeit eines Beweises und die Redlichkeit von Zeugen nachgewiesen werden sollten, sowie Standards zur Gewinnung und Bewertung von Zeugenaussagen eingeführt. Diesen lagen nicht Aristoteles' Schriften zum beweiskräftigen Denken zugrunde, sondern traditionelle Texte zur Rhetorik, die sich zwar auf Aristoteles' Schriften zur Rhetorik stützten, aber ein Modell der demonstrativen Beweisführung in einem praktischen mit Ungewissheit durchzogenen Kontext entwickelten. Diese traditionellen Texte zur Rhetorik stammten von römischen Autoren – allen voran Ciceros

Rhetorica ad herrenium, und Quintilian –, und die römische philosophische Tradition unterschied sich erheblich von der klassischen und von der helle-nistischen griechischen Tradition. Die Rhetorik beschäftigte sich nicht nur allgemein in erster Linie mit praktischen Fragen im Gegensatz zu theoreti-schen Problemen und begrenzte somit die Bandbreite des philosophischen Interesses im Vergleich zum griechischen Denken radikal, sie nahm auch weitgehend den Platz der Epistemologie als grundlegender Disziplin ein.

Dies ist ein wichtiger Punkt, weil die Rhetorik sich gravierend von der Epistemologie unterscheidet. Ganz allgemein bestand die Aufgabe der Rhetorik in der kohärenten und überzeugenden Formulierung, Organisa-tion und Äußerung von Vorstellungen. Sie wurde dazu entwickelt, einem dabei zu helfen, sich in dem umfangreichen Wissenskorpus, das sich seit der Antike entwickelt hatte, zurechtzufinden, zu erkennen, wo angemes-sene Beweise und Argumente zu finden wären, Modelle zur Verfügung zu stellen, die dazu entwickelt wurden, einem eine Vorstellung davon zu ver-mitteln, was für die Untersuchung einer bestimmten Frage notwendig war, oder für die Verteidigung eines bestimmten Standpunkts. Diese Modelle würde man mit denen teilen, denen man seinen Fall darlegte oder gegen die man ihn verteidigte. Die Rhetorik wurde also entwickelt, weil sie Mo-delle bereitstellen sollte, die zeigen, wie bestimmte Arten von Fällen am besten verteidigt werden, abhängig etwa von der Verfügbarkeit und Un-übersichtlichkeit des Beweismaterials und vom Wissensstand der Zuhörer, an die man seine Argumente richten würde. Sie wurde entwickelt, weil sie dabei helfen sollte, die eigenen geistigen Kräfte in verschiedener Weise zu fokussieren, seine Gedanken ökonomisch zu organisieren und lebendige Bilder oder Darstellungen von Situationen zur Verfügung zu stellen, die dazu befähigten, sich selbst von einer Sache zu überzeugen (was insbeson-dere beim Schauspiel und bei einem Rechtsstreit wichtig ist). Dieser letzte Punkt, überzeugend zu wirken, war ihr wichtigstes Anliegen. Die Untersu-chung der Quellen für Überzeugungen stellte vor allen Dingen eine Form der psychologischen Untersuchung dar.

3   Eine Theorie dessen, was Wissen verhindert

Bacons Vorhaben, die philosophische Praxis durch eine Reform der Psycho-logie derer, die sie ausüben, zu reformieren, hat also bereits Vorreiter in der römischen Tradition der Rhetorik. Die Idee, dass eine auf Beobachtungen beruhende Form des Wissens bei dieser Reform als erstes kommen soll, wird mittels der Vorgehensweisen zur Bewertung von Beweismaterial bestätigt, die in historischen und rechtlichen Untersuchungen entwickelt wurden. Diese Unternehmungen sind dadurch verbunden, dass sie sich beide auf Techniken stützen, die sich innerhalb der rhetorischen Tradition entwickelt haben. Aber die Psychologie der Beobachtung, die Bacon daraus zieht, ist neuartig.[6]

Für Bacon sind die *persona* des Naturphilosophen und die Möglichkeit, Naturphilosophie überhaupt zu betreiben, unmittelbar mit der Beherrschung der Leidenschaft verknüpft. Eine solche Beherrschung ist nur möglich, wenn bestimmte innere Hindernisse für die Erkenntnis, die er „Idole des Geistes" nennt, erkannt und (sofern möglich) beseitigt worden sind. Zum ersten Mal erwähnt er solche inneren Hindernisse in *Valerius terminus*, wenn er die so genannten „Antizipationen" behandelt, von denen er sagt, sie seien die „freiwilligen Sammlungen, die das Gemüt vom Wissen anlegt; das ist jedes Menschen Anliegen" (*Works* III, 244; dt. Bacon 1984, 87). Der Ausdruck „Antizipation" wird bei Bacon immer groß geschrieben, es handelt sich also um einen Fachterminus. Offensichtlich ist es die englische Übersetzung des griechischen Ausdrucks „*prolepsis*", ein wesentlicher Bestandteil der epikureischen Philosophie. Thomas Stanley übersetzt „*prolepsis*" bei der Diskussion der Epikureer in seiner *History of Philosophy* als „Praenotion" oder „Anticipation" (Stanley 1687, Bd. III, 851), was, zusammen mit Bacons Beschäftigung mit dem antiken Atomismus, hinreichend deutlich macht, dass er bewusst einen epikureischen Ausdruck verwendet. Gemäß der epikureischen Sicht waren diese „Antizipationen" Begriffe, die im Normalfall aus wiederholten Sinneserfahrungen aufgebaut worden waren, und dann auf spätere Erfahrungen angewandt wurden. Neben Empfindungen und Gefühlen bildeten sie eines der drei Wahrheitskriterien.[7] Die Stoßrichtung von Bacons Argumentation besteht darin, dass sie keine verlässlichen Kriterien darstellen, während das für Empfindungen jedoch zutrifft. Er unterscheidet zwischen „Antizipationen" und „Sinnesdaten" und betont, dass verschiedene Formen des Pyrrhonismus in der Antike „Antizipationen" zu Recht abgelehnt hätten. Die Pyrrhoniker und Akademiker, die diese skeptischen Argumente vorgebracht haben, hätten aber zwei Fehler begangen: Erstens „dass sie aber, nachdem sie das Gebäude zum Einsturz gebracht und den Boden von den Ruinen gereinigt hatten, ein Besseres hätten errichten müssen". Zweitens „dass sie ungerechtfertig-

---

6   Dieser Abschnitt stützt sich weitestgehend auf Gaukroger 2001, Kap. 4.
7   Epikurs Brief an Herodot, 37–38; in: Long und Sedley 2000, 101.

terweise und vorurteilsvoll die Täuschung dem Bericht der Sinne anlas-
teten". Bacon meint, dass die Sinne von dieser Kritik „unberührt bleiben
sollten, nicht weil sie nicht irren", sondern weil nicht sie die eigentliche
Arbeit bei den kognitiven Vorgängen, auf die die skeptischen Argumente
gerichtet sind, leisten. Er formuliert das folgendermaßen: „Der Gebrauch
der Sinne bei wissenschaftlichen Entdeckungen ist zum größten Teil kein
unmittelbarer." (*Works* III, 244; dt., Bacon 1984, 87)

Halten wir fest, dass Bacon im Gegensatz zu späteren Philosophen
der frühen Neuzeit eine psychologische anstelle einer epistemologischen
Antwort auf den Pyrrhonismus versucht.

Er verfolgt das Thema der „Antizipationen" weiter und bezieht sich
auf jene, die „nicht über die Entschlossenheit und Stärke des Gemütes
verfügten, die vonnöten ist, um sich gänzlich von den Antizipationen zu
befreien, dass sie auf diese Art sogar eine Verwirrung und Vermischung
von Antizipationen und Beobachtungen auslösten" (*Works* III, 245; dt.
Bacon 1984, 89). Seine Vorstellung besagt nicht, dass der Forscher ohne
irgendwelche Vorbegriffe bleiben soll, sondern, dass diese Antizipationen
ersetzt werden müssen. Allerdings ist es nicht so einfach, sie zu ersetzen,
und

> selbst wenn irgendwelche unter ihnen [*den Forschern*] die Stärke des Gemüts
> gehabt hätten, sich generell von allen Antizipationen zu reinigen und zu ent-
> lasten, sie doch nicht diese doppelte Stärke und Geduld des Gemütes besaßen,
> sowohl nach der Suche und der Sichtung der Einzelheiten, neue Antizipatio-
> nen zurückzuweisen, als auch die Alten, die schon vorher in ihren Gemütern
> waren fernzuhalten, sondern dass sie vom Partikularen und der Geschichte auf
> die Prinzipien abgehoben haben, ohne die Zwischenstufen zu beachten; und
> dass sie auf diese Weise alle die mittleren Allgemeinheiten oder Axiome nicht
> durch das Aufsteigen der Stufen vom Partikularen an erhalten haben, sondern
> auf dem Wege der Ableitung (*derivatio*) von Prinzipien; woraus das unendliche
> Chaos von Schatten und Begriffen floss, das bis heute sowohl die Bücher als
> auch die Gemüter füllt, und von dem sie beide wohl noch weiterhin belästigt
> werden. (*Works* III, 245–246; dt. Bacon 1984, 89–91)

Das Scheitern von Versuchen, etwas Brauchbareres als Antizipationen zu
erreichen, ist letzten Endes ein Versagen der Methode. Die Forscher sind mit
den Gegenbeispielen nicht angemessen umgegangen, haben sich zu stark auf
einzelne Wirkungen konzentriert, viele alltägliche Beobachtungen ignoriert
und ihre Aufmerksamkeit auf diejenigen begrenzt, die sie für besonders
wichtig erachteten usw. Im Ergebnis haben sie sich die Mühe umsonst
gemacht (*Works* III, 247). Dies wird aber nicht so deutlich wie es sein
sollte, weil sie Techniken zur Verschleierung unzulänglicher Erkenntnisse

entwickelt haben. Mangelnde Beobachtung etwa wird verschleiert, indem aus Beobachtungen irgendeines Gegenstands

> eine würdige und formale Kunst gemacht [...] wird, indem sie die Beobachtungen mit Erörterungen anfüllten, sie mit Begleitumständen und Ausrichtungen auf das praktische Leben gefällig machten und sie zu einer Methode verarbeiteten – was den Menschen Befriedigung und Selbstsicherheit verschafft hat, so als ob keine weitere Untersuchung bezüglich dieser Sache durchzuführen vonnöten wäre. (*Works* III, 247; dt. Bacon 1984, 93)

Demgegenüber können auch Lücken übergangen werden, indem die Forscher alle „diejenigen Wirkungen, zu denen sie nicht vorstoßen konnten, für solche erklärten, die außerhalb des Bereiches der Kunst und der menschlichen Anstrengung lägen." (ebd.)

Zwischen Bacons erster Beschreibung der „Antizipationen" und seiner umfassenden Darstellung der „Idole des Geistes" klafft eine Lücke von etwa zwanzig Jahren. Der zweite Teil der *Instauratio Magna*, die eher dem „Auffinden des Wissens" als seiner „Kultivierung" gewidmet ist (*Works* I, 153/IV, 42), besteht aus zwei Teilen. Der erste Teil zielt darauf ab, den Geist von Vorurteilen zu befreien, während der zweite den Geist in eine ergiebige Richtung lenken soll. Diese beiden Bestandteile hängen zusammen, wie Bacon in seiner Vorrede zum *Neuen Organon* deutlich macht:

> Es gilt, die Stufen der Gewissheit zu bestimmen, die sinnliche Wahrnehmung durch Rückführung auf ihre Gründe zu sichern, aber das den Sinnen folgende Spekulieren des Geistes zu verwerfen, um so dem Verstand einen neuen unfehlbaren Weg von der sinnlichen Wahrnehmung aus zu eröffnen und zu sichern. Dies haben zweifellos bereits die gesehen, die auf die Hilfe der Dialektik so großen Wert legten. Dabei leitet sie wohl die Absicht, dem Verstande Unterstützung zu geben, denn sie trauten ihm nicht, wenn er sich selbst und seiner eigenen Denkbewegung überlassen blieb. Doch für eine verlorene Sache kommt das Heilmittel zu spät. Der Verstand ist bereits durch die tägliche Gewohnheit von schädlichen Überlieferungen und Lehrmeinungen verdorben und leeren Hirngespinsten unterlegen. So kam die erwähnte Kunst der Dialektik zu spät und konnte den erwünschten Zustand nicht wieder herstellen. Ja, sie hat weit mehr dazu beigetragen, neuen Irrtümern als der Wahrheit neue Bahnen zu eröffnen.
> Wirkliches Gedeihen liegt einzig darin, das umfassende Werk des Geistes von neuem aufzuarbeiten. Der Geist darf von Anfang an nicht sich selbst überlassen bleiben, sondern muß ständig gelenkt werden. So muß das Werk gleichsam wie durch eine Maschine vorangetrieben werden." (*Works* I, 151–152/IV, 40; dt. Bacon 1990, 71)

Mit anderen Worten müssen zuerst verschiedene natürliche Neigungen des Geistes beseitigt werden, ehe eine neue Vorgehensweise etabliert werden kann. Bacons Ansatz unterscheidet sich hier, wie er selbst feststellt, genuin von dem seiner Vorgänger. Logik oder Methodik an sich können nicht einfach eingeführt werden und dann die schlechten Gewohnheiten des Denkens ersetzen, die Bacon als „Idole" bezeichnet. Es handelt sich nämlich nicht um eine einfache Ersetzung. Die bloße Anwendung von Logik auf die geistigen Prozesse ist ungenügend. Bacon möchte hier einen bestimmten Gegner treffen, denn spätscholastische Lehrbücher zur Logik betrachteten diese in starkem Maße als Korrektiv. Zwei solcher Logik-Lehrbücher, die drei Jahre nach dem Erscheinen des *Neuen Organon* veröffentlicht wurden, machen dies deutlich: Chrysostomus Cabero beschäftigt sich in seiner *Brevis summularum recapitulatio* (1623) mit der Frage, ob die Logik eine natürliche Einschränkung des Geistes oder eine moralisch bindende Norm des Denkens bietet, und Raphael Aversa benutzt in seiner *Logica* (1623) ein im Grunde genommen medizinisches Modell, wenn er behauptet, die Logik behebe die natürlichen Schwächen des Geistes. Spätscholastische Lehrbücher betrachteten die Logik im Allgemeinen nicht als Theorie, die dazu bestimmt ist zu erklären, wie die Wahrheit zwischen Prämissen und Schlüssen erhalten werden kann, sondern hauptsächlich als eine normative Theorie des Denkens, eine Theorie zur Regulierung der kognitiven Funktionen (Gaukroger 1989, 38–47). Werke wie Robert Sandersons *Logicæ artis compendium* (1615), in denen das Ziel der Logik in der Formung der menschlichen Vernunft und der menschlichen Sprache gesehen wird, folgen dieser Tradition. Lehrbücher der Logik betrachteten diese häufig als praktischen Niederschlag aristotelisch-thomistischer Psychologie. Vor diesem Hintergrund ist klar, dass Bacons Versuch, Epistemologie mittels einer Psychologie des Wissens zu betreiben, nicht neu war. Die Art und Weise, in der er dies tat, allerdings schon. Seine Psychologie leitet sich eher von der römischen rhetorischen Tradition ab als von Thomas von Aquin (dies ist ein entscheidender Unterschied, obwohl beide in gewisser Weise von Aristoteles ausgehen). Vor allem sind die Idole nach Bacons Auffassung fest verwurzelt und können nicht einfach durch etwas anderes abgelöst werden. Sie müssen getilgt werden, bevor etwas, das auch nur entfernt logischen Prozessen gleichkommt, beginnen kann.

In seiner Idolenlehre bietet Bacon eine Darstellung der systematischen Fehlertypen, zu denen der Geist neigt. Dies stellt einen äußerst wichtigen Teil seiner Epistemologie dar. Diese Idolenlehre leitet sich nicht von klassisch griechischen philosophischen Quellen wie Platon oder Aristoteles ab, sondern entstammt einer anders gearteten Herangehensweise an die Untersuchung des Geistes, die gleichfalls von der rhetorischen Tradition abhängt.

Der Punkt ist von allgemeiner Bedeutung. Offensichtlich beschränkt Bacon sich nicht darauf, die Antike im Rückgriff auf bestimmte Theorien zu kritisieren. Er richtet seine Kritik stattdessen auf etwas, was man „Mentalität" nennen könnte. Dabei betrachtet Bacon die Vergangenheit im Kontext und weist eine bestimmte Herangehensweise an ein Problem zurück, indem er sich auf die Mentalität bezieht, die diese Herangehensweise überhaupt erst entstehen lässt. Diese Hinwendung zu Mentalitäten wird durch seine psychologische Darstellung der Quellen des Irrtums ermutigt, wenn nicht gar ausgelöst.

Gerade Bacons Umgang mit inneren Hindernissen, den Idolen des Geistes, wirft die Frage auf, in welchem psychologischen oder kognitiven Zustand wir uns befinden müssen, um überhaupt Naturphilosophie betreiben zu können. Die Läuterung von Leidenschaften – und somit der „Idole" des Geistes – ist Teil des Vorhabens, uns zu geeigneten Naturphilosophen zu machen. Mit anderen Worten treffen sich genau hier die Fragen nach der Möglichkeit einer praktikablen Naturphilosophie und der *persona* des Naturphilosophen. Bacon ist überzeugt, dass ein Verstehen der Natur, wie es seit dem Sündenfall nicht erreicht werden konnte, in seiner Zeit möglich ist, weil die maßgeblichen Hindernisse, die alle bisherigen Versuche aufgehalten hatten, identifiziert werden konnten, und zwar in einer in vielerlei Hinsicht neuen Theorie dessen, was traditionell innerhalb einer Theorie der Leidenschaften behandelt worden wäre, einer neuen Theorie, die speziell auf eine naturphilosophische Praxis ausgerichtet ist. Bacons Physiko-Theologie bietet eine Legitimation für das Betreiben der Naturphilosophie überhaupt, und hängt entscheidend von der Theorie der Idole des Geistes ab.

Die Idole werden in den ersten beiden Teilen der *Instauratio Magna* umfassend dargelegt: im Kapitel 4 von Buch 5 in *De augmentis*, und ausführlicher im ersten Buch des *Novum Organum*. In *De augmentis* stellt er sie ganz allgemein wie folgt dar:

> Was die Entdeckung des falschen Anscheins oder der Idole betrifft, so sind Idole die größten Trugschlüsse des menschlichen Geistes. Denn sie täuschen nicht in Einzelheiten, wie es die anderen tun, indem sie die Urteilskraft verdunkeln und umgarnen; sondern durch eine von vornherein verderbte und schlecht geordnete Veranlagung des Geistes, die alle Erwartungen des Intellekts gleichsam verkehrt und infiziert. Denn der menschliche Geist (getrübt und verdunkelt, wie er durch die Hülle des Körpers ist), weit davon entfernt, ein glatter, klarer und gleichmäßiger Spiegel zu sein (der die Strahlen der Dinge entsprechend ihrem wirklichen Einfallen reflektiert), ist eher wie ein verzauberter Spiegel, voller Aberglauben und Betrug. Nun werden dem Geist Idole aufgedrängt, entweder durch die Natur des Menschen im Allgemeinen oder durch die indi-

viduelle Natur jedes einzelnen Menschen oder durch Worte beziehungsweise die Natur der Kommunikation. Die ersten von beiden nenne ich Idole des *Stammes*, die zweiten die Idole der *Höhle*, die dritten die Idole des *Marktes*. Es gibt auch eine vierte Art, welche ich die Idole des *Theaters* nenne, bewirkt durch verderbte Theorien oder Systeme der Philosophie und falsche Gesetze der Beweisführung. Aber diese Art kann man zurückweisen und loswerden; so will ich im Augenblick von ihr absehen. Die anderen ergreifen ganz und gar Besitz vom Geist und lassen sich nicht völlig beseitigen. (*Works* I, 643/IV, 431; dt. Bacon 2006, 301)

Bacon fährt mit einer Warnung an den Leser fort, dass die Lehre von den Idolen „nicht auf eine Kunst reduziert werden [kann]; alles, was man tun kann, ist, eine Art „überlegte Klugheit zu gebrauchen, um sich gegen sie zu wappnen." (*Works* I, 643/IV, 432; dt. Bacon 2006, 301) Diese Bemerkung grenzt die Ideenlehre von dem Ansatz der spätscholastischen Logik-Lehrbücher ab, in denen die Logik als „Kunst der Künste" gegen die schlechten Gewohnheiten des Denkens eingesetzt wird. Ein noch wichtigerer Unterschied in Bacons Ansatz besteht darin, dass die spezifischen Quellen systematischer Irrtümer identifiziert werden. Nicht nur die Autoren der spätscholastischen Lehrbücher sind der Meinung, es gäbe eine allgemeine Lösung des Problems des Irrtums, auch Descartes vertritt diese Ansicht. In den *Meditationen* stellt er die berühmte Behauptung auf, dass wir die Dinge, derer wir uns nicht sicher sind, als falsch behandeln können, damit wir etwas Unzweifelhaftes erkennen mögen. Alle Quellen des Irrtums werden bei Descartes vereinheitlicht, und es besteht bei ihm, ebenso wie bei den Autoren der Lehrbücher, keine Notwendigkeit, verschiedene Quellen des Irrtums zu unterscheiden. Aber Bacons Vorgehensweise erfordert es, dass er verschiedene Fehlerquellen identifiziert, denn dies ist eine Voraussetzung für den Umgang mit ihnen. Solange man sie nicht bewältigen kann, kann weder von der Anwendung von Verfahren der Entdeckung und des Erwerbs von Wissen die Rede sein, geschweige denn, dass sie selbst geeignet wären, grundlegende systematische Arten des Irrtums auszumerzen.

Die Idole des Stammes entspringen der menschlichen Natur selbst und beeinträchtigen jeden gleichermaßen (*Nov. Org.* I xli-liv; *Works* I, 163–169/IV, 54–59; dt. Bacon 1990, 110–115). Eine ihrer besonders wichtigen Erscheinungsformen besteht in dem heftigen Verlangen, anzunehmen, dass es mehr Ordnung und Regelmäßigkeit in der Natur gibt, als tatsächlich der Fall ist. Bacons Beispiele sind die Annahme von kreisförmigen Umlaufbahnen der Planeten, die Einführung von Feuer als Element, um ein vollkommenes Quadrat von vier Elementen zu erreichen, und die arbiträre

Annahme, dass die Dichte der Elemente im Verhältnis von zehn zu eins bestehe. Eine zweite Erscheinungsform dieser Unzulänglichkeit des menschlichen Geistes ist die Neigung, Gegenbeispiele zu den eigenen Theorien zu vernachlässigen oder außer Acht zu lassen. Der Geist ist gegenüber Umständen, die die eigenen Theorien bestätigen, aufmerksamer als gegenüber solchen, die ihnen zuwiderlaufen. Eine dritte Erscheinungsform besteht in der Neigung zum Extrapolieren von einleuchtenden Fällen, mit denen man vertraut ist, auf alle anderen Fälle. Eine vierte besteht in der Rastlosigkeit des menschlichen Geistes, was bedeutet, dass er sich nicht mit gut gestützten grundsätzlichen Erklärungen zufrieden gibt und stattdessen irrtümlicherweise und andauernd eine immer noch grundlegendere Ursache sucht. Eine fünfte besteht in der Neigung dasjenige für wahr zu halten, das man für wahr halten möchte, mit der Folge, dass der Mensch

> das Schwierige [verwirft], weil ihm die Geduld zur Untersuchung fehlt, das Nüchterne, weil es die Hoffnung einschränkt, das Höhere in der Natur aus Aberglauben, das Licht der Erfahrung aus Anmaßung und Hochmut, um nicht den Anschein zu erwecken, dass der Geist sich mit solch Billigem und Vergänglichem abgebe, das Ungewöhnliche wegen der Meinung der Menge. (*Nov. Org.* I xlix: *Works* I, 168/IV, 57; dt. Bacon 1990, 111)

Das „bei weitem größte Hindernis und der Anstoß zu Irrungen erwächst dem menschlichen Geist aus der beschränkten Unzulänglichkeit und den Fallstricken der Sinne." Es heißt, „die Betrachtung [höre] fast mit dem Anblick auf" (*Nov. Org.* I l; *Works* I, 186/*Works* IV, 58; dt. Bacon 1990, 113). Dies hat zur Folge, dass Körper, die mit den Sinnen nicht erfassbar sind, wie etwa Luft, „nahezu unbekannt" sind. Ohne Unterstützung sind die Sinne nicht verlässlich. Nur wenn sie „durch Beispiele und Experimente" unterstützt werden, gewinnen sie ein gewisses Maß an Verlässlichkeit und Nützlichkeit. Beachten wir, dass das Problem der Verlässlichkeit von Sinneswahrnehmungen nicht mittels Begriffen, die durch skeptische Überlegungen motiviert sind, formuliert wird, nicht einmal in Bezug auf epistemologische Begriffe, sondern vielmehr allein in Bezug auf praktische Hilfestellungen (mit Descartes, Gassendi, Hobbes und Locke beispielsweise bringen wir einen ganz anderen Ansatz in Verbindung). Das sechste Hindernis schließlich liegt in der Tatsache begründet, dass wir dazu neigen, Sachverhalte durch Abstraktion zu klären, während wir Demokrit folgen und uns auf den Inhalt anstatt auf die Form konzentrieren sollten.

Die Idole des Stammes zeichnen sich dadurch aus, dass sie der menschlichen Natur anhaften. Nichtsdestotrotz aber erscheint ihre Zusammenstellung etwas erzwungen. Bacon sagt uns, dass sie entweder aus der Gleichheit der Substanz des menschlichen Geistes; aus seiner Voreingenommenheit, aus seiner Beschränktheit, aus seiner ruhelosen Bewegung, aus dem Einfluss der Gefühle, aus der Unzulänglichkeit der Sinne, oder aus der Art des Eindruckes [ihren Ursprung nehmen]. (*Nov. Org.* I lii: *Works* I, 169/IV, 58–59; dt. Bacon 1990, 115)

Wenn auch die Vorstellung, dass es inhärente Hindernisse des Wissens geben könnte, die tief verwurzelt und allen gemein sind, nicht besonders strittig zu sein scheint, verschleiert die Zusammenstellung der sechs Hindernisse, die Bacon als Idole des Stammes identifiziert, tiefgreifende Unterschiede. Wenn wir zum Beispiel betrachten, worauf sie abzielen, ist offensichtlich, dass einige von ihnen sehr strittig sind, und es ist bei weitem nicht eindeutig, dass das, was kritisiert wird, einfach als Hindernis des Geistes abgetan werden kann. Das erste zum Beispiel, – die ungerechtfertigte Annahme von Ordnung und Regelmäßigkeit in der Natur, – richtet sich im Wesentlichen gegen ein allein mathematisches Studium der Astronomie. Das vierte – das Sich-nicht-zufrieden-geben mit ausreichenden Erklärungen – versucht die Frage zu beantworten, wo atomistische oder korpuskulare Erklärungen an ein Ende kommen, ohne diese Antwort jedoch zu verteidigen. Was andererseits die zweite Unzulänglichkeit angeht, die Neigung also, Gegenbeweise außer Acht zu lassen, bewegt Bacon sich auf festem Grund. Besonders seine Darstellung der eliminativen Induktion verleiht uns eine gute Vorstellung davon, was wir tun können, um dieses Defizit auszugleichen. Die Vorgehensweise ist hier folgende: man sucht die Ursache einer Erscheinung, indem man verschiedene mögliche mitwirkende Faktoren identifiziert und isoliert und diese wiederum untersucht um festzustellen, ob sie tatsächlich etwas zur Wirkung beitragen. Dabei werden diejenigen Faktoren eliminiert, bei denen das nicht der Fall ist. Auf diese Weise soll eine Annäherung an diejenigen Faktoren erreicht werden, die wirklich relevant sind. In ähnlicher Weise übt sein Vorwurf, es bestünde eine Neigung dazu, das für wahr zu halten, von dem man möchte, dass es wahr ist, echte Kritik an traditionellen Vorgehensweisen der Naturphilosophie. Die Kritik an der Extrapolation aus einleuchtenden Fällen spricht tatsächlich ein Problem an, müsste allerdings detaillierter ausformuliert werden.

Die Idole der Höhle „haben ihren Ursprung in der seelischen und körperlichen Eigenart eines jeden, aber auch in der Erziehung, der Gewohnheit und in Zufälligem." (*Nov. Org.* I liii: *Works* I, 169/IV, 59; dt. Bacon 1990, 115) Wiederum wird uns eine reichlich heterogene Auflistung geboten. Bei einer detaillierteren Darlegung der Quellen dieser Idole zählt Bacon eine Reihe spezifischerer Ursachen auf. Bei der ersten handelt es sich um die

Faszination für einen bestimmten Untersuchungsgegenstand, die dazu verleitet, auf andere Bereiche zu extrapolieren – so weitet Aristoteles die Logik auf die Naturphilosophie aus, so schreiten die Alchemisten von einigen wenigen Experimenten zur gesamten Disziplin, so gelangt William Gilbert von einer detaillierten Untersuchung des Magneteisens zu einem kosmologischen System. Es gibt möglicherweise einiges, das für diese Kritik spricht, und obwohl man vielleicht sagen möchte, Bacons eigene Darstellung der Naturphilosophie sei nicht dagegen gefeit, kann man erkennen, wie ihn seine Vorgehensweise der eliminativen Induktion davor schützen könnte. Tatsächlich wird gerade hier, bei der Frage nach übereilten Generalisierungen, die wahre Stärke der eliminativen Induktion offensichtlich. Als zweite Quelle lässt sich die Bereitschaft einiger Forscher nennen, sich auf Unterschiede zu konzentrieren, während andere sich auf Gleichartigkeiten und Ähnlichkeiten konzentrieren, wobei es schwierig ist, auf natürliche Weise eine Ausgewogenheit zu erreichen. Ein weiterer Unterschied besteht zwischen Forschern, die sich übermäßig stark dem Altertum verbunden fühlen und denen, die übermäßig stark vom Neuen angezogen werden. Schließlich gibt es diejenigen, die sich ganz mit der materiellen Beschaffenheit auf Kosten der Struktur beschäftigen (z. B. die frühen Atomisten), und diejenigen, die sich allein mit der Struktur befassen, auf Kosten der materiellen Beschaffenheit (*Nov. Org.* I lvii; *Works* I 170/IV 60; dt. Bacon 1990, 119).

Diese Beispiele fördern meines Erachtens einen überaus bedeutenden Unterschied zwischen den Idolen des Stammes und den Idolen der Höhle zutage. Es scheint, als gebe es eine Reihe routinemäßiger Verfahren, die man durchlaufen könne, um damit die Problemfälle, die sich aus den Idolen der Höhle ergeben, zu beheben. Diese Verfahren werden im positiven Teil von Bacons Lehre – der eliminativen Induktion – zur Verfügung gestellt, während die Probleme der Idole des Stammes meistenteils um einiges schwieriger zu beheben sind. In seiner Diskussion der Rhetorik in *De augmentis* sagt Bacon uns, es gebe drei Quellen für die Wirren des Verstandes und drei entsprechende Gegenmittel. Würde der Verstand durch Sophismen irre geführt, liege die Lösung in der Logik. Würde er durch Wortspiele in die Irre geführt, sei die Rhetorik das Heilmittel. Würde er von Leidenschaften fehlgeleitet, stelle die Moralphilosophie das adäquate Heilmittel dar (*De aug.* VI: *Works* IV, 455).[8] Ganz allgemein gesehen scheint es, als

---

8   Vgl. *Adv. Learn.* II: *Works* II, 409, wo die Rhetorik als Heilmittel für den von der Phantasie irre geführten Verstand beschrieben wird.

hätten wir wenig mehr als Ausgangsbasis als diese dreifache Aufteilung der Verantwortung.

Die Idole des Marktes leiten sich im Wesentlichen von der Tatsache her, dass wir unsere Gedanken durch systematisch unzulängliche sprachliche Mittel ausdrücken und mitteilen müssen. Ein Problem der Sprache besteht in der Tatsache, dass die Worte

> größtenteils nach den Auffassungen der Menge gebildet [werden] und die Dinge nach den Richtungen [trennen], die dem gewöhnlichen Verstand besonders einleuchtend sind. Wenn dann aber ein scharfsinnigerer Geist oder eine sorgfältigere Betrachtung diese Bestimmungen ändern will, damit sie der Natur entsprechender sind, widerstreben die Worte. (*Nov. Org.* I lix: *Works* I, 171/IV, 61; dt. Bacon 1990, 121)

Das führt zu zwei Arten sprachbedingter Mängel. Zunächst stellt die Sprache Namen zur Verfügung, die sich auf nicht-existierende Dinge beziehen, wie etwa „Glück, der erste Beweger, die Sphäre der Planeten, das Element des Feuers und dergleichen Erdichtungen, die aus eitlen und falschen Lehrmeinungen entstanden sind" (*Nov. Org.* I lix: *Works* I, 171/IV, 61; dt. Bacon 1990, 123). Die Lösung besteht hier einfach darin, die Theorien loszuwerden, die diese fiktiven Gegenstände entstehen lassen. Der zweite Fall ist komplizierter. Er entsteht aufgrund der Tatsache, dass Wörter mehrfache und/oder ungenau definierte Bedeutungen haben. Dies ist besonders bei Ausdrücken der Fall, die – wie etwa „feucht" – von der Beobachtung abstrahiert werden. Bacon unterscheidet „verschiedene Grade der Verkehrtheit und der Falschheit" von Ausdrücken. Er beginnt bei den Namen von Substanzen, bei denen der Grad der Verkehrtheit niedrig ist, fährt mit den Namen von Tätigkeiten fort und kommt schließlich zu den Qualitäten – er nennt die Beispiele „schwer, leicht, dünn, dicht" –, bei denen der Grad der Verkehrtheit hoch ist.

Die Ursache dieses prekären Zustands der Sprache scheint eindeutig im Sündenfall zu liegen, da die Debatte um Adams Wissen um die „wahren Namen" der Dinge in *Valerius Terminus*, darauf hinweist, dass es ursprünglich eine genaue Übereinstimmung zwischen Wörtern und Dingen gab. Tatsächlich war es eine geläufige Annahme der Zeit, dass Adam in der Lage war, die Natur jedes Lebewesens anhand seines Namens zu verstehen. Die Vorrede zu *Instauratio magna* verlangt ausdrücklich nach der Wiederherstellung dieses Zustands, indem sie fordert,

> alle Kraft müsse darauf gerichtet sein, auf irgendeine Weise die Verbindung zwischen dem Geist und den Dingen in der richtigen Weise wieder herzustellen oder zumindest zu einer besseren Beschaffenheit zu führen, als sie jetzt ist.

Kaum etwas auf der Erde, auch nur Ähnliches findet sich, das soviel Nutzen
bringen könnte, wie die auf dies Ziel gerichtete Mühe. (*Works* I, 121/*Works*
IV, 7; dt. Bacon 1990, 3)

Dieses Ziel lässt sich auf alle Idole anwenden, es hat aber auf die Idole
des Marktes besondere Auswirkungen. Überraschenderweise schlägt Bacon
hier kein allgemeines Heilmittel vor, aber da eine Reform der Naturphilosophie zwar gewiss die Sprache von Ausdrücken, die sich auf nichts beziehen,
bereinigen, nicht aber das ganze Problem beseitigen würde, scheint eine
umfassende Sprachreform letztendlich der einzige Weg zu sein. Eine solche Reform wurde tatsächlich von vielen Autoren des 17. Jahrhunderts
energisch verfolgt, wobei Bacons Einfluss in vielen englischen Beispielen
offensichtlich ist (Knowlson 1975, Slaughter 1982). Mangels einer umfassenden Reform wurde bewusst eine klare, präzise Sprache gewählt. Während
dies aber möglicherweise bei Autoren des 16. und frühen 17. Jahrhunderts
wie etwa Lipsius in Einklang mit klassischen Richtlinien verteidigt worden
war, als Anwendung des attischen Modells von Seneca und Tacitus, hatten
sich die Dinge nun radikal verändert. Thomas Sprat, der erste Historiker
der Royal Society, schreibt im Jahre 1667, das Ideal der frühen Mitglieder
hätte in einer „engen, nackten und natürlichen Ausdrucksweise; positiven
Formulierungen; klaren Bedeutungen; einer bodenständigen Leichtigkeit:
wodurch alle Dinge einer mathematischen Einfachheit so nahe wie möglich gebracht wurden" bestanden, er beschreibt dies jedoch als Präferenz für
„die Sprache der Handwerker, Landmänner und Händler über diejenige der
Geistreichen und Gelehrten." (Sprat 1667, 113)

Schließlich sind die Hindernisse der vierten Art, die Idole des Theaters, weder dem Geist noch der Sprache eigen, sondern entstehen aus einer
korrumpierten philosophischen Kultur und ihren pervertierten Regeln der
Beweisführung. Hier ist ein allgemeines Heilmittel vorhanden, das nämlich in der Befolgung von Bacons positiven methodologischen Vorschriften
besteht:

> Mein Verfahren nun, die Wissenschaften aufzuspüren, ist so, dass dem Scharf-
> sinn und der Stärke des Geistes nicht viel zu tun bleibt; sondern er gleicht die
> Begabungen und Anlagen fast aus. Denn zum Ziehen einer geraden Linie oder
> zum Schlagen eines vollkommenen Kreises mit der bloßen Hand gehört viel
> Sicherheit und Übung, aber wenig oder gar keine, wenn Lineal oder Zirkel
> dazu verwendet werden. Ähnlich verhält es sich mit meinem Verfahren. (*Nov.
> Org.* I lxi: *Works* I, 172/IV, 62–63; dt. siehe Bacon 1990, 127)

4 Schlussfolgerung

Würde man Bacons methodischen Vorschriften folgen, so wäre man seinen Vorstellungen gemäß in der Lage, einen Zustand zu erreichen, der demjenigen vor dem Sündenfall nahekommt. Adams Wissen war allerdings unmittelbar und intuitiv, was auf das unsere nicht zutrifft. Um etwas zu erreichen, das diesem ursprünglichen Zustand möglichst nahe kommt, müssen wir jedwede Hoffnung darauf aufgeben, uns auf unsere Findigkeit zu verlassen und stattdessen eine radikale Säuberung des Geistes sowie die Unterwerfung unter eine Forschungsmethode akzeptieren, die nicht nur die Schwächen des Geistes umgeht, sondern gelegentlich auch etwas, das man möglicherweise auch für eine ihrer Stärken halten kann. Dies ist ein hoher Preis, insbesondere gemessen an der humanistischen Kultur, der Bacon ursprünglich entstammt, einer Kultur, in der der Individualität ein hoher Stellenwert beigemessen wird. Aber ebenso wie ein Richter in einem Rechtsfall gezwungen ist, den Regeln der Beweisführung zu folgen und nur auf ihrer Grundlage zu urteilen, ungeachtet seiner persönlichen Neigungen aufgrund des Wertes eines Falles, muss der Naturphilosoph für Bacon einen vergleichbaren Weg gehen. Nur auf diese Weise kann eine Kultur der Naturphilosophie, die sich auf Lehrbücher gründet, durch eine neue Kultur ersetzt werden, die das erforderliche Maß an Autorität anstrebt, indem sie sich auf Vorgehensweisen stützt, die Befangenheit und mangelnde Objektivität beheben. Die Beobachtung steht im Zentrum dieses neuen Zugangs. Bei ihrer Regulierung handelt es sich nicht nur um eine Frage der guten Praxis, sondern um Fragen der grundlegenden kognitiven Psychologie des Naturphilosophen.

Literatur

Primärliteratur

Bacon, F., *Works*, hrsg. von J. Spedding et. al., London 1861–1874, repr. 14 Bde., Stuttgart & Bad Canstatt: Fromman-Holzboog 1989)

–, *Valerius Terminus. Von der Interpretation der Natur*, hrsg. von F. Träger, Würzburg: Königshausen & Neumann 1984.

–, *Novum Organon/Neues Organon*, hrsg. von W. Krohn, Hamburg: Meiner 1990.

–, *Über die Würde und Förderung der Wissenschaften*, hrsg. von H. Klenner, Freiburg: Haufe 2006.

Sidney, P., *An Apology for Poetry*, hrsg. von G. Shepherd, London: Nelson 1965.
Sprat, T., *The History of the Royal-Society of London*, London: J. Martyn & J. Allestry 1667.
Stanley, T., *The History of Philosophy. Containing the Lives, Opinions, Actions and Discourses of the Philosophers of every Sect*, London: The Second Edition, 1687.

Sekundärliteratur

Domanski, J., *La philosophie, théorie ou manière de vivre?*, Fribourg & Paris: Editions Universitaires 1996
Gaukroger, S., *Cartesian Logic*, Oxford: Clarendon 1989.
–, *Francis Bacon and the Transformation of Early-Modern Philosophy*, Cambridge: Cambridge University Press 2001
–, *The Emergence of a Scientific Culture, 1210–1685*, Oxford: Oxford University Press 2007.
Grant, E., „Aristotelianism and the Longevity of the Medieval World View", *History of Science* 16 (1978), 93–106.
Hadot, I., *Seneca und die griechisch-römische Tradition der Seelenleitung*, Berlin: de Gruyter 1969.
Hadot, P., *Exercices spirituels et philosophie antique*, Paris: Institut d'Etudes augustiniennes 1987.
–, *Qu'est-ce que la philosophie antique?*, Paris: Gallimard 1995.
Kennedy, G., *A New History of Classical Rhetoric*, Princeton: Princeton University Press 1994.
Kimmich, D., *Epikureische Aufklärungen; Philosophische und poetische Konzepte der Selbstsorge*, Darmstadt: Wissenschaftliche Buchgesellschaft 1993.
Knowlson, J., *Universal Language Schemes in England and France, 1600–1800*, Toronto: University of Toronto Press 1975.
Knox, D., „Ideas on Gestures and Universal Languages, c.1550–1650", in: *New Perspectives on Renaissance Thought*, hrsg. von J. Henry & S. Hutton, London 1990, 101–136
Long, A. A. & Sedley, D. N., *Die hellenistischen Philosophen*, Stuttgart: Metzler 2000.
Momigliano, A. D., *Studies in Historiography*, New York: Harper 1966.
Pagden, A., *Das erfundene Amerika*, München: Diederichs 1996.
Patzig, G., *Die aristotelische Syllogistik*, Göttingen: Vandenhoeck & Ruprecht 1963.
Shapiro, B., *Probability and Certainty in Seventeenth-Century England: A Study of the Relationships Between Natural Science, Religion, History, Law, and Literature*, Princeton: Princeton University Press 1983.
–, *A Culture of Fact: England, 1550–1720*, Ithaka: Cornell University Press 2000.
Slaughter, M. M., *Universal Language and Scientific Taxonomy in the Seventeenth Century*, Cambridge: Cambridge University Press 1982.

Schwarz, W., *Principles and Problems of Biblical Translation: Some Reformation Controversies and Their Background*, Cambridge: Cambridge University Press 1955.
Vickers, B., „Rhetoric and Poetics", in: *The Cambridge History of Renaissance Philosophy*, hrsg. von Ch. B. Smith et al., Cambridge: Cambridge University Press 1988, 735–740.

Johannes Haag

Sinnliche Ideen

Descartes über sinnliche und begriffliche Aspekte der Wahrnehmung

In einer berühmten Passage seiner *Kritik der reinen Vernunft* richtet Kant einen interessanten Vorwurf an Leibniz:

> Er verglich alle Dinge blos durch Begriffe mit einander und fand, wie natürlich, keine andere Verschiedenheiten als die, durch welche der Verstand seine reine Begriffe von einander unterscheidet. Die Bedingungen der sinnlichen Anschauung, die ihre eigene Unterschiede bei sich führen, sah er nicht für ursprünglich an; denn die Sinnlichkeit war ihm nur eine verworrene Vorstellungsart und kein besonderer Quell der Vorstellungen. (Kant, *Kritik der Vernunft*, A 270–271/B 326–327)

Und in der sehr viel späteren *Anthropologie* greift Kant diese Kritik auf und präzisiert:

> Die Sinnlichkeit blos in der Undeutlichkeit der Vorstellungen, die Intellectualität dagegen in der Deutlichkeit zu setzen und hiemit einen blos formalen (logischen) Unterschied des Bewußtseins statt des realen (psychologischen), der nicht blos die Form, sondern auch den Inhalt des Denkens betrifft, zu setzen, war ein großer Fehler. (Kant, *Anthropologie*, 7:140 Fn.)

Dieser Vorwurf thematisiert das Verhältnis begrifflicher und nicht-begrifflicher Elemente in unseren Vorstellungen: Kant behauptet, dass es sich bei diesem Unterschied um einen realen oder psychologischen Unterschied handelt, der nicht bloß die (logische) Form, sondern auch den Inhalt dieser Vorstellungen betrifft.

‚Bloß logisch' ist ein Unterschied, wenn die fraglichen Vorstellungen letztlich von derselben Art sind oder aus derselben Quelle entstammen und die offensichtlichen Differenzen nur gradueller Natur sind. Ein realer Unterschied ist hingegen ein wesentlicher Unterschied in der Sache, der – im Falle der Vorstellungen – in unterschiedlichen Quellen dieser Vorstellungen seine genetische Entsprechung hat: Sinnlichkeit und Verstand

sind für Kant radikal unterschiedene Quellen der Vorstellungen, die verantwortlich sind für einen Wesensunterschied sinnlicher und begrifflicher
Vorstellungen.

Die kritisierte Sichtweise will diese radikale Unterscheidung nicht akzeptieren. Ihr zufolge verdanken wir die Deutlichkeit der Vorstellungen
dem Verstand und müssen für undeutliche Vorstellungen die Sinnlichkeit verantwortlich machen. Dennoch gibt es keinen wesentlichen Unterschied in den resultierenden Vorstellungen: der Unterschied der Deutlichkeit ist ein bloß formaler Unterschied, der sich letztlich vollständig erfassen
lässt von einer graduellen Abstufung, von der höchsten Deutlichkeit einerseits zur größten Undeutlichkeit oder Verworrenheit auf der anderen
Seite.

Ich will im Folgenden, ohne dies an dieser Stelle argumentativ untermauern zu können, voraussetzen, dass eine derartige Konzeption tatsächlich defizitär ist (vgl. Haag 2007). Ob allerdings Leibniz etwas Derartiges
vertreten hat oder nicht, soll uns hier nicht weiter interessieren (vgl. z. B.
Wilson 1990). Denn René Descartes (1596–1650) ist – wenigstens auf den
ersten Blick – ein viel besserer Adressat für Kants Vorwurf. In Descartes'
Konzeption des Erkennens spielt die graduelle Abstufung von Deutlichkeit
tatsächlich eine entscheidende Rolle: Wahr ist, was im höchsten Maße klar
und deutlich, falsch, was undeutlich ist. Die paradigmatischen undeutlichen Vorstellungen sind aber gerade die sinnlichen Vorstellungen, wobei
sinnliche Vorstellungen einfach jene Vorstellungen sind, die wir durch die
Wahrnehmung erhalten. Das Zeug zu deutlichen Vorstellungen haben hingegen nur die begrifflichen.

Im Folgenden will ich der Frage nachgehen, inwiefern diese Kritik
Kants auf die cartesische Philosophie der Wahrnehmung zutrifft.

1   Körperliche Wahrnehmung

Sinnliches Wahrnehmen muss bei Descartes von Perzeption (*perceptio*)
unterschieden werden. Sinnliche Wahrnehmung ist für ihn auch keine
Art der Perzeption: Das Verhältnis von sinnlicher Wahrnehmung und Perzeption kann nicht als eine Beziehung von *genus* zu *species* beschrieben
werden. Denn mit Perzeption meint Descartes meist das bewusste Erfassen einer Idee – und es ist falsch, diesen Akt des Erfassens einer Idee als
Wahrnehmung dieser Idee zu konzipieren: Ideen sind, wie wir noch sehen

werden, für Descartes keine Objekte im Geiste, die als Gegenstände einer inneren Wahrnehmung dienen könnten.[1]

Die Perzeption von Ideen, auch von sinnlichen Ideen, ist also keine Wahrnehmung. Die Perzeption sinnlicher Ideen ist wesentlich beteiligt am komplexen Prozess der sinnlichen Wahrnehmung, ist selbst aber nur ein Bestandteil dieses Prozesses.

Was ist das sinnliche Wahrnehmen darüber hinaus? Skizzieren wir kurz, wie Descartes sich den Wahrnehmungsprozess vorstellt. Sinnliche Wahrnehmung entsteht aus einem Zusammenspiel von drei Elementen, nämlich von denjenigen Modifikationen der *res extensa*, die die unseren Körper unmittelbar umgebende körperliche Wirklichkeit ausmachen, denjenigen Modifikationen der *res extensa*, die unseren eigenen Körper konstituieren, und unserem Geist, der *res cogitans*.

Das Zusammenwirken der ersten beiden Komponenten kann ausschließlich mit den Mitteln einer mechanistischen Naturwissenschaft beschrieben werden. Descartes selbst entwickelt im *Traité de l'Homme*, in seiner *Optik*, in den *Prinzipien*, den späten *Passions de l'ame* und auch in den *Meditationen* (etwa in der *Sechsten Meditation* oder den *Sechsten Erwiderungen*) entsprechende Theorien.

Sein Bild ist ungefähr folgendes: Die Sinnesorgane unseres Körpers sind den kausalen Reizen der sie umgebenden körperlichen Dinge ausgesetzt. So entstehen beispielsweise in der visuellen Wahrnehmung eines Gegenstandes zunächst auf der Retina die Bilder dieses Gegenstandes. Diese Reize werden nun von den unseren Körper durchziehenden Nervenbahnen an das Gehirn vermittels einer „sehr feinen Luft oder eines Windes weitergeleitet" (*Passions*, i, art. 7; AT XI, 332[2]). Dieser vermittelnde Stoff besteht Descartes' Ansicht nach aus so genannten Lebensgeistern (*esprits animaux*, ebd.), – „äußerst kleinen Körpern, die sich sehr schnell bewegen" (*Passions*, i, art. 10; AT XI, 335) und im Gehirn schließlich körperliche Bilder erzeugen.

Der Teil des Gehirns, in dem Descartes diese Hervorbringung von Bildern lokalisiert, ist die Zirbeldrüse, weil sie den „innersten Teil des Gehirns" (*Passions*, i, art. 31; AT XI, 352) bildet. Die Zirbeldrüse ist für ihn der Sitz des Gemeinsinns (*sensus communis*), dessen Aufgabe es ist, in der Erzeugung

---

1   Vgl. dazu Yolton 1984, Costa 1983, Alanen 1990, Perler 1996. Anders Wilson, 1994.

2   „AT" steht für die von Ch. Adam & P. Tannery besorgte Gesamtausgabe der Werke Descartes' in 11. Bd. Dem Sigel „AT" folgen Bandnummer und Seitenzahl.

seiner Bilder die – gleichfalls bildhaften – Informationen der verschiedenen Sinnesorgane zu komplexen Bildern zu integrieren. Verantwortlich für diese Integration ist ein Vermögen, das Descartes als körperliche Einbildungskraft bezeichnet (z. B. *Discours* V; AT VI, 55).

Den Begriff des Gemeinsinns übernimmt Descartes interessanterweise aus der aristotelischen Psychologie (vgl. Aristoteles, *De Anima*, III, i, 425a14 ff.), passt ihn aber nicht einfach seiner spezifischen Vorstellung des Zusammenwirkens von Körper und Geist an, sondern gibt ihm zusätzlich eine besondere Wendung, die es ihm erlaubt, unter Verweis auf diese integrative Funktion für die Existenz eines bildgebenden körperlichen Zentralorgans zu argumentieren. Die Notwendigkeit einer solchen Integration sieht Descartes nämlich nicht nur hinsichtlich der Informationen verschiedener Sinne, sondern auch und gerade bezüglich der Informationen aus „doppelten Organen desselben Sinnes" (*Passions*, i, art. 32; AT XI, 353). Als Beispiel nennt er unsere Augen, von denen jedes ein eigenes Retina-Bildchen liefert:

> Es muss notwendigerweise einen Ort geben, an dem die Bilder, die durch unsere beiden Augen kommen, oder die zwei Sinneseindrücke von irgendeinem einzelnen Gegenstand, die durch die zweifachen Organe irgendeines anderen Sinnes gelangen, in einem einzelnen Bild oder Sinneseindruck zusammenkommen, bevor sie die Seele erreichen. Denn andernfalls würden sie nicht einen, sondern zwei Gegenstände präsentieren. (ebd.)

Diese Passage liefert uns auch einen interessanten Hinweis darauf, wie die Redeweise von körperlichen Bildern zu verstehen ist. Denn Bilder im wörtlichen Sinne sind weder die Reaktionen der Retina (oder anderer Sinnesorgane) auf die körperlichen Reize, noch die komplexen Bilder auf der Zirbeldrüse. Deshalb sollte man Descartes' explizierende Rede von ‚Bildern *oder* Sinneseindrücken' in dem zitierten Abschnitt der *Passions* sehr ernst nehmen: Denn Bilder sind diese Eindrücke auf den Sinnesorganen oder auf der Zirbeldrüse nur in einem analogen Sinn, weil sie Eigenschaften der uns umgebenden körperlichen Wirklichkeit kausal repräsentieren.

Das wird noch deutlicher, wenn Descartes sich an anderen Stellen explizit gegen eine wörtliche Auffassung der ‚Bilder' auf der Zirbeldrüse wehrt. So schreibt er in der *Dioptrique*:

> Man darf keineswegs annehmen, dass der Geist, um wahrzunehmen, irgendwelche Bilder erfassen muss, die von den Gegenständen ins Gehirn gesendet werden, wie unsere Philosophen es gemeinhin tun; oder zumindest muss

man die Natur dieser Bilder ganz anders verstehen, als sie es tun. (*Dioptrique*, AT VI, 112)[3]

Insbesondere müssen die körperlichen ‚Bilder' keinerlei Ähnlichkeit mit den von ihnen repräsentierten körperlichen Gegenständen aufweisen:[4] Sie fungieren vielmehr als bloße Chiffren, die einzig der Bedingung genügen müssen, die Mannigfaltigkeit der wahrnehmbaren Eigenschaften der repräsentierten Gegenstände in angemessener Weise zu kodieren, die kausal für ihr Auftreten verantwortlich sind (vgl. *Regulae*, AT X, 413). (Dass diese Mannigfaltigkeit prinzipiell durch die „unendliche Vielfalt der Gestalten" (*Regulae*, AT X, 413) repräsentiert werden kann, ist ein Umstand, der sich im weiteren noch als wichtig erweisen wird.)

Wenn Descartes selbst von körperlichen ‚Bildern' spricht, hat er also vor allem eine funktionale Charakterisierung im Sinn: Was auch immer die physiologischen Ereignisse auf der Zirbeldrüse genau sind – sie dienen dazu, das Datenmaterial zu bündeln, das vermittels der Reaktion der Sinnesorgane auf Umweltreize in uns gelangt, und so die Gegenstände kausal zu repräsentieren, die diese Reaktionen hervorrufen. Ähnlichkeit spielt dabei keine Rolle; für eine gelungene kausale (körperliche) Repräsentationsbeziehung sind allein die richtige kausale Beziehung und der Erhalt der Mannigfaltigkeit der wahrnehmbaren Eigenschaften des verursachenden Gegenstandes erforderlich.

Damit ist die Schilderung der rein körperlichen Aspekte des Wahrnehmungsvorgangs abgeschlossen: Die körperliche Wahrnehmung erzeugt demnach gleichfalls rein körperliche ‚Bilder', auf die nun der Geist unmittelbar zugreift.[5]

---

3   Diese Bemerkung richtet sich gegen scholastische Speziestheorien. Vgl. zu letzteren Tachau 1988. Vgl. Einleitung, S. 5 f.

4   Vgl. ebd. und auch ebd., AT VI, 130. Dazu Wilson 1994, 117 ff.

5   Gemäß einer Unterscheidung, die M. Wilson für die Klassifizierung der cartesischen Wahrnehmungstheorie vorgeschlagen hat, endet an dieser Stelle die *wissenschaftliche* Wahrnehmungstheorie Descartes'. Ihrer weitergehenden Behauptung, dass Descartes keine ausgearbeitete *philosophische* Wahrnehmungstheorie entwickelt hätte, will ich mich ausdrücklich nicht anschließen. Vgl. Wilson 1978, 203 und Wilson 1994, 218 f.

2   Die Passivität der Wahrnehmung

Die Interaktion von Geist und Körper, *res cogitans* und *res extensa*, darf man sich nun nicht so vorstellen, dass der Geist mit einer Art innerem Auge die Bildchen auf der Zirbeldrüse betrachtet (vgl. *Dioptrique*, AT VI, 130). Die Vorstellung einer derartigen Wiederholung des Wahrnehmungsvorgangs gleichsam auf einer höheren Stufe weist Descartes aus gutem Grund zurück: Die wahrnehmungstheoretischen Probleme würden durch so einen Schritt nicht gelöst, sondern dupliziert (vgl. Perler 1998, 131). Wenn also „die rationale Seele, die mit dieser Maschine [i. e. dem Körper] verbunden ist, diese Figuren direkt betrachtet, wenn sie einen Gegenstand bildlich vorstellt oder vermittels der Sinne wahrnimmt" (*Traité de l'Homme*, AT VI, 177) darf man darunter demnach keine innere Wahrnehmung verstehen. Ebenso wenig ist damit aber die bereits erwähnte Perzeption einer Idee gemeint: Die Perzeption einer Idee ist der Akt des Erfassens oder der Bildung einer Idee – an einigen Stellen nichts anderes als die Aktivierung einer angeborenen Disposition (vgl. *Notae in Programma*, AT VIIIB, 358) –, der im Falle sinnlicher Ideen die Aktivität auf der Zirbeldrüse als unmittelbares kausales Antezedens voraussetzt, nicht aber mit dieser identifiziert werden darf (anders Costa 1983).

Die Charakterisierung des körperlichen Geschehens auf der Zirbeldrüse als kausales Antezedens weist auf eine weitere zentrale Eigenschaft des Wahrnehmungsprozesses an der Schnittstelle von Körper und Geist hin: Die Interaktion von Körper und Geist ist – nicht nur im Fall der Wahrnehmung, sondern auch umgekehrt im Fall intentionalen Handelns – als eine *kausale* Beziehung zu denken. Diese kausale Beziehung zwischen zwei wesensverschiedenen, ,real distinkten' Substanzen war von Beginn an Gegenstand vehementer Kritik[6] und steht als ,Problem der mentalen Verursachung' bis heute auf der philosophischen Agenda.[7]

Ich will diese zentrale Eigenschaft des cartesischen Systems hier einfach voraussetzen und in diesem Zusammenhang nur auf eine für die sinnliche Wahrnehmung wesentliche Implikation verweisen: Dass sinnliche Wahrnehmung kausal konzipiert wird, hat zur Folge, dass das wahrnehmende Subjekt im Wahrnehmungsprozess, was die Inhalte seiner Wahrnehmung angeht, wesentlich passiv ist. Wir können weder die Bildung der körper-

---

6   Vgl. die Kritik von Hyperaspistes in AT III, 398.
7   Vgl. z. B. mit Bezug auf Descartes: Yablo 1992. Für einen Überblick vgl. Heil/Robb 2005.

lichen ‚Bilder' auf der Zirbeldrüse, noch den dadurch unmittelbar ausgelösten Akt des Erfassens einer Idee so beeinflussen, dass wir die Inhalte
unserer Wahrnehmung verändern könnten. Natürlich können wir die so
verursachte Idee anschließend einer kritischen Überprüfung unterziehen
und auf diese Weise zu adäquateren Ideen desselben Gegenstandes gelangen. Doch darauf, welche sinnliche Idee durch die Aktivität der Zirbeldrüse
unmittelbar hervorgerufen wird, haben wir – sofern wir aufmerksam sind –
keinen Einfluss.

Ein großer Vorteil einer derartigen kausalen Konzeption des Wahrnehmungsvorgangs liegt in der Vereinbarkeit mit einem grundlegenden
phänomenologischen Faktum unserer Wahrnehmung: Die aus der kausalen Wahrnehmungstheorie folgende Passivität hinsichtlich Faktum und
Inhalt unserer Wahrnehmung, deckt sich damit, dass wir uns in der Wahrnehmungssituation als passiv erleben. (Das ist übrigens einer der Gründe
dafür, dass auch heute noch viele Philosophen eine kausale Wahrnehmungstheorie vertreten, vgl. Haag 2001, Kap. 3.)

In der *Sechsten Meditation*, noch vor dem Beweis für die Existenz einer
körperlichen Außenwelt, thematisiert Descartes dieses phänomenologische
Faktum:

> Ich machte ... die Erfahrung, dass diese [sinnlichen] Ideen ohne meine ge-
> ringste Zustimmung in mir auftauchten, so sehr, dass ich weder irgendein
> Objekt empfinden konnte, so sehr ich es auch wollte, wenn es nicht einem
> Sinnesorgan präsent war, noch es nicht empfinden konnte, wenn es präsent
> war. (*Meditationes*, AT VII, 75)

Und kurz darauf instrumentalisiert er diese vortheoretische Beobachtung in
seinem Beweis für die Existenz von Körpern, die kausal für diese sinnlichen
Ideen verantwortlich sind:

> Nun ist allerdings in mir ein gewisses passives Vermögen der Empfindung, d. h.
> ein Vermögen, die Ideen der Sinnendinge aufzunehmen und zu erkennen, aber
> ich könnte davon keinen Nutzen haben, wenn nicht auch ein gewisses aktives
> Vermögen existierte, entweder in mir oder etwas anderem, um diese Ideen
> hervorzubringen oder zu bewirken. Und dieses Vermögen kann in der Tat
> nicht in mir sein, da es überhaupt kein Verstehen voraussetzt und da diese
> Ideen nicht nur ohne meine Kooperation, sondern oft sogar gegen meinen
> Willen produziert werden. (ebd., AT VII, 79)

Wir selbst können also nicht Ursache der sinnlichen Ideen sein. Da Gott
kein Betrüger ist und uns offenbar die Neigung verliehen hat, für diese sinnlichen Ideen äußere Körper ursächlich verantwortlich zu machen, kommt
dann als Ursache solcher Ideen eben nur die *res extensa* in Frage.

3   Sinnliche Ideen im Geist

Wenden wir uns nun dem geistigen Teil des Wahrnehmungsprozesses zu, der, anders als der körperliche, ‚Verstehen voraussetzt' (*intellectionem prae-supponit*). Hier ist das wesentliche Thema der cartesischen Konzeption die Einbettung der Wahrnehmungstheorie in die Ideentheorie. Für unsere Fragestellung ist dieser Teil des Wahrnehmungsvorgangs auch deshalb besonders interessant, weil das Verhältnis sinnlicher und begrifflicher Aspekte in der Wahrnehmung eigentlich erst an dieser Stelle thematisiert werden kann: Vorher gibt es keine begrifflichen Aspekte, weil die körperliche Substanz wesentlich nicht-begrifflich ist. Überraschender ist vielleicht, dass es vorher streng genommen auch keine sinnlichen Aspekte gibt: Sinnliche wie begriffliche Aspekte sind für Descartes nämlich, wie wir sehen werden, immer Aspekte von Vorstellungen oder Ideen – und Ideen sind Modifikationen der *res cogitans*.

Um zu verstehen, wie in der sinnlichen Wahrnehmung begriffliche und sinnliche Aspekte zusammenwirken, ist es deshalb notwendig, sich über die Grundzüge der cartesischen Ideentheorie klar zu werden. Einen guten Ausgangspunkt bietet dafür der *Anhang zu den zweiten Erwiderungen* in dem Descartes den Versuch unternimmt, die wesentlichen Ergebnisse seiner *Meditationen* nach der ‚geometrischen Methode', d. h. in deduktiver Form, darzustellen.

3.1   Geistige Akte

Er beginnt diese Darstellung mit einer Reihe von Definitionen, von denen für unsere Zwecke die ersten vier interessant sind. Zunächst definiert er den Begriff des *geistigen Aktes* (*cogitatio*):

> 1. Ich verwende den Ausdruck ‚geistiger Akt' so, dass er alles umfasst, was in uns so existiert, dass wir uns dessen unmittelbar bewusst sind. Also sind alle Operationen des Willens, des Verstandes, der Einbildungskraft und der Sinne geistige Akte. (Descartes, *Meditationes*, AT VII, 160)

Was an dieser Definition zunächst auffällt, ist die Betonung des aktiven Charakters mentaler Ereignisse: Geistige Ereignisse sind Operationen bestimmter Vermögen. Allerdings muss damit nicht gemeint sein, dass jeder geistige Akt die intentionale Handlung eines geistigen Vermögens sein muss: Nicht jede geistige Operation muss als intentionale Handlung verstanden werden.[8]

Überraschend ist nun allerdings, dass Descartes in seiner Aufzählung geistiger Vermögen keineswegs nur Willen und Verstand aufführt, sondern auch die Einbildungskraft und die Sinne. Während Wille und Verstand nämlich gleichsam klassische geistige Vermögen sind, deren Zusammenwirken bei Descartes erst unsere Fähigkeit erklärt, Urteile zu bilden, scheinen Einbildungskraft und noch viel mehr die Sinne prima facie besser als Vermögen klassifizierbar zu sein, die dem Geist das Material zur Verfügung stellen, auf dem er dann operieren kann.

Das ist aber offenbar nicht Descartes' Bild: Auch die Einbildungskraft und die Sinne selbst sind Vermögen zur Hervorbringung geistiger Akte und als solche geistige Vermögen. Erinnert sei auch an die Bemerkung in der *Zweiten Meditation*, dass das bewusste sinnliche Empfinden recht verstanden nichts anderes sei als Denken.[9] Und in der *Sechsten Meditation* spricht Descartes sogar von den Urteilen äußerer Sinne.[10] Es sieht also so aus, als würde sich Descartes bereits an dieser Stelle dem kantischen Vorwurf aussetzen, zwischen sinnlichen und begrifflichen Vermögen nicht hinreichend unterschieden zu haben: Nichtbegriffliche Vermögen und begriffliche Vermögen sind gleichermaßen geistige Vermögen.

Hier ist zunächst daran zu erinnern, dass sowohl die sinnlichen Vermögen als auch die Einbildungskraft körperliche Entsprechungen haben. Wir haben sie und ihr Wirken bereits im Zusammenhang der körperlichen Aspekte des Wahrnehmungsprozesses kurz skizziert. Diese körperlichen Vermögen *können* hier also nicht gemeint sein. Es ist deshalb möglich, diese Klassifizierung auch anders zu lesen: Sinnlichkeit und Einbildungskraft sind geistige (und damit auch begriffliche) Vermögen, die dafür verantwortlich sind, dass begriffliche Fähigkeiten geistige Zustände *auf der Basis nicht-begrifflicher Vorgänge* erzeugen können. Beide wären demnach also geistige Vermögen – aber eben geistige Vermögen mit einer spezifischen Funktion: nämlich der Aufnahme körperlicher Vorgänge in die geistige Aktivität.

---

8   Descartes selbst trifft diese Unterscheidung nicht explizit; allerdings spricht nichts dagegen, sie in diesem Zusammenhang nachzutragen. Eine moderne Version findet sich z. B. in Sellars 1969.

9   „hoc est proprie quod in me sentire appellatur; atque hoc praecise sic sumptum nihil aliud est quam cogitare" AT VII, 28.

10 „sensuum externorum judicia" AT VII, 76.

Für diese Interpretation sprechen Descartes' Ausführungen in der *Sechsten Meditation*. Dort stellt er fest, dass Einbildungskraft und die Sinne „in ihrem formalen Begriff einige Verstandestätigkeit"[11] einschließen. Die Leistung der Einbildungskraft – genau wie die Leistung der Sinne – ist dementsprechend immer *auch* eine Verstandestätigkeit, allerdings eine spezifische Verstandestätigkeit, die eine Fähigkeit spiegelt, die für andere Verstandestätigkeiten nicht gleichermaßen konstitutiv ist: Nämlich die Fähigkeit, die Verstandestätigkeit mit einer „weiteren spezifischen Anstrengung der Seele" (AT VII 73) zu verbinden.

Worin diese besondere Anstrengung besteht, macht Descartes gleichfalls im Kontext der *Sechsten Meditation* deutlich. Sie besteht darin, dass der Geist vermittels der Einbildungskraft *seine Aufmerksamkeit auf den Körper richtet* (vgl. AT VII, 73). Denn

> dieser Modus des Denkens unterscheidet sich nur dadurch vom reinen Verstehen, dass der Geist, solange er versteht, sich gewissermaßen auf sich selber richtet und sich auf eine der Ideen bezieht, die in ihm sind; solange er sich aber etwas einbildet, sich auf den Körper richtet und etwas in ihm anschaut, das mit einer Idee übereinstimmt, die entweder von ihm selbst verstanden oder von einem Sinn wahrgenommen wird. (Descartes, *Meditationes*, AT VII, 73)

Hier findet also eine Kooperation zwischen der „körperlichen Einbildungskraft" (*Meditationes*, AT VII, 121; vgl. auch AT VII, 364 und AT VII, 181) oder dem *sensus communis* – dem Geschehen auf der Zirbeldrüse – und der Einbildungskraft als geistigem Vermögen statt. Erst diese Kooperation ermöglicht das Entstehen von bildlichen Ideen wie denen der Sinne und denen, die bloß Produkte der Einbildungskraft sind.

Wenn Descartes deshalb davon spricht, dass die Einbildungskraft, sofern sie sich vom Verstand unterscheidet, für das Wesen des Geistes nicht erforderlich sei,[12] dann sollte man das als Abgrenzung der geistigen von den körperlichen Aspekten des Wirkens der Einbildungskraft verstehen: Nur die Letzteren berühren das Wesen des Geistes nicht; die ersteren hingegen sehr wohl.

Was bedeutet das für die vorgeschlagene Interpretation von Einbildungskraft und sinnlichem Erfassen (*sentire*) als geistiger Vermögen mit einer spezifischen Funktion? Die von Kant angemahnte Trennung zwischen

---

11 „intellectionem enim nonnullam in suo formali conceptu includunt" AT VII, 78. Die französische Ausgabe hat die Formulierung: „la notion que nous avons de ces facultés" AT X, 62.

12 „istam vim imaginandi quae in me est, prout differt a vi intelligendi, [...] ad mentis meae essentiam non requiri" (AT VII 73)

Sinnlichkeit und Verstand wäre, jedenfalls als Abgrenzung begrifflicher von
nicht-begrifflichen *Vermögen*, bei Descartes aufrechterhalten: Geistige Vermögen sind immer begriffliche Vermögen; und sinnliche Vermögen sind
entweder selbst begriffliche Vermögen – dann ist die Abgrenzung gar nicht
notwendig, oder sie sind körperlicher Natur, sofern sie – wie die körperliche Einbildungskraft und die körperlichen Sinne – keine begrifflichen
Vermögen sind.

3.2   Ideen

Wir haben die ganze Zeit über bereits so von Ideen gesprochen, als wüssten
wir schon, was darunter eigentlich zu verstehen ist. Versuchen wir diesen
Begriff ein wenig besser zu klären. Wir werden dann auch genauer bestimmen können, was *sinnliche* Ideen sind.

Ideen sind „gleichsam Bilder der Dinge" („tanquam rerum imagines",
Meditationes, AT VII, 37). Bilder repräsentieren die abgebildeten Gegenstände und Sachverhalte, und in der Tat ist dies eine wesentliche Ähnlichkeit
von Ideen und Bildern: Auch Ideen stehen, in einem näher zu bestimmen-
den Sinne, für das, was sie repräsentieren.

Eine weitere Ähnlichkeit ist die Möglichkeit, in Bildern den Träger des
Bildgehalts von diesem Gehalt selbst zu unterscheiden. Ein Bild von einem rosaroten Eiswürfel ist immer selbst auch ein Gegenstand in der Welt,
der als solcher bestimmte Eigenschaften hat. In unseren Ideen als geistigen Vorgängen haben wir es mit einer analogen Unterscheidung zu tun,
nämlich der Unterscheidung eines Trägers für das, was im Geist für die zu
vertretenden Objekte steht, von dem Inhalt dieses geistigen Trägers. Der
Ausdruck „Idee" bezieht sich also entweder auf die geistigen *Zustände* oder
aber auf *Inhalte* der geistigen Zustände: Ideen im zweiten Sinne sind ‚in‘
Ideen im ersten Sinne und *stehen für* die Objekte, die sie vertreten. Beide
Aspekte müssen in einer Theorie der Repräsentation sorgfältig unterschieden werden als Akt und Inhalt der Repräsentation oder, wie bei Descartes,
als Ideen *materialiter* betrachtet und als Ideen *objective* betrachtet (*Meditationes*, AT VII, 8).

Doch in anderer Hinsicht sind Bilder mit Ideen sehr ungleichartig:
Das relativierende „gleichsam" ist sehr wichtig, denn für Descartes sind
Ideen keineswegs im Wortsinne Bilder der Dinge. Bilder im wörtlichen
Sinn waren für ihn, wie wir gesehen haben, ja nicht einmal die körper-
lichen ‚Bilder‘ auf der Zirbeldrüse. Eine cartesische Idee ist kein ‚Bildchen

im Kopf', sondern eine Modifikation (*modus*) der geistigen Substanz (*res cogitans*). Descartes ist also schon aus diesem Grund nicht darauf festgelegt zu behaupten, dass wir zu Ideen als geistigen Objekten in einer Wahrnehmungsrelation stehen.

Der Gegensatz dieser beiden Deutungen unseres Verhältnisses zu unseren Ideen – Ideen als Zustände und Ideen als Gegenstände geistiger Wahrnehmung – war für Descartes selbst noch nicht besonders wichtig. Erst in der Auseinandersetzung mit seiner Ideentheorie, im Zuge ihrer systematischen Weiterentwicklung in der zweiten Hälfte des 17. Jahrhunderts, wurden diese Möglichkeiten systematisch debattiert.[13] Dennoch ist es angesichts seiner Substanzenontologie sinnvoll, seine Ideenkonzeption als eine frühe Form des Adverbialismus[14] aufzufassen: Alle geistigen Akte sind bei ihm Modi der denkenden Subjekte und damit von geistigen Substanzen.

In der zweiten Definition des *Anhangs zu den zweiten Erwiderungen* charakterisiert Descartes nun Ideen folgendermaßen:

> 2. Den Ausdruck ‚Idee‘ verwende ich für jene Form jedes beliebigen geistigen Akts durch deren unmittelbare Perzeption ich mir dieses geistigen Akts bewusst bin; und zwar derart, dass ich nichts mit Worten ausdrücken kann und dabei verstehe, was ich sage, ohne dass dadurch sicher ist, dass ich eine Idee dessen in mir habe, was durch jene Worte bezeichnet wird. (*Meditationes*, AT VII, 160)

Ideen sollen also, *erstens*, Formen geistiger Akte sein, die wir, *zweitens*, unmittelbar perzipieren und durch deren Perzeption wir uns, *drittens*, des geistigen Aktes bewusst werden. Und *viertens* macht die Bemerkung über das Verhältnis von Idee und Worten deutlich, dass Ideen nicht notwendig propositional strukturiert sind.[15]

Zum zweiten Punkt, der Perzeption, habe ich bereits genug gesagt: Hier geht es um den Akt des Erfassens oder Bewusstwerdens selbst, nicht um ein Wahrnehmungsverhältnis zu einer geistigen (oder gar körperlichen) Entität. Die dritte Klausel hängt eng zusammen mit der Definition des geistigen Akts. Descartes' Formulierung gibt uns hier einen Hinweis darauf,

---

13 Vgl. Arnauld *Des Vraies et des Fausses Idées* und Locke *Essay* II, ix. Dazu auch Yolton 1984, 88–115 und Ayers 1991, 52–66.

14 Als adverbialistisch bezeichnet man repräsentationalistische Theorien, in denen geistige Repräsentationen gerade nicht als Gegenstände einer (inneren) Wahrnehmung konzipiert werden, sondern als Modifikationen des repräsentierenden Subjekts. Die Konzeption geht wenigstens auf Arnauld, m.E. aber sogar bis zu Descartes selbst zurück, wurde aber unter dieser Bezeichnung erst im vergangenen Jahrhundert in die philosophische Debatte eingeführt. Vgl. Ducasse 1942.

15 Vgl. dazu unten S. 108 f.

was Ideen leisten müssen, was auch immer sie sind: Sie müssen erklären, weshalb wir uns geistiger Akte bewusst sind.

Geistige Akte sind uns nun, so die erste Behauptung, bewusst, weil *jeder* geistige Akt – das macht die Formulierung ‚jedes beliebigen geistigen Aktes' deutlich – immer auch charakterisiert ist durch eine Idee, die seine Form ist. Entsprechend heißt es in der *Dritten Meditation*, dass viele geistige Akte „außerdem [d. h. neben der Form, die sie bereits als Idee haben; J.H.] gewisse andere Formen" (AT VII, 37) haben. In solchen Akten erfasse ich „zwar immer irgendeine Sache als den Gegenstand meines Gedankens, aber ich umfasse mit dem Gedanken auch noch mehr als die Abbildung dieser Sache" (ebd.). Auch in geistigen Akten, die keine Ideen sind, sind also immer Ideen enthalten. Descartes nennt in diesem Zusammenhang nur Willensakte, Affekte und Urteile.

Bemerkenswert ist der Umstand, dass die anderen Klassen geistiger Akte aus der ersten Definition des *Anhangs zu den zweiten Erwiderungen* fehlen: Die Operationen der Sinne und der Einbildungskraft. Wir haben hier also einen weiteren Beleg dafür, dass die Produkte dieser Operationen *nichts anderes als Ideen* sind – und damit, wie wir nunmehr wissen, Formen geistiger Akte.

3.3   Form und intentionaler Gehalt

Was genau aber hat man sich unter der Form eines geistigen Aktes vorzustellen? Der Begriff der Form ist bei Descartes mehrdeutig. Er verwendet ihn in zahlreichen Kontexten in zum Teil sehr unterschiedlicher Weise.[16] Ich will in diesem Zusammenhang einen Vorschlag von Margaret Wilson aufgreifen: Ideen sind demgemäß Formen geistiger Akte, weil sie Strukturelemente sind, die kraft dieser Struktur eine inhaltliche Bestimmung mit sich bringen. So schreibt Wilson: „When Descartes says an idea is the ‚form of a thought,' he seems to mean just the determinate nature of that particular thought – e. g. fearing-a-lion." (Wilson 1978, 156)

Diese Interpretation hat den Vorteil, dass sie verständlich macht, wie Ideen qua Strukturelemente gemeinsam mit anderen Strukturelementen, also den für Willensakte oder Urteile charakteristischen Formen, komplexe

---

16   Vgl. für eine Übersicht Perler 1996, 59 ff. Perler diskutiert insgesamt fünf verschiedene, für diese Stelle potentiell relevante Verwendungsweisen von *forma* bei Descartes.

geistige Akte zu den geistigen Akten machen können, die sie sind. Als
Formen passen sie sozusagen gut zueinander.

Ein weiterer Vorteil liegt darin, dass auf diese Weise verständlich wird,
weshalb Descartes in seiner Definition fortfährt, dass die Bestimmung geistiger Akte sich so vollzieht, „dass ich nichts mit Worten ausdrücken kann
und dabei verstehe, was ich sage, ohne dass dadurch sicher ist, dass ich eine
Idee dessen in mir habe, was durch jene Worte bezeichnet wird." (AT VII,
160) Dafür, dass ich verstehe, was ich sage, sind Ideen in dem Sinne verantwortlich, dass sie kraft ihrer besonderen Struktur einen ganz bestimmten
intentionalen Gehalt haben, der mit der Bedeutung sprachlicher Ausdrücke
in einem systematischen Zusammenhang steht. Dass ich die Bedeutung der
sprachlichen Ausdrücke, die ich verwende, verstehe, wird dadurch garantiert, dass ich über eine Idee verfüge, die genau diese Bedeutung als ihren
intentionalen Gehalt hat.[17]

Natürlich stellt sich nun die Frage, was man unter dem intentionalen
Gehalt einer Idee zu verstehen hat. An dieser Stelle wird Descartes' Begriff
der objektiven Realität relevant:

3. Unter der objektiven Realität einer Idee verstehe ich das Sein (*entitas*) des
Gegenstandes, der von einer Idee repräsentiert wird, insofern es in der Idee existiert [...] Denn alles, was wir als in den Objekten der Ideen seiend perzipieren,
existiert in den Ideen selbst objektiv [...] (*Meditationes*, AT VII, 160–161)

Der intentionale Gehalt einer *cogitatio*, die keine weitere Form besitzt als
eine Idee, ist bei Descartes, wie nicht nur an dieser Stelle deutlich wird,
vollständig charakterisiert durch den intentionalen Bezug auf einen *Gegen-*

---

17 Perler kritisiert Wilsons Vorschlag mit dem Hinweis darauf, dass so nicht verständlich werde, wieso Descartes geistige Akte und Ideen unterscheidet: „Wird nun
behauptet, die Form sei nichts anderes als die vollständige Struktur mit vollständiger inhaltlicher Ausfüllung, wird die Idee einfach mit dem Denken an etwas
gleichgesetzt. Die Unterscheidung von *cogitatio* und Idee wäre dann überflüssig."
(Perler ebd., 61 Fn. 33) Das leuchtet mir nicht ein, da dadurch, erstens, nicht alle
cogitationes erfasst würden – weil Ideen eben nicht in allen geistigen Akten *allein*
die Form konstituieren –; und zweitens geht dadurch ja nicht der Unterschied
zwischen demjenigen verloren, was geistige Akte qua Akte allgemein charakterisiert, und dem, was einen bestimmten Akt zu dem macht, was er ist – nämlich
(wenigstens immer auch) die Idee, kraft derer er eine bestimmte inhaltliche Bestimmung hat. Allerdings droht der Unterschied meiner an Wilson angelehnten
Interpretation und der Interpretation, die Perler selbst entwickelt, sich zu verflüchtigen, wenn man Struktur, so wie ich das gerade vorgeschlagen habe, so konzipiert,
dass sie verantwortlich ist für den intentionalen Gehalt der Idee. Alles hängt dann
natürlich davon ab, wie man intentionalen Gehalt erklärt. Vgl. dazu die folgenden
Ausführungen.

stand und nicht etwa auf einen *Sachverhalt*.[18] So wird zum Teil verständlich, wieso Descartes ohne weiteres von Aussagen über die Seinsweise von *Ideen* – hier deren objektive Realität – zu Aussagen über die Seinsweise von *Gegenständen dieser Ideen*, die objektiv in den Ideen existieren sollen, übergehen kann. Wären die intentionalen Objekte der Ideen Sachverhalte, wäre dieser Übergang ausgeschlossen. Um die cartesische Konzeption unterschiedlicher Seinsweisen der Gegenstände genauer zu fassen, müssen wir noch seine Definition der anderen Seinsweise von Gegenständen der Ideen hinzunehmen:

4. Alles das, was in den Objekten unserer Ideen so existiert, dass es genau mit unserer Perzeption davon übereinstimmt, wird als in diesen Objekten formal existierend bezeichnet. (*Meditationes*, AT VII, 160–161)

Was Gegenstand unserer Ideen ist, soll also auf zweierlei Art *existieren* können: nicht nur an sich oder *simpliciter*, eine Seinsweise, die Descartes als *formale* Existenz bezeichnet, sondern auch *objektiv* ‚in‘ unseren Vorstellungen. Descartes unterscheidet aber nun nicht nur zwischen objektiver und formaler Existenz von *Gegenständen*, sondern entsprechend auch zwischen objektiver und formaler Realität der *Ideen*: Erstere sind Eigenschaften von Gegenständen der Ideen, letztere Eigenschaften der Ideen selbst (vgl. Perler 1996, 87 Fn. 24. Ähnlich Sellars 1967, 32–33). Ideen haben objektive Realität, sofern sie einen bestimmten intentionalen Gehalt haben; sie haben formale Realität, sofern sie selbst als Modifikationen des Geistes existieren (vgl. AT VII, 40–41).

Die objektive Realität der Ideen interpretiert D. Perler als eine Beziehung auf das *Wesen* des repräsentierten Gegenstands, das nur begrifflich von dessen Existenz zu trennen ist. (Dieser Unterschied spiegelt sich im Gegensatz von formaler und objektiver *Existenz*, vgl. Perler 1996, § 7). Auf diese Weise erhält man eine überzeugende Lösung für ein wichtiges ontologisches Problem: Wie kann Descartes es vermeiden, im Zusammenhang der objektiven Realität von Ideen von geistigen Gegenständen als Bezugsobjekten zu sprechen, die von außergeistigen Gegenständen verschieden sind? Gemäß dieser Interpretation beziehen wir uns nicht auf ein geistiges Objekt, sondern immer unmittelbar auf den (intentionalen) Gegenstand

---

18 Perler weist (in ders. 1996, 48 ff.) nach, dass es sich dabei keineswegs um ein Verhältnis handeln muss, das nach dem Modell der Relation propositionaler Einstellungen zu propositional strukturierten Entitäten konzipiert ist. Ideen werden vielmehr bei Descartes in der Regel nicht-propositional konzipiert.

selbst, da dessen Wesen von seiner Existenz zwar begrifflich, nicht aber real getrennt werden kann (Vgl. ebd., 88 f).

Dafür stellt sich nun natürlich die Frage, wie wir zu dem Wesen eines Gegenstandes in Beziehung stehen können. Bei Descartes ist dafür letztlich Gott verantwortlich, der uns diese Fähigkeit verliehen hat – entweder als generelle Fähigkeit oder durch eine dispositionale Verankerung einzelner Ideen (vgl. Jolley 1990).

3.4   Wahrnehmungsurteile

Stimmen nun die beiden Arten und Weisen des Existierens der Gegenstände überein, ist die Idee eine *adäquate* Repräsentation ihres Gegenstandes (vgl. Sellars 1967, 33). Allerdings sind *inadäquate* Vorstellungen nicht schon *falsche* Ideen, und *adäquate* Ideen nicht selbst schon *wahre* Ideen. Ideen mögen mit ihren Gegenständen übereinstimmen oder nicht – die Frage nach ihrer Wahrheit oder Falschheit ist erst berührt, sofern diese Ideen durch die denkende Substanz, deren Modifikationen sie sind, auf ihre Gegenstände bezogen werden.

> Was nun die Ideen betrifft, so können sie, wenn man sie nur an sich betrachtet und sie nicht auf irgend etwas anderes bezieht, nicht eigentlich falsch sein; denn ob mir meine Einbildung nun eine Ziege oder ein Chimäre vorstellt – so ist es doch ebenso wahr, dass ich die eine, wie dass ich die andere in der Einbildung habe. (AT VII, 37)

Ideen sind demnach keine Entitäten, denen die Eigenschaft der Wahrheit oder Falschheit als *intrinsische* Eigenschaft zukäme. Wahrheit oder Falschheit wird erst im Urteil von Ideen prädiziert, da erst das Urteil sie auf die von ihnen unabhängig oder an sich existierende Realität bezieht. Wahrheit und Falschheit sind also, sofern wir sie Ideen zuschreiben, nur *relationale* Eigenschaften von Ideen.

Verantwortlich für Wahrheit und Falschheit ist vielmehr, wie wir Ideen zum Gegenstand eines Urteils machen. Das Urteilsvermögen (*facultas judicandi*) ist strenggenommen kein selbständiges Vermögen, sondern ein hybrides Vermögen, das eine spezifische Art und Weise des Zusammenwirkens von Verstand (*facultas intelligendi*) und Wille (*facultas eligendi*) bezeichnet. Die epistemische Funktion des Willens ist nämlich das urteilende Zustimmen und Ablehnen von Ideen des Verstandes – oder aber die Enthaltung des Urteils.

Die Objekte dieser Zustimmung oder Ablehnung sind die Ideen des Verstandes. In der Aktivität des Urteilsvermögens bewirkt das denkende Subjekt also willentlich eine bestimmte Einstellung gegenüber einer *idea objective*, die der Verstand perzipiert.[19] Auf diese Weise bezieht die denkende Substanz eine Idee im Urteil auf ihre ‚formalen' Gegenstücke, d. h. auf die ihr korrespondierenden Entitäten.

Damit haben wir das begriffliche Werkzeug, um auch die wesentlichen Stufen des Wahrnehmungsprozesses in der cartesischen Wahrnehmungstheorie zusammenzufassen. Wir können dazu auf eine Einteilung von Ebenen im Prozess sinnlicher Wahrnehmung zurückgreifen, die Descartes selbst in den *Sechsten Erwiderungen* gibt. Dort unterscheidet er drei Ebenen der sinnlichen Reaktion auf die kausale Reizung des wahrnehmenden Subjekts:

> Die erste Ebene ist auf die unmittelbare Erregung der körperlichen Organe durch die äußerlichen Gegenstände beschränkt [...] Die zweite Ebene umfasst all die unmittelbaren Wirkungen, die im Geist auf Grund seiner Verbindung mit einem körperlichen Organ hervorgerufen werden, das auf diese Weise affiziert wird. Diese Wirkungen schließen die Perzeptionen von Schmerz, Lust, Durst, Hunger, Farben, Klang, Geschmack, Geruch, Hitze, Kälte und dergleichen ein, die aus der Einheit, ja der Verquickung, von Körper und Geist entstehen [...] Die dritte Ebene schließt all diejenigen Urteile über Dinge außer uns ein, die wir seit frühester Jugend zu fällen gewohnt sind – Urteile, die wir bei Gelegenheit der Bewegungen dieser körperlichen Organe fällen. (AT VII, 436–437)

Auf der dritten Ebene gehen wir also in bestimmter Weise urteilend mit den sinnlichen Ideen um, die wir auf der zweiten Ebene bilden müssen. In der Regel werden wir unser Zustimmungs- und Ablehnungsverhalten gegenüber diesen sinnlichen Ideen dank der Macht der Gewohnheit so gestalten, wie wir es ‚von frühester Jugend an' gewohnt sind: Wir gehen davon aus, dass unsere Wahrnehmungen die Dinge der Außenwelt *ceteris paribus* mit den sinnlich wahrnehmbaren Eigenschaften versehen, die diese wirklich haben.

Warum hält Descartes das nun im Falle der sinnlichen Wahrnehmung für besonders problematisch? Warum sind derartige spontane Wahrnehmungsurteile, mit anderen Worten, grundsätzlich unbegründet?

---

19 Aus heutiger Sicht ist es naheliegend, dieses Verhältnis von Willensakt und Idee als das einer propositionalen Einstellung zu einer Proposition aufzufassen. Doch das kann nicht Descartes' Bild sein, da Ideen, wie ich bereits erwähnt habe, für ihn keine propositionale Struktur haben müssen. Vgl. oben S. 108 f.

4   Deutlichkeit und die materiale Falschheit
der sinnlichen Ideen

Um diese Fragen zu beantworten, müssen wir uns ansehen, was Ideen zu
Kandidaten für ein begründet zustimmendes Urteil macht. Dafür ist eine
komplexe nicht-relationale Eigenschaft von Ideen verantwortlich, die in der
cartesischen Theorie als Kriterium der Wahrheit fungiert: die Eigenschaft
der *Klarheit* und *Deutlichkeit*. Ideen sind wahr, oder genauer: berechtigen
zu wahren Urteilen, sofern sie klar *und* deutlich sind. Descartes führt diese
Eigenschaften am Beginn der *Dritten Meditation* im Zusammenhang ihrer
Funktion als Wahrheitskriterium ein[20]:

> Und somit meine ich bereits jetzt als allgemeine Regel aufstellen zu können,
> dass alles das wahr ist, was ich [...] klar und deutlich erfasse. (*Meditationes*,
> AT VII, 35)

Die adäquaten Ideen sind genau die klaren und deutlichen. Der Zusammenhang mit der Urteilstheorie ist also folgender: Klare und deutliche Ideen
sind *adäquat*, und berechtigen den Willen deshalb ohne weiteres dazu, sie
als wahr zu beurteilen.[21]

Dem Ideal der Klarheit und Deutlichkeit steht die Dunkelheit und
Verworrenheit vieler, ja der meisten unserer Ideen gegenüber (vgl. z. B.
Principia, AT VIIIA, 21). Unsere Vorstellungen sind nach Descartes graduell geordnet auf Skalen, von denen eine vom höchsten Maße der Klarheit bis
hin zum größten Grad an Dunkelheit reicht und die andere vom höchsten
Maß an Deutlichkeit bis zum größten Grad an Verworrenheit. Dunkelheit und Verworrenheit werden dabei einfach als Komplementärbegriffe zu
Klarheit und Deutlichkeit eingeführt. Zusammen charakterisieren die beiden Eigenschaftspaare in einer Art Kreuzklassifikation die Art und Weise,
in der ein spezifischer Inhalt uns in einer Idee gegeben ist. Dabei können

---

20   Descartes bereitet die Einführung dieses Kriteriums in der Diskussion des Wachs-
beispiels der *Zweiten Meditation* vor. Die Eigenschaft der Klarheit und Deutlichkeit
spielt schon in den früheren Schriften Descartes' eine Rolle, die sich von der in den
Meditationen allerdings unterscheidet. Vgl. z. B. *Regulae* AT X, 366 ff. Vgl. die
Diskussion in Gaukroger 1995, 115–124.

21   Und wir werden sie im Normalfall auch so beurteilen, da wir im Falle klarer und
deutlicher Ideen eine „große Neigung des Willens" (AT VII, 58/9) zur Zustimmung
haben. Dass wir dennoch prinzipiell die Freiheit haben, auch dem Klaren und Deutlichen unsere Zustimmung zu verweigern, ist eine Besonderheit der cartesischen
Urteilstheorie. Vgl. dazu Haag 2006.

dunkle Ideen zwar niemals deutlich sein – Klarheit ist eine notwendige Bedingung für Deutlichkeit –, aber klare Ideen sind häufig verworren. Was für Eigenschaften sind Klarheit und Deutlichkeit? Eine Definition findet sich in den *Principia Philosophiae* von 1644:

> *Klar* nenne ich die Perzeption, welche dem aufmerkenden Geiste gegenwärtig und offenkundig ist, wie man das klar gesehen nennt, was dem schauenden Auge gegenwärtig ist und dasselbe kräftig und offenkundig erregt. *Deutlich* nenne ich aber die Perzeption, welche bei Voraussetzung der Stufe der Klarheit, von allen übrigen so getrennt und unterschieden ist, dass sie gar keine anderen als klare Merkmale in sich enthält. (*Principia*, AT VIIIA, 22)

Schon die Analogie des Sehens, die Descartes zur Illustration seines Begriffs der Klarheit verwendet, deutet auf eine Klasse von Ideen hin, mit denen wir uns hier vor allem beschäftigen müssen: die *Ideen der sinnlichen Wahrnehmung*. Dass klare Ideen häufig verworren sind, gilt insbesondere für die Ideen der sinnlichen Wahrnehmung. Obwohl sie äußerst klar sind, sind sie auf einer sehr niedrigen Stufe der Skala der Deutlichkeit angesiedelt: Sie sind prinzipiell verworren – und bleiben dies deshalb selbst für den aufgeklärten Geist, der den epistemischen Läuterungsprozess der *Meditationen* durchlaufen hat.

Grund dafür ist, dass Ideen der sinnlichen Wahrnehmung Ideen von Modifikationen der ausgedehnten Substanz, der *res extensa*,[22] sind, in denen quantitative und qualitative Bestandteile aufs engste miteinander verwoben sind. Nur den *quantitativen* Bestandteilen dieser Ideen *entspricht* aber etwas in der *res extensa*, die ausschließlich durch Ausdehnungseigenschaften charakterisiert ist. Auch die Ausdehnungseigenschaften aber, die wir als Eigenschaften der Gegenstände wahrnehmen, sind häufig nicht die Eigenschaften, die die ausgedehnte Substanz tatsächlich hätte.[23] Als Repräsentationen *dieser Eigenschaften* sind unsere sinnlichen Ideen deshalb zunächst gleichfalls verworren. Allerdings lassen sie sich in einem komplexen Prozess des Vergleichens von gegenwärtigen sinnlichen Ideen *verschiedener Sinne* und Ideen aus der Erinnerung, wenn auch nur unter Einbeziehung von reinen Verstandesideen, zu größerer Deutlichkeit bringen und tragen so zu verlässlichen Vorstellungen der Körperwelt bei (vgl. AT VII, 89, AT VII, 437 ff.). Hinsichtlich ihrer quantitativen Bestandteile können sinnliche Ideen also

---

22 Descartes war der Ansicht, dass die verschiedenen Körper, die wir wahrnehmen, letztlich nur Modifikationen der einen ausgedehnten Substanz, d. i. der *res extensa*, sind. Vgl. z. B. *Meditationes*, AT VII, 63.

23 Vgl. die Beispiele zur Sinnestäuschung in der *Ersten Meditation*.

wenigstens als Grundlage für adäquate (wissenschaftliche) Ideen von der *res extensa* dienen.

Qualitative Bestandteile der Ideen der sinnlichen Wahrnehmung hingegen sind unheilbar verworren. In der Einschätzung der tatsächlichen Eigenschaften der Dinge spielen sie nur eine, wenn auch unentbehrliche, Hilfsrolle – ohne diese Eigenschaften wären uns die quantitativen Eigenschaften nicht zugänglich. Aber für den erwähnten inhaltlichen Abgleich zwischen sinnlichen Ideen mehrerer Sinne, Erinnerungsideen und reinen Verstandesideen sind sie wertlos. Denn während ihre quantitativen Bestandteile eine mathematisch-naturwissenschaftliche Rekonstruktion zulassen, ist eine vergleichbare Rekonstruktion für die qualitativen Bestandteile der sinnlichen Wahrnehmung nicht möglich. Die qualitativen Bestandteile sind nämlich Eigenschaften, die wir den Gegenständen unserer Ideen allein auf Grund der zufälligen Beschaffenheit unserer geistigen Disposition zuschreiben.

Sie sind prinzipiell verworren, da sie etwas als Eigenschaften von Gegenständen zu repräsentieren vorgeben, was nicht Eigenschaft der Gegenstände qua Modifikationen der *res extensa*, d. i. wesentlich bloß ausgedehnter Substanz, sein *kann*. Solche Ideen bezeichnet Descartes als material falsche Ideen (vgl. AT VII, 43–44). Damit kann nicht gemeint sein, dass diese sinnlichen Ideen selbst falsch wären. Ideen als falsch zu bezeichnen wäre, wie wir gesehen haben, im cartesischen System ein Kategorienfehler. Ideen können nur falsch sein, sofern sie auf etwas anderes bezogen werden – und das kann nur ein Urteil leisten, niemals die Idee selbst. Descartes bemüht sich dementsprechend in seinen Erwiderungen auf die Einwände Arnaulds, diesen Eindruck zu zerstreuen: Ideen sind material falsch, so stellt er dort klar, „sofern sie Material für Irrtümer bereitstellen" (AT VII, 231). Sofern jede Idee qua Idee sozusagen zu einem Urteil einlädt, sind qualitative sinnliche Ideen also material falsch, weil sie ausschließlich Material für Irrtümer bereitstellen. (Das bedeutet allerdings nicht, dass sie nicht einen bestimmten repräsentationalen Zweck erfüllen können, ja mehr noch, dass wir ohne sie überhaupt Modifikationen der *res extensa* sinnlich wahrnehmen könnten. Nur ist dieser Zweck eben nicht die Wahrheit des Urteils, sondern eher ihre Nützlichkeit: Qualitative sinnliche Ideen helfen uns, wie wir in der *Sechsten Meditation* erfahren, uns in der Welt zurechtzufinden bzw. zu überleben.)

Ganz auf der Seite der Deutlichkeit finden wir auf der angesprochenen Skala hingegen, zumindest potentiell, die *rein begrifflichen Ideen*. Natürlich können wir auch begriffliche Ideen produzieren, die weder klar noch deutlich sind. Doch begriffliche Ideen enthalten, anders als die Ideen der sinnlichen Wahrnehmung mit ihren qualitativen Bestandteilen, nichts, was ihrer deutlichen Perzeption grundsätzlich entgegenstünde.

5 Klarheit und die Unterscheidung sinnlicher und begrifflicher Ideen

Wie steht es vor diesem Hintergrund mit dem kantischen Vorwurf einer unzureichenden Abgrenzung sinnlicher von begrifflichen *Vorstellungen*, den ich zu Beginn meiner Überlegungen gegen Descartes gerichtet habe?

Prima facie scheint Descartes folgende Lösung des Problems offen zu stehen: Sofern die Einbildungskraft ein geistiges Vermögen ist, könnte man ihre Aufgabe darin sehen, dass sie das ihr durch die körperliche Einbildungskraft sinnlich Gegebene bloß in bestimmter Weise strukturiert. Das Ergebnis dieser Strukturierung wäre dann notwendigerweise eine *undeutliche* Vorstellung, da Vorstellungen, die sich aus der unmittelbaren Operation des Geistes auf sinnlichem Material ergeben, eben gar nicht deutlich sein können. Für die Undeutlichkeit dieser Vorstellung wäre das in ihr enthaltene sinnliche Element dann aber nur in dem Sinne verantwortlich, dass ein geistiges Vermögen aus schlechtem sinnlichem Material eben keine deutliche begriffliche Vorstellung gewinnen kann. Die Undeutlichkeit selbst kann das sinnliche Material gar nicht hervorbringen, da Undeutlichkeit eine strukturelle Eigenschaft ist und strukturelle Eigenschaften in dem strukturierenden, mithin geistigen Vermögen ihren Ursprung haben. Die bloß graduelle Unterscheidung von undeutlichen Vorstellungen auf der einen Seite und deutlichen Vorstellungen auf der anderen wäre demnach eine Unterscheidung ganz und gar *innerhalb* der begrifflichen Vorstellungen. Auch an dieser Stelle wäre dementsprechend die Trennung begrifflicher und nicht-begrifflicher Aspekte in der Wahrnehmung nicht aufgehoben.

Es ist von großer Bedeutung für ein angemessenes Verständnis der cartesischen Philosophie sich klar zu machen, warum Descartes das Verhältnis sinnlicher und begrifflicher Aspekte der Vorstellungen *nicht* in dieser Weise konzipieren kann. Das Problem ist der Charakter der in den Ideen enthaltenen sinnlichen Eigenschaften. Gemäß dem skizzierten Lösungsvorschlag müsste Descartes sagen, dass Ideen nur für die *Form* des sinnlich gegebenen Materials verantwortlich wären und die resultierenden Ideen sinnlich wahrnehmbarer Eigenschaften nichts anderes sind, als in

bestimmter Weise strukturiertes körperliches *Material*. Doch dafür müssten die körperlichen Eigenschaften dieses Material auch *faktisch realisieren*.
Genau bei den sinnlich wahrnehmbaren qualitativen Eigenschaften – das
heißt: den Eigenschaften, die keine Ausdehnungseigenschaften sind – geht
das aber nicht: Nichts Körperliches kann Descartes Ansicht nach diese Eigenschaften haben, da die *res extensa*, wie wir bereits wissen, ausschließlich
durch Ausdehnungseigenschaften (und möglicherweise auch durch Kräfte)
charakterisiert ist. Descartes hält es aber nicht für möglich, die qualitativen Eigenschaften der sinnlichen Wahrnehmungen – wie beispielsweise
die Farbigkeit – auf Ausdehnungseigenschaften zu reduzieren.

Wenn aber nichts Körperliches diese Eigenschaften haben kann, folgt
daraus, dass auch die Bildchen auf der Zirbeldrüse, die durch die körperliche Einbildungskraft produziert und durch die Sinne hervorgerufen werden, diese Eigenschaften nicht haben können: Denn diese Bildchen sind
Modifikationen der *res extensa*. Damit ist es aber auch nicht mehr möglich, die qualitativen Eigenschaften sinnlicher Ideen als geistig strukturierte
körperliche Eigenschaften aufzufassen. In Descartes' mechanistisches Bild
der körperlichen Welt passen Eigenschaften einfach nicht, die sich nicht
auf Ausdehnungseigenschaften reduzieren lassen. Seine Konzeption dieser
Eigenschaften als sekundäre Qualitäten, die einen wesentlichen Grundzug
der cartesischen Theorie darstellt (obwohl er selbst die Terminologie nicht
verwendet), ist es also, die Descartes darauf festlegt, dass der ontologische
Status dieser Eigenschaften ein anderer sein muss.

Welcher aber kann das sein? Erinnern wir uns daran, dass im cartesischen Weltbild Eigenschaften immer als Modifikationen von Substanzen
konzipiert werden müssen. Da die qualitativen sinnlich wahrnehmbaren Eigenschaften keine Modifikationen der körperlichen Substanz sein können
und sie als bloße Modifikationen der unendlichen Substanz, also Gottes,
nicht die ihnen offenbar zukommende phänomenologische Rolle spielen
könnten – nämlich uns *als unsere* Zustände bewusst zu sein – bleibt nur,
sie als Modifikationen der geistigen Substanz aufzufassen. Modifikationen
der geistigen Substanz sind aber entweder Ideen oder geistige Zustände, die
Ideen enthalten. Da sie sich offenbar nicht aus dem Verhältnis eines anderen geistigen Vermögens zu Ideen ergeben, müssen sinnlich wahrnehmbare
Eigenschaften, die keine Ausdehnungseigenschaften sind, selbst Ideen oder
Bestandteile von Ideen sein.

Ideen sind aber paradigmatische *intentionale Zustände*. Sie sind Modifikationen der *res cogitans*, die wesentlich von etwas als etwas handeln.
Descartes ist demnach durch seine Theorie sinnlich wahrnehmbarer, qua-

litativer Eigenschaften als sekundärer Qualitäten darauf festgelegt, diese selbst als (Bestandteile von) intentionale(n) Entitäten aufzufassen: So wie alle *cogitationes* sind sie als bewusste geistige Zustände immer *auch* intentionale Entitäten. Das gilt auch für Farbwahrnehmungen, Wahrnehmungen von Hitze oder Kälte, ja sogar für Gefühle wie Schmerz, Freude etc. Ihre repräsentationale Aufgabe besteht darin, dass sie uns dabei helfen, uns in der Welt zurechtzufinden; und diesem Zweck können sie kraft ihres repräsentationalen Gehalts dienen, ohne die Wirklichkeit wahrheitsgemäß abzubilden (vgl. dazu auch Alanen 1994, 234).

Allerdings ist es nicht so, dass Descartes der Eigenart qualitativer Bestandteile des bewussten Erlebens überhaupt nicht Rechnung getragen hätte. Und eine Art und Weise dies zu tun, ist nun tatsächlich der Verweis auf ihre systematische Verworrenheit. Tatsächlich betrachtet Descartes, wie wir gesehen haben, sinnliche Ideen – d. h. Ideen, die sinnliche Bestandteile enthalten – grundsätzlich als in hohem Maße undeutlich oder verworren. In diesem Sinne scheint Descartes also Kants Vorwurf, der Unterschied begrifflicher und sinnlicher Vorstellungen oder Ideen sei einzig und allein ein Unterschied hinsichtlich des Grades an Deutlichkeit, ganz und gar ausgesetzt zu sein.

Doch auch wenn die Verworrenheit sinnlicher Ideen immer im Vordergrund steht, belässt Descartes es nicht bei dieser Charakterisierung. Denn sinnliche Ideen sind keineswegs bloß undeutlich; sie sind auch in hohem Maße *klar* – oder können es zumindest sein.

Diese Charakterisierung sinnlicher Ideen steht in den Schriften Descartes' nicht im Vordergrund. Das erklärt sich aber aus dem besonderen Kontext, dem insbesondere in den *Meditationen* alle anderen Zwecke untergeordnet sind. In den *Meditationen* geht es um die epistemische Zuverlässigkeit unserer Ideen. Insbesondere ist es die Frage, inwiefern unsere Ideen von Gegenständen ihre intentionalen Objekte wahrheitsgemäß repräsentieren, die Descartes dort bewegt. Bezüglich dieser Frage schneiden die sinnlichen Ideen aber – eben auf Grund ihrer Verworrenheit – außerordentlich schlecht ab: Gerade diese Verworrenheit verführt uns als epistemische Subjekte dazu, den intentionalen Gegenständen unserer Wahrnehmung Eigenschaften zuzuschreiben, die diese nicht nur nicht haben, sondern aus prinzipiellen Gründen gar nicht haben können.[24]

Dennoch ist die Klarheit sinnlicher Ideen für ihre Abgrenzung von begrifflichen Ideen von großer Bedeutung. Sie ermöglicht es Descartes den

---

24   Vgl. die Bemerkungen zur materialen Falschheit oben S. 114.

Besonderheiten sinnlichen Erlebens wenigstens im Ansatz gerecht zu werden, ohne den Unterschied begrifflicher und sinnlicher Vorstellungen auf
graduelle Unterschiede hinsichtlich ihrer Differenzierung zu reduzieren.
Indem er diese Klasse von Ideen als eine auszeichnet, die ungeachtet ihrer
Verworrenheit durch große Klarheit gekennzeichnet sein kann, grenzt er
sie von den – zumindest potentiell – klaren und deutlichen begrifflichen
Vorstellungen genauso ab, wie von denjenigen undeutlichen Vorstellungen,
die diese Verworrenheit allein schon durch ihre Dunkelheit verschulden.

Es lohnt sich, an dieser Stelle ein kurzes Fazit hinsichtlich des Verhältnisses von Klarheit und Dunkelheit auf der einen und der Deutlichkeit und
Verworrenheit auf der anderen Seite zu ziehen. Diese beiden Eigenschaftspaare bilden, wie wir bereits wissen, jeweils Skalen, die quer zueinander
liegen und deshalb eine Kreuzklassifikation zulassen. Kombinatorisch gibt
es vier Möglichkeiten: Klare und deutliche Ideen, klare und verworrene,
dunkle und verworrene und schließlich dunkle und deutliche.

Die letzte Kombination ist die einzige, die im cartesischen Bild ausgeschlossen ist: Dunkle Vorstellungen können niemals deutlich sein, da
Deutlichkeit Klarheit impliziert. Deutliche Vorstellungen sind also immer
klar – und das ist wohl auch der Grund dafür, das Descartes meist von
klaren *und* deutlichen Vorstellungen spricht, wenn es ihm eigentlich nur
um deren Deutlichkeit zu tun sein müsste.

Am anderen Ende des Spektrums finden wir die dunkeln und verworrenen Ideen. Ebenso wie Deutlichkeit Klarheit impliziert, scheint Dunkelheit
für Descartes Verworrenheit zu implizieren. Verständlich wird das, wie ich
vorschlagen möchte, wenn wir die Dunkelheit (und entsprechend auch
ihr Gegenstück am anderen Ende der Skala, die Klarheit) nicht als eine
logische, sondern als eine phänomenologische Eigenschaft unserer Ideen
auffassen: Dunkelheit ist dann nichts anderes als ein sehr schwaches Bewusstsein unserer Ideen, Klarheit ein sehr starkes Bewusstsein. Ein derart
schwaches (oder eben umgekehrt auch ein starkes) Bewusstsein können wir
natürlich von begrifflichen Ideen ebenso haben, wie von sinnlichen. Dunkel und verworren können deshalb unsere begrifflichen Ideen ganz genauso
sein, wie unsere sinnlichen.

Die Überlegung zur Skala von Dunkelheit zur Klarheit bringt uns
nun zur richtigen philosophischen Einordnung der verbleibenden kombi-
natorischen Möglichkeit, die für sinnliche Ideen ebenso charakteristisch
ist, wie die potentielle Kombination von Klarheit und Deutlichkeit für
die begrifflichen Vorstellungen: Dass sie wenigstens potenziell Klarheit mit
Verworrenheit verbinden können, heißt nichts anderes, als dass sinnliche

Ideen uns in hohem Maße bewusst sein können, ohne dass sie deshalb ein wahrheitsgemäßes – wohl aber ein zweckmäßiges – Urteil über die von ihnen repräsentierten Gegenstände zuließen.[25]

Wenn das richtig ist, verbindet Descartes in seiner Charakterisierung sinnlicher Ideen eine tatsächlich im kantischen Sinne ‚bloß logische' Unterscheidung mit einer phänomenologischen Differenzierung sinnlicher und begrifflicher Ideen, die auf eine prinzipielle Unterscheidung zwischen diesen beiden Klassen von Ideen zumindest verweist – ohne sie deshalb allerdings zu erklären.

Sinnlichen Ideen fehlt nicht einfach die Fähigkeit dazu, Klarheit mit Deutlichkeit zu verbinden; sinnliche Ideen können, positiv gewendet, Klarheit mit Verworrenheit verbinden – und das funktioniert bei klaren begrifflichen Ideen nicht. Das ist selbstverständlich keine epistemische Tugend, und wo es um das Streben nach Wahrheit geht, sind sinnliche Ideen deshalb auch nicht gern gesehen. Doch dieser Gesichtspunkt ist für die begriffliche Abgrenzung dieser beiden Arten von Ideen schlicht nicht relevant.

Ich habe die vorsichtige Formulierung gewählt, dass die spezifische Art und Weise, Klarheit und Deutlichkeit bzw. Verworrenheit zu kombinieren, auf einen nicht ‚bloß logischen' Unterschied verweist. Der Grund dafür war, dass ich nicht glaube, dass Descartes hier mehr gelungen ist, als eine andeutende Geste in die richtige Richtung.

Entsprechend ist er hinsichtlich dieser Frage auch lange uneindeutig. Am ehesten lassen sich die Bemerkungen in den *Prinzipien* von 1644 damit vereinbaren, aus denen auch die offizielle Definition stammt und die die Konzeption von Klarheit und Deutlichkeit in ihrer explizitesten und ausgereiftesten Form präsentieren.[26]

---

25 Daneben gibt es auch für sinnliche Ideen eine Form der Klarheit und Deutlichkeit, die von der hier diskutierten Kombination von Klarheit und Verworrenheit streng unterschieden werden muss: Auch sinnliche Ideen können klar und deutlich sein, sofern wir sie nur als Modifikationen des Geistes begreifen – mithin als Zustände, die uns etwas über das Wesen des Geistes sagen. Vgl. z. B. *Principia*, AT VIIIA, 33, aber auch die Bemerkungen über den zweiten Grad der sinnlichen Wahrnehmung in den *Sechsten Erwiderungen*, *Meditationes*, AT VII, 438 und Descartes' Insistieren darauf, dass wir den eigenen Geist über das Bewusstsein beliebiger Ideen erkennen z. B. in *Meditationes*, AT VII, 33. Diese Form der Klarheit und Deutlichkeit kann natürlich keinen Unterschied zu begrifflichen Ideen konstituieren, da dies für alle Ideen gilt.

26 Vgl. oben S. 113. Außerdem lassen sich Ausführungen im Gespräch mit Burman im Sinne dieses Vorschlags interpretieren. Vgl. AT V, 160.

Eine prinzipielle Unterscheidung wäre eine, die in der Lage ist, die so mit einer Kombination phänomenologischer und begrifflicher Mittel erfolgte Abgrenzung nicht nur zu benennen, sondern auch zu erklären. Descartes liefert, soweit ich sehe, nirgends eine derartige Erklärung – und man kann zeigen, warum sein philosophisches System für eine derartige Erklärung keinen Raum lässt. Verantwortlich dafür ist die Intentionalisierung der sinnlichen Aspekte der Wahrnehmung, die sich in der Klassifikation des sinnlichen Materials als Ideen niederschlägt und für die letztlich, wie wir gesehen haben, die Unterscheidung primärer und sekundärer Qualitäten und die Definition der bewussten Substanz als *res cogitans* verantwortlich sind: Durch die Doktrin, dass nichts Körperliches sinnlich wahrnehmbare qualitative Modifikationen haben könne, ist er gezwungen, sie als Modifikationen der *res cogitans* aufzufassen; und da Modifikationen einer als *res cogitans* definierten Substanz immer intentionale Entitäten sein müssen, müssen sie dann eben gleichfalls als intentionale Entitäten konzipiert werden. Durch die erste theoretische Weichenstellung ist es Descartes nicht möglich, qualitative Bestandteile unseres Erlebens als körperliche Bestandteile aufzufassen; die zweite Weichenstellung verbietet es ihm, intentionale von nicht-intentionalen Modifikationen der *res cogitans* zu unterscheiden.

Einer prinzipiellen, nicht bloß logischen Unterscheidung zwischen sinnlichen und begrifflich-intentionalen Bestandteilen der sinnlichen Wahrnehmung konnte er vor dem Hintergrund dieser philosophischen und naturwissenschaftlichen Voraussetzungen in seiner Konzeption nicht gerecht werden – auch wenn er, wie ich versucht habe plausibel zu machen, für die Phänomenologie der sinnlichen Wahrnehmung sensibel war, die diese Unterscheidung letztlich motiviert.

6   Literatur

Primärliteratur

Aristoteles, *De Anima*, hrsg. von W. D. Ross, Oxford: Clarendon 1963.

Arnauld, A., *On True and False Ideas. New Objections to Descartes' Meditations and Descartes' Replies*, übers., hrsg. & eingel. von E. J. Kremer, Lewiston: The Edwin Mellen Press 1990.

Descartes, R., *Oeuvres*, hrsg. von Ch. Adam & P. Tannery (= AT), Paris: Vrin 1981 ff.

Locke, J., *An Essay Concerning Human Understanding*, hrsg. von P. H. Nidditch, Oxford: Clarendon 1975.

Sekundärliteratur

Alanen, L., „Cartesian Ideas and Intentionality", *Acta Philosophica Fennica* 49 (1990), 344–369.

–, „Sensory Ideas, Objective Reality, and Material Falsity", in: *Reason, Will, and Sensation: Studies in Cartesian Metaphysics*, hrsg. von J. Cottingham, Oxford: Clarendon Press 1994, 229–250.

Ayers, M., *Locke. Epistemology and Ontology*, London: Routledge 1991.

Costa, M. J., „What Cartesian Ideas are not", *Journal of the History of Philosophy* 21 (1983), 537–549.

Ducasse, C. J., „Moore's 'The Refutation of Idealism'", in: *The Philosophy of G. E. Moore*, hrsg. von Schilpp, P. A., Chicago: North Western University Press 1942, 223–251.

Gaukroger, S., *Descartes: An Intellectual Biography*, Oxford: Oxford University Press 1995.

Haag, J., *Der Blick nach innen. Wahrnehmung und Introspektion*, Paderborn: mentis 2001.

–, „Descartes über Willen und Willensfreiheit", *Zeitschrift für philosophische Forschung* 60 (2006), 483–503.

–, *Erfahrung und Gegenstand. Das Verhältnis von Sinnlichkeit und Verstand*, Frankfurt a. M.: Klostermann 2007.

Heil, J. & Robb, D., „Mental Causation", in: *Stanford Encyclopedia of Philosophy* (Spring 2005 Edition), hrsg. von E. N. Zalta (URL = http://plato.stanford.edu/ archives/spr2005/entries/mental-causation/).

Jolley, N., *The Light of the Soul. Theories of Ideas in Leibniz, Malebranche, and Descartes*, Oxford: Clarendon Press 1990.

Perler, D., *Repräsentation bei Descartes*, Frankfurt a. M.: Klostermann 1996.

–, *René Descartes*, München: C.H. Beck 1998.

Sellars, W., *Science and Metaphysics. Variations on Kantian Themes*, London: Routledge and Kegan Paul 1967.

–, „Language as Thought and Communication", *Philosophy and Phenomenological Research* 29 (1969), 506–527.

Tachau, K. H., *Vision and Certitude in the Age of Ockham*, Leiden: Brill, 1988.

Wilson, C., „Confused Perceptions, Darkened Concepts: Some Features of Kant's Leibniz-Critique", in: *Kant and His Influence*, hrsg. von G. MacDonald Ross und T. McWalter, Bristol: Thoemmes 1990, 73–103.

Wilson, M., *Descartes*, London & New York: Routledge & Kegan Paul 1978.

–, „Descartes on Sense and 'Resemblance'", in: *Reason, Will, and Sensation: Studies in Cartesian Metaphysics*, hrsg. von J. Cottingham, Oxford: Clarendon Press 1994, 209–228.

Yablo, S., „Mental Causation", *Philosophical Review* 101 (1992), 245–280.

Yolton, J., *Perceptual Acquaintance from Descartes to Reid*, Minnesota: University of Minneapolis Press 1984.

Michael Hampe

Thomas Hobbes: Empfinden und Konstruieren

1 Einleitung

Mit einem Kapitel über die Empfindung: „Of Sense", eröffnet Thomas Hobbes (1588–1679) das als sein Hauptwerk angesehene Buch *Leviathan* von 1651. Weder in diesem Kapitel, noch in dem darauf folgenden über die Einbildungskraft („Of Imagination") fällt der Begriff, der – wenn über menschliches Wahrnehmen und Denken nachgedacht wird – seit Descartes' *Meditationen* von 1641 und Lockes *Essay Concerning Human Understanding* von 1690 im Zentrum der philosophischen Terminologien steht: der Begriff der *Idee*.

    Hobbes kannte das Werk Descartes'. Er war einer derjenigen, der die Einwände gegen den Cartesischen Gedankengang der *Meditationen* formuliert hatte. In diesen Einwänden warf Hobbes Descartes vor, zu schnell die Möglichkeit auszuschliessen, dass die Fähigkeit nachzudenken und zu verstehen auf etwas Körperlichem beruhen könnte (*Meditationen*, AT VII, 173; Dt. Descartes 1972, 156). Es kann also nicht Unkenntnis gewesen sein, die Hobbes daran gehindert hat, sich der begrifflichen Transformation anzuschliessen, die diesen aus der Platonischen Ontologie[1] stammenden Terminus in der Theorie des menschlichen Geistes prominent machte und zu der Epoche des Denkens führte, die Ian Hacking mit dem Schlagwort des „heyday of ideas" charakterisiert hat (Hacking 1975, Teil A).

---

[1]   Platon spricht mehr oder weniger bedeutungsgleich von „genos", „eidos" und „idea", wenn er sich auf die „wesenhafte Wirklichkeit", das „eigentliche Sein" bezieht (*Phaidon* 78 d1). In den Überlegungen, die, auf diesen Wortgebrauch bezogen, als „Platons Ideenlehre" bezeichnet worden sind, bezieht sich „Idee" auf etwas außerhalb des menschlichen Denkens, dem dieses sich jedoch zuzuwenden habe, wenn es wahrheitsfähig werden will (*Poleteia* 514 a ff.). Seit Descartes und Locke wird der Begriff der Idee als Katgorie für geistige Zustände in einem allgemeinen Sinne verwendet (vgl. Descartes, *Med.* III, AT VII, 37 und Locke, *Essay*, Book II.I).

Man könnte meinen, dass es an Hobbes' *Materialismus* liegt, dass er den mentalistisch veränderten Begriff der Idee nicht aufnimmt. Doch wenn er auf Descartes' *Meditationen* erwidert, dass Denken und Verstehen auch auf etwas Körperlichem beruhen könnten, so hätte er mit der Annahme, dass die Fähigkeit zur Ausbildung von Ideen eine körperliche Basis haben könnte, auch für den Terminus der „Idee" einen Platz in seiner philosophischen Begrifflichkeit finden können, indem er Ideen als etwas *Körperliches* definiert. Viele Begriffe der philosophischen Terminologie werden in dieser Zeit neu gefasst; am prominentesten ist die Umdeutung des Substanzbegriffes.[2] Auch bei dem Begriff „Idee" war, nachdem das Platonische „eidos" einmal „subjektiviert" worden war, nicht klar, wie seine Bedeutungsentwicklung weitergehen würde. Materielle Ideen wären jedenfalls nicht ausgeschlossen. Es muss also andere Gründe haben, dass Hobbes nicht zu einem Philosophen des „way of ideas" geworden ist, und deshalb eine in seiner Zeit ungewöhnliche Theorie der Wahrnehmung und des Begreifens vertreten hat. *Ein* wesentlicher Grund ist in der Hobbesschen Naturphilosophie zu finden, genauer in seiner *Theorie der Materie*. Ein *anderer* liegt in seiner nominalistischen und sozialen Theorie der Symbolisierung, in der die Sprache eine zentrale Rolle spielt. Zuerst werden deshalb im Folgenden die naturphilosophischen (in Abschnitt 2 und 3) und danach die semiotischen Grundlagen der Hobbesschen Theorie der Wahrnehmung und des Denkens betrachtet (Abschnitt 5). In diesem Zusammenhang ist auch seine Theorie der Wissenschaften zu berücksichtigen (Abschnitt 4).

2 Conatus, Gegenconatus, primäre und sekundäre Qualitäten

Gegenwärtig existiert eine saubere Arbeitsteilung zwischen dem physikalischen und dem für das Geistige reservierten Vokabular. Es wird davon ausgegangen, dass bestimmte Phänomene nur in einer für die materielle Welt reservierten Terminologie behandelt werden können, andere nur in einer für das Geistige. Dass ein A *von einem* B *handelt* oder auf ein B *ge-*

---

2 Der Substanz- oder Wesensbegriff geht auf den Aristotelischen Begriff der „ousia" zurück. Aristoteles bezieht ihn in Metaphysik Z auf das aus Stoff und Form zusammengesetze Einzelding, auf das man zeigen kann (synholon, tode ti, Metaphysik 1029 a). Descartes deutet diesen Begriff dann in etwas, was nicht nur Einzelnes, sondern auch Allgemeines wie die Materie oder den Raum bezeichnet (vgl. Descartes *Principia* I, 51, AT VIII, 24).

richtet ist, diese *Intentionalität* von Zuständen, stellte für die Philosophie der Gegenwart lange, spätestens seit Brentanos *Psychologie vom empirischen Standpunkt* (Brentano 1924, Band I, 124 f.), ein *Unterscheidungskriterium* zwischen dem Geistigen und dem Körperlichen dar: das Geistige ist auf anderes Geistiges oder auf Körperliches gerichtet, die Materie besitzt diese Möglichkeit der Gerichtetheit *von sich aus* dagegen in den Augen vieler Philosophen angeblich nicht. Deswegen können geistige Phänomene andere Phänomene repräsentieren, während Körper andere Körper nur dann darstellen oder von ihnen handeln können, wenn sie in dieser Funktion von Geistern so eingerichtet und gedeutet werden. Der Knoten im Taschentuch repräsentiert das zu reparierende Fahrrad nur dann, wenn ich bei seinem Anblick an das zu reparierende Fahrrad *denke* und den Knoten ins Taschentuch *absichtlich gemacht* habe, um nicht zu vergessen, mein Fahrrad zu reparieren.

Dass Materielles von sich aus in der Lage sein sollte, sich auf anderes repräsentierend zu beziehen, wurde als ein Gedanke angesehen, den der Materialismus, der die Existenz spezifisch geistiger, zur Repräsentation fähiger Gegenstände wie Ideen, leugnet, nicht explizieren kann. Wenn Zustände des Sehens oder der Wahrnehmung im Allgemeinen von anderem handeln und auf anderes gerichtet sind, nämlich von und auf die wahrgenommenen Gegenstände, dann müssen sie in dieser Konzeption Zustände sein, die nicht rein körperlich beschaffen sind. Sie müssen, aufgrund ihrer Intentionalität, (zumindest auch, wenn vielleicht auch nicht *nur*) geistiger Natur sein. Betrachtet man nun Ideen als die *Grundelemente* des Geistigen, die für dessen Intentionalität verantwortlich sind, so muss jemand, der wahrnimmt, auch Ideen haben, die von dem, was er wahrnimmt, handeln.

Die materielle Physiologie des Sehens allein kann diese Tatsache der Bezugnahme vor dem Hintergrund einer Konzeption der Materie, in der nichts Materielles auf anderes gerichtet sein kann, nicht erklären. Wie ich etwas sehe, mein Blick auf etwas gerichtet sein kann oder ich gesehen haben soll, dass etwas der Fall ist, muss hier deshalb durch speziell für die Erklärung der Intentionalität zu postulierende geistige Gegenstände verständlich gemacht werden.

Doch so selbstverständlich diese Arbeitsteilung und Reservierung der intentionalen Gerichtetheit auf das Geistige heute vielen erscheinen mag, sie ist ein *historisches Produkt* der Geistesgeschichte, das nicht immer existiert hat und deshalb nicht denknotwendig ist. Hobbes hat nicht so gedacht. Weder das Verständnis des Geistigen noch das des Materiellen sind ein für allemal fixiert, sondern sie entwickeln sich diachron und können auch innerhalb einer bestimmten Zeit, synchron, unterschiedlich strukturiert sein. Dass Hobbes das Geistige und die Wahrnehmung anders als Descartes konstruierte, hat seinen Grund auch darin, dass er unter der Materie etwas anderes als Descartes verstand. Es ist deshalb nötig, kurz auf das Cartesische Verständnis des Materiellen einzugehen, um nachvollziehen zu können, warum die andere Physik von Hobbes dafür verantwortlich sein konnte, dass er auch eine andere Philosophie des Geistes vertrat. Schematisch könnte man sagen: Descartes vertrat eine *sparsamere* Ontologie in der Theorie des Raumes und der Materie als Hobbes und brauchte deshalb eine *reichere* Ontologie des Mentalen als dieser, oder: Hobbes glaubte, fast ganz ohne eine Ontologie des Mentalen auskommen zu können, weil er eine reichere Ontologie des Materiellen hatte als Descartes.

Descartes hatte das Erkenntnisideal, die Theorie der Materie, so weit es nur geht, zu geometrisieren. Alle physischen Phänomene, die nicht geometrisch und arithmetisch behandelbar waren, versuchte er auf solche, bei denen dies möglich ist, zu reduzieren. Das hatte zur Folge, dass der Kraftbegriff, der von Kepler bis Newton in der Physik der damaligen Zeit eine zentrale Rolle spielte, bei ihm praktisch ausgeklammert wurde; seine Physik ist reine Bewegungslehre, die allein mit Druck und Stoß operiert, ohne eine Theorie von Fernwirkungskräften. Die Gerichtetheit solcher Kräfte ließ sich ohne eine Vektorgeometrie, über die Descartes noch nicht verfügte, nicht mathematisch exakt erfassen. Außerdem galten über die Ferne wirkende Kräfte wie die des Magneten von jeher als quasi seelisch. Sich auf sie zu beziehen (wie es etwa Kepler extensiv tut) „verwischt" die scharfe Trennung zwischen dem Materiellen und dem Geistigen (was bei Kepler in der *Hamonice Mundi* ebenfalls eine Konsequenz ist, vgl. Kepler 1940).

Für Descartes gilt: Nachdem Gott einmal einen Impuls in die körperliche Welt gesetzt hat, bewegt sie sich, indem dieser Urimpuls durch Druck und Stoß der Körper weitergegeben wird. Ohne weiter von Kräften zu handeln, entstehen in der dicht gepackten *res extensa*, der ausgedehnten Substanz, begrenzte Individuen und Strukturen durch Phänomene wie Verdichtung, Verschiebung, Verwirbelung usw., die der göttliche Urimpuls bzw. seine Folgen erzeugen.

Das Verständnis der Materie von Thomas Hobbes ist dagegen als ein eher dynamisches zu charakterisieren. Die Theorie der Subjektivität und die mechanistisch-dynamische Theorie der Materiebewegungen treten bei ihm in ein ganz eigentümliches Verhältnis (vgl. dazu Esfeld 1995). Obwohl auch er ein Freund der Geometrie ist, spielen für ihn in der Naturphilosophie zwei Begriffe eine wichtige Rolle: der des *conatus*, der Bestrebung und der der *vis*, Kraft. Hobbes führt sie systematisch im 15. Kapitel seiner Abhandlung vom Körper (*De Corpore*) ein. Für den *conatus* gilt, dass er als eine materielle *Bestrebung* eine *Richtung* des Bewegungszustandes der Materie bezeichnet und dass jeder *conatus* einen *Gegenconatus* erzeugt. Diese Vorstellung ist nun für die Wahrnehmungstheorie von Hobbes entscheidend.

Jede Wahrnehmung beginnt nach Hobbes damit, dass ein „äußerer Körper oder Objekt" Druck auf ein Sinnesorgan ausübt (*preseth the organ proper to each sense*, Lev, 13). Dieser Druck ist entweder ein unmittelbarer, im Falle von Geschmack und Tastgefühl oder ein vermittelter, wie beim Hören, Riechen und auch beim Sehen. In diesen letzten Fällen drücken äußere Körper auf einen dem Sinnesorgan vorgelagerten Körper am wahrnehmenden Leib, der dann den Druck an das Sinnesorgan weitergibt. Die Nerven und „andere Fäden und Membranen" im Körper übermitteln diesen Druck bis zum Gehirn und zum Herzen und dort verursacht er nach Hobbes „einen Widerstand (*resistance*) oder Gegendruck (*counter pressure*) oder eine Anstrengung des Herzens, sich [von diesem Druck] freizumachen." (Lev, 13)

Es ist diese rein naturphilosophisch gedachte Bestrebung eines jeden Körpers, auf den ein Druck ausgeübt wird, sich durch einen Gegendruck von ihm zu befreien, die laut Hobbes dazu führt, dass es eine Bezugnahme (also Intentionalität) auf äußere Gegenstände in der Wahrnehmung gibt:

[D]iese Bestrebung, weil sie nach außen gerichtet ist, scheint deshalb auch eine äußere Materie zu sein. Und dieser Schein (*seeming*) oder diese Phantasie (*fancy*) ist es, die die Menschen Empfindung (*sense*) nennen. Sie besteht für das Auge in einem Licht oder einer angenommenen Farbe (*Colour figured*); für das Ohr in einem Ton (*Sound*), für die Nase in einem Geruch (*Odour*), für die Zunge und den Gaumen in einem Geschmack (*Savour*) und für den Rest des Körpers in Hitze, Kälte, Härte, Weichheit und anderen Qualitäten, die wir durch das Gefühl wahrnehmen. Alle diese Eigenschaften, die sinnlich (*Sensible*) genannt werden, existieren in dem Objekt, das sie verursacht, als nichts anderes als verschiedene Bewegungen der Materie, durch welche sie Druck auf unsere verschiedenen Organe ausüben. Auch in uns, auf die dieser Druck ausgeübt wird, existieren sie als nichts anderes als verschiedene Arten der Bewegung (denn Bewegung erzeugt nichts anderes als Bewegung). Aber für uns ist ihre Erscheinung eine Phantasie (*fancy*), dieselbe im Wachen wie im Träumen. Und so wie Druck, Reibung oder ein Schlag auf das Auge uns dazu veranlasst, Licht zu phantasieren, und der Druck auf das Ohr ein Geräusch erzeugt, so bringen auch die Körper, die wir sehen und hören, durch die Stärke ihrer Aktivität, auch wenn sie von uns nicht bemerkt wird, dasselbe hervor. (Lev, 14)

Der wahrnehmende Leib ist für Hobbes also nichts anderes als ein Körper. Es ist weder ein „Prinzip der Irritabilität" oder der „Sensibilität", noch
eine wahrnehmende Seele anzunehmen, um zu verstehen, wie die Bezugnahme des wahrnehmenden Leibes auf eine Außenwelt zustande kommt.
Denn die Unterscheidung zwischen einem Außen und einem Innen ergibt sich nur aus zwei materiellen Tatsachen: Erstens aus der Komplexität
des menschlichen Körpers, seiner materiellen Zusammengesetztheit, zweitens aus der gegensätzlichen Orientierung von Bewegungen in *conatus* und
Gegenconatus. Die Komplexität des menschlichen Körpers erlaubt es, dass
in ihm Korpuskeln mit ganz unterschiedlichen Bewegungszuständen existieren, und zwar unterschiedlich sowohl hinsichtlich der Geschwindigkeit,
mit der sie sich bewegen, als auch hinsichtlich der Orientierung. Dadurch
kann es zu „antagonistischen" Bewegungszuständen innerhalb des Körpers
kommen, die als solche auch wiederum innerhalb des Körpers empfunden
werden, aber nicht unbedingt als ein Bewegungsantagonismus innerhalb
des Körpers, sondern als einer zwischen meinem Körper und einem anderen. Der sozusagen aus der Komplexität des Körpers hinaus orientierte
Gegenconatus, der auf etwas gerichtet ist, das nicht Teil des Körpers ist,
auf den eingewirkt wurde, etabliert quasi in einem Handstreich sowohl die
Unterscheidung zwischen einem „Innen" und einem „Außen" als auch die
Bezugnahme der Wahrnehmung auf die Außenwelt. Tatsächlich liegt aber
nur ein Spiel von Körpern mit unterschiedlichen Bewegungszuständen in
meinem Leib vor. (Ein analoges psychisches Phänomen betrifft eine Un-
einigkeit mit sich selbst im eigenen Wünschen und Begehren, die eventuell
zu schlechter Laune führt, was dann zur Wahrnehmung einer äußeren Person als irritierend, Ärger verursachend führen kann. Ein solcher Vorgang
wird manchmal als „Projektion" bezeichnet. Man könnte davon sprechen,
dass Hobbes davon ausgeht, dass ein antagonistisches Bewegungsverhältnis
im eigenen Körper „nach außen projiziert" wird.)
      Wie sich Hobbes hier die Mechanik der materiellen Körper und die
Qualitäten der Empfindung aufeinander bezogen dachte, kann man sich
an den folgenden geläufigen Beispielen klar machen: Wenn wir uns in der
Ohrmuschel kratzen, hören wir ein Geräusch. Wenn wir die Augen schließen und gegen ein Augenlid drücken oder auf ein Auge geschlagen werden,
sehen wir einen Lichtblitz. Es ist nichts anderes als diese mechanischen
Einwirkungen des Reibens und Stoßens, die nach Hobbes Geräusch- und
Lichtempfindungen erzeugen. Für ihn unterscheidet sich diese grobe direkte Erzeugung einer Wahrnehmung im Prinzip nicht von der *normalen*,
bei der wir entfernte Dinge zu hören und zu sehen glauben. Das Rot des

Sonnenuntergangs und das Blau des Mittagshimmels sind ebenso Effekte mechanischer Stöße wie die Sterne, die wir in einem Boxkampf sehen. Sofern wir diese Sterne als bloße Phantasie beschreiben, weil ja außerhalb in der Nähe unseres Auges gar keine hellen Sterne sind, wenn wir auf das Auge geschlagen werden, *insofern* sind auch die Farben des Sonnenunterganges und des Mittagshimmels bloße Phantasien. Im ersten Fall ist uns jedoch neben der Helligkeit der phantasierten Sterne auch die mechanische Einwirkung im Schmerz des Faustschlages gegeben. Bei der Betrachtung des Abendrots oder des Mittagsblaus empfinden wir jedoch den Druck der Körperchen, die auf uns bei diesen Prozessen einwirken, *nicht*. Dadurch kommen wir zu der Überzeugung, dass das Sehen von Sternen beim Boxkampf ganz anderer Art ist, als das der Farben, ohne dass unser Auge dabei auf für uns empfindbare Weise berührt würde.

Die Unterscheidung zwischen den Bewegungszuständen der Körper, einschließlich der auf sie einwirkenden und von ihnen ausgehenden Kräfte, und des Bestrebens (neben ihrem Volumen und Gewicht) auf der einen Seite und den eben so ausführlich genannten Sinnesqualitäten der Farbe, des Tons, Geruchs, Geschmacks, der Hitze und Kälte auf der anderen, ist als die Differenz zwischen so genannten *primären* und *sekundären* Qualitäten berühmt geworden. Die Unterscheidung geht auf Galilei zurück, der auch das Bild einer Person geprägt hat, die von einer Feder unter der Nase gekitzelt wird und vor einem Kamin sitzt, an den sie heranrückt. Wenn man unter der Nase gekitzelt wird, so nimmt man nicht an, dass der Kitzel eine Eigenschaft in der Feder ist, sondern eine Qualität, die in uns als Wahrnehmenden existiert, und durch die Feder *verursacht* wird. Wenn man an den Kamin heranrückt und es wärmer wird, so glaubt man dagegen, die Wärme sei im Kaminfeuer, nicht *in uns*, und man nähere sich ihr. Für den Theoretiker der primären und sekundären Qualitäten ist jedoch die Hitze ebenso sehr in der wahrnehmenden Person wie der Kitzel. Man nähert sich dem in uns Hitze verursachenden Feuer, so wie man sich einer Feder nähern kann, bis sie kitzelt. Doch die Feder sondert eben keine Teilchen ab, die uns kitzeln, im Unterschied zum Feuer, das in uns Hitzeempfindungen erzeugende Partikel produziert, sonst würde sich vielleicht der Kitzel bei einer Bewegung auf eine hin- und hergewedelte Feder ebenso steigern, wie die Hitze für den zunimmt, der näher an das Kaminfeuer rückt.

3 Irrealität und Lokalisierung

Die Erscheinungen der Sinnesqualitäten sind für Hobbes *irreal* in dem Sinne, dass sie von denen, die sie haben, in der Regel nicht als die Erzeugnisse langer materieller Kausalketten in unserem Organismus angesehen werden. Für Hobbes besteht, wie oben im Zitat deutlich wurde, zwischen der Art und Weise, wie Traumerscheinungen entstehen und der Erzeugung von beispielsweise visuellen Eindrücken im Wachen, kein prinzipieller Unterschied. Wenn unsere Füße in der Nacht in der Bettdecke verwickelt sind und wir davon träumen, mit einer großen Schlange zu kämpfen, so hat ein bestimmter mechanischer Zustand an unseren Füßen bestimmte perzeptuelle Konsequenzen in uns, die wir als Traumbilder und Traumgefühle (beispielsweise taktiler Art) erleben. Im Traum – und meist auch nach dem Aufwachen – sind uns die Ursachen unserer Träume gar nicht oder nur unvollständig bekannt. Ebenso ist es im Wachen. Die Irrealität dieser Sinneszustände hat vor allem mit der nach Hobbes in der Regel unbekannten Verursachungsgeschichte einer Empfindung und mit der *falschen Lokalisierung* der Empfindungsqualitäten (Farbe, Ton, Geruch usw.) zu tun:

> [W]ären diese Farben und Töne *in den Körpern und Objekten*, die sie verursachen, so könnten sie von ihnen nicht durch Reflexion mit Hilfe von Spiegeln und als Echo getrennt werden; wir sehen aber, dass dies möglich ist. Dabei wissen wir, dass der von uns gesehene Gegenstand (*the thing*) und die Erscheinung (*the appearance*) sich an zwei verschiedenen Orten (*places*) befinden. Und obwohl über eine gewisse Entfernung das wirkliche und eigentliche Objekt (*the real and very object*) von der Phantasie (*fancy*), das es in uns erzeugt, umhüllt zu sein scheint, so ist doch das Objekt das eine und das Bild (*image*) oder die Phantasie (*fancy*) etwas anderes. (Lev, 14)

Die Beantwortung der Frage nach der Lokalisation einer Qualität, *wo* sie ist, ist ganz wesentlich für die Philosophie des Geistes und die Naturphilosophie im 17. Jahrhundert. Wenn wir ein Spiegelkabinett betreten, so ist sowohl die Röte des Sessels als auch die Gestalt des Sessels vor uns. Doch wenn wir uns dann auf den vor uns gesehenen roten Plüschsessel setzen wollen, stoßen wir gegen das Spiegelglas. In Wirklichkeit stand der Sessel schräg hinter uns. Trotzdem schien die Röte vor uns zu sein. Sie scheint, wie Hobbes es oben darstellt, durch den Reflexionsprozess von dem Gegenstand, an oder in dem sie eigentlich ist, *abtrennbar*. Nach Hobbes ist in diesem Fall die Röte jedoch weder vor uns im Spiegelbild, noch hinter uns an dem gespiegelten Sessel, sondern in unserem Leib. Denn in diesem Leib entsteht aufgrund der Lichtteilchen, die auf ihn gedrückt haben, ein

Gegenconatus, der eine bestimmte Orientierung hat, eben beispielsweise auf die Spiegeloberfläche, die gerade Licht von dem Sessel hinter uns in unser Auge reflektiert. Diese Orientierung des Gegenconatus aus unserem Körper hinaus zu einem bestimmten Ort hin, nämlich dem Ort an dem sich die Ursache des auf uns einwirkenden conatus in Form eines nicht zu unserem Leib gehörenden Körpers befindet, führt in uns nach Hobbes zu der Neigung, die in uns entstandene Sinnesqualität an dem Ort zu lokalisieren, auf den der Gegenconatus gerichtet ist. Wir drücken das dann jedoch im Falle der visuellen Wahrnehmung nicht aus, indem wir sagen, dort vorne ist ein Rot, sondern indem wir prädizieren: „Dort ist ein roter Sessel". Diese Prädikation bringt die Sinnesqualität in eine intime Verbindung mit dem Gegenstand, der sie, jedenfalls in den Augen von Hobbes, lediglich verursacht, aber nicht *hat*.

Das ist allerdings nicht bei *allen* Beschreibungen von Sinnesqualitäten so, sondern vor allem bei den visuellen. Bei Geräuschen und Gerüchen sagen wir etwa Dinge wie: „da hinten hat es geknallt" oder „da drüben riecht es aber". Wenn wir sagen, dass der Käse riecht, so prädizieren wir keine Geruchsqualität des Käses, sondern beschreiben ihn als eine Art aktiver Ursache einer Geruchsempfindung in uns. Auch bei der Sonne sagen wir manchmal: „sie strahlt", doch auch: „sie ist hell" oder „sie ist rot". Der moderne Philosoph W. Sellars, der in manchen seiner naturalistischen Intentionen, was die Bedeutung der Neurowissenschaften für die menschliche Theorie der Wahrnehmung angeht, Hobbes nahe stand (erkenntnistheoretisch sich jedoch hauptsächlich Kant und Wittgenstein verpflichtet fühlte; vgl. Sellars 1967) hat einmal vorgeschlagen, die prädikative Redeweise aufzugeben, die nahe legt, eine sinnliche Eigenschaft klebe an einem Gegenstand, wie eine an einen Stuhl gestrichene Farbe. Philosophisch korrekt sich auf den *Prozess der Entstehung* einer qualitativen Empfindung konzentrierend, müsste man in Sellarsscher Manier die Form von „es riecht da in der Ecke komisch" verallgemeinern und sagen: „es rötet da drüben bei der Rose", „es cist dort im Orchestergraben" usw. (vgl. dazu Sellars 1981, S. 56) Dann kommt es zwar noch zu einer eindeutigen Lokalisation der Sinnesqualität, doch wird sie nicht mehr als etwas an oder in einem Gegenstand begriffen, wie es die herkömmliche Prädikation nahe legt, ohne den Prozess ihrer Entstehung in einem empfindenden Wesen zu berücksichtigen.[3]

---

3   Betrachtet man diese Hobbes'sche Theorie der Wahrnehmung als eine direkte Reaktion auf die Lehre, die Wahrnehmungsqualitäten in den Ideen lokalisiert, dann antizipiert das 17. Jahrhundert hier eine Konstellation, wie sie im 20. wieder zwischen

Nach Hobbes sind die Bewegungen, die in unserem Organismus ablaufen, wenn ein Gegenconatus zu einem conatus gebildet wird, von gleicher Natur wie die Bewegungen, die außerhalb unseres Körpers passieren. Wie eine Empfindung, Einbildung oder Phantasie bei dieser Weitergabe und Reaktion auf Bewegungen entsteht, darüber hat Hobbes nichts zu sagen. Denn klar ist nur, dass aus Bewegungen Bewegungen hervorgehen, nicht aber, wie aus Bewegungen Farben, Töne und Gerüche entstehen. Heute wird dieses Problem als das so genannte „Qualiaproblem" in der Philosophie des Geistes behandelt. Es ist deshalb auch unklar, wie die sekundären Qualitäten lokalisiert werden sollen. Wo eine Bewegung ist und in welche Richtung sie geht, ist einfach zu sagen. Doch *wo* das Rot ist, das aus der Weitergabe der Bewegungen in der Sonne zu meinen Augen und in mein Gehirn hervorgeht, ist schwer, wenn überhaupt zu sagen. Während das Qualiaproblem von manchen Philosophen des Geistes und auch von Neurowissenschaftlern als ein so genanntes „hartes Problem" aufgefasst wird (vgl. Griffith und Byrne 1996 und Chalmers 1996), findet die Frage, wo unsere Neigung zur Lokalisation von Eigenschaften herkommt und wie sie mit der Prädikation zusammenhängt, relativ wenig Aufmerksamkeit. Sicherlich kann man biologisch funktionale Kommentare produzieren, die erläutern, wie wir unsere Aufmerksamkeit auf etwas richten, das uns eventuell gefährden könnte und dass die Intentionalität der Aufmerksamkeit zur „Ausstattung" des Raumes mit Qualitäten führen könnte. Die komplexen Überlegungen von Alfred North Whitehead, der die Frage, was es heißt, dass ein Gegenstand *in* einem anderen sein soll und dass eine Qualität *an* einem Ort lokalisiert ist, als eine zentrale Frage der Philosophie aufgefasst hat (Whitehead 1978, 233), zeigen jedoch, dass dieser funktionalistische Kommentar unzureichend ist. Spannt vielleicht die Ordnung der Sinnesqualitäten erst den Raum auf, in dem wir die Dinge wahrnehmen? Ist vielleicht die Vorstellung, der auch Hobbes zu folgen scheint, dass uns ein Raum gegeben ist, in dem Bewegungen ablaufen und in dem wir dann wiederum feste Gegenstände mit festen Qualitäten lokalisieren, eine viel zu einfache?

---

der so genannten Sinnesdaten-Theorie und der Adverbialtheorie der Wahrnehmung aufgetreten ist. Schon vor Sellars argumentierte Ducasse gegen Moore und Russell, dass der qualitative Aspekt der Wahrnehmung nicht auf ein spezifisches Objekt, das dann rot oder heiß sei, eben das sense-datum verweise, dass die Eigenschaft der Röte oder Hitze auch nicht in der Erfahrung sei, sondern hier eben „rotartig" oder „hitzig" erfahren werde, weshalb diese Eigenschaften eigentlich Adverbien, Modifikatoren des Erfahrens seien. Vgl. dazu Moore 1903 und Moore 1913/14, Russell 1914, Ducasse 1942.

Hobbes kann das Qualiaproblem nicht lösen. Vielleicht hat es für ihn gar nicht als Problem existiert. Er hat auch keine Theorie darüber, wie sich unsere „Fehllokalisation" der Sinnesqualitäten im Raum außer uns zu einer möglichen „wahren Lokalisation" verhält. Denn wenn die Röte, Hitze oder Kälte in unserem Kopf ist, so können wir doch nicht sagen, dass unser Kopf im Innern rot, heiß oder kalt wäre. Denn nichts in ihm brennt oder gefriert und kein Licht fällt in ihn, das eine rote Farbe reflektieren könnte.

Es scheint, als wäre Hobbes' Theorie der sinnlichen Wahrnehmung, vor allem des Sehens, hauptsächlich eine Kritik der *Lehre von den visiblen Species*. Denn in dieser Theorie scheint die Abtrennbarkeit der Qualitäten von den Gegenständen ebenfalls prominent vorzukommen, sofern sie angenommen zu haben scheint, dass von den wahrgenommenen Gegenständen Formen in unsere Sinnesorgane „fliegen". Obwohl Hobbes im Spiegel- und Echobeispiel die vermeintliche Abtrennbarkeit der Eigenschaften von ihren Gegenständen thematisiert hat, scheint er diese Theorie doch als grundsätzlich *abwegig* einzustufen, denn mit einer Kritik an ihr beendet er sein Kapitel über die Empfindung:

> Die philosophischen Schulen lehren jedoch [...] eine andere Theorie [...]. Als Ursache des Sehens geben sie an, dass das gesehene Ding nach allen Seiten eine *visible Species* [...], einen *sichtbaren Schein (visible shew)* [...] oder ein *Gesehenwerden (a being seen)* [...] aussende, dessen Empfang in den Augen *Sehen* ist. [...] Ja, sie bezeichnen sogar als Ursache des Verstehens (*Understanding*), dass das verstandene Ding eine *intelligible Species*, das ist ein *verstehbares Gesehenwerden*, aussende, das bei seinem Eindringen in den Verstand unser Verstehen bewirkt. (Lev, 14)

Hobbes betont, dass er diese Schulmeinung nicht berichtet, um die Nutzlosigkeit der Universitäten zu zeigen. Er will sich offenbar nicht lustig machen, über diese Theorien des Sehens. Aber er hält sie für nicht nachvollziehbar. Sie operieren mit Gegenständen, die in der Hobbesschen Philosophie keine gute Reputation haben. Denn er versucht, seine Ontologie, so weit es geht, auf das einzuschränken, was er als von den Wissenschaften der Körper und der Bewegung für akzeptiert hält oder als Konstruktionsnotwendigkeit in seiner Wissenschaftsarchitektur betrachtet. Das Motiv für die Ablehnung der visiblen Spezies ist bei Hobbes dasselbe wie das der Ablehnung der denkenden Substanz. Betrachtet man die Hobbes'sche Ontologie in ihrem Verhältnis zur Cartesischen, so wird deutlich, dass Hobbes eine *reichere* Ontologie *des Materiellen* vertritt als Descartes, sofern er Kräfte und Orientierungen als materielle Gegenstände zulässt, mit dieser reicheren „physikalischen Ontologie" jedoch den Cartesischen Dualismus zu vermeiden versucht. Vor dem Hintergrund der Zwei-Substanzen-Ontologie des Descartes ist die korpuskulare Hobbes'sche Ontologie sparsamer, vergleicht man jedoch nur die physikalischen Konzeptionen, so muss Hobbes für die Einsparung der denkenden Substanz und solcher Gegenstände wie der visiblen Spezies den Preis einer „reicheren", nämlich mit dem conatus und der vis operierenden Physik zahlen. In unserem modernen Verständnis müsste man den hobbesianischen Entwurf wohl als einen *szientistischen* oder dynamisch-*physikalistischen* bezeichnen. Die visiblen Spezies erscheinen dann, ebenso wie die denkende Substanz von Descartes, als ad hoc postulierte Gegenstände, die nur eine einzige Funktion haben: die Gerichtetheit und den qualitativen Gehalt der Wahrnehmungszustände zu erklären. Weil ihre Beziehung zu Körpern, Bewegungen und der Gerichtetheit der Bewegungen jedoch ungeklärt ist, erscheinen sie gegenüber der für Hobbes auf den ersten Blick erkenntnistheoretisch gesicherten Welt der physikalischen Gegenstände transzendent.

Diese Kritik an der Lehre von den Spezies darf jedoch nicht zu dem lange verbreiteten Missverständnis führen, Hobbes halte die Terminologie über Materie, Bewegung, conatus und Kraft für eine in einem einfachen Sinne materialistisch *fundamentale*, dass er einen *physikalischen Fundamentalismus* oder einfachen Materialismus in unserem heutigen Verständnis vertreten habe.

4   Mathematik und Physik

„Wissenschaft hat also immer mit Körpern zu tun" (Lev, dt. 63). Es dürfte diese Behauptung gewesen sein, die Hobbes eine mehr oder wenige unspezifizierte Kategorisierung unter den *Materialisten* in den einschlägigen Kapiteln der gängigen Philosophiegeschichten eingetragen hat (vgl. Lange 1876, Copleston 1964). Doch am Fundament seiner Wissenschaftslehre stehen bei Hobbes, wenn man genau hinschaut, nicht die Körperlehre als Mechanik oder Physik selbst, sondern *Prinzipien* dieser Wissenschaften, die in einer *Theorie unbestimmter Quantität und Bewegung*, die Hobbes als *prima philosophia* bezeichnet und die sich vor allem im Studium der geometrischen Figuren und der Zahlen manifestiert. Diese *Physica Generalis* im Aristotelischen Sinne ist von der Mathematik kaum zu unterscheiden (vgl. dazu Leijenhorst 1998, 17), ganz ähnlich wie die Cartesische und die Platonische Materietheorie kaum von der Geometrie unterscheidbar sind. Erst auf dieser mathematischen oder protophysikalischen Grundlage werden Körper mit unterschiedlichen Eigenschaften betrachtet. Ihre konkrete physikalische Natur muss in Messprozessen ausgehend von den Empfindungen *erschlossen* werden. Die Aussagen der konkreten Physik sind deshalb im Unterschied zu denen der Geometrie und Arithmetik, die wir selbst konstruieren, *hypothetisch*. Es ist nicht sicher, ob die Gegenstände, die unsere Empfindungen mit verursachen, so beschaffen sind, wie wir sie uns von den Empfindungen ausgehend mit Hilfe von Geometrie und Arithmetik denken. Denn eine Wirkung kann *unterschiedliche* Ursachen haben. Dass die Straße nass ist, kann durch Regen oder einen Reinigungswagen verursacht sein. Wenn kein direkter Zugang zu den Ursachen der Empfindungen möglich ist, ist auch keine definitive Entscheidung über die Natur der die Empfindung verursachenden Gegenstände möglich. Die konkret messende Physik ist daher im Unterschied zur Mathematik oder einer ohne spezifische Größen operierenden Protophysik für Hobbes eine nicht völlig gewisse Wissenschaft. Sie ist im Sinne von Quine empirisch unterdeterminiert (vgl. Quine 1969).

Von geometrischen Figuren als solchen, von Zahlen und all dem, was in der *Physica Generalis* oder Protophysik ohne Maßstäbe und spezifische Größenangaben verhandelt wird, haben wir jedoch keine Empfindungen. Alles Wissen, das mit unseren Empfindungen zu tun hat, ist *Tatsachenwissen*, es hat mit *Zeugenschaft* (*witnesse*) zu tun. Dieses Wissen ist zwar *momentan absolut*, nicht bedingt, andererseits über den Moment hinaus nicht stabilisierbar. *Wissenschaftliches* Wissen dagegen beginnt nicht mit Empfindungen, sondern mit konstruierten *Definitionen* und schreitet von diesen in deduktiven Ableitungszusammenhängen fort. Der Anfang der Wissenschaft ist *konstruktiv gesetzt*, nicht perzeptiv empfangen worden. Hobbes charakterisiert diesen Unterschied wie folgt:

> Es gibt zwei Arten von Wissen, einmal Tatsachenwissen (*Knowledge of Fact*) und sodann *Wissen von Folgen (Knowledge of the Consequences), die sich aus einer Behauptung für eine andere ergeben.* Das erste ist nichts anderes als Empfindung und Erinnerung und stellt absolutes Wissen (*Absolute Knowledge*) dar, wie wenn wir sehen, dass eine Tat geschieht oder uns erinnern, dass sie geschehen ist. Dies ist ein Wissen, das von einem Zeugen verlangt wird. Das zweite wird Wissenschaft (*Science*) genannt und ist bedingt (*Conditional*), wie der Satz: *Ist die gezeigte Figur ein Kreis, so wird sie durch jede Gerade durch den Mittelpunkt in zwei gleiche Teile geteilt.* Dieses Wissen verlangt man von einem Philosophen, das heißt, von dem, der sich auf das Denken (*reasoning*) beruft. (Lev, 60)

Der individualhistorische Beginn unseres Wissens in der Empfindung ist also nicht der Beginn der konstruktiven und demonstrativen Wissenschaf-

ten, mit denen wir Tatsachen und Ereignisse in der Welt *erklären* können
(vgl. für einen ähnlichen Punkt Sellars 1963, 170). Denn: „Wissenschaften
werden in *Büchern* aufgezeichnet, die die *Demonstrationen* von Folgen enthalten, die sich aus einer Behauptung für andere ergeben." (Lev, 60) Bücher
beginnen aber nicht mit Empfindungen oder Wahrnehmungen, sondern
mit Sätzen. Der Anfang jeder Wissenschaft muss daher ein behauptender
Satz sein, aus dem man, zusammen mit anderen Sätzen, Folgerungen ableiten kann. Aus einer Empfindung oder einer Wahrnehmung folgt nichts,
denn sie ist kein Satz, sondern kann höchstens in einem Satz *beschrieben*
werden.

Sofern wir die Welt wissenschaftlich begreifen, begreifen wir sie also durch Sätze und ihre Folgerungen. Mit dieser Auffassung war Hobbes
seiner Zeit voraus. Die Empiristen unter den Ideenphilosophen wollten,
wie beispielsweise Hume, Ideen auf Sinneseindrücke, *impressions* zurückführen, um ihren erkenntnistheoretischen Status zu prüfen. Doch was hier
„zurückführen" bedeutet, ist nicht leicht zu sagen. In einem deduktiven
System kann man durch einen Beweis einen Satz auf schon bewiesene
oder vorausgesetzte Sätze zurückführen. Die Analogie zu einem solchen
Beweisverfahren steht vermutlich hinter vielen empiristischen Argumenta-
tionen, die in der Empfindung oder der Wahrnehmung den Anfang und die
Grundlage der Erkenntnis sehen wollten. Doch es ist nicht klar, wie diese
Analogie aufzulösen wäre. Denn es können Empfindungen und Wahrnehmungen auftreten, bevor ein Mensch sprechen und schreiben und damit
seine Überzeugungen öffentlich machen und rechtfertigen kann. Es muss
also der *genetische* Anfang des Wissens vom *Rechtfertigungsbeginn von Wis-
sensansprüchen* unterschieden werden. Ebenso wie der Materialismus von
Hobbes zu *spezifizieren* ist und nicht mit einem modernen Physikalismus
in einen Topf geworfen werden darf, ist seine Zuordnung zum Empirismus
(vgl. zu dieser Einschätzung ebenfalls Copleston 1964, 15) *cum grano salis* zu nehmen. Denn alles gerechtfertigte Wissen ist für Hobbes bedingtes
Wissen, das in sprachlicher Form vorliegt und von anderem Wissen abgeleitet ist. Vom absoluten Wahrnehmungswissen kann Zeugnis gegeben
werden und von diesem Zeugnis kann etwa abgeleitet werden, dass jemand
eine Tat begangen hat. Etwa wenn jemand berichtet, dass er den Mörder
dabei gesehen hat, wie er den Mord ausgeführt habe. Aber das Sehen selbst
ist etwas Absolutes, das als solches gar nicht in Rechtfertigungskontexte
eintreten kann.

Dies ist der Grund, warum die Geometrie und die Arithmetik die Basis
des Hobbesschen Wissenschaftssystems bilden. Bei diesen Wissenschaften

handelt es sich um deduktive Systeme, die mit konstruierten Definitionen anfangen, aus denen weitere Behauptungen abgeleitet werden, u. a. solche, die die Ergebnisse der Beobachtung von konkreten Körpern betreffen, die dann in Geometrie und Arithmetik angewandt werden, wie etwa in der Optik. Gedanken über Quantität und Bewegung *als solche*, ohne weitere Bestimmung, sind für Hobbes daher *reine Konstruktionen*, aus denen sich später konkretere Behauptungen physikalischer Art in unserem Sinne, unter Heranziehung von Tatsachenwissen, ableiten lassen. Das absolute momentane Wissen der Wahrnehmung wird erst dann für Begründungen tauglich, wenn es beschrieben und konstruiertes Wissen auf es angewandt worden ist, wenn Wörter verwendet werden, um das, was wahrgenommen wurde, klassifikatorisch zu ordnen, öffentlich mitzuteilen und aus ihm Konsequenzen zu ziehen. Diese Wörter bzw. die Begriffe sind jedoch nach Hobbes von uns *gemacht*. Dieses Machen der Begriffe ist nicht durch die Wahrnehmungen oder durch Empfindungen selbst allein gesteuert, sondern vor allem ein *sozialer* Prozess. Diese Zusammenhänge muss man berücksichtigen, wenn man verstehen will, was Hobbes mit dem berühmten Satz gemeint hat, dass „Vernunft (*Reason*) [...] nichts anderes als Rechnen (*Reckoning*), das heisst Addieren und Subtrahieren" bedeutet (Lev, 32).

5   Vernunft und Verstehen

Namen, Hobbes' Begriff für logische Terme (singuläre wie generelle), erhalten ihre Bedeutung durch *soziale Übereinkunft* über ihre regelhafte Verwendung. Es gibt „keine von Natur eingesetzte rechte Vernunft" (Lev, 33), sondern analog der Vertragstheorie der Staatsentstehung geht Hobbes davon aus, dass die Gemeinschaft der Sprechenden durch Abstimmung aufeinander die Regeln der Bedeutung in der Sprachverwendung festlegt (vgl. dazu Hungerland & Vick in Hobbes 1981, 56) Es gibt so etwas wie eine soziale Bildung von Ähnlichkeitsklassen, die dazu führt, dass bestimmte Terme (Namen) auf eine bestimmte reguläre Weise gebildet werden: „Wegen der Ähnlichkeit in einer Qualität oder einem anderen Akzidenz wird vielen Dingen ein *allgemeiner* Name gegeben." (Lev, 26, meine Hervorhebung). Die allgemeinen Namen können gebildet werden, wenn *Namen für das Besondere* vorliegen. Die besonderen Namen (singulären Terme) entstehen nach Hobbes aus privaten Erinnerungsstützen (*Markes, or Notes of remembrance*, Lev, 25). Vor allem zu erinnern, dass auf dieses da ein Schmerz folgt, ist wichtig oder dass jenes dort ernährt. Es geht bei Zeichenentwicklung nach

Hobbes zuerst darum, zu registrieren, was gegenwärtige oder vergangene Dinge für Effekte haben. Dieses Registrieren ist die *hypothetische* Feststellung von Ähnlichkeiten, weil, wie wir gesehen haben, ja gleiche Wirkungen durch Verschiedenes hervorgerufen werden können. Wenn aber ein Wesen von uns als „der Beißer" benannt wird, so um zu Erinnern, dass die Gegenwart dieses Tieres einen Biss zur Folge haben kann. Die Erinnerungsmarker können veröffentlicht werden und heißen nach Hobbes dann Zeichen (*Signes*, Lev, 25) und sind dann, wenn andere sie übernehmen, singuläre Namen. Begegnet uns ein anderes Tier, das uns ebenfalls beißt, ansonsten aber andere Effekte auf uns hat (gestreift und nicht gefleckt aussieht), werden wir aufgrund unseres Erinnerungsmarkers an „der Beißer" erinnert. Auf diese Weise entstehen auf der Grundlage der singulären Namen und der Assoziation die Artbegriffe (*acquiring Arts*, Lev, 25). Wenn die soziale Situation eintritt, dass wir andere auf gefährliche oder günstige Effekte von etwas hinweisen wollen, findet nach Hobbes eine konventionelle Einigung auf allgemeine Namen statt. Da, wo Lautäußerungen allein kausal durch Empfindungen und Wahrnehmungen festgelegt werden (wie „Aua!", „Mmh!" usw.), die zwar eventuell soziale Wirkungen haben können, etwa wenn ein Angstschrei andere vertreibt oder ein lustvolles Grunzen andere anlockt, aber nicht durch soziale Konventionen etabliert worden sind, handelt es sich nach Hobbes lediglich um *tierischen Zeichengebrauch*, nicht um *menschlichen Sprachgebrauch*. Erst der auch konventionell gesteuerte Sprachgebrauch führt zur Vernunft im Sinne des Rechnens, die Ableitungen in einer Kombinatorik von generellen Termen erlaubt. Die Empfindung oder Wahrnehmung steuert diesen Prozess der Ableitung *nicht*, obwohl sie als Erinnerungsassoziation in ihn eingeht. Hobbes vertritt keine rein kausale Theorie des propositionalen Gehaltes der Wahrnehmung und keine kausale Theorie der Bedeutung (zu neueren Theorien der Kausalität und Wahrnehmung vgl. Grice 1961, Strawson 1974, zu Kausalität und Bedeutung Fodor 1987).

Es ist offenbar möglich, aufgrund ein und derselben Empfindung *unterschiedliche* Ähnlichkeitsklassen zu bilden, was auch nötig ist, damit überhaupt ein Rechnen mit generellen Termen möglich wird. Wenn die Orange als essbar und rund charakterisiert wird, so muss sie sowohl Ähnlichkeiten mit einem Ball wie mit einer Banane aufweisen. Würde der Anblick einer Orange in uns einen bestimmten distinkten Laut verursachen, so wäre die Bildung von verschiedenen generellen Termen nicht nachvollziehbar, die dazu führt, dass wir mehrere Prädikate von der Orange aussagen.

Weil die Verwendung der Terme bei sprechenden Menschen nicht kausal durch die Empfindung festgelegt ist, sondern durch die Bildung von

Ähnlichkeitsklassen und die darauf aufbauende soziale Übereinkunft gesteuert wird, hat die Ausbildung der Vernunft bei Hobbes damit zu tun,
dass man lernt, sich in einem System sozialer Konventionen zurecht zu finden und in ihm regelgerecht zu agieren. Dies hat erstaunliche Ähnlichkeiten
mit den von Wittgenstein (1980) herkommenden semantischen Theorien
der Bedeutung von Sellars (1963) und Brandom (1994), die noch mehr ins
Auge fallen, wenn man sieht, dass Hobbes auch die *Spielmetapher* verwendet, wenn er von der Vernunft handelt:

> … wenn Leute, die sich für klüger als alle anderen halten, ein Geschrei an-
> stimmen und die rechte Vernunft zum Richter fordern, jedoch nichts anderes
> wollen, als dass die Dinge nach keines anderen Vernunft als ihrer eigenen ent-
> schieden werden sollten, so ist das für die menschliche Gesellschaft genauso
> unerträglich, wie wenn man im Spiel, nachdem Trumpf festgesetzt worden ist,
> immer gerade die Farbe als Trumpf benützen wollte, von der man die meisten
> Karten auf der Hand hat. (Lev, 33)

Ohne dieses soziale Sprachspiel gibt es weder Wahrheit noch Falschheit
(*neither Truth nor Falsehood*, Lev, 27). Weil die Vernunft eine Sache der
Sprachverwendung ist, diese jedoch das Ergebnis einer sozialen Koordina-
tion, kann es keine Veränderung der Vernunft geben, ohne einen Eingriff
in die sozialen Konventionen des Sprechens. Wale nicht mehr den im Meer
lebenden Fischen zuzuordnen, sondern unter die lebend gebärenden säu-
genden Lungenatmer einzusortieren, ist ein sozialer Prozess. Weil Hobbes
Partikularist ist, nur Einzelnes als wirklich anerkennt (*There being nothing
in the world Universal but Names*, Lev, 26), gibt es für ihn unabhängig von
der Sprache auch nicht die allgemeine Tatsache, dass Wale lebend gebärend
sind, sondern nur diese und jene lebende Geburt dieses und jenes Wa-
les. Neukategorisierungen, wie die der Wale als Art von der Ordnung der
Fische zur Ordnung der Säuger, können durch den Vorschlag eines Wis-
senschaftlers in Gang gebracht werden, und dieser Wissenschaftler kann
sich dabei auf einen Beobachtungsbericht stützen, indem er etwa sagt: „Ich
habe immer wieder gesehen, dass die Walfische lebende Junge gebären und
säugen wie die Kühe auf dem Lande und dass sie durch ein Loch in Ihrem
Kopf Luft holen. Wäre es deshalb nicht sinnvoll, sie als den Kühen und
Hirschen ähnlicher aufzufassen als den Haien und Heringen?" Es hat jedoch keinen Sinn zu behaupten, man habe *gesehen*, dass die Art der Wale
zur Ordnung der Säugetiere und nicht der Fische gehört, denn man sieht
die Arten und Ordnungen nicht und sieht sowohl, dass dieser und jener
Wal im Wasser lebt und Flossen hat, was sie ursprünglich, in der Aristotelischen Ordnung der Tiere, nach ihrem Lebensraum und ihrer Anatomie,

---

zu den Fischen gebracht hat. Solange diese Wahrnehmung eine Bedingung dafür ist, um ein Wesen einen Fisch zu nennen, kann man auch sagen, dass man sieht, dass Wale Fische sind. Ob man ein Lebewesen nach seinem Lebensraum und seiner Fortbewegungsart oder nach der Art und Weise, wie es atmet und sich fortpflanzt mit anderen Lebewesen als ähnlich oder unähnlich betrachtet, ist dagegen keine Frage der Wahrnehmung, sondern der sozialen Entscheidung über den ordnenden Umgang mit bestimmten Wahrnehmungen.

Diese Entscheidung wird in der Regel nicht instantan an einem grünen Tisch gefällt, sondern ist das Ergebnis eines komplizierten und langwierigen wissenschaftlichen Prozesses. Allerdings konnte man jüngst bei der Frage, ob Pluto ein Planet ist oder eher ein Planetoid, studieren, wie tatsächlich durch eine *Abstimmung* unter Wissenschaftlern auf einem Kongress eine solche Bedeutungsfrage entschieden worden ist.

Betrachtet man den kausalen Zusammenhang zwischen Empfindungen und Lautäußerungen als etwas *Natürliches*, etwa die Verursachung eines Schreies durch einen Schmerz, die konstruktive Etablierung und das Sichzurechtfinden in einem sozial etablierten Regelsystem von Bedeutungen dagegen als etwas *nicht* Natürliches (womit es nicht *un-* oder *über*natürlich wird), so ist die Vernunft als der konstruktive Umgang mit den sozial mit einer Bedeutung versehenen Termen nichts Natürliches für Hobbes, wie auch die folgende Äußerung belegt:

> Hieraus ergibt sich, dass uns die Vernunft (*Reason*) weder angeboren ist wie die Empfindung und das Gedächtnis, noch durch bloße Erfahrung erworben wird, wie die Klugheit (*Prudence*). Sie wird vielmehr durch Fleiß (*Industry*) erlangt: zuerst durch passendes Belegen mit Namen, zweitens durch Aneignung einer guten und systematischen Methode des Fortschreitens von den Elementen, den Namen, zu Behauptungen, die dadurch entstehen, dass man einen Namen mit einem anderen verbindet, und ebenso zu Syllogismen, den Verbindungen einer Behauptung mit einer anderen, bis wir alles kennen, was aus den Namen folgt [...] Und eben dies nennt man *Wissenschaft* (*Science*). Und während Empfindung und Erinnerung nur Kenntnis von Tatsachen (*fact*) ist, das heißt von etwas Vergangenem und Unwiderruflichem, ist *Wissenschaft* die Kenntnis dessen, was aus einer Tatsache für eine andere folgt und wie die eine von einer anderen abhängt. (Lev, 35)

Es ist eine Tatsache, dass Wale mit Flossen im Wasser schwimmen, das kann man sehen. Es ist ebenso eine Tatsache, dass Wale lebend gebären und säugen. Auch das kann man sehen, wenn man geduldig ist und Glück hat. Aber ob aufgrund dieser Tatsachen die Wale zu den Fischen oder den Säugetieren zu *rechnen* sind (im Hobbesschen Sinne von „Rechnen mit Wörtern" oder

Termen), das ist eine *nicht* mit der Wahrnehmung entscheidbare Frage. Auch die Frage, ob quer zur Köperachse stehende Antriebsorgane ebenso wie parallel zu ihr angeordnete gleichermaßen *Flossen* sein sollen, ist keine, die durch Hinweis auf eine Tatsache der Wahrnehmung entscheidbar wäre, genauso wenig wie die, ob das Milchgeben unter Wasser ebenso als ein Säugen betrachtet werden soll wie das Milchgeben auf dem Land. Schließlich nennen wir die Fortbewegung, die durch das Auf- und Abschlagen mit Extremitäten im Wasser geschieht, etwa beim Rochen, „Schwimmen", während wir sie bei der Amsel mit dem Wort „Fliegen" bezeichnen, nur weil diese Fortbewegungsarten in unterschiedlichen Medien stattfinden. Genauso hätte man das Milchgeben unter Wasser *anders* benennen können als das auf dem Land. Wichtig ist nur, dass man die Bedeutung *eindeutig fixiert* oder sich über die Verwendung eines Terms in einer Sprachgemeinschaft *Klarheit* verschafft hat. Nur dann ist ein Rechnen im Hobbesschen Sinne oder ein Vernunftgebrauch möglich: „Klare Wörter sind das Licht des menschlichen Geistes (*The Light of humane minds*), aber nur, wenn sie durch exakte Definitionen geputzt und von Zweideutigkeiten gereinigt sind." (Lev, 36)

Literatur

Primärliteratur

Descartes, R., *Meditationes de prima philosophia*, in: *Oeuvres de Descartes*, Bd. VII, hrsg. von Ch. Adam & P. Tannery, Paris: Vrin 1973.

–, *Meditationen über die Grundlagen der Philosophie mit sämtlichen Einwänden und Erwiderungen*, übers. und hrsg. von A. Buchenau, Hamburg 1972.

Hobbes, Th., *Computation Sive Logica/Logic*, übers. und kommentiert von A. Martinich, hrsg. von I. C. Hungerland & G. R. Vick, New York: Abaris Books 1981.

–, *Leviathan*, hrsg. von R. Tuck, Cambridge: Cambridge University Press 1991 (zitiert als „Lev").

–, *Leviathan oder Stoff, Form und Gewalt eines kirchlichen und bürgerlichen Staates*, hrsg. und eingel. von I. Fetscher, Frankfurt a. M.: Suhrkamp 1984 (zitiert als „Lev, dt.").

Kepler, J., *Harmonice Mundi*, hrsg. von M. Caspar, in: ders., *Gesammelte Werke*. Bd. 6, München: C. H. Beck 1940.

Locke, J., *An Essay concerning Human Understanding*, hrsg. von P. H. Nidditch, Oxford: Clarendon Press 1975.

Sekundärliteratur

Brandom, R. B., *Making it Explicit. Reasoning, Representing, and Discursive Commitment*, Cambridge, Mass. & London: Harvard University Press 1994.

Brentano, F., *Psychologie vom empirischen Standpunkt*, Bd. 1, hrsg. und eingel. von O. Kraus, Hamburg: Meiner 1924.

Chalmers, D., *The Conscious Mind*, Oxford: Oxford University Press 1996.

Copleston, F., *A History of Philosophy*. Vol 5: *Modern Philosophy. The British Philosopher: Hobbes to Paley*, London: Search Press 1964.

Ducasse, C. J., „Moore's 'Refutation of Idealism'", in: *The Philosophy of G. E. Moore*, hrsg. von P. A. Schilpp, Chicago 1942.

Esfeld, M., *Mechanismus und Subjektivität in der Philosophie von Thomas Hobbes*, Stuttgart: Frommann-Holzboog 1995.

Fodor, J. F., *Psychosemantics*, Cambridge, Mass.: MIT Press 1987.

Grice, H. P., „The causal theory of perception", *Proceedings of the Aristotelian Society*, Supl. 35 (1961), 121–168.

Griffith, T. W., & Byrne, M. D., „Qualia: the Hard Problem", in: *Proceedings of the Eighteenth Annual Conference of the Cognitive Science Society*, hrsg. von G. W. Cottrell, Mahwah, NJ: Lawrence Erlbaum 1996, 76–79.

Hacking, I., *Why Does Language Matter to Philosophy?*, Cambridge: Cambridge University Press 1975.

Hyman, J., „The Causal Theory of Perception", *Philosophical Quarterly* 42 (1992), 277–296.

Lange, F. A., *Geschichte des Materialismus und Kritik seiner Bedeutung in der Gegenwart*. Dritte Auflage, Iserlohn: J. Baedecker 1876.

Leijenhorst, C., *Hobbes and the Aristotelians. The Aristotelian Setting of Thomas Hobbes Natural Philosophy*, Utrecht: Brill 1998.

Moore, G. E., „The Refutation of Idealism", *Mind* 12 (1903), wieder abgedruckt in: ders. *Philosophical Studies*, London: Routledge 1922.

–, „The Status of Sense-Data", *Proceedings of the Aristotelian Society* 1913–1914, wieder abgedruckt in: ders. *Philosophical Studies*, Cambridge 1922.

Quine, W. V., „Ontological Relativity", in: ders., *Ontological Relativity and Other Essays*, New York: Columbia University Press 1969, 26–68.

Russell, B., „The Relation of Sense-Data to Physics", in: *Scientia* 4, (1914) wieder abgedruckt in: ders., *Mysticism and Logic and other Essays*, New York & London: Unwin 1917.

Sellars, W., „Some Reflections on Language Games", in: ders.: *Science, Perception and Reality*, London: Routledge 1963, 321–358.

–, „Empiricism and the Philosophy of Mind", in: ders.: *Science, Perception and Reality*, London: Routledge 1963, 127–196.

–, *Science and Metaphysics: Variations on Kantian Themes. The John Locke Lectures for 1965/66*, London: Routledge 1967.

–, „Foundations for a Metaphysics of Pure Process", *The Monist* Vol. 64, No. 1 (1981), 3–90.

Strawson, P. F., „Causation and Perception", in: ders., *Freedom and Resentment and other Essays*, London: Routledge 1974, 66–84.

Whitehead, A. N., *Process and Reality. An Essay in Cosmology*, hrsg. von D. R. Griffin & D. W. Sherburne, New York: Free Press 1978.

Wittgenstein, L., *Philosophische Untersuchungen*, in: ders. *Schriften* I. Frankfurt a. M.: Suhrkamp 1980.

Andrew Pyle

Malebranche über Wahrnehmung*

Augustinische Lösungen für cartesische Probleme

1 Einleitung

In Geschichten der frühneuzeitlichen Philosophie wird Nicolas Malebranche (1638–1715) normalerweise in die Schar von Schülern Descartes' der zweiten Generation eingereiht. Dies ist nicht völlig falsch, denn es war tatsächlich seine Entdeckung von Descartes' *Traité de l'Homme*, die den jungen Oratorianer zur Philosophie bekehrt hat, und zwar zu einer Philosophie, die man sinnvollerweise als „cartesianisch" bezeichnen kann. Allerdings ist das nur die halbe Wahrheit. Die philosophischen Ansichten des reifen Malebranche schulden Augustinus mindestens genauso viel wie Descartes.[1] Dieser Aufsatz handelt von Malebranches Rezeption und Transformation der cartesischen Ideentheorie. An der daraus resultierenden Auffassung von Ideen und ihrer Rolle in der Wahrnehmung haben, wie ich zeigen werde, Augustinus und damit letztlich der christliche Platonismus einen großen Anteil. Sobald ich Malebranches eigene Theorie des „Sehens in Gott" (*vision en Dieu*) dargelegt habe, möchte ich einige ernsthafte Schwierigkeiten diskutieren, die ihr anhaften. Schließlich werde ich den Vorschlag riskieren, dass diese Spannungen nur durch weitere Transformationen aufgelöst werden können, die diese Theorie an den transzendentalen Idealismus von Kant annähern würden.

---

* Aus dem Englischen übersetzt von Simone Ungerer.
1 Mehr dazu, was Malebranche Descartes und Augustinus verdankt, findet sich im ersten Kapitel von Pyle 2003, 5–9.

2   Die erste cartesische These: Wahrnehmen heißt Urteilen

Descartes' berühmtes Wachsbeispiel aus der zweiten Meditation ist mit einigen spezifischen metaphysischen und epistemologischen Themen und mit mindestens drei eng verflochtenen Argumentationslinien verknüpft. Bis heute zerbrechen sich die Gelehrten den Kopf über die genaue Verbindung der verschiedenen Elemente in diesem komplexen Netzwerk einer philosophischen Analyse. Ein Thema allerdings tritt klar hervor und wird im abschließenden Abschnitt vollkommen deutlich gemacht. Der Meditierende erkennt, dass die Sinneswahrnehmung kein rein passiver Vorgang ist, bei dem Körper unseren Sinnesorganen Bilder von sich einprägen, sondern es handelt sich im Gegenteil um einen aktiven Vorgang, der ein Urteil einschließt. Ich mag vielleicht behaupten, dass ich Männer und Frauen auf der Straße unter meinem Fenster vorbeigehen *sehe*; aber es ist ein regnerischer Tag und streng genommen sehe ich nur Hüte und Mäntel und *urteile*, dass dort Männer und Frauen in dieser Kleidung sind. Der Meditierende könnte selbstverständlich einen Schritt weiter zurück gehen und behaupten, er sehe lediglich farbige Flecken in seinem Gesichtsfeld und urteile dann, dass es sich dabei um Hüte und Mäntel handle. In beiden Fällen ist ein Urteilsakt eingeschlossen – womit dem Verstand eine entscheidende und unverzichtbare Rolle zukommt. Der Meditierende fasst diese Einsicht am Ende der zweiten Meditation folgendermaßen zusammen:

> Und siehe da, ich bin schließlich ganz von selbst wieder dorthin zurückgekehrt, wohin ich wollte; denn da mir nun bekannt ist, dass selbst die Körper nicht eigentlich von den Sinnen oder von der Einbildungskraft wahrgenommen werden, sondern vom Verstand allein, und dass sie nicht dadurch wahrgenommen werden, dass sie berührt oder gesehen werden, sondern nur dadurch, dass sie verstanden werden, weiß ich auf offenkundige Weise, dass nichts leichter oder evidenter als mein Geist von mir wahrgenommen werden kann. (*Meditationen* II, 16, AT IX, 26, dt. Descartes 2004, 95–97)

Körper werden nicht durch Sehen, sondern durch Begreifen wahrgenommen. Dies wird zum Glaubensinhalt des philosophischen Rationalisten. Selbstverständlich gibt es ein passives Element in der Sinneswahrnehmung, nämlich das Einwirken des äußeren Körpers auf unsere Sinnesorgane, dies ist aber ein bloßes Vorspiel zur eigentlichen Sinneswahrnehmung. Die eigentliche Wahrnehmung ist eine geistige Tätigkeit, die einen Urteilsakt einschließt. Bei diesem Urteilsakt wird etwas in der Erfahrung Gegebenes (ein „Dieses") unter einen Begriff gebracht, der der Erfahrung durch den Geist zugeführt wird (ein „Solches"), um das Bewusstsein einer intelligiblen Welt hervorzubringen, nämlich der Welt der Alltagserfahrungen von Tischen und Stühlen, Bäumen und Häusern, Katzen und Hunden. Ohne den Beitrag des Verstandes wäre diese allzu vertraute Welt der Erfahrung streng genommen unmöglich.[2]

3 Die zweite cartesische These: Urteilen umfasst das Erkennen von Beziehungen zwischen Ideen

Wenn die Alltagserfahrung allerdings eine Menge konstitutiver Urteile der Form „*dieses* (in der Erfahrung gegebene) Objekt hat eine *solche* Beschaffenheit" (beigesteuert vom Verstand) nahelegt, kommen Fragen auf, die beide Teile eines Urteils betreffen. Moderne Philosophen haben ausführlich über Natur und Rolle von Demonstrativpronomen in unserem Denken und in unserer Erfahrung gerätselt, aber für die Denker des 17. Jahrhunderts schienen sie vergleichsweise unproblematisch. Ihre Aufmerksamkeit wurde von der Natur und Rolle von Begriffen beansprucht. Ein Urteil beinhaltet eine Affirmation oder Verneinung einer Beziehung zwischen Ideen, und Ideen werden durch ihren *Gehalt* unterschieden und individuiert, dadurch also, *wovon* sie handeln. Wenn ich urteile, dass alle Menschen sterblich sind oder dass alle Dreiecke von geraden Linien begrenzt werden, urteile ich, dass ein bestimmter Teil des Gehalts des Subjektterminus „Mensch" oder „Dreieck" mit dem Gehalt des Prädikats „sterblich" oder „von geraden Linien begrenzt" zusammenfällt.[3]

Descartes Ideentheorie ist bis heute Gegenstand endloser Kontroversen zwischen Kritikern und Kommentatoren, und diese Kontroversen scheinen in keiner Weise abzuflauen.[4] Hat Descartes einen gesonderten Bereich geistiger *Objekte* vorgeschlagen, die zwischen Geist und Welt vermitteln? Eine solche Sichtweise läuft offensichtlich Gefahr, in einen Skeptizismus nach der Art des „Schleiers der Wahrnehmung" zu verfallen. Dabei blockieren genau jene Objekte den epistemischen Zugang zur Welt, die postuliert wur-

---

2 Häufig wird Kant diese Einsicht zugeschrieben, sowie seiner Warnung „Gedanken ohne Inhalt sind leer, Anschauungen ohne Begriffe sind blind." Allerdings war Kant sich selbstverständlich sehr wohl bewusst, dass der zweite Satz seiner berühmten Formel bloß einen Widerhall des Rationalismus des 17. Jahrhunderts darstellte.

3 Englische Leser werden mit dieser Darstellung am ehesten aus Lockes *Essay* vertraut sein, aber in dieser Hinsicht reproduziert Locke lediglich die *Logik von Port Royal* von Arnauld und Nicole.

4 Eine hilfreiche Darstellung findet sich bei Chappell 1986.

den, um zu erklären, wie der Geist seine Welt repräsentieren (und somit erkennen) kann, so dass am Ende nur Repräsentationen bleiben. Oder sind cartesische Ideen bloße Akte des Geistes, Akte die (auf mysteriöse Weise) einen repräsentationalen Gehalt haben? Man findet bei Descartes leicht Textstellen, die beide Sichtweisen stützen.[5] Im Laufe des 17. Jahrhunderts rücken unter den Cartesianern der zweiten Generation, die die Ideentheorie von ihrem gemeinsamen Meister übernommen haben, allmählich zwei Fragen in den Mittelpunkt. Wir können sie als ontologische und als funktionale Frage bezeichnen:

F1: *Was* genau ist eine cartesische Idee? Was ist ihr ontologischer Status?

F2: *Wie* erfüllt eine cartesische Idee ihre genaue Rolle oder Funktion, Objekte der Außenwelt zu repräsentieren?

Obwohl es sich hier um zwei voneinander unabhängige Fragen handelt, sollten unsere Antworten zumindest miteinander vereinbar sein. Wenn unsere Darstellung dessen, was eine Idee *ist*, nicht mit unserer Darstellung dessen vereinbar ist, was sie *tut*, verstricken wir uns in Widersprüche.[6] Wenn Repräsentation beispielsweise Ähnlichkeit erfordert, könnte unsere Antwort auf F2 möglicherweise irgendeine Art materialistischer Metaphysik verlangen, die mit dem cartesischen Substanzdualismus nicht vereinbar ist, und daher auch nicht mit unserer Antwort auf F1. Dieses Problem hat alle cartesischen Philosophen des späten 17. Jahrhunderts irritiert und verwirrt.

4   Die Hauptströmung des orthodoxen Cartesianismus (Arnauld)

In seinem Werk *Des Vraies et des Fausses Idées* (VFI) aus dem Jahr 1683, das gegen Malebranche gerichtet ist, entfaltet Antoine Arnauld die Position, die er für die Hauptströmung des orthodoxen Cartesianismus hält. In diesem Werk gibt er klare und entschiedene Antworten auf unsere beiden Fragen F1 und F2. Eine Idee, so insistiert er, ist nichts wirklich vom Geist des

---

5   In Pyle 2003, Kap. II gehe ich auf diese Themen ausführlicher ein, ohne allerdings behaupten zu wollen, alle Schwierigkeiten aufzulösen. Eine tiefer gehende Untersuchung findet sich in Secada 2003, Kap. IV.

6   Die Anschuldigung, dass die cartesische Ideentheorie inkohärent sei, stellt in einer Reihe von Schriften von R. Watson einen Hauptvorwurf dar, vgl. Watson 1966, 1987.

Denkers oder des Erfahrenden Getrenntes; ihr ontologischer Status ist der eines „Modus" oder einer Modifikation der geistigen Substanz. Genauer gesagt, ist eine Idee ein Akt des Geistes, kein eigenständiges Objekt, das dazu geeignet wäre, als Vermittler zwischen dem Geist und seinen Objekten zu dienen. Mit der Frage konfrontiert, wie ein Modus oder eine Modifikation einer Substanz (Geist) als Repräsentation von Modi einer vollkommen verschiedenen Substanz (Materie) dienen kann, erwidert Arnauld brüsk, es sei eben die Natur oder das Wesen des Geistes, dass seine Modi Repräsentationen von (meist) äußeren Objekten sind. Im zweiten Kapitel der VFI formuliert er diesen Punkt folgendermaßen:

> Da es also klar ist, *dass ich denke*, ist ebenfalls klar, dass ich an etwas denke, d. h. dass ich etwas erkenne und wahrnehme. Denn darin besteht das Wesen des Denkens. Und da ich ohne ein erkanntes Objekt keinen Gedanken oder keine Erkenntnis haben kann, gilt ebenso, dass ich mich genauso wenig nach dem Grund fragen kann, warum ich an etwas denke, wie, warum ich denke. Denn es ist unmöglich zu denken, ohne an etwas zu denken. Aber ich kann mich sehr wohl fragen, warum ich gerade an dieses und nicht an ein anderes Ding denke. (Arnauld 1986, 22)

Es war Gottes Wille, dass der Geist des Menschen Wissen von der Welt der Körper haben sollte, also schuf er ihn so, dass seine Zustände *wesentlich repräsentational* sind. Dies, so Arnauld, sei gleichzeitig die einfachste und die unserer Intuition am nächsten kommende Darstellung dessen, wie Wahrnehmung stattfindet. Obwohl ich sinnvollerweise die Frage stellen kann, warum ich gerade an dieses und nicht an ein anderes Ding denke, kann ich genau so wenig fragen, wie die Modi meines Geistes Repräsentationen von äußeren Dingen sein können, wie ich die Frage stellen kann, weshalb mein Körper in der Lage ist, sich im Raum zu bewegen. (Arnauld 1986, 180) Wäre mein Körper nicht von der Art, dass er verschiedene Orte zu verschiedenen Zeiten einnehmen könnte, so wäre er überhaupt kein Körper. Ebenso muss Gott, wenn er etwas schaffen soll, das als Geist gelten kann, eine Substanz schaffen, deren Modi wesentlich repräsentational sind.

Auch wenn Arnauld Ideen mit Wahrnehmung gleichsetzt, räumt er die Zulässigkeit einer Art von Doppelaspekt-Theorie ein. Man kann, so sagt er, von genau denselben Dingen auf zwei verschiedene Arten denken und sprechen. In Kontexten, in denen wir den ontologischen Status von Ideen betrachten, ist es angemessen, sie als Wahrnehmungen zu bezeichnen; in Kontexten, in denen die Betonung auf ihrer repräsentationalen Rolle liegt, nennen wir sie natürlich Ideen:

Ich habe gesagt, dass ich die Wahrnehmung und die Idee für dieselbe Sache halte. Man muss dennoch bemerken, dass diese Sache, wenn sie auch einzigartig ist, in zweierlei Beziehungen steht: zum einen in Beziehung zur Seele, die sie modifiziert, und zum anderen zum wahrgenommenen Ding, insofern als es objektiv in der Seele vorhanden ist. Das Wort „Wahrnehmung" bringt die erste Beziehung sehr viel direkter zum Ausdruck, das Wort „Idee" hingegen die zweite. (Arnauld 1986, 44)

Aber, werden Skeptiker wie Simon Foucher weiter fragen, wie können die Modifikationen einer Substanz (unausgedehnter Geist) Repräsentationen einer vollkommen verschiedenen Substanz (dreidimensionale Ausdehnung oder Materie) sein? Wenn Repräsentation Ähnlichkeit erfordert, scheint es unverständlich, wie cartesische Ideen ihre Objekte repräsentieren können. Körperhafte Bilder oder Gehirnspuren können zwar ihren physischen Ursachen gleichen, doch betonen Descartes und seine Anhänger durchgängig die scharfe Trennung zwischen Ideen und retinalen Bildern oder Gehirnspuren.[7] In einem Großteil der gegenwärtigen Literatur zur mentalen Repräsentation trägt der Begriff der Verursachung die Hauptlast der Erklärung: Der geistige Zustand X kann den physischen Zustand Y nur dann repräsentieren, wenn eine gesetzmäßige Regelmäßigkeit besteht, die X mit Y verbindet. Die Evolution hat diese Regelmäßigkeit als Mittel benutzt, um einem bestimmten Organismus dabei zu helfen zu überleben und in der ihm eigenen Umwelt zu gedeihen.[8] In seinen späteren Schriften jedoch weist Descartes die verbreitete Annahme zurück, dass bei der Sinneswahrnehmung äußere Körper auf den Geist einwirken. In den *Notae in programma* behauptet er, dass alle unsere Ideen in einem wichtigen Sinn angeboren sind.[9] Die Reizung eines meiner Sinnesorgane durch eine äußere Erschütterung mag meinem Geist dazu veranlassen, eine bestimmte Idee wie etwa rot oder süß hervorzubringen, aber streng genommen ist der physische Reiz nicht die Ursache der Idee. Dieser Darstellung zufolge regt oder stößt der Körper vielleicht den Geist dazu an, seine Ideen hervorzubringen; er kann den Geist jedoch nicht informieren oder anweisen. Wenn hier eine Form von prästabilierter Harmonie zwischen physischen Reizen und Ideen besteht, kann dies nur auf göttliche Willkür zurückgeführt werden.

---

7   Zu Descartes Beharren auf der scharfen ontologischen Unterscheidung von Ideen und Bildern vergleiche AT IX, 109, AT IX, 124, AT IX, 141 und AT III, 392–393.

8   Inzwischen zu Klassikern gewordene zeitgenössische Diskussionen finden sich bei Dretske 1981 und Millikan 1984.

9   Vgl. AT VIII, 358. Ein Kommentar hierzu findet sich in Pyle 2003, 26–27.

Was soll ein Cartesianer über solche Ideen wie Rot und Blau, Heiß und Kalt, Süß und Sauer sagen? Man kann im Nachhinein zwei verschiedene Ansätze in Descartes' Texte hineinlesen. Man könnte sagen, dass solche bloßen Empfindungen für sich allein genommen keinen repräsentationalen Gehalt besitzen, sondern den Geist dazu anregen, (häufig fehlerhafte) Urteile über jene Körper zu fällen, die sie angeblich verursachen. Demgegenüber könnte man darauf bestehen, dass Ideen infolge ihrer Natur oder ihres Wesens Repräsentationen sind. In diesem Fall wird man sagen müssen, dass solche Ideen verworrene Wahrnehmungen ihrer normalen physischen Ursachen sind, d. h. der dispositionalen Eigenschaften der Körper, durch die sie angeregt werden. Descartes' Darstellung der „materiell falschen" Idee der Kälte in der dritten Meditation kann auf beide Arten gelesen werden. Sie liest sich aber möglicherweise natürlicher als Ausdruck der letzten Sichtweise.[10] Der Meditierende sieht, dass Ideen keine Urteile sind und daher streng genommen weder wahr noch falsch sein können. Die Idee der Kälte aber verführt den faulen und nachlässigen Geist zu dem Gedanken, Kälte sei tatsächlich real, während es sich in Wahrheit um die bloße Abwesenheit örtlicher Bewegung handelt, worin die wahre Form oder das Wesen der Wärme besteht.

5 Malebranche über die Notwendigkeit von Ideen

Malebranches Festlegung auf die Realität von Ideen stammt aus seiner häufig wiederholten Maxime „nichts sehen heißt nicht sehen" (*voir rien, c'est ne point voir*). Diese Maxime erscheint in der *Recherche* (OCM II, 99), in den *Entretiens* (OCM XII, 35) und an vielen anderen Stellen der *Oeuvres Complètes*.[11] Wenn, wie die Phänomenologie nahe legt, Träume und Halluzinationen echte Wahrnehmungen sind, müssen auch sie ihnen eigene Objekte haben. In solchen Fällen werden wir uns gezwungen sehen, Ideen als direkte oder unmittelbare Objekte des Bewusstseins anzunehmen, um die absurde Schlussfolgerung zu vermeiden, dass es sich überhaupt nicht um Fälle von Bewusstsein handelt. Alles, was wir klar, direkt und unmittelbar sehen, sagt Malebranche im vierten Buch der *Recherche*, muss existieren:

---

10 Eine äußerst prägnante Diskussion findet sich bei Wilson 1978, Kap. III: „Some Perspectives on the Third Meditation".

11 Alle Verweise auf Malebranche beziehen sich auf die *Oeuvres Complètes de Malebranche* (= OCM).

Daraus, dass das Nichts nicht sichtbar ist, folgt jedoch, dass alles, was man klar, direkt, unmittelbar sieht, notwendig existiert. Ich sage: was man unmittelbar sieht – darauf soll man achten – oder was man begreift. Denn streng genommen sind die Gegenstände, die man unmittelbar sieht, sehr verschieden von jenen, die man draußen sieht, oder vielmehr: von denen man glaubt, dass man sie sieht oder betrachtet. In einem gewissen Sinne ist es nämlich wahr, dass man letztere nicht sieht, und man doch draußen Objekte, die nicht existieren, sehen kann (oder vielmehr glauben kann, dass man sie sieht), obwohl das Nichts gar nicht sichtbar ist. Aber es liegt ein Widerspruch darin vor, dass man unmittelbar dasjenige sehen kann, was nicht ist. Man würde dann nämlich gleichzeitig sehen und nicht sehen; denn nichts sehen ist nicht sehen. (OCM II, 99)

Ideen sind immer so, wie sie erscheinen – es gibt bei ihnen keinen Unterschied zwischen Wirklichkeit und Erscheinung. Sie können daher als echte Träger von nur scheinbaren Eigenschaften dienen. An vielen Stellen seines Werks legt Malebranche Standardversionen des Illusionsarguments dar und benutzt solche Argumente, um eine endgültige Zurückweisung des direkten oder „naiven" Realismus zu erreichen (OCM IV, 73; OCM IX, 945; OCM XV, 5). Das Prinzip des *voir rien*, meint Malebranche, schließt die Möglichkeit aus, dass es Quasi-Wahrnehmungserfahrungen geben kann, bei denen es sich um keine echten Wahrnehmungen, d. h. ohne ihnen eigene Objekte, handelt. Der allgemeine Verdacht, dass Körper direkte oder unmittelbare Erfahrungsobjekte sein könnten, wird nicht nur durch das bekannte Illusionsargument ausgeschlossen, sondern auch durch ein weiteres metaphysisches Argument, das Malebranche in der berüchtigten Stelle von der „wandelnden Seele" in der *Recherche* entfaltet:

Ich glaube, jedermann stimmt damit überein, dass wir die Objekte, die außerhalb von uns sind, nicht durch sie selbst wahrnehmen. Wir sehen die Sonne, die Sterne und unendlich viele Objekte außerhalb von uns, und es ist nicht wahrscheinlich, dass die Seele den Körper verlässt und sozusagen im Himmel spazieren geht, um all diese Objekte zu betrachten. Sie sieht sie also nicht durch sie selbst, und das unmittelbare Objekt unseres Geistes ist, wenn er beispielsweise die Sonne sieht, nicht die Sonne, sondern etwas, das innig mit unserer Seele vereint ist; und das ist es, was ich *Idee* nenne. Dementsprechend verstehe ich unter dem Wort *Idee* nichts anderes als das, was das unmittelbare oder nächste Objekt des Geistes ist, wenn er ein Objekt wahrnimmt, d. h. das, was den Geist berührt und modifiziert mit der Perzeption, die er von einem Objekt hat. (OCM I, 413–414)

Arnauld warf Malebranche vor, einen einfachen Äquivokationsfehler zu begehen, indem er bloße räumliche Anwesenheit und kognitive oder (in der scholastischen Terminologie) objektive Anwesenheit, die Anwesenheit eines Objekts in einem Geist, durcheinander bringe (Arnauld 1986, 68–69). Aber die bloße Entfernung der Sterne hat keine Bedeutung für Malebranches Argument. Denn rein räumlich gesehen könnte mir schließlich nichts näher sein als meine eigenen Hirnzellen und Synapsen, aber ich bin mir dieser Dinge noch weniger gewahr als der Sterne. Als er an diesem Punkt in Bedrängnis geriet, bezeichnete er das Argument von der wandelnden Seele in seiner Antwort auf Arnauld als „eine Art Witz" (OCM VI, 95–96). Dass die Sterne nicht auf meine Seele einwirken können, hat seinen Grund nicht darin, wo sie sind, sondern darin, was sie sind. In Malebranches Worten sind sie nichts, das „innig mit unserer Seele vereint" sein kann, nichts, das meinen Geist „berührt und modifiziert", wenn ich ein Objekt wie etwa die Sonne wahrnehme.

Wenn Malebranche sich aber eine Idee als etwas vorstellt, das den Geist „berührt" oder „modifiziert", um ihm eine Wahrnehmung zu geben, kann er offensichtlich die Idee nicht mit der Modifizierung gleichsetzen. Im scharfen Gegensatz zu dem orthodoxen Cartesianismus, den wir bei Arnauld formuliert und verteidigt fanden, muss Malebranche rundweg abstreiten, dass Ideen Modifikationen der Substanz des (menschlichen) Geistes sind. Für seinen alternativen Ansatz einer Metaphysik des Geistes wird er sich einer Form des Platonismus zuwenden, vermittelt durch Augustinus. Ideen, so wird sich zeigen, sind überhaupt keine geistigen Ereignisse oder Zustände; es handelt sich vielmehr um Archetypen (möglicher) Geschöpfe, die zeitlos im unendlichen Intellekt Gottes gegenwärtig sind.

6 Das Eigenschaftsargument

In der traditionellen Metaphysik wird die Nicht-Identität von X und Y (X ≠ Y) bewiesen, indem bewiesen wird, dass X eine Eigenschaft oder Eigenschaften hat, die Y fehlen oder umgekehrt.[12] Um also die Nicht-Identität von Ideen und Modi der Seele zu beweisen, müssen wir lediglich ihre jeweiligen Eigenschaften auflisten um zu sehen, ob diese Listen zusammenfallen. Wenn die beiden Listen verschiedene und nicht miteinander vereinbare Eigenschaften enthalten, haben wir den Beweis für einen tatsächlichen Unterschied. Dieses „Eigenschaftsargument" findet sich in der *Recherche*, in den *Entretiens* und in der Korrespondenz mit Arnauld. Es gibt, behauptet Male-

---

12 Bisweilen wird dieses Prinzip Leibniz zugeschrieben, und zwar unter der Überschrift der „Nicht-Unterscheidbarkeit von Identischem", der Grundgedanke ist allerdings selbstverständlich intuitiv.

branche im vierten Buch der *Recherche*, eine Reihe von Möglichkeiten, wie man beweisen kann, dass Ideen sich von Wahrnehmungen unterscheiden:

> Denn es ist klar, dass die Modalitäten der Seele veränderlich sind und die Ideen stets gleich bleiben; dass ihre Modalitäten partikulär und die Ideen universell und allen intelligenten Wesen gemeinsam sind, denn ohne das könnte sich unter ihnen keine Gemeinschaft bilden; dass ihre Modalitäten zufällig sind und die Ideen ewig und notwendig; dass ihre Modalitäten dunkel und nebelhaft sind und die Ideen sehr klar und licht, d. h. dass ihre Modalitäten nur dunkel, wenn auch lebhaft empfunden werden, und dass die Ideen klar erkannt werden als Grundlage aller Wissenschaften; dass diese Ideen schließlich wirkungsvoll sind, weil sie im Geist tätig sind. (OCM II, 103)

In der ersten der *Entretiens* fällt es dem Schüler Ariste schwer, die Wirklichkeit des Bereichs der Ideen zu begreifen. Er meint, dass der intelligible Bereich zu nichts verfällt, wenn niemand über ihn nachdenkt. Wenn dem so wäre, antwortet sein Lehrer Theodore, wären Ideen in der Tat „kaum etwas". Doch dem ist nicht so:

> Das stimmt, Ariste. Wenn Sie Ihren Ideen das Sein verleihen, wenn es nur ein Augenzwinkern braucht, um sie vergehen zu lassen, sind sie kaum etwas. Wenn sie aber ewig währen, unveränderlich und notwendig, in einem Wort göttlich sind, verstehe ich die intelligible Ausdehnung, aus der sie geformt sind. Ganz gewiss sind sie von größerer Bedeutung als diese unwirksame Materie, die durch sich selbst gar nicht zu sehen ist. (OCM XII, 40)

Unsere Wahrnehmungen sind Modi unserer Seele und daher vergänglich, flüchtig und subjektiv, leicht veränderlich oder gar auslöschbar. Im scharfen Gegensatz dazu sind Ideen ewig, unveränderlich und existieren notwendigerweise. In einem wichtigen Sinne sind sie auch „unendlich": die Idee eines Dreiecks ist nicht einfach die Idee einer unendlichen Zahl von möglichen Dreiecken, sondern auch ihrem Inhalt gemäß unendlich, denn die Anzahl der Theoreme, die Geometer aufgrund der Eigenschaften von Dreiecken beweisen können, ist unbegrenzt.[13] Aber es ist ganz und gar unmöglich, wie Malebranche betont, dass unsere Wahrnehmungen solche Unendlichkeiten enthalten könnten.

Von Arnauld in diesem Punkt herausgefordert, beruft Malebranche sich auf den christlichen Platonismus von Augustinus. Augustinus zufolge sind Ideen unendlich, unveränderbar, existieren notwendigerweise und sind allen Geistern gemeinsam. Es handelt sich um „gewisse erste Modelle oder stabile und unveränderliche Archetypen aller Dinge, die nicht geschaffen wurden und daher ewig währen, die immer gleich bleiben, in

---

13   Ein erhellender Kommentar findet sich in Gueroult 1955, 76–79.

der ewigen Weisheit, die sie in sich enthält" (OCM IX, 915). Das Vorwort zu der Ausgabe der *Entretiens* von 1696 enthält Malebranches nachhaltigsten Versuch, die Autorität von Augustinus zur Verteidigung seiner eigenen Ansichten anzurufen (OCM XII, 10–11). Augustinus zufolge bedarf Gott keines Modells außerhalb seiner selbst, um das Universum zu schaffen. Er kennt das Universum, das er geschaffen hat, einfach durch seine unmittelbare Vertrautheit mit seiner eigenen Vollkommenheit, an der die Geschöpfe teilhaben. Nach dieser platonischen Theorie müssen Ideen mit Archetypen im göttlichen Geist gleichgesetzt werden, und nicht mit Wahrnehmungen in endlichen Geistern. Wenn wir Zugang zu der Idee (dem Archetyp) irgendeines möglichen Geschöpfs erhalten, können wir die Eigenschaften eines jeden solchen Geschöpfs *a priori* kennen, indem wir seine Idee untersuchen. Denn es ist unmöglich, dass ein Geschöpf nicht mit dem Modell oder Archetyp übereinstimmt, nach dem es geschaffen wurde (und wird).[14]

7 Sehen in Gott

Wir sind nun in der Lage, die Bilanz des Arguments, soweit es bisher entwickelt wurde, zu ziehen und Malebranches berühmte Lehre des Sehens in Gott zu verstehen. Descartes hat uns gelehrt, dass jede Wahrnehmung ein Urteil beinhaltet; was seinerseits das Erkennen von Beziehungen zwischen Ideen beinhaltet. Ideen werden durch ihre jeweiligen Gehalte charakterisiert und individuiert. Verwirrt und ratlos fanden wir uns mit der Frage konfrontiert, wie die Modifikationen einer (unausgedehnten) Substanz als Repräsentationen einer vollkommen verschiedenen (ausgedehnten) Substanz dienen können. Orthodoxe Cartesianer der zweiten Generation wie etwa Arnauld haben rundheraus behauptet, es sei die Natur oder das Wesen der Modifikationen des geistigen Stoffs, dass sie Repräsentationen sind, und verwiesen auf den Allgemeinplatz, dass alle Erklärungen an einem bestimmten Punkt zu einem Ende kommen müssen. In Malebranches Augen handelt es sich hierbei um wenig aufschlussreiche Ausflüchte (vgl. OCM VI, 142).

---

14 Natürlich ist Malebranche der metaphysischen Theorie der kontinuierlichen Schöpfung verpflichtet. Dies ist in seinen eigenen Worten die Sichtweise, dass „der Augenblick der Schöpfung nicht vorüber ist" (OCM XII, 156–157). Dieser Sichtweise zufolge werden alle Geschöpfe (sowohl Körper als auch Geist) von einem Augenblick zum nächsten immer wieder aufs Neue von Gott geschaffen und würden sofort zu Nichts werden, gäbe es keine solche andauernde Ursache. Einzelheiten dazu in Pyle 2003, 111–114.

Ihm erscheint es äußerst unverständlich, dass die Modi der menschlichen Seele „objektiv" alle Eigenschaften und Vollkommenheiten enthalten sollen, die „formal" in der geschaffenen Welt der Körper vorhanden sind. Der Geist Gottes hingegen *muss* solche Archetypen enthalten, wenn Gott überhaupt verstehen soll, was er tut, wenn er das Universum erschafft. Wenn mir also Zugang zu (einigen dieser) Ideen gewährt wird, kann ich einen Blick auf die Entwürfe der Schöpfung selbst gewinnen und somit einen rationalen Einblick in die Natur der erschaffenen Dinge. Darin besteht die berühmte Lehre des Sehens in Gott. Ebenso wie das zweite doktrinale Markenzeichen von Malebranche, der Occasionalismus, eine supernaturalistische oder theozentrische Lösung für das Problem der Verursachung darstellt, bietet die Lehre des Sehens in Gott eine supernaturalistische oder theozentrische Lösung für das Problem der Intentionalität. Gerade so, wie es unmöglich ist, dass ein allmächtiges Wesen eine Wirkung W wollen kann, ohne dass W eintritt,[15] ist es unmöglich, dass ein Geschöpf seinem Archetypen im göttlichen Geist nicht entsprechen sollte. Wenn es Gott gefällt, diese Archetypen (Ideen) mit den endlichen, von ihm erschaffenen Geistern zu teilen, können auch sie vermittels dieses „Sehens in Gott" durch Repräsentationen Wissen gewinnen.

Malebranches Hauptargument für das Sehen in Gott nimmt die ersten sechs Kapitel im zweiten Teil des dritten Buchs der *Recherche* ein (OCM I, 413–447). Es erscheint wiederum und nahezu unverändert in der ersten der *Méditations Chrétiennes* (OCM X, 11–18). Dabei handelt es sich um ein

---

15 Der Occasionalismus ist die Lehre, nach der Gottes Wille als einzig echte Ursache gilt, alle anderen angenommenen Ursachen stellen bloß Gelegenheiten (Occasionen) für Gottes Handeln dar, das gewöhnlich allgemeinen und selbst auferlegten Gesetzen folgt. In den Geschichten der frühneuzeitlichen Philosophie wird diese Lehre häufig falsch dargestellt, nämlich als eher halbherziger *ad hoc* Versuch der Cartesianer der zweiten Generation, irgendeine Lösung für das Geist-Körper-Problem zu liefern. Tatsächlich handelte es sich beim Occasionalismus aber um eine ganz allgemeine Theorie der Verursachung, die auf der weithin akzeptierten Prämisse beruhte, dass es eine *notwendige Verbindung* zwischen Ursache und Wirkung geben muss, d. h. dass es logisch und metaphysisch unmöglich sein muss, dass eine Ursache ohne Wirkung auftritt. Argumente der Wahrnehmbarkeit werden schnell zeigen, dass normale Fälle natürlicher Verursachung (eine Billardkugel stößt eine weitere an und versetzt diese somit in Bewegung, mein Wille bewegt meinen Arm nach oben usw.) diesen Test der notwendigen Verbindung nicht bestehen. (Am besten sind uns diese Argumente von David Hume bekannt, tatsächlich aber sind sie wesentlich älter und können bis zur mittelalterlichen islamischen Philosophie zurückverfolgt werden). Aber es ist logisch unmöglich, dass ein allmächtiges Wesen *p* wollen kann, ohne dass *p* eintritt – Gottes Wille also besteht diesen Test.

ausschließendes Argument, das beweisen soll, dass allein das Sehen in Gott erklären könne, wie der menschliche Geist äußere Objekte erkennen kann. Damit ein solcher Beweis funktionieren kann, muss sowohl eine erschöpfende Auflistung aller möglichen Hypothesen über die Natur und Rolle von Ideen erstellt als auch eine zwingende und endgültige Widerlegung aller Rivalen der These eines Sehens in Gott geleistet werden.[16] Malebranche scheint zuversichtlich, dass seine Liste erschöpfend ist:

> Wir behaupten also, es sei absolut notwendig, dass die Ideen, die wir von den Körpern und von allen anderen Gegenständen haben, die wir nicht durch sie selbst wahrnehmen, entweder diesen Körpern selbst oder diesen Gegenständen entstammen; oder dass unsere Seele die Fähigkeit hat, diese Ideen zu erzeugen; oder dass Gott sie zusammen mit der Seele erzeugte, indem er die Seele schuf, oder dass er sie jedes Mal erzeugt, wenn man an einen Gegenstand denkt; oder dass die Seele in sich alle Perfektionen hat, die sie in diesen Körpern sieht; oder schließlich, dass die Seele mit einem völlig vollkommenen Seienden vereinigt ist, welches alle intelligiblen Vollkommenheiten oder alle Ideen der erschaffenen Wesen im allgemeinen einschließt. (OCM I, 417)

Er scheint jedoch weniger zuversichtlich, dass seine Widerlegungen überzeugend sind:

> Wir könnten die Gegenstände nicht sehen, es sei denn auf eine dieser Weisen. Prüfen wir, welche sich als die wahrscheinlichste von allen erweisen könnte – ohne Besorgnis und ohne Angst vor der Schwierigkeit der Frage. Vielleicht werden wir sie sehr klar beantworten – wenngleich wir nicht verlangen, hier für alle Sorten von Menschen unbestreitbare Beweise zu liefern, sondern nur sehr überzeugende Belege zumindest für diejenigen, die darüber mit ernsthafter Aufmerksamkeit nachdenken werden. Denn man könnte für übermutig gehalten werden, wenn man anders redete. (ebd.)

Hier folgt also Malebranches Liste der Hypothesen, in der die vier (oder tatsächlich fünf) Rivalen zum Sehen in Gott aufgeführt werden:[17]

H1: Körper verursachen Ideen in unserem Geist, indem sie ihre Bilder oder ihnen ähnliche Figuren durch das sie umgebende Medium aussenden, bis diese Bilder auf unsere Sinnesorgane auftreffen und dabei Sinneseindrücke hervorbringen. Dies ist die Aristotelische *Spezies-Theorie* (jedenfalls so, wie Malebranche sie versteht[18]).

---

16 Vgl. Malebranches Antwort auf Régis, OCM XVII-1, 290–291.
17 Weitere Einzelheiten finden sich in Pyle 2003, 50–57 und in Nadler 1992, 138–140.
18 Kein scholastischer Philosoph hätte Malebranches Darstellung der Speziestheorie als angemessen oder akkurat akzeptiert. Anscheinend verwechselt er absichtlich die

H2: Der Eindruck auf unsere Sinnesorgane stellt lediglich den Reiz dar, aufgrund dessen der Geist seine ihm angeborenen Fähigkeiten zur Bildung von Ideen ausübt. Dies ist die *Produktionstheorie*.

H3a: Gott hat bei ihrer Erschaffung bereits jede Seele mit allen Ideen ausgestattet, die sie jemals benötigen wird. Dies ist die *Speichertheorie*.

H3b: Gott erzeugt in jeder Seele in jedem Moment jene Ideen, die sie anlässlich bestimmter Reizmuster ihrer Sinnesorgane benötigen. Dies ist die *okkasionalistische Theorie*.

H4: Die Seele enthält in sich alle Vollkommenheiten der anderen Geschöpfe, daher vermag sie diese in ihnen selbst zu erkennen. Das ist die Theorie von der *intelligiblen Welt*.

H5: Wir sehen alle Dinge in Gott.

Wieso glaubt Malebranche, dass diese Liste erschöpfend ist? Die plausibelste Antwort, die mir bekannt ist, stammt von D. Connell und wird von S. Nadler in allen wesentlichen Punkten wiederholt (vgl. Connell 1967, 162; Nadler 1991, 138–149). Dieser Antwort zufolge handelt es sich bei H1 und H2 (grob gesagt) um empiristische Theorien; H3 und H4 hingegen sind innatistisch (oder sind zumindest anti-empiristisch).[19] In H1 und H3 aber wird der Geist als passiv dargestellt; in H2 und H4 ist er aktiv. Wenn wir diese zwei voneinander unabhängigen Unterscheidungen kombinieren, erhalten wir die folgende Taxonomie:

H1: Empiristisch und passiv: Ideen sind wie Abdrücke, die von äußeren Objekten in ein Stück Wachs eingeprägt werden.

H2: Empiristisch und aktiv: Sinneseindrücke sind immer noch notwendig für die Bildung von Ideen, aber sie regen den Geist lediglich dazu an, seine ihm eigenen angeborenen Fähigkeiten zur Bildung von Ideen auszuüben.

H3a: Innatistisch und passiv: Der Geist ist einfach ein riesiges (unendliches?) Lagerhaus, das durch Gott zum Zeitpunkt der Schöpfung mit Ideen ausgestattet wird.

H3b: Weder empirisch noch innatistisch, aber passiv: Ideen stammen weder aus der Erfahrungen noch sind sie angeboren. Sie werden stattdessen von Gott in jeder menschlichen Seele erschaffen, wie und wenn es die Umstände erforderlich machen.

H4: Innatistisch und aktiv: Der Geist selbst ist eine intelligible Welt und kann daher durch Untersuchung seiner eigenen Zustände die Eigenschaften der äußeren Dinge entdecken.

Aristotelische Theorie mit der doch sehr davon unterschiedenen *eidola*-Theorie der Epikureer.

19   Streng genommen ist die occasionalistische Theorie H3b weder empirisch noch beruht sie auf der innatistischen Vorstellung, Ideen seien angeboren.

Dies gibt uns einen plausiblen Grund dafür, die Liste für erschöpfend zu halten – denn wie es scheint, fallen sämtliche Ideentheorien irgendwo unter dieses Klassifikationssystem. Malebranches Widerlegungen der vier Konkurrenzhypothesen hingegen sind nicht wirklich zwingend. Aristoteliker würden Malebranches Kritik der Spezies-Theorie ablehnen, da sie auf einer bloßen Karikatur beruht; Cartesianer, wie etwa Louis La Forge, würden die Produktionstheorie verteidigen, die aus Descartes' *Notae in programma* abgeleitet ist. Pierre-Sylvain Régis schließlich würde die Theorie von der intelligiblen Welt verfechten. So war es nie sehr wahrscheinlich, dass Malebranches ausschließendes Argument viele Überläufer gewinnen würde. Hat Malebranche bessere und positivere philosophische Gründe für seine idiosynkratische und zutiefst kontraintuitive Hypothese des Sehens in Gott?

Wenn ich an ein Objekt denken möchte, schreibt er im dritten Buch der *Recherche*, wie kommt es dann, dass die Idee dieses Objekts (normalerweise) in den Geist gelangt? Es scheint doch, als ob ich meinen geistigen Blick über alle Objekte (bzw. ihre Ideen) schweifen lassen müsste. Diese unendliche Fähigkeit kann jedoch nicht zu einem endlichen Geist wie meinem gehören, außer durch seine Einheit mit dem allumfassenden Geist Gottes:

> Es steht fest – und jeder weiß aus Erfahrung –, dass wir, wenn wir an etwas Bestimmtes denken wollen, unser Augenmerk zuerst auf alle Dinge richten und dann das Ding in Betrachtung ziehen, an das wir denken wollen. Es ist jedoch unbezweifelbar, dass wir es uns nicht wünschen könnten, ein bestimmtes Objekt zu sehen, wenn wir es nicht schon sehen würden, wenn auch verworren und allgemein. Deshalb ist gewiss, dass – da wir imstande sind, alle Seienden sehen zu wollen, mal das eine und mal das andere – alle Seienden unserem Geist gegenwärtig sind. Und alle Seienden scheinen unserem Geist nur deshalb gegenwärtig sein zu können, weil Gott ihm gegenwärtig ist, d. h. der, der in der Einfachheit seines Seins alle Dinge mit einschließt. (OCM I, 440–441)

Dies könnte man in Form eines transzendentalen Arguments in bester Kantischer Manier darstellen. Wir verfügen über eine gewisse unbeschränkte Fähigkeit zu denken, was immer wir wollen. Wie ist diese Fähigkeit möglich? Nur wenn die Hypothese des Sehens in Gott wahr ist. Daher ist das Sehen in Gott wahr. Das Argument ist zweifellos gültig, aber sein ganzes Gewicht ruht nun auf der zweiten Prämisse, für die Malebranche an dieser Stelle keine eigenständige Stützung anbietet.

8 Vorteile des Sehens in Gott: Objektive Gedanken und die Widerlegung des Skeptizismus

Der entscheidende Vorteil des Sehens in Gott, der in Malebranches späteren Schriften zunehmend betont wird, besteht darin, dass es die Möglichkeit objektiver Gedanken erklärt.[20] Wenn Ideen göttliche Archetypen sind, gibt es mit der Repräsentation kein Problem: der Archetyp präsentiert dem Geist Gottes alle Vollkommenheiten eines (möglichen) Geschöpfs. Es ist logisch unmöglich, dass ein Geschöpf seinem göttlichen Archetyp nicht entsprechen könnte. Wie bei Platon sind die Dinge Kopien von Ideen, nicht umgekehrt. Wenn sich Gott also entscheidet, den endlichen Geistern (einige dieser) Archetypen zu offenbaren, werden auch sie die Eigenschaften der entsprechenden Geschöpfe kennen lernen. Eine solche Idee wird für alle Geister dieselbe sein: sie ist vollkommen objektiv und unabhängig von den vergänglichen und sich stetig ändernden Modifikationen eines endlichen Geistes.

Demgegenüber scheint die orthodoxe cartesianische Position für Malebranche nichts weiter als eine Einbahnstraße zum Subjektivismus und schließlich zum extremen Skeptizismus zu sein. Wenn Ideen nicht wirklich von Wahrnehmungen unabhängig sind, wie Arnauld in *Des Vraies et Fausses Idées* behauptet, und wenn Wahrnehmungen Akte oder Modi endlicher Geister sind, wie kann dann ein solcher endlicher Geist überhaupt je objektive Urteile fällen? Wenn ich über eine Idee *F* verfüge und meine Idee von *F* die Eigenschaft *G* enthält, so werde ich urteilen, dass alle *F*s *G* sind. Aber mein Urteil lautet streng genommen lediglich, dass *meine* Idee von *F F*s als *G* repräsentiert. Folglich sollte ich nur urteilen, dass *F*s für mich *G* zu sein *scheinen*, und nicht dass *F*s objektiv *G sind*. Jemand anders hat vielleicht eine andere Idee von *F*, die *F*s nicht als *G* repräsentiert. Jeder endliche Geist wird in seinen eigenen Ideen gefangen bleiben, ohne Ausweg aus der Subjektivität. Natürlich zwingen klare und deutliche Ideen einen Cartesianer zur Zustimmung, wenn also meine Idee von *F* als *G* klar und deutlich ist, werde ich nicht anzweifeln können, dass *F*s *G* sind.[21] Aber die subjektive Überzeugung ist ein dürftiger Ersatz für objektive Wahrheit.

---

20 Ein hilfreicher Kommentar findet sich bei Jolley 1990, 56–64.
21 Das ist natürlich die Lehre der Vierten Meditation. Frankfurt 1970 behauptet, die Argumentation der Meditationen könne lediglich subjektive Gewissheit, nicht aber objektive Wahrheit beweisen. In den Zweiten Erwiderungen finden sich Textbelege für Frankfurts Lesart.

Die cartesianische Maxime lautet, dass wir wahrheitsgemäß einem Objekt jede Eigenschaft zuschreiben können, die wir klar und deutlich als in seiner Idee vorhanden wahrnehmen. Aber diese Maxime, so beharrt Malebranche in einer seiner Antworten auf Arnauld, hätte ohne die Garantie, die das Sehen in Gott darstellt, überhaupt keine Grundlage (OCM IX, 924). In Ihrer (cartesischen) Identheorie, so sagt er, gibt es keinen Ausweg aus dem Skeptizismus:

> Ein Geschöpf stimmt notwendigerweise mit der Idee dessen überein, der es erschaffen hat. Dies gestehe ich zu. Aber die *Idee*, die Sie davon haben, so sagen Sie, ist lediglich eine *Modifikation* Ihrer Seele. Nun ist diese *Modifikation* gewiss nicht die *Idee*, aufgrund derer der Schöpfer sein Geschöpf geformt hat. Es ist also überhaupt nicht sicher, dass die Sache mit Ihrer Idee übereinstimmt, sondern nur, dass *Sie sie in dieser Weise denken*. Also richtet Ihre Ansicht den Pyrrhonismus auf, während meine ihn vernichtet. (OCM IX, 925)

Man kann diesen Punkt mit einem Schlüsselbeispiel verdeutlichen. Descartes zeigt sich zuversichtlich, dass unsere Idee der Materie in der dreidimensionalen Ausdehnung besteht. Wenn wir diese Idee betrachten, sehen wir klar und deutlich, dass alles, was eine Ausdehnung hat, *ad infinitum* in kleinere ausgedehnte Dinge unterteilt werden kann, und dass Atome folglich im strengen Sinne (absolut unteilbare Materieeinheiten) unmöglich sind (vgl. *Principia pilosophiae* II, 20; AT VIII, 51–52). Gassendi erwidert (in den *Fünften Erwiderungen auf die Meditationen*, AT VII, 256–346), dass unsere Idee der Materie als dreidimensionaler Ausdehnung nur eine Abstraktion sein kann. Wie klar und deutlich die Idee für sich genommen auch sein mag, es gibt keine Garantie dafür, dass die Wirklichkeit mit ihr übereinstimmt. Da eine Idee einfach eine Idee ist (d. h. eine Repräsentation), können ihre inneren Merkmale (Klarheit und Deutlichkeit) ihre äußere Anwendung nicht garantieren. Die Idee der Ausdehnung als unendlich teilbar kann eine reine Fiktion sein, zweifellos von großem Nutzen für Geometer, aber nur annähernd auf das physische Universum zutreffend. Wenn das „Gitter" eines endlich-teilbaren Raumes fein genug wäre, würden wir niemals Abweichungen von der vollkommenen Kontinuität entdecken.[22] Im *Anhang zur fünften Erwiderung* antwortete Descartes auf diesen Punkt mit einem Schwall von Beleidigungen („Wir müssen dem Verstand die Tür gänzlich verriegeln und damit zufrieden sein Affen oder Papageien zu sein, keine Menschen mehr.", AT IX, 212), doch der Einwand bleibt bestehen. Wir werden immer urteilen, dass die Dinge mit ihren klaren und deutlichen

---

22 Weitere Einzelheiten zu diesem Austausch finden sich in Pyle 1995, 403–405.

Ideen übereinstimmen, aber eine Garantie für die objektive Wahrheit ist damit nicht gegeben. Hätte Malebranche diese Debatte aufgegriffen, hätte er zu dem Schluss kommen müssen, dass Gassendi einen makellosen Einwand gegen Descartes hatte. Wenn Ideen bloße Wahrnehmungen sind, kann man nicht sicher von in der Idee enthaltenen Eigenschaften auf die Eigenschaften des Objektes schließen.

Indem er die Ideen im unendlichen Intellekt Gottes ansiedelt, blockiert Malebranche die häufig von Kommentatoren und Historikern der frühneuzeitlichen Philosophie bemerkte Tendenz der Ideentheorie, in den Subjektivismus und schließlich in den Skeptizismus abzuleiten. Die Behauptung, Ideen seien nicht wirklich unabhängig von der Wahrnehmung, so Malbranche in seinem späteren Werk *Entretien d'un Philosophe Crétien et d'un Philosophe Chinois*, bedeutet nichts anderes, als Pyrrhonismus in den Wissenschaften und moralische Libertinage zu etablieren:

> Für gewöhnlich stimmt man diesem Prinzip zu: dass man bestätigen kann, dass das, was man von einer Sache klar wahrnimmt, in der Idee, die man von ihr hat, eingeschlossen ist. Wenn aber die Idee, die man davon hat, *von der Wahrnehmung nicht unterschieden* wird, oder von der Modifikation des Geistes, der sie wahrnimmt, ist dieses Prinzip nicht gesichert. Denn gewiss hat Gott die Wesen nicht nach unseren flüchtigen Wahrnehmungen geschaffen, sondern nach seinen ewig während Ideen: es sind dies die Ideen, die wir wahrnehmen, wenn sie uns berühren, und durch sie die Wesen, die notwendigerweise mit ihnen übereinstimmen. (OCM XV, 50–51)

Jeder menschliche Geist, behauptet Malebranche, hat durch das Sehen in Gott Zugang zu genau demselben Vorrat an Ideen. Am deutlichsten wird dies in den mathematischen Disziplinen: wir können die Arithmetik der Hindus erlernen und die Astronomie der Chinesen, und sie wiederum die unseren. Im Bereich der Moral besteht im Prinzip genau die gleiche Objektivität (die Anforderungen an Ordnung sind in Frankreich und der Türkei dieselben), aber menschliche Vorurteile und Leidenschaften machen uns oft blind für diese Vernunftwahrheiten und bringen uns dazu, bloße Plausibilität und lokale Bräuche anstelle von universalen und objektiven Wahrheiten zu akzeptieren. Ohne das Sehen in Gott aber, so behauptet er, gebe es keinen Grund dafür, auch nur irgendeinen menschlichen Gedanken für allgemeingültig zu halten. Die Objektivität mathematischer Gegenstände würde unterlaufen und ein extremer kultureller Relativismus würde zur akzeptierten Norm in moralischen Fragen.

9 Reine Wahrnehmungen und Empfindungen

Also hat Malebranche die cartesisch-orthodoxe Auffassung, dass Ideen mit Modi oder Akten (Wahrnehmungen) gleichzusetzen sind, zurückgewiesen und den ontologischen Status von Ideen radikal neu definiert. Allerdings muss er nach wie vor eine positive Beschreibung der Modi der menschlichen Seele anbieten und ihrer Beziehungen zu den Ideen oder Archetypen im Geiste Gottes. Diese Modi des menschlichen Geistes lassen sich in zwei verschiedene Kategorien einteilen: reine Wahrnehmungen und Empfindungen. Seiner Sichtweise zufolge haben beide keinen repräsentationalen Gehalt. Weit davon entfernt, Intentionalität als irreduzibles und doch wesentliches Merkmal des Geistigen zu betrachten, bestreitet Malebranche rundweg, dass die Modi des Geistes jemals etwas anderes als sich selbst repräsentierten.

Selbst wenn Ideen aus dem endlichen Geist des Menschen in den unendlichen Geist Gottes übertragen werden, muss man doch etwas über die Psychologie des reinen Gedankens oder der Verstandestätigkeit sagen.[23] Ideen sind ewig während und unveränderliche Archetypen im unendlichen Intellekt Gottes. Allerdings haben unterschiedliche Menschen unterschiedlichen Zugang zu diesen Ideen und Zugang zu verschiedenen Ideen zu verschiedenen Zeitpunkten. Aufmerksamkeit ist Malebranche zufolge die natürliche Entsprechung zum Gebet: wir bitten um Erleuchtung und erhalten sie (normalerweise). Aber nicht alle menschlichen Seelen sind vollkommen gleich. Ein begabter Geometer, so müssen wir annehmen, kann einfacher und weitreichender über die Eigenschaften von Kreisen und Dreiecken nachdenken als ein fauler Schuljunge. Um diesem Unterschied Rechnung zu tragen, müssen wir eine halb-permanente andauernde Eigenschaft oder „disposition intérieure" der Geometerseele annehmen. Welchen Sinn hätte mathematische Bildung, wenn das Erlernen der Geometrie keine solchen andauernden Veränderungen bewirken würde? Ebenso müssen wir annehmen, dass es dem Heiligen leichter fällt als dem Sünder, seine Pflichten zu kennen und zu erfüllen; die Anforderungen der Ordnung sind für Ersteren klarer erkennbar und einfacher zu befolgen als für Letzteren. Wenn es etwas wie Charakter und Charaktereigenschaften, die man kultivieren

---

23 Jolley 1990, 86–98 benennt einige äußerst kritische Punkte hinsichtlich der Schwierigkeiten, denen Malebranche mit der Psychologie der reinen Verstandestätigkeit gegenüber steht.

164 Andrew Pyle

und vernachlässigen kann, geben soll, muss es solche andauernden Dispositionen der Seele geben.

Gerade so wie es andauernde oder dispositionale Zustände der Seele geben muss, muss es episodische geistige Zustände oder Ereignisse geben, in denen man der einen oder anderen Idee gewahr wird. Wenn Ideen in dem unendlichen Geist Gottes angesiedelt werden, heißt dies nicht, dass die Notwendigkeit einer Darstellung der Veränderungen erlischt, die in einer individuellen menschlichen Seele etwa beim Gewahrwerden der Eigenschaften des rechtwinkligen Dreiecks oder der Anforderungen der Gerechtigkeit stattfinden. Malebranche gesteht im ersten Kapitel des dritten Buchs der *Recherche* (OCM I, 381) die Existenz solcher „reinen Wahrnehmungen" zu, sagt aber kaum etwas darüber. Die Theorie fordert die Existenz solcher Modifikationen der Seele, aber weder die Theorie noch die Erfahrung sagen uns viel darüber. Die Theorie besagt nur, dass es solche Dinge geben muss (als Erklärung für die offensichtliche Tatsache, dass unser Gewahrsein von Ideen flüchtig und subjektiv ist); die Erfahrung bleibt nahezu stumm in Bezug auf ihre Natur. Malebranches betrachtete Sichtweise scheint zu lauten, dass diese reinen Wahrnehmungen keine für sie charakteristische und spezielle eigene Phänomenologie haben. Wenn ich in ein mathematisches Problem vertieft bin, beherrscht dieses Problem meine Aufmerksamkeit – die Modi meines eigenen Denkens sind gewissermaßen transparent. Es gibt ganz gewiss eine Phänomenologie, die charakteristisch für menschliche intellektuelle Aktivitäten ist, es handelt sich aber um die Phänomenologie von Ablenkung und Unaufmerksamkeit, von den Anforderungen, die der Körper stellt, der das Geistesleben beeinträchtigt. Ich versuche, mich auf ein mathematisches Problem zu konzentrieren und stelle fest, dass ein Juckreiz an meinem Bein, ein momentaner Anflug von Hunger oder der Anblick eines schönen Mädchens vor meinem Fenster mich ablenkt. Hier ist Malebranche über eine Einsicht gestolpert, die in jedem, der mit dem akademischen Leben vertraut ist, eine Saite zum Schwingen bringt. Das Ideal besteht in der völligen Hingabe an eine Aufgabe; es ist dies aber ein Ideal, das nur allzu selten erreicht und allzu einfach unterlaufen werden kann. Dieser Zustand, so schreibt Malebranche am Ende des fünften Buchs der *Recherche*, sei eine Folge des Sündenfalls (OCM II, 241–242).

Was Empfindungen und Gefühle angeht, lehrt uns die Erfahrung eine ganze Menge über ihre Existenz und ihre Phänomenologie (die uns nur zu vertraut ist); über ihre Natur oder ihr Wesen wissen wir allerdings nur wenig oder gar nichts. Gott hat nicht entschieden, uns die Idee (den Archetypen) der menschlichen Seele zu enthüllen, daher sind wir nicht in der Lage, die Empfindungen von Rot oder Blau oder die Gefühle Eifersucht und Nostalgie als intelligible Modifikationen der Seelensubstanz in derselben Art und Weise zu verstehen, wie wir Kreise und Dreiecke als intelligible Modifikationen der Ausdehnung verstehen können. Ich weiß aus der Erfahrung, dass mein Geist zu diesen Empfindungen oder Gefühlen fähig ist, aber ich habe keine vernunftmäßige Einsicht in ihre jeweilige Natur. Da Empfindungen wie Rot oder Blau, Heiß und Kalt, Süß und Bitter lediglich Modifikationen meiner Seele sind, kann ich sie unmittelbar und ohne die Notwendigkeit repräsentationaler Ideen kennen (OCM VI, 55). Aber diese Empfindungen enthalten in keinerlei Weise einen repräsentativen Gehalt. Für gewöhnlich werden sie selbstverständlich durch das Auftreten physischer Reize verursacht, die Veränderungen in unseren Sinnesorganen bewirken, aber sie repräsentieren nicht (nicht einmal verworren) die Eigenschaften äußerer Objekte. Meine Sinne mögen mich dazu verführen, gewisse *natürliche Urteile* über die Eigenschaften der Körper in meiner Umgebung zu fällen, aber diese Urteile sind in keinster Weise in den Empfindungen selbst enthalten. Empfindungen stellen keine verworrenen Wahrnehmungen dar; sie sind bloße *Qualia*, die lediglich äußerliche Verbindungen zu natürlichen Urteilen haben. Kraft der von Gott etablierten Gesetze der Einheit von Geist und Körper, werden diese natürlichen Urteile normalerweise recht gute Anleitungen für körperliche Gesundheit und Wohlbefinden sein; man sollte sich aber nicht darauf verlassen, dass sie die Wahrheit zeigen.

10   Das Gesamtbild: Malebranches Darstellung der Sinneswahrnehmung

Nun können wir die einzelnen Bestandteile zusammensetzen und Malebranches Theorie der Sinneswahrnehmung rekonstruieren. Genauer gesagt können wir die Umrisse seiner Theorie des Sehens aufzeigen, denn über die anderen Sinne sagt er so gut wie nichts. Würde man an diesem Punkt nachbohren, so würde er seine Theorie vielleicht auf die anderen Sinne der räumlichen Wahrnehmung – den Hör- und den Tastsinn – ausweiten. Aber ziemlich sicher würde er den Geruchs- und Geschmacksempfindungen den Status von Wahrnehmungen verweigern, denn da es sich bei Ideen, die in der Sinneswahrnehmung präsent sind, um Ideen der Ausdehnung handelt (Größe, Form und Bewegung), und da weder das Riechen noch das Schme-

cken so etwas wie ein räumliches Urteil oder Bewusstsein einschließen, hätte
er keine Bedenken, ihnen den Rang bloßer Empfindungen zuzuweisen.[24]
Beim Sehen, würde Malebranche sagen, besteht immer eine Verbindung
zweier unterschiedlicher Elemente, nämlich einer Idee und einer Sinnes-
empfindung. Bei den einfachsten Formen des visuellen Bewusstseins besteht
die Idee einfach in einem Umriss oder einer Form, einem Teil des Gesichtsfeldes, das sich von dem Rest als Gestalt vor einem Hintergrund abhebt. In
welcher Weise heben sie sich ab? Durch die *Projektion* einer Farbempfin-
dung auf einen Teil des Raumes. Eine solche Empfindung ist jedoch streng
genommen nichts anderes als eine Modifikation der Substanz der menschlichen Seele, d. h. sie ist *weder* eine Eigenschaft des äußeren Objektes (wie
ein einfacher Mann und ein aristotelischer Philosoph behaupten würden),
noch eine verworrene Wahrnehmung der Anordnung der Bestandteile eines
Objektes (wie viele Cartesianer gedacht haben).

Malebranche bewahrt und transformiert zugleich Descartes' Unterscheidung zwischen klaren und deutlichen Ideen und denjenigen Ideen,
die nur verworren sind. Als Descartes diese Unterscheidung einführte, war
es für seine Leser nur natürlich, sich diese beiden Gruppen von Ideen als
zur selben ontologischen Kategorie gehörig vorzustellen, der Unterschied
war nur graduell. Wenn man sich Ideen vorstellt wie Bilder, kann man natürlicherweise schließen, dass klare und deutliche Ideen verworrenen Ideen
in mancherlei Hinsicht überlegen sind. Wenn alle Ideen Repräsentationen
sind, kann eine Repräsentation der anderen Repräsentation *qua* Repräsentation überlegen sein, und zwar allein dadurch, dass sie dem aufmerksamen
Geist die Merkmale des repräsentierten Objekts detaillierter vermittelt. Ein
moderner Leser mag vielleicht an die Unterschiede bei der Treue der Wie-
dergabe von Fotografien denken, die in besserem oder schlechterem Licht
oder mit scharfem oder unscharfem Fokus aufgenommen worden sind. Malebranche weist diese Art des Nachdenkens über Descartes' Unterscheidung
gänzlich zurück. In seiner Sichtweise gibt es Ideen, die Repräsentationen
sind (und daher als Repräsentationen gemäß ihrer Detailtreue und Wie-
dergabetreue beurteilt werden können), und es gibt Empfindungen, die
überhaupt keine Repräsentationen sind. Empfindungen präsentieren der
Seele zwar deren eigene Zustände, repräsentieren aber nichts, was über sie
hinausginge. Während meine Idee von einem Kreis oder von einem Drei-

---

24 Freilich ist das viel zu einfach. Selbst wir Menschen mit unserem schwachen Ge-
ruchssinn können sagen: „Der Gestank kommt aus jener Ecke des Raums." Tiere,
wie etwa Hunde, sind sicher zu wesentlich feineren räumlichen Urteilen dieser Art
fähig.

eck meinem Geist die Eigenschaften (möglicher) Geschöpfe repräsentiert, präsentieren meine Empfindungen von Röte, Wärme oder Süße Rot nur sich selbst.

Das Sehen in Gott ist in erster Linie, wie S. Nadler zurecht betont, eine Theorie der intellektuellen Tätigkeit (Nadler 1992, 51–52). Und diese Theorie leitet Malebranche aus Augustinus' Beschreibung der Fähigkeit des menschlichen Geistes ab, Erkenntnisse über die ewigen Wahrheiten der Mathematik und der Moral zu gewinnen. Dabei handelt es sich im Wesentlichen um christlichen Platonismus: die Formen werden in Gottes Geist angesiedelt und dienen als Archetypen für die Schöpfung. Im selben Maße, in dem uns Menschen der Zugang zu diesen Archetypen gewährt wird, können wir apriorisches Wissen über die entsprechenden Geschöpfe haben. Dies ist beispielsweise in der Geometrie der Fall. Für Augustinus ist das Sehen in Gott aber nur eine Theorie der intellektuellen Tätigkeit. Wir sehen die Form des Dreiecks oder Quadrates „in" Gott, aber nicht die gewöhnlichen Objekte, die an diesen Formen teilhaben. Malebranche ist der Auffassung, dass er die Theorie so ausdehnen und verallgemeinern kann, dass sie nicht nur Verstandestätigkeit, sondern auch die Sinneswahrnehmung umfasst. Wäre Augustinus sich der Subjektivität von Farbe, Geschmack und Geruch bewusst gewesen, schreibt er, hätte auch er meine Theorie vertreten:

> Gleichzeitig schließe ich, dass Augustinus, wäre er nicht einerseits diesem allgemeinen Prinzip verhaftet gewesen, von dem man sich heute befreit hat, dass die Farben den Gegenständen angehören und andererseits diesem anderen, dass wir die Körper direkt sehen oder durch Spezies, die aus ihnen heraustreten oder die man aus ihnen herauszieht, hätten seine Prinzipien, die er sicherlich gut bewiesen hat, ihn dazu gezwungen anzuerkennen, dass man in Gott die geschaffenen Körper wie auch ihre nicht geschaffenen Ideen sieht. (OCM IX, 1066–1067)

Der Grund, weshalb Augustinus mit der Behauptung zögerte, wir würden die Körper „in" Gott wahrnehmen, lautet möglicherweise, dass sich beobachtbare Eigenschaften, wie etwa ihre Farbe, immerfort ändern, in Gott hingegen verändert sich nichts. Wenn Farben jedoch nur Modi der Seele sind, die auf Raumausschnitte projiziert werden, verschwindet dieser Einwand, denn die Veränderung findet ja in uns und nicht in Gott statt. Aber natürlich verändern sich auch die Größe, Form und Bewegung der wahrgenommenen Körper. Das Problem bleibt also bestehen: Wenn wir einen bewegten Körper wahrnehmen, nehmen wir ihn dann in Gott wahr? Wie kann die Theorie des Sehens in Gott unserem Bewusstsein von Bewegung

Rechnung tragen, ohne dabei die Bewegung in Gott anzunehmen? Um eine Antwort auf solche Fragen geben zu können, führte Malebranche seine Theorie der intelligiblen Ausdehnung ein.

11   Die intelligible Ausdehnung

Zum ersten Mal taucht die Theorie der intelligiblen Ausdehnung (*étendue intelligible*) in *Eclaircissement* X der *Recherche* auf, die eine entscheidende Überarbeitung und Weiterentwicklung von Malebranches Ideentheorie darstellt.[25] Die Gehalte des Bereichs des Intelligiblen, so erklärt er nun, stehen in keiner Eins-zu-eins-Relation zu Gehalten der erschaffenen materiellen Welt:

> Man darf sich nicht vorstellen, dass die intelligible Welt eine solche Beziehung mit der materiellen, sinnlichen Welt hat, dass es beispielsweise eine intelligible Sonne, ein intelligibles Pferd, einen intelligiblen Baum gibt, die dazu bestimmt sind, uns Sonne, Pferd oder Baum zu repräsentieren, und dass all diejenigen, die die Sonne sehen, notwendigerweise diese angenommene intelligible Sonne sehen. Da alle intelligible Ausdehnung als kreisförmig gedacht werden oder die intelligible Gestalt eines Pferdes oder Baumes haben kann, kann alle intelligible Ausdehnung dazu dienen, die Sonne, ein Pferd oder einen Baum zu repräsentieren und folglich Sonne, Pferd, Baum der intelligiblen Welt sein und selbst sichtbare und empfindbare Sonne, Pferd und Baum werden, wenn die Seele eine Empfindung beim Auftreten der Körper hat, die sie an diese Ideen anknüpfen kann, d. h., wenn diese Ideen die Seele mit empfindbaren Perzeptionen affizieren. (OCM III, 153–154)

Anstelle von einzelnen Archetypen für Sonne und Mond, Katzen und Hunde, Bäume und Häuser, gibt es einen einzigen Archetypen für das gesamte materielle Universum. Dieser einzigartige Archetyp ist die intelligible Ausdehnung. Materielle Dinge sind in Gottes Geist als (mögliche) Modifikationen der intelligiblen Ausdehnung vorhanden, als Arten und Weisen, in denen die Ausdehnung verändert werden kann, sodass sie alle möglichen Arten materieller Dinge hervorbringen kann. Um Materie schaffen zu können, schreibt Malebranche in *Eclaircissement* X, muss Gott zunächst verstehen, d. h. er muss „in" sich selbst ihren intelligiblen Archetypen enthalten (OCM III, 151–152). Der Punkt wird im Briefwechsel mit Arnauld (OCM

---

25   Malebranche besteht darauf, dass die *Eclaircissements* eben das sind – eine Klärung dessen, was er immer schon geglaubt hatte. Kritiker wie Arnauld haben jedoch beschlossen, sie als neue und eigenständige Theorie zu betrachten.

VI, 117) und in der zweiten der *Entretiens de la Métaphysique* (OCM XII, 51) wiederholt. Wenn wir einen Körper wahrnehmen, wird ein Teilstück der intelligiblen Ausdehnung gegenüber ihrem Hintergrund hervorgehoben, und zwar durch die Projektion von Farbe. Damit ich den Vollmond sehen kann, muss meine Seele lediglich die Empfindung von Silber auf ein kreisförmiges Teilstück der intelligiblen Ausdehnung projizieren. Damit ich sehen kann, wie der Mond über den Himmel wandert, muss diese Empfindung nacheinander auf verschiedene Stücke der intelligiblen Ausdehnung projiziert werden – in Gott braucht keine Veränderung stattzufinden:

> Wenn man sich vorstellt, dass eine Gestalt sozusagen aus intelligibler Ausdehnung, die durch Farbe empfindbar gemacht wird, nacheinander den verschiedenen Teilen dieser unendlichen Ausdehnung entnommen wird [...], nimmt man die Bewegung einer sinnlichen oder intelligiblen Gestalt wahr, ohne dass in der intelligiblen Ausdehnung eine tatsächliche Bewegung stattfindet. Denn Gott sieht die tatsächliche Bewegung der Körper nicht in seiner Substanz oder der Idee, die er von ihnen in sich selbst hat. (OCM III, 152)

Intelligible Ausdehnung ist wie ein leerer Bildschirm oder eine weiße Leinwand, auf die Farben projiziert werden. Wenn ich den Vollmond sehe, sehe ich nur *silberartig* ein kreisförmiges Stück intelligibler Ausdehnung – diese adverbiale Formulierung fängt die Metaphysik der Theorie am besten ein. Was die Bewegung angeht, ist nichts weiter notwendig, als dass dieselbe Farbe nacheinander auf verschiedene Teilstücke intelligibler Ausdehnung projiziert wird. Die Theorie kann sogar so weit ausgedehnt werden, dass sie die berühmte Mondillusion erklärt. Wenn es ein natürliches Urteil gibt, nach dem das Himmelsgewölbe ein flacher Bogen ist, werden wir den Mond als weiter entfernt sehen, wenn er am Horizont steht, und ihn daher auch größer sehen, d. h. die Silberempfindung auf ein größeres Teilstück intelligibler Ausdehnung projizieren. Weder im Mond (dessen Größe sich nicht verändert) noch im Geist Gottes muss dabei eine Veränderung stattfinden. Die Mondillusion erklärt sich als einfache Folge der natürlichen Urteile, die wiederum (im Allgemeinen gütige) Folgen der von Gott erlassenen Gesetze der Einheit von Geist und Körper sind.

12   Probleme, denen sich Malebranches Theorie
stellen muss

Häufig spricht Malebranche von der intelligiblen Ausdehnung vermittels
der Analogie mit der leeren Leinwand eines Künstlers oder dem noch un-
behauenen Marmorblock, der auf den Meißel des Bildhauers wartet. Hier
ist z. B. eine Schlüsselstelle aus dem ersten der *Trois Lettres* an Arnauld von
1685:

> Es ist wie bei einem Marmorblock, in dem alle möglichen Gestalten potentiell
> vorhanden sind und durch die Bewegung oder das Tun des Meißels hervor-
> geholt werden können: genau so sind alle intelligiblen Gestalten in der in-
> telligiblen Ausdehnung möglich und treten aus ihr heraus, je nachdem wie
> unterschiedlich diese Ausdehnung sich dem Geist repräsentiert, in Befolgung
> der allgemeinen Gesetze, die Gott erlassen hat, und denen entsprechend er
> ohne Unterlass in uns wirkt. (OCM VI, 208–209)

Dieses Modell oder diese Analogie lädt dazu ein, uns die intelligible Ausdehnung so vorzustellen, als bestünde sie selbst aus einzelnen Teilen. Wie
Malebranches Sprecher Theodore in der dritten der *Conversations Chrétiennes* erklärt, heißt einen Körper zu sehen „durch verschiedene Teile der intelligiblen Ausdehnung mit verschiedenen Farbempfindungen modifiziert zu
werden." (OCM IV, 75) In seiner späteren Auseinandersetzung mit Régis
wiederholt Malebranche diesen Punkt. Körper durch ihre Farben visuell
voneinander zu unterscheiden verlangt, dass „die Idee der Ausdehnung,
je nach ihren unterschiedlichen Teilen, meine Seele modifiziert, hier mit
dieser und dort mit jener Farbe." (OCM XVII-1, 281) Solche Textstellen
sind im gesamten Werk Malebranches verstreut und leisten der Annahme
Vorschub, die intelligible Ausdehnung selber bestehe aus *partes extra partes*.
Dies wirft jedoch ganz offensichtlich Probleme auf, sowohl in metaphysischer als auch in theologischer Hinsicht. Das metaphysische Problem ist
dasjenige der Selbstprädikation, die in den späteren Dialogen Platons lau-
ert, insbesondere im *Parmenides*. Wenn die Form von *F* selbst *F* sein muss,
sind wir offenbar im explanatorischen Leerraum eines unendlichen Regres-
ses gelandet. Wenn aber die Form von *F* nicht *F* ist, wie erklärt sie dann die
Anwesenheit von *F*-heit in anderen Dingen? Die theologischen Probleme
erscheinen indes ebenso dringlich. Der Vorschlag, intelligible Ausdehnung
bestehe aus *partes extra partes*, hieße die Ausdehnung selbst in der Substanz
Gottes anzusiedeln. Selbstverständlich richtete Arnauld genau diese Anschuldigung gegen den empörten und entsetzten Malebranche, der immer
wieder betonte, dass er niemals eine solch offenkundig häretische Vorstel-

lung im Sinn gehabt habe. Wenn ich von den Teilen der intelligiblen Ausdehnung gesprochen habe, betont er, habe ich immer an intelligible Teile gedacht:

> Der hässlichste Vorwurf, den ich im letzten Brief von Herrn Arnauld vorfinde, und auf den er sich am stärksten stützt, besteht darin, dass er mir den dummen Irrtum unterstellt, dass meiner aufrichtigen Meinung zufolge *Gott körperlich ist*; ein Irrtum, der auf meiner Behauptung basiert, dass Gott die Materie, die er geschaffen hat, in der Idee sieht, die er von ihr seit jeher hat, und dass ich diese Idee an mehreren Stellen als *intelligible Ausdehnung* bezeichne, worunter ich intelligible Teile verstehe, einige größer als andere. Beachten sie aber stets, dass ich dies in intelligibler Weise aufgefasst haben möchte. (OCM VI, 195–196)

Arnauld, so fährt Malebranche fort, habe vergessen, dass er sich stets auf intelligible Teile bezogen habe, wenn er von den „Teilen" der intelligiblen Ausdehnung gesprochen habe:

> Herr Arnauld trennt hier „Ausdehnung" von „intelligibel", und so ergibt sich ein falscher Sinn. Was dieses Wort „Ausdehnung" nämlich bezeichnet, wenn es mit „intelligibel" zusammen auftritt, hat überhaupt keine größeren oder kleineren Teile, wenn man nicht intelligible Teile meint, die weder Raum einnehmen noch mit einem Ort in irgendeiner Beziehung stehen, wenn sie auch in intelligibler Weise unendlich groß sind. (OCM VI, 203)

Das naive Modell der leeren Leinwand oder des Marmorblocks legt nahe, dass Malebranche noch mit einer Vorstellung von Repräsentation ans Werk geht, die auf Ähnlichkeit beruht. Dies würde ermöglichen, dass räumliche Relationen des materiellen Universums im Geist Gottes durch eine isomorphe Menge räumlicher Relationen zwischen Teilen der intelligiblen Ausdehnung repräsentiert würden. Als er an dieser Stelle herausgefordert wird, weist Malebranche das naive Modell zurück:

> In meiner Antwort an Herrn de la Ville habe ich Augustinus folgend versichert, dass Materie nur Ausdehnung in Länge, Breite und Tiefe sei. Aber ich habe niemals gedacht, dass die Idee der Länge, Breite und Tiefe lang, breit und tief sei oder dass ein intelligibler Körper materiell sei und in einem größeren Raum größer, in einem kleineren kleiner. (OCM VI, 242)

Wenn Malebranche aber bestreitet, dass intelligible Ausdehnung aus unterschiedlichen Teilen besteht, ist *erstens* unklar, wie sie Gottes Idee der Materie sein kann (wie repräsentiert sie, wenn nicht vermittels der Ähnlichkeit?). Und *zweitens* ist unklar, wie sie die Rolle übernehmen kann, die Malebranche ihr innerhalb unserer Wahrnehmung zuschreibt (wo das Modell der „leeren Leinwand" ganz natürlich erscheint und intuitiv einleuchtet). Da Malebranche diese Fragen nirgendwo zufriedenstellend löst, müssen wir das hermeneutische Prinzip des guten Willens walten lassen und untersuchen, was er auf diesen doppelten Einwand hätte antworten können und sollen.

Die „Teile" der intelligiblen Ausdehnung, so betont Malebranche ausdrücklich in den Antworten auf seine Kritiker, sind intelligibel und nicht räumlich. Was meint er aber mit „intelligiblen" Teilen? Meint er begriffliche Teile, so wie „Tier" ein Teil von „Löwe" ist und „männlich" ein Teil von „Junggeselle"? Das würde weitere Probleme aufwerfen. Wir haben keinen Grund, die Idee der intelligiblen Ausdehnung für begrifflich komplex zu halten. Es gehört zwar zu dem Begriff der Ausdehnung, dass jedes Objekt, das darunter fällt, aus einzelnen Teilen besteht, wir können dennoch nicht vom Gegenstand einer Idee zu der Idee selber schreiten, ohne einen Äquivokationsfehler zu begehen. Vielleicht ist der Begriff der Ausdehnung einfach und lässt sich deshalb nicht auf etwas Grundlegenderes zurückführen? Nichts, was Malebranche zu dem Thema gesagt hat, rechtfertigt jedoch die Annahme, dass es eine Ebene der Komplexität innerhalb des Begriffs geben muss, die mit derjenigen vergleichbar wäre, die wir in ihrem Gegenstand (der ausgedehnten Welt nämlich) feststellen können.

Ein plausiblerer Vorschlag besteht vielleicht darin, dass eine Repräsentation die Bewahrung eines gewissen intelligiblen Gehalts erfordert. Dies kann durch andere Mittel als einfache Ähnlichkeit sichergestellt werden. Ein Kreis beispielsweise könnte (a) von (einem Bild von) einem Kreis repräsentiert werden, (b) durch eine mechanische Konstruktionsregel oder (c) durch eine mathematische Formel. Diesem Vorschlag zufolge scheint es, als wäre „intelligible Ausdehnung" ein mehrdeutiger Ausdruck. Im Geist Gottes gibt es vielleicht nur Gleichungen und keine Bilder, und somit bezieht sich der Ausdruck „intelligible Ausdehnung" allein auf eine unendliche Ansammlung mathematischer Formeln. Wenn demgegenüber *unser* Geist das materielle Universum repräsentiert, neigen wir dazu, dies mittels Bildern zu tun. Wenn wir an intelligible Ausdehnung denken, ist es nur natürlich, wenn wir sie uns als eine leere Leinwand vorstellen. Handelt es sich hier um einen eindeutigen Fall von Äquivokation? Vermutlich würde Malebranche einen solchen Vorwurf zurückweisen, denn der Begriff „intelligible Ausdehnung" bezieht sich streng genommen auf dasjenige, was auch immer in Gott für Gott die materielle Welt repräsentiert (selbstverständlich handelt es sich hierbei um die unendliche Menge mathematischer Gleichungen). Nur kann ein und derselbe intelligible Gehalt durch den Geist auf zwei verschiedene Arten repräsentiert werden, entweder durch reines Denken (in der Algebra oder der Analysis) oder durch den Repräsentationsmodus, mit dem wir vertrauter sind (in der Geometrie und daher in abgeleiteter Form auch in der Sinneswahrnehmung).

Aber selbst wenn wir Malebranches Theorie auf diese Weise zu retten versuchen, zeichnen sich weitere Schwierigkeiten ab. Die Darstellung blieb bislang gänzlich auf der begrifflichen Ebene, d. h. sie betrifft allein den Gehalt einer Idee. Das Verfügen über den Begriff der intelligiblen Ausdehnung mag sehr wohl eine notwendige Bedingung für bestimmte Arten räumlicher Erfahrung sein, er könnte aber niemals eine hinreichende Bedingung für das gewöhnliche räumliche Bewusstsein darstellen. Denn dies erfordert, wie Kant bekanntlich betont hat, sowohl Anschauungen als auch Begriffe. Für grundlegende Wahrnehmungserfahrungen (wie etwa das Sehen eines blauen Dreiecks links von einem roten oder eines rechtwinkliges Dreiecks, das in einen Halbkreis gezeichnet ist) reicht es nicht aus, allein einen Begriff (wie etwa denjenigen eines Dreiecks) zu erfassen. Was der Erfahrung durch den Geist *a priori* hinzugefügt wird, ist für Malebranche immer etwas Ideelles, etwas, das dem Bereich der Begriffe angehört. Ohne die Kantische Vorstellung des Raumes als reine Form der äußeren Anschauung (eher ein *apriorischer Einzelgegenstand* als ein Begriff) ist es kaum zu verstehen, wie Malebranche die Unterscheidungen treffen kann, die seine Theorie nötig hätte. Wenn er die Sinneswahrnehmung erklären soll, muss er sich auf das Modell der leeren Leinwand berufen. Antwortet er jedoch auf Kritiker wie Arnauld, muss er das Modell wieder verwerfen.

Der zweite Teil der kantischen Begrifflichkeit, der hilfreich für Malebranche gewesen wäre, besteht in der Unterscheidung zwischen reinen und schematisierten Begriffen. Nehmen wir an, der reine Begriff eines Kreises besteht in der mathematischen Formel $x^2 y^2 = r^2$. Dies ist für Gott ein winziger (infinitesimaler) Teil seiner Idee der Ausdehnung. Genau das erfassen auch wir Menschen, wenn wir in der Mathematik von der Geometrie zur Algebra voran schreiten. Der schematisierte Begriff des Kreises nun ist so etwas wie eine Konstruktionsregel, eine Art und Weise, in der dieser bestimmte intelligible Gehalt dem Geist präsentiert wird. Dabei handelt es sich entweder um ein Sehen vor dem inneren Auge oder um eine Sinneswahrnehmung. Wenn wir dem schematisierten Begriff das Element der Empfindung hinzufügen, erhalten wir die alltägliche Wahrnehmung eines physischen Gegenstands. Ohne Vermittlung durch das Schema wäre es allerdings schwierig, die Anwendung der reinen Idee auf irgendetwas in der Erfahrung Gegebenes zu erkennen.

Nun können wir verstehen, weshalb Malebranche sich solchen Schwierigkeiten gegenüber sah, sobald er seinen Lesern die Vorstellung der intelligiblen Ausdehnung erklären wollte, und warum Kritiker wie Simon Foucher, Antoine Arnauld, Pierre-Sylvain Régis oder Dortus de Marain seinen Ansatz als zweideutig und unfassbar bewerteten. Im Grunde genommen muss seine Vorstellung der intelligiblen Ausdehnung zwei verschiedene Rollen spielen (vgl. Pyle 2003, 65–66.). Sie ist der grundlegendste Begriff der Ausdehnung, die Idee, die in Gottes Geist war, als er unser physisches Universum erschaffen hat. Dabei handelt es sich um eine platonische Idee, und nicht um etwas, das sich vielleicht dem menschlichen Geist in der Sinneserfahrung präsentiert. Doch die intelligible Ausdehnung spielt noch eine andere Rolle und diese ist derjenigen von Kants Vorstellung des Raumes als reiner Anschauung verblüffend ähnlich, nämlich die Rolle eines apriorischen Einzelgegenstandes, der die notwendige Bedingung für unser Bewusstsein von Körpern als im Raum verortet und in bestimmten räumlichen Relationen zueinander stehend darstellt. Ein und dieselbe theoretische Entität kann nicht beide Rollen ausfüllen. Es macht also den Anschein, als könnten wir Malebranches Theorie nicht retten. Und jede Überarbeitung, die wir aufgrund des hermeneutischen Prinzips des guten Willens vornehmen, führt nur dazu, die Theorie vom Platonismus in Richtung auf Kants transzendentalen Idealismus zu bewegen.

Literatur

Primärliteratur

Arnauld, A., *Des Vraies et Des Fausses Idées*, Paris: Libraire Arthème Fayard 1986.
Descartes, R., *Oeuvres de Descartes*, hrsg. von Ch. Adam & P. Tannery, Paris: Cerf 1897–1910.
–, *Meditationen*, übersetzt von A. Schmidt, Göttingen: Vandenhoeck & Ruprecht 2004.
Gassendi, P., „Obiectiones quintae", in: *Oeuvres de Descartes*, VII, hrsg. von Ch. Adam & P. Tannery, Paris: Cerf 1897–1910, 256–346.
Malebranche, N., *Oeuvres Complètes de Malebranche*, hrsg, von A. Robinet, Paris: Vrin 1958–78.

Sekundärliteratur

Chappell, V., „The Theory of Ideas", in: *Essays on Descartes' Meditations*, hrsg. von A. Oksenberg Rorty, Berkeley & Los Angeles: University of California Press 1986, 177–198.

Connell, D., *The Vision in God: Malebranche's Scholastic Sources*, Paris & Leuven: Nauwelaerts 1967.

Dretske, F., *Knowledge and the Flow of Information*, Cambridge, Mass.: MIT Press 1981.

Frankfurt, H., *Demons, Dreamers and Madmen*, Indianapolis: Bobbs-Merrill 1970.

Gueroult, M., *Malebranche, La Vision en Dieu*, Paris: Aubier 1955.

Jolley, N., *The Light of the Soul*, Oxford: Clarendon 1990.

Millikan, R. *Language, Thought, and Other Biological Categories*, Cambridge, Mass.: MIT Press 1984.

Nadler, S., *Malebranche and Ideas*, Oxford & New York: Oxford University Press 1992.

Pyle, A., *Atomism and its Critics*, Bristol: Thoemmes 1995.

–, *Malebranche*, London: Routledge & Kegan Paul 2003.

Secada, J., *Cartesian Metaphysics*, Cambridge: Cambridge University Press 2000.

Watson, R., *The Downfall of Cartesianism*, The Hague: Martinus Nijhoff 1966.

–, *The Breakdown of Cartesian Metaphysics*, Atlantic Highlands: Humanities Press 1987.

Wilson, M., *Descartes*, London: Routledge & Kegan Paul 1978.

Dominik Perler

Verstümmelte und verworrene Ideen

Sinneswahrnehmung und Erkenntnis
bei Spinoza

1 Verstümmelte Erkenntnis als eine Form von Erkenntnis?

Es scheint selbstverständlich, dass wir nur dank der Sinneswahrnehmung einen Zugang zur materiellen Welt haben und auch nur auf diesem Weg eine Erkenntnis von materiellen Gegenständen und ihren Eigenschaften gewinnen können. Die Erfahrung zeigt jedoch, dass sich die Sinneswahrnehmung gelegentlich als unzuverlässig, ja als irreführend erweist. Wenn ich etwa einen viereckigen Turm aus der Ferne sehe, erscheint er mir rund, und ich werde dadurch zum falschen Urteil verleitet, er sei tatsächlich rund. Und wenn ich einen geraden Holzstab betrachte, der halb ins Wasser eingetaucht ist, erscheint er mir gekrümmt, sodass ich irrtümlicherweise urteile, er sei tatsächlich gekrümmt. Diese seit der Antike oft zitierten Beispiele werfen zwei grundlegende Fragen auf: Zeigt uns die Sinneswahrnehmung, wie die materiellen Gegenstände wirklich *sind* oder nur wie sie uns gerade *erscheinen*? Und können wir auf der Grundlage der Sinneswahrnehmung je eine korrekte Erkenntnis von den materiellen Gegenständen und ihren Eigenschaften gewinnen?

Wie alle frühneuzeitlichen Autoren war auch Baruch de Spinoza (1632–1677) mit diesen Fragen vertraut. Er zitierte sogar selber das Beispiel einer Sinnestäuschung, um zu verdeutlichen, dass uns die Sinneswahrnehmung in die Irre führen kann:

> Wenn wir auf die Sonne blicken, stellen wir sie als ungefähr 200 Fuß von uns entfernt vor; und der hier vorliegende Irrtum besteht nicht einfach in dieser

Vorstellung, sondern darin, dass wir, während wir die Sonne so vorstellen,
ihre wahre Entfernung und die Ursache, sie so vorzustellen, nicht kennen."
(*E* II p35s)[1]

Das Problem besteht darin, dass die visuelle Wahrnehmung nicht nur punktuell irreführend ist, weil sie in einer bestimmten Situation eine falsche
Vorstellung vom Abstand der Sonne vermittelt. Sie ist grundsätzlich irreführend, denn wie oft ich auch auf die Sonne blicken mag, ich werde nie
eine korrekte Vorstellung von ihren wirklichen Eigenschaften und ihrem
Abstand zur Erde gewinnen. Auch mithilfe eines anderen Sinnes gelingt es
mir nicht, die falsche Vorstellung zu korrigieren. Es ist daher nicht erstaunlich, dass Spinoza behauptet, auf der Grundlage der Sinneswahrnehmung
würden wir eine Erkenntnis gewinnen, die „verstümmelt ist, verworren
und ohne Ordnung für den Verstand" (*E* II p40s2). Angesichts dieser Aussage könnte man erwarten, dass er – ähnlich wie Descartes zu Beginn der
Meditationen – einen streng rationalistischen Ansatz verfolgt, der darauf
abzielt, von der Sinneswahrnehmung als epistemischer Quelle abzusehen
und eine irrtumsfreie Erkenntnisgrundlage zu finden. Doch Spinoza wählt
nicht diesen Weg. Er unterscheidet vielmehr verschiedene Stufen der Erkenntnis, von denen die Sinneswahrnehmung die erste und grundlegende
bildet. Zwar sind viele Ideen, die mithilfe der Sinneswahrnehmung erworben werden, falsch, aber nur in dem Sinne, dass sie unvollständig und
ergänzungsbedürftig sind. Für Spinoza steht fest, dass Falschheit nur in
einem „Mangel an Erkenntnis" besteht, „den inadäquate, also verstümmelte und verworrene Ideen in sich schließen" (*E* II p35). Daher ist die
auf Sinneswahrnehmung beruhende Erkenntnis nur mangelhaft, aber nicht
vollständig unbrauchbar.

Diese Aussagen sind gleich in mehrfacher Hinsicht verwirrend. Wie
kann Spinoza einerseits einräumen, dass die Sinneswahrnehmung irreführ-
rend ist und nur eine verstümmelte und verworrene Erkenntnis liefert,
andererseits aber trotzdem daran festhalten, dass sie eine genuine Erkenntnis bietet? Ist eine verstümmelte und verworrene Erkenntnis überhaupt
eine Erkenntnis? Und wie kann er in der Falschheit nur einen Mangel an
Erkenntnis sehen? Es ist doch eine Sache, eine mangelhafte Erkenntnis zu
haben, z. B. wenn ich einen Gegenstand nur von vorne sehe und nicht
erkenne, wie er auf der Rückseite beschaffen ist. Eine ganz andere Sache

---

1   Sämtliche Zitate aus der *Ethik in geometrischer Ordnung dargestellt* (= *E*) sind der
     Übersetzung von W. Bartuschat entnommen (mit Anpassung an die neue Recht-
     schreibung). Abkürzungen: ap = appendix, ax = axioma, c = corollarium, d = de-
     monstratio, def = definitio, p = propositio, po = postulatum, s = scholium.

ist es, einem Gegenstand eine Eigenschaft zuzuschreiben, die er gar nicht hat, z. B. wenn ich aufgrund meiner visuellen Wahrnehmung urteile, der ins Wasser eingetauchte Stab sei gekrümmt. Muss man nicht sorgfältig zwischen Unvollständigkeit und Falschheit unterscheiden? Angesichts dieses Einwandes ist es nicht erstaunlich, dass Spinozas These, Falschheit sei nur ein Mangel an Erkenntnis, von neueren Interpreten als wenig überzeugend beurteilt wurde. So stellte J. Bennett kurz und bündig fest: „… es scheint klar zu sein, dass er hier falsch liegt." (Bennett 1984, 169)[2]

Wie ich im Folgenden zeigen möchte, ist es keineswegs klar, dass Spinoza hier falsch liegt – zumindest dann nicht, wenn man bereit ist, sich auf das erkenntnistheoretische Programm einzulassen, das er vorschlägt. Daher werde ich in einem ersten Schritt die metaphysischen Grundlagen dieses Programms skizzieren. Spinozas ganze Diskussion erkenntnistheoretischer Fragen ist nämlich in einer bestimmten Konzeption des Geist-Welt-Verhältnisses verankert und steht und fällt mit dieser Konzeption. Erst wenn man die metaphysischen Grundlagen in den Blick nimmt, zeigt sich, welche erkenntnistheoretischen – insbesondere wahrnehmungstheoretischen – Probleme sich für Spinoza stellen und welche nicht. In einem zweiten Schritt werde ich dann näher auf den Ideenbegriff eingehen und die Frage untersuchen, wie Ideen entstehen und worauf sie sich beziehen. Sodann werde ich mich dem Problem des Irrtums zuwenden, das sich mit Bezug auf die Sinneswahrnehmung unweigerlich stellt, und abschließend wieder die Frage aufgreifen, in welchem Sinn eine Erkenntnis auf der Grundlage von verstümmelten und verworrenen Ideen überhaupt eine Erkenntnis ist.

2   Metaphysische Grundlagen

Spinozas gesamte Diskussion erkenntnistheoretischer Fragen beruht auf drei metaphysischen Thesen. Die erste ist die berühmte Monismus-These: Es gibt in der Welt eine einzige Substanz, ja die Welt ist nichts anderes als eine Substanz mit unendlich vielen Attributen, von denen wir zwei – Denken und Ausdehnung – erkennen (vgl. *E* I def 6 und p14). Ein menschlicher Geist ist genau wie ein Körper Bestandteil dieser Substanz; ein Geist fällt unter das erste Attribut, ein Körper unter das zweite. Diese These stellt für die Wahrnehmungstheorie entscheidende Weichen, weil sie von vornherein zwei Erklärungsmodelle (und natürlich auch die mit ihnen verbundenen

---

2   Vgl. auch Bennett 1986, 59, wo er von „Spinoza's profoundly wrong view" spricht.

Probleme) eliminiert. Zum einen verunmöglicht sie die Annahme, Geist und Körper seien real verschiedene Substanzen und in der Wahrnehmung interagiere der Körper, in dem Sinneseindrücke oder Reize entstehen, mit dem Geist. Da Geist und Körper nur Bestandteile – genauer gesagt: Bündel von so genannten „Modi"[3] – der einen Substanz sind, stellt sich die Frage nach einer möglichen Interaktion gar nicht. Es taucht nur die Frage auf, wie denn diese Modi, die unter verschiedene Attribute fallen, innerhalb der Substanz aufeinander abgestimmt sind. Mit der These, dass die eine Substanz mehrere Attribute hat, weist Spinoza zum anderen aber auch ein reduktionistisch-materialistisches Erklärungsmodell zurück, dem zufolge der Geist auf körperliche Zustände – etwa auf Gehirnzustände – reduziert werden kann und eine Wahrnehmung nichts anderes ist als ein bestimmter Gehirnzustand. Da der Geist unter ein anderes Attribut fällt als der Körper, kann er prinzipiell nicht auf eine Menge körperlicher Zustände reduziert werden. Folglich sind auch Wahrnehmungszustände nicht auf Gehirnzustände reduzierbar.

Doch was sind dann Wahrnehmungszustände? Spinoza beantwortet diese Frage mit einer zweiten fundamentalen These, der Ideen-These: Wahrnehmungszustände sind nichts anderes als Ideen eines Geistes. Natürlich sind nicht alle Ideen Wahrnehmungszustände; es gibt auch Zustände für mathematisches oder logisches Denken, die ebenfalls Ideen sind. Doch Wahrnehmungszustände sind eine Teilklasse der Ideen und fallen daher unter das Attribut des Denkens. Wie alle Ideen können auch sie einerseits als bloße Zustände des Geistes betrachtet werden (dann gibt es so viele Ideen, wie es gerade Zustände in diesem oder jenem Geist gibt), andererseits auch als das, was den Inhalt dieser Zustände ausmacht (dann kann es ein und denselben Inhalt für mehrere Zustände geben). Betrachtet man nun den Inhalt, so versteht Spinoza unter einer Idee „einen Begriff des Geistes, den der Geist bildet, weil er ein denkendes Ding ist." (*E* II def 3). Diese scheinbar harmlose Aussage verdient Beachtung, da sie betont, dass unter dem Inhalt einer Idee ein *Begriff* zu verstehen ist. Wenn nun ein Wahrnehmungszustand eine Idee ist, muss er einen begrifflichen Inhalt haben. Die Annahme einer vor- oder unbegrifflichen Wahrnehmung wäre für Spinoza unverständlich. Ebenso unbegreiflich wäre für ihn die These, etwas Vorbegriffliches müsse durch eine besondere geistige Aktivität (etwa

---

3   Vgl. *E* II def 1, p11 und po1; ausführlich dazu Carriero 1995 und Della Rocca 1996, 29–38.

durch Abstraktion) erst in einen Begriff transformiert werden. Wann immer eine Wahrnehmung und damit eine Idee vorliegt, ist seiner Ansicht nach ein Begriff vorhanden. Konkret heißt dies: Wenn ich ein Pferd wahrnehme, befinde ich mich in einem Zustand, in dem ich über einen Begriff von einem Pferd verfüge und diesen auf ein Pferd anwende. Was dieser Begriff beinhaltet und wie er sich auf ein Pferd bezieht, bleibt damit natürlich noch offen. Doch es steht fest, dass ein Begriff vorhanden sein muss, sei er noch so vage und unpräzis, damit überhaupt eine Wahrnehmung vorliegt.

Allerdings stellt sich dann sogleich die Frage, in welcher Beziehung ein Begriff bzw. der Inhalt einer Idee zu einem Gegenstand steht. Kann ich ganz willkürlich eine Idee auf ein Pferd beziehen, wenn ich ein Pferd wahrnehme, oder sind die beiden irgendwie aufeinander abgestimmt? Auf diese Frage antwortet Spinoza mit einer dritten zentralen These, der Parallelismus-These: „Die Ordnung und Verknüpfung von Ideen ist dieselbe wie die Ordnung und Verknüpfung von Dingen." (E II p7) Somit ist festgelegt, dass einer Pferd-Idee ein Pferd zugeordnet ist; ich kann nicht willkürlich irgendeine Idee auf ein Pferd beziehen. Ebenso steht fest, dass sich die kausale Verkettung des Pferdes mit anderen Gegenständen parallel verhält zur Verkettung der Pferd-Idee mit anderen Ideen. Wenn etwa das Pferd einen Wagen zieht, so ist parallel dazu die Pferd-Idee der Idee von einem gezogenen Wagen zugeordnet. Hätte ich sämtliche Ideen von sämtlichen Gegenständen in der Welt, würde mein Ideennetz die Beziehungen zwischen den Gegenständen perfekt abbilden – ich hätte so etwas wie die vollkommene kognitive Landkarte für die materielle Welt. Genauer gesagt hätte ich dann zwei Landkarten: (a) eine Karte, auf der alle einzelnen *Gegenstände* in ihren jeweiligen Beziehungen eingezeichnet sind, und (b) eine Karte, auf der die wesentlichen *Merkmale* der Gegenstände in ihren jeweiligen Beziehungen (z. B. die Beziehung zwischen Pferdsein und Lebewesensein) eingetragen sind. Natürlich fehlen mir beide Landkarten. Aufgrund meiner beschränkten Erfahrung verfüge ich nur über einen kleinen Ausschnitt und kann mich höchstens bemühen, diesen Ausschnitt zu erweitern und zu verfeinern. Doch wie klein und ungenau mein Ausschnitt auch sein mag, es steht fest, dass innerhalb der einen Substanz eine parallele Ordnung von Ideen und Gegenständen herrscht. Daher stellt sich das Problem eines radikalen Skeptizismus nicht. Auf die Frage „Könnte es nicht sein, dass sich die Ideen überhaupt nicht auf Gegenstände beziehen und wir überhaupt keinen Zugang zur materiellen Welt haben?" würde Spinoza antworten: Dies ist ausgeschlossen, weil sich Ideen auf Gegenstände beziehen *müssen* und jeder Idee mindestens ein Gegenstand zugeordnet ist.[4] Dass sich eine Idee auf einen Gegenstand bezieht, ist eine intrinsische intentionale Eigenschaft, die sich nicht weiter erklären oder auf etwas Fundamentaleres reduzieren lässt. Die metaphysische Ordnung legt fest, dass eine solche Bezugnahme besteht.

Damit ist freilich nur gesagt, dass im Prinzip eine vollständige und korrekte Bezugnahme aller Ideen auf alle Gegenstände und ihre Merkmale gewährleistet ist. Der metaphysische Rahmen, den Spinoza wählt, garantiert, dass es eine kognitive Landkarte gibt, die perfekt auf die materielle Welt passt. Er garantiert auch, dass dies innerhalb einer einzigen Substanz der Fall ist. Doch damit steht noch lange nicht fest, dass *mein* Geist, der ebenfalls Bestandteil dieser einen Substanz ist, über einen Ausschnitt der kognitiven Landkarte verfügt. Nur der göttliche Geist hat eine solche Landkarte, ja er ist nichts anderes als diese Landkarte, da er in nichts anderem als in der Gesamtheit aller Ideen besteht. Doch wie soll ich, der ich weit von dieser Gesamtheit entfernt bin, zu den Ideen von Pferden, Wagen und anderen Gegenständen gelangen? Und wie soll es mir gelingen, mich mit diesen Ideen erfolgreich auf die ihnen zugeordneten Gegenstände zu beziehen? Da Spinoza ausschließt, dass Ideen einem menschlichen Geist angeboren sind und bei Bedarf einfach abgerufen werden können, müssen sie schrittweise erworben werden. Dies geschieht auf empirischem Weg, nämlich indem ein Mensch in körperlichem Kontakt zu Gegenständen steht. Spinoza betont daher, der menschliche Geist sei „fähig, sehr vieles wahrzunehmen, und umso fähiger, auf je mehr Weisen sein Körper disponiert werden kann." (*E* II p14) Je mehr Sinneseindrücke mein Körper von Pferden, Wagen usw. aufnimmt, desto besser bin ich in der Lage, alle diese Dinge wahrzunehmen und damit auch Ideen zu gewinnen. Ich entwerfe nach und nach eine kognitive Landkarte, die mir die einzelnen Gegenstände, aber auch ihre jeweiligen Merkmale darstellt.

Ein solcher empiristischer Ansatz wirft allerdings ein Problem auf: Die Sinneseindrücke sind häufig unvollständig oder gar irreführend und vermitteln nur ein verzerrtes Bild von den materiellen Gegenständen. Wie soll es mir dann gelingen, eine kognitive Landkarte zu erwerben, die perfekt auf die Welt passt? Diese Frage lässt sich nur beantworten, wenn das

---

4   Diese notwendige Beziehung betont Spinoza in der *Kurzen Abhandlung* II, 20, Anm. 1: „Zwischen der Idee und dem Objekt muss notwendig eine Vereinigung sein, weil die eine ohne das andere nicht existieren kann ..." Vgl. zum Antiskeptizismus Perler 2007.

Zusammenspiel von Körper und Geist bei der Genese von Wahrnehmungszuständen genauer betrachtet wird.

3   Ideen und ihre Objekte

Wären wir allwissende Wesen, müssten wir gar nicht auf die Wahrnehmung
zurückgreifen. Wir hätten das perfekte Netz von Ideen, das auf die materielle Welt passt. Da wir uns nicht in dieser komfortablen Lage befinden,
müssen wir das Netz wohl oder übel durch eine Kausalrelation zu einzelnen Gegenständen erwerben. Allerdings kann keine direkte Kausalrelation
zwischen unserem Geist und einem materiellen Gegenstand bestehen. Da
der Geist unter das Attribut des Denkens fällt, ein materieller Gegenstand
hingegen unter das Attribut der Ausdehnung, kann keine Interaktion stattfinden; jedes Attribut ist in sich kausal geschlossen. Nur innerhalb eines
Attributes kann es eine Interaktion geben. Somit kann ein Pferd, das vor
mir über die Weide galoppiert, nicht direkt eine Idee und damit auch einen
Wahrnehmungszustand in meinem Geist hervorbringen. Es kann nur einen
Sinneseindruck in meinem Körper verursachen. Und mein Körper steht
ebenfalls nicht in einer Kausalrelation zu meinem Geist, sondern ist in gewisser Weise mit ihm identisch. Spinoza behauptet, dass „der Geist und
der Körper ein und dasselbe Individuum sind, das bald unter dem Attribut
Denken, bald unter dem Attribut Ausdehnung begriffen wird …" (*E* II
p21s) Diese Aussage bringt eine Doppelstruktur-Theorie zum Ausdruck,
der zufolge ein Mensch zwar *ein* Individuum ist, aber unter *zwei* Attribute
(oder Strukturen) fällt und daher auch in zweierlei Hinsicht zu betrachten
ist.[5] Von einer Kausalrelation kann immer nur mit Bezug auf eine Struktur
gesprochen werden. Wie dies zu verstehen ist, lässt sich am besten anhand
eines Vergleichs erläutern.

Wenn wir eine Stadt betrachten, können wir uns auf verschiedene
Strukturen konzentrieren. So können wir zum einen die ökonomische
Struktur in den Blick nehmen und sagen, dass die Ansiedlung neuer In-
dustrieunternehmen neue Arbeitsplätze geschaffen hat. Wir können zum

---

5   Es ist zu betonen, dass ein Mensch tatsächlich unter zwei Attribute fällt; sie werden
ihm nicht einfach zugeschrieben. Strukturen werden zwar erkannt (vgl. *E* I def 4),
existieren aber auch unabhängig von der individuellen Erkenntnis. Es wäre daher
unzulässig, in den Attributen nur so etwas wie subjektive Erkenntniskategorien oder
gar Projektionen des menschlichen Geistes zu sehen, wie Garrett 1990 in kritischer
Auseinandersetzung mit früheren Interpretationen zu Recht betont.

anderen aber auch die kulturelle Struktur betrachten und feststellen, dass
die Schließung einer Tanzschule das Ballettangebot verringert hat. Doch
wir können kaum sagen, die Ansiedlung neuer Industrieunternehmen habe das Ballettangebot verringert. Nur *innerhalb* einer bestimmten Struktur
kann von einer Kausalrelation gesprochen werden. Trotzdem ist es natürlich ein und dieselbe Stadt, die sowohl eine ökonomische als auch eine
kulturelle Struktur aufweist, und wir beziehen uns auf dieselbe Stadt, wenn
wir von verschiedenen Kausalrelationen sprechen. Bei der Angabe dieser
Relationen ist es wichtig, dass wir die jeweilige Struktur benennen, die wir
in den Blick nehmen. So müssen wir etwa sagen: Ökonomisch betrachtet
hat diese Stadt durch die Ansiedlung neuer Industrieunternehmen neue
Arbeitsplätze gewonnen, kulturell gesehen hat sie durch die Schließung einer Tanzschule an Attraktivität für Ballettliebhaber verloren. Ähnlich gilt
nun auch für einen Menschen, dass er ein einziges Individuum ist, aber
zwei unterschiedliche Strukturen aufweist, die kausal geschlossen sind. Nur
innerhalb der geistigen oder körperlichen Struktur kann von einer Kausalrelation gesprochen werden. Daher müssen wir stets die jeweilige Struktur
angeben, wenn wir von einer Kausalrelation sprechen. So müssen wir etwa
sagen: Geistig betrachtet hat in diesem Menschen die Wahrnehmung eines wilden Tieres Angst ausgelöst. Körperlich betrachtet hingegen hat eine
Nervenreizung einen Gehirnzustand verursacht. Auch wenn es nur einen
Menschen gibt, liegen doch zwei Strukturen mit je eigenen Kausalrelationen vor.

Dies hat nun eine unmittelbare Konsequenz für die Erklärung der Genese von Wahrnehmungen. Wenn ein Wahrnehmungszustand ein geistiger
Zustand ist, dürfen wir nicht behaupten, dass ein materieller Gegenstand
einen Wahrnehmungszustand verursacht. Wir sind aber sehr wohl zur Aussage berechtigt, dass ein materieller Gegenstand einen Sinneseindruck im
Körper verursacht. Gemäß der Doppelstruktur-Theorie ist der Körper nun
nichts anderes als der Mensch, insofern er mit Bezug auf eine Struktur
betrachtet wird. Derselbe Mensch kann aber auch mit Bezug auf die andere Struktur, nämlich die geistige, betrachtet werden. Und die beiden
Strukturen sind so perfekt aufeinander abgestimmt, dass ein Zustand des
Körpers immer einem Zustand des Geistes zugeordnet ist. (Zum Vergleich:
Die ökonomische und die kulturelle Struktur der Stadt sind so perfekt
aufeinander abgestimmt, dass ein kulturelles Ereignis immer einem ökono-
mischen zugeordnet ist. So ist der Schließung einer Tanzschule ökonomisch
betrachtet ein Abbau von Arbeitsplätzen zugeordnet.) Wenn also in einem
Menschen ein körperlicher Sinneseindruck vorliegt, ist diesem immer ein

geistiger Wahrnehmungszustand zugeordnet.[6] So ist es trotz einer fehlenden Geist-Körper-Interaktion möglich, durch einen körperlichen Kontakt zu einem materiellen Gegenstand einen geistigen Wahrnehmungszustand zu erwerben.

Doch worauf bezieht sich dieser Wahrnehmungszustand, der ja immer eine Idee ist? Spinozas Antwort auf diese Frage fällt verblüffend aus. Er stellt zunächst fest: „Das Objekt der Idee, die den menschlichen Geist ausmacht, ist der Körper …" (*E* II p13) Dann präzisiert er aber: „Die Idee einer jeden Weise, in der der menschliche Körper von äußeren Körpern affiziert wird, muss die Natur des menschlichen Körpers und zugleich die des äußeren Körpers in sich schließen." (*E* II p16) Er behauptet sogar, dass eine solche Idee eher den Zustand des eigenen Körpers anzeigt als die Natur des äußeren Körpers (vgl. *E* II p16c2). Offensichtlich nimmt er eine hierarchische Ordnung von zwei Objekten an, auf die sich eine Idee bezieht. Seine Intentionalitätsthese (I) lautet:

(I) Eine Idee bezieht sich auf zwei Objekte, nämlich primär auf einen körperlichen Zustand und sekundär auf die äußere Ursache des körperlichen Zustandes.

Für das Pferde-Beispiel bedeutet dies, dass meine Pferd-Idee, die ich durch einen Kontakt zum Pferd erworben habe, sich primär auf meinen körperlichen Zustand bezieht und nur sekundär auf das Pferd auf der Weide. Dies ist aber verwirrend. Was soll es denn heißen, dass ich mich mit einer solchen Idee primär auf meinen körperlichen Zustand beziehe? Will Spinoza damit sagen, dass ich mich auf eine Nervenreizung oder auf einen Gehirnzustand beziehe? Beides scheint abwegig zu sein. Und warum soll ich mich nur sekundär auf das Pferd beziehen? Wenn gemäß der bereits erläuterten Parallelismus-These jeder Idee genau ein Gegenstand zugeordnet ist, liegt es doch nahe zu sagen, dass sich die Pferd-Idee direkt auf den Gegenstand bezieht, der ihr in der parallelen Ordnung zugeordnet ist: auf das Pferd und auf nichts anderes. Warum lässt Spinoza nur eine indirekte Bezugnahme zu?

---

6   In *E* II p7s behauptet Spinoza sogar, „dass ein Modus von Ausdehnung und die Idee dieses Modus ein und dasselbe Ding sind, aber in zwei Weisen ausgedrückt." Auch in *E* III p2s betont er, „dass nämlich der Geist und der Körper ein und dasselbe Ding sind …" Somit liegt nicht nur eine gegenseitige Zuordnung zweier Zustände bzw. Modi vor, sondern sogar eine Identität. Für die These, dass Spinoza eine Identitätstheorie vertritt, argumentiert überzeugend Della Rocca 1996, 118–140. Für die These, dass es sich nur um eine Zuordnung zwei distinkter Zustände handelt, plädiert Bennett 1984, 127–135.

Angesichts dieser Schwierigkeiten ist es nicht erstaunlich, dass die Rede von zwei Objekten Anlass zu kontroversen Debatten gegeben hat.[7] Einige Interpreten halten sie für schlichtweg unverständlich. Andere meinen, das erste Objekt sei gar kein intentionales Objekt, sondern nur das körperliche Gegenstück zur geistigen Idee. Wieder andere sind der Ansicht, für Spinoza habe eine Idee zwar zwei intentionale Objekte und weise daher wie ein Pfeil in zwei unterschiedliche Richtungen, dabei handle es sich aber um zwei ganz unterschiedliche intentionale Relationen. Alle diese Interpretationen weisen den Nachteil auf, dass sie keinen Zusammenhang zwischen den beiden Objekten herstellen und daher zu dem wenig befriedigenden Schluss kommen, Spinoza gebe eine konfuse oder uneinheitliche Erklärung für die Intentionalität einer Idee. Dieser Befund lässt sich jedoch vermeiden, wenn zwei Überlegungen, die den ganzen Ausführungen zu den Objekten einer Idee zugrunde liegen, in den Blick genommen werden.

Die erste Überlegung geht von der Physik aus. Wie alle Autoren des 17. Jhs., die von der mechanistischen Physik beeinflusst sind, schließt sich auch Spinoza der Auffassung an, dass materielle Gegenstände nur geometrische und kinematische Eigenschaften haben.[8] Zwar schreiben wir ihnen im Alltag Farben, Gerüche und andere Sinneseigenschaften zu, doch diese existieren streng genommen in uns und nicht in den Gegenständen. Sie sind das Produkt der Art und Weise, wie unsere Sinnesorgane und unser Gehirn durch die Gegenstände affiziert werden. Leider unterscheiden wir häufig nicht zwischen den Eigenschaften in den Gegenständen und jenen in uns, sodass wir beispielsweise behaupten, ein Pferd sei ausgedehnt und braun. „Dies alles zeigt zur Genüge", stellt Spinoza kritisch fest, „dass ein jeder die Dinge nach der Beschaffenheit seines Gehirns beurteilt hat oder vielmehr, dass er die Affektionen seiner Vorstellungskraft für die Dinge selbst genommen hat." (*E* I ap) Solange wir von unseren Affektionen ausgehen, ist dies unvermeidlich, denn durch sie entstehen in uns unweigerlich Sinneseigenschaften, die wir gleichsam auf die Gegenstände projizieren. Wenn ich etwa ein Pferd anschaue, entsteht in mir sogleich der Eindruck von etwas Braunem und ich behaupte spontan, das Pferd sei braun. Ich bin nicht in der Lage, die geometrische Eigenschaft, die das Pferd wirklich hat, von dieser bloß sinnlichen, in mir erzeugten Eigenschaft zu unterscheiden. Da-

---

7   Eine Darstellung und kritische Auswertung der verschiedenen Interpretationen bieten Della Rocca 1996, 49–53, und Wilson 1999.
8   Er skizziert die physikalischen Annahmen in den Axiomen von *E* II p13; vgl. dazu Adler 1996.

her beziehe ich mich in meiner Wahrnehmung gleichzeitig auf zwei Dinge: auf die sinnliche Eigenschaft der Farbe und auf die reale Eigenschaft der Ausdehnung. Es ist daher nicht erstaunlich, dass die Wahrnehmung im Grunde mindestens so viel in mir selber anzeigt wie im materiellen Gegenstand. Spinoza zieht explizit diesen Schluss, indem er darauf hinweist, „dass die Ideen, die wir von äußeren Körpern haben, eher den Zustand unseres Körpers anzeigen, als dass sie die Natur der äußeren Körper [erklären] ..." (*E* II p16c2)

Beachtet man diese Unterscheidung zweier Arten von Eigenschaften, wird verständlich, warum Spinoza behauptet, eine Idee habe zwei Objekte: Sie zeigt primär die sinnlichen Eigenschaften an und sekundär die realen im materiellen Gegenstand. Entscheidend ist dabei, dass beide Objekte intentionale Objekte sind. An der soeben zitierten Stelle sagt Spinoza ja ausdrücklich, dass Ideen zwei Dinge „anzeigen". Das erste Objekt ist nicht einfach das körperliche Gegenstück zu einer Idee, das ihr bloß zugeordnet ist und in einer nicht-intentionalen Parallelismus- oder Identitätsrelation zu ihr steht.[9] Genau wie das zweite Objekt ist es etwas, worauf sich die Idee bezieht, und daher ein intentionales Objekt. Ebenso entscheidend ist freilich, dass die beiden Objekte *gleichzeitig* intentionale Objekte sind und im Wahrnehmungsakt nicht voneinander unterschieden werden können. Solange ich das Pferd bloß anschaue, kann ich ja nicht sagen, ob es nun ausgedehnt und auch braun ist. Ich kann nur die Eigenschaften beschreiben, die mir unmittelbar präsent sind. Erst wenn ich von meiner momentanen Wahrnehmung absehe und das Pferd unter anatomischen oder physiologischen Gesichtspunkten betrachte, kann ich beurteilen, welche Eigenschaften es wirklich hat und welche in mir durch das Sehen erst entstanden sind.

Mit Verweis auf diese gleichzeitige Präsenz zweier Arten von Eigenschaften gelingt es Spinoza, einen Mittelweg in der kontroversen Debatte über die Intentionalität von Wahrnehmungszuständen zu finden. Einerseits entgeht er einer naiv realistischen Position, die behauptet, dass uns in einer Wahrnehmung unmittelbar die realen Eigenschaften eines Gegenstandes präsent sind und wir korrekt urteilen können, wie der Gegenstand beschaffen ist. Diese Position übersieht, dass selbst unter den besten Bedingungen unweigerlich Sinneseigenschaften in uns entstehen, die wir nicht auf Anhieb von den realen unterscheiden können. Andererseits vermeidet Spinoza auch eine subjektivistische Position, die gerade umgekehrt behauptet, dass uns in einer Wahrnehmung nur Sinneseigenschaften präsent sind und wir

---

9   Dies ist gegen Radner 1971, einzuwenden, die hier kein intentionales Objekt sieht.

höchstens Vermutungen über die äußeren Ursachen für diese inneren Eigenschaften anstellen können, jedoch nie einen direkten Zugang zu den realen Eigenschaften haben. Wer diese Ansicht vertritt, übersieht, dass uns in einer Wahrnehmung ein ganzes Bündel von Eigenschaften präsent ist, reale ebenso wie sinnliche. Es kann daher nicht darum gehen, bloße Vermutungen über die Ursachen für die sinnlichen Eigenschaften anzustellen. Man muss vielmehr darauf abzielen, das Bündel aufzulösen und die beiden Arten von Eigenschaften voneinander zu unterscheiden.

Mit seinem Modell könnte Spinoza natürlich auch eine elegante Erklärung für Sinnestäuschungen bieten, auch wenn er selber keine explizite Analyse dieser Fälle vorlegt. Wenn wir etwa urteilen, der halb ins Wasser eingetauchte Holzstab sei gekrümmt, liegt der Grund dafür darin, dass wir die besondere Sinneseigenschaft, die in uns entstanden ist, nicht von den realen Eigenschaften des Holzstabes unterscheiden und sie einfach dem Holzstab zuschreiben. Zwar beziehen wir uns auf den Stab und auf seine realen Eigenschaften, aber eben nur teilweise, und solange wir diese Bezugnahme nicht sorgfältig von jener auf die Sinneseigenschaft unterscheiden, gelingt es uns nicht, der Täuschung zu entgehen. Streng genommen handelt es sich hier freilich nicht um eine Sinnestäuschung, sondern eher um eine geistige Täuschung. Die Sinne werden in der gegebenen Situation ja korrekt affiziert und vermitteln auch korrekt den Eindruck von etwas Gekrümmtem. Das Problem besteht darin, dass wir in der Idee und im Urteil, das wir über den Stab bilden, diesen Eindruck nicht von den geometrischen Eigenschaften unterscheiden. Sobald wir das Bündel von präsenten Eigenschaften auftrennen, können wir der Täuschung entgehen.

Spinozas These, dass eine Idee in einer Wahrnehmungssituation zwei Objekte hat, lässt sich aber auch vor einem anderen, genuin ideentheoretischen Hintergrund verstehen.[10] Für diesen Hintergrund ist es entscheidend, dass eine Idee immer in einem bestimmten Geist auftritt und in ihm in einer bestimmten Ordnung zu anderen Ideen steht. Liegt eine vollständige Ordnung vor, ist die Idee adäquat, besteht hingegen nur eine unvollständige Ordnung, ist sie inadäquat. Den Grund für die Inadäquatheit oder „Verworrenheit" erläutert Spinoza folgendermaßen:

> Ich sage ausdrücklich, dass der Geist weder von sich selbst, noch von seinem eigenen Körper, noch von äußeren Körpern eine adäquate, sondern nur eine verworrene Erkenntnis hat, sooft er Dinge von der gemeinsamen Ordnung der

---

10   Darauf haben bereits Wilson 1996, 100–107, und Della Rocca 1996, 53–64, aufmerksam gemacht.

Natur her wahrnimmt, d. h. sooft er von außen, nämlich von der zufälligen Begegnung mit Dingen her, bestimmt wird, dieses oder jenes zu betrachten, nicht aber, sooft er von innen, nämlich dadurch, dass er mehrere Dinge zugleich betrachtet, bestimmt wird, an ihnen Übereinstimmungen, Unterschiede und Gegensätze einzusehen; wenn er nämlich so oder auf andere Weise von innen her disponiert ist, dann betrachtet er Dinge klar und deutlich, wie ich weiter unten zeigen werde. (*E* II p29s)

Von zentraler Bedeutung ist hier der Unterschied in der Festlegung der Idee „von außen" und „von innen". Worin er genau besteht, lässt sich wiederum anhand des Pferde-Beispiels veranschaulichen. Wird meine Pferd-Idee von außen, nämlich durch einen unmittelbaren Kontakt zu einem Pferd, festgelegt, wird ihr Inhalt durch alles bestimmt, was mir gerade präsent ist: durch einen bestimmten Eindruck von der Größe, von der Form, auch durch einen Geruch und vielleicht sogar durch ein Geräusch. Sehe, rieche und höre ich das Pferd zu einem späteren Zeitpunkt, wird der Inhalt der Idee vielleicht durch andere Eindrücke festgelegt; welcher Inhalt gerade vorliegt, hängt von der jeweiligen Situation ab. Deshalb vermittelt eine von außen erworbene Idee nur einen Momentaneindruck, noch dazu einen unvollständigen, denn ich erkenne nicht, welche anatomische und physiologische Struktur das Pferd hat. Dazu müsste ich „von innen" vorgehen, etwa indem ich in veterinärmedizinischen Studien darüber nachdenke, in welcher Relation ein Pferd zu anderen Säugetieren steht, welches Verdauungs- und Fortpflanzungssystem es hat usw. Könnte ich meine Studien zu einem Abschluss bringen, hätte ich das perfekte Netz von Ideen, das mir anzeigt, was genau zu einem Pferd gehört und wie es sich von anderen Tieren unterscheidet. Kurzum: Ich hätte die „Übereinstimmungen, Unterschiede und Gegensätze" vollkommen eingesehen und eine kognitive Landkarte erworben, auf der ich den Platz des Pferdes genau einzeichnen könnte.

Leider bin ich nicht in dieser beneidenswerten Lage. Ob ich will oder nicht, ich muss „von außen" ansetzen und von den Eindrücken ausgehen, die ich in verschiedenen Situationen gewinne. Selbst wenn ich mich ernsthaft veterinärmedizinischen Studien widme, kann ich nicht einfach im Lehnstuhl das perfekte Netz erwerben, sondern muss auf empirischem Weg versuchen, mir ein solches Netz anzueignen. Ein reines Vorgehen „von innen", ohne jeden Kontakt zu Pferden, ist mir verwehrt. Spinoza betont daher, dass Menschen nie eine adäquate Erkenntnis von einzelnen materiellen Dingen erwerben können.[11] Nur der göttliche Geist, der immer schon

---

11 Dies bedeutet allerdings nicht, dass Menschen überhaupt keine adäquate Erkenntnis erwerben können. Sie ist sehr wohl möglich, beruht aber auf allgemeinen Be-

alle Ideen hat und daher immer schon über die perfekte kognitive Landkarte bzw. das perfekte Netz verfügt, hat eine solche Erkenntnis. Wir sind
darauf angewiesen, uns schrittweise ein solches Netz anzueignen, indem wir
von Dingen ausgehen, die uns sinnlich gegeben sind. Aber dann erfassen
wir eben nicht das ganze Netz von Ideen und ihre direkte Zuordnung zu
materiellen Dingen, sondern immer auch unsere Affektionen.

Daraus ergibt sich nun eine zweite Erklärung für die These, dass Ideen,
die wir in Wahrnehmungssituationen haben, zwei intentionale Objekte
aufweisen. Diese Ideen sind „von außen" gewonnen und damit verworren.
Sie verweisen gleichzeitig auf die Affektionen in unserem Körper und auf
die äußeren Dinge. Entscheidend ist dabei, dass die beiden intentionalen
Objekte in enger Relation zueinander stehen. Die Ideen verweisen ja auf
die äußeren Dinge, insofern sie Affektionen in unserem Körper verursacht
haben und insofern sie uns in diesen Affektionen präsent sind. Es gibt somit
nicht einerseits ein körperliches Objekt (z. B. Eindrücke von Farbe und
Geruch) und andererseits ein davon vollständig getrenntes äußeres Objekt
(z. B. ein Pferd mit anatomischen und physiologischen Eigenschaften). Die
Pointe der Wahrnehmung besteht gerade darin, dass uns das äußere Objekt
vermittelt durch die Sinneseindrücke zugänglich ist. Wir erfassen das Pferd
nur durch die diversen Eindrücke von Farbe, Geruch usw. und können
auch die anatomischen und physiologischen Eigenschaften nur erfassen,
indem wir uns fragen, wie der Gegenstand beschaffen ist, der genau diese
Eindrücke in uns verursacht hat. Deshalb ist es aus menschlicher Perspektive
sinnlos zu fragen, wie Gegenstände *an sich* beschaffen sind. Da wir – ganz im
Gegensatz zum göttlichen Geist – nicht das perfekte Netz von Ideen haben,
das ihre Beschaffenheit vollständig anzeigt, können wir immer nur fragen,
wie sie *für uns* gegeben sind, und wir können versuchen, aus dieser Präsenz
Rückschlüsse auf ihre Beschaffenheit zu ziehen. So können wir etwa sagen:
Wenn uns ein Pferd unter bestimmten Lichtverhältnissen immer braun
erscheint, muss sein Fell eine bestimmte Partikelstruktur aufweisen, die das
Licht auf bestimmte Weise reflektiert und dadurch einen Brauneindruck
in uns verursacht. Das primäre intentionale Objekt (der Brauneindruck)
ist gleichsam der Weg, der zu einer genauen Bestimmung des sekundären
intentionalen Objekts (der realen Pferdeigenschaft) führt.

---

griffen, wie Spinoza in *E* II 40s2 betont, und ist daher nur eine Erkenntnis von
allgemeinen Eigenschaften oder Relationen, nicht von Individuen; vgl. dazu Wilson
1996, 111–116.

Heißt dies, dass Spinoza ein materialistisches Projekt vertritt, wie E. Curley meint (Curley 1988, 78)? In gewisser Weise ist sein Erklärungsansatz in der Tat materialistisch, denn er behauptet ja, dass ein geistiger Wahrnehmungszustand gar nicht ohne einen körperlichen Zustand existieren kann und dass er sogar primär auf diesen Zustand verweist. Ebenfalls materialistisch mutet natürlich die These an, dass der jeweilige körperliche Zustand durch einen äußeren Gegenstand verursacht wird – gäbe es keine materielle Kausalrelation, könnte kein primäres Objekt zustande kommen. Doch heißt dies auch, dass Spinoza immer von den materiellen Gegenständen ausgeht und dass somit auch die Erklärung von Ideen immer bei diesen Gegenständen ansetzen muss? Zur Beantwortung dieser Frage empfiehlt es sich, zwischen einer genetischen und einer strukturellen Erklärung von Ideen zu unterscheiden. *Genetisch* gesehen muss eine Erklärung in der Tat bei den materiellen Gegenständen ansetzen. Wird etwa die Frage gestellt, wie ich denn zu einer Pferd-Idee gekommen bin, muss die Antwort lauten: indem ich in Kontakt zu einem Pferd gestanden habe, das in mir Sinneseindrücke – also körperliche Zustände – verursacht hat. Ich habe die Idee weder durch bloßes Nachdenken aktiviert noch durch Partizipation am göttlichen Geist gewonnen. *Strukturell* gesehen muss man zur Erklärung von Ideen aber nicht von materiellen Gegenständen ausgehen, sondern von der Beziehung einer Idee zu anderen Ideen. Erst dann lässt sich ihr genauer Inhalt und damit auch ihr Platz im ganzen Ideennetz bestimmen. Dies ist in der oben zitierten Aussage über adäquate Ideen bereits zum Ausdruck gekommen. Wenn der Geist „von innen" vorgeht, erfasst er mehrere Ideen und damit auch die ihnen zugeordneten Gegenstände in ihrer jeweiligen Verknüpfung. Spinoza betont sogar, dass der Geist dann eine deutlichere Erkenntnis gewinnt, denn „je mehr die Tätigkeiten eines Körpers von ihm allein abhängen und je weniger andere Körper bei seinem Tätigsein mitwirken, desto fähiger ist sein Geist zu deutlicher Einsicht." (*E* II p13s) Konkret heißt dies: Je mehr ich mich auf veterinärmedizinische Studien konzentriere und – ungestört von äußeren Einflüssen – darauf achte, was die anatomischen und physiologischen Eigenschaften eines Pferdes sind, desto besser gelingt es mir, die Pferd-Idee in Relation zu anderen Ideen zu setzen und anzugeben, welche spezifischen Eigenschaften diese Idee anzeigt. Ich werde dann nicht mehr von äußeren Dingen abgelenkt, die in mir eine Fülle von Sinneseindrücken erzeugen und meine Aufmerksamkeit vom eigentlichen Objekt der Pferd-Idee wegführen.

Spinoza vertritt somit nur teilweise ein materialistisches Projekt. Nur für die Erklärung der Entstehung einer Idee bildet der Bereich des Materiellen den Ausgangspunkt. Hinsichtlich der Frage, worin der genaue Inhalt einer Idee besteht und wie dieser präzisiert werden kann, tritt Spinoza für ein mentalistisches Projekt ein. Stets muss die Verknüpfung einer Idee mit anderen Ideen und somit ihr Platz im mentalen Ideennetz in den Blick genommen werden.[12]

4 Irrtum und inadäquate Ideen

Würden wir über die Gesamtheit aller Ideen verfügen, würde sich das Problem des Irrtums gar nicht stellen. Wir hätten dann nicht nur Ideen für alle Gegenstände, sondern ein umfassendes Geflecht von Ideen, das die Eigenschaften der Gegenstände und ihre gegenseitigen Relationen korrekt anzeigt. Kurzum: Wir hätten die perfekte kognitive Landkarte. Dies ist genau die Situation des göttlichen Geistes: „Alle Ideen sind, insofern sie auf Gott bezogen sind, wahr." (*E* II p32) Werden die Ideen jedoch auf einen menschlichen Geist bezogen, können sie durchaus falsch sein. Ein Mensch verfügt ja nicht über die vollkommene kognitive Landkarte und zeichnet den Platz einzelner Dinge auf der unvollständigen Karte teilweise falsch ein. Doch worin besteht die Falschheit: in der bloßen Unvollständigkeit der Ideen oder in einer unkorrekten Verknüpfung? Und wie kann Falschheit korrigiert werden?

Spinoza beantwortet diese Fragen, indem er – wie eingangs bereits erwähnt – betont, dass Falschheit kein positives Merkmal von Ideen ist, sondern vielmehr ein „Mangel an Erkenntnis, den inadäquate, also verstümmelte und verworrene Ideen in sich schließen." (*E* II p35) Diese These wirft natürlich sogleich die Frage auf, worin denn die Inadäquatheit von Ideen besteht. Spinoza deutet eine Antwort auf diese zentrale Frage nur an. Sie lässt sich aber genauer fassen, wenn der Gegensatz zwischen dem göttlichen Geist, der immer alle Ideen umfasst, und dem menschlichen Geist, der nur einen Teil erfasst, in den Blick genommen wird. Spinoza betont selber diesen Gegensatz, indem er festhält:

> Und wenn wir sagen, Gott hat diese oder jene Idee, nicht insofern er nur die Natur des menschlichen Geistes ausmacht, sondern insofern er zusammen mit dem menschlichen Geist auch die Idee eines anderen Dinges hat, dann

---

12 In Anlehnung an Brandom 2002, 37, könnte man sogar sagen, dass Spinoza ein holistisches und inferentialistisches Projekt vertritt. Zu adäquaten Ideen gelangen wir nämlich nur, wenn wir im Ideennetz die inferentiellen Beziehungen zwischen den verschiedenen Ideen erfassen.

sagen wir, dass der menschliche Geist das Ding nur zum Teil, anders formuliert inadäquat, wahrnimmt. (*E* II p11c)

Gott hat eine Idee, indem er immer auch die Idee eines anderen Dinges hat, ja indem er über eine ganze Kette von Ideen verfügt. Der menschliche Geist hingegen verfügt nur über die „nackte" Idee und kann sie nicht oder nur teilweise in eine Kette von Ideen einfügen. Spinoza sagt deshalb auch, für den menschlichen Geist seien Ideen „gleichsam Schlusssätze ohne Vordersätze" (*E* II p28d). Dies deutet darauf hin, dass er den Grund für die Inadäquatheit in der mangelhaften Einbettung in eine logische Kette von Ideen sieht.[13] Für das Pferde-Beispiel heißt dies: Ich habe eine inadäquate Idee vom Pferd, weil ich diese Idee nicht vollständig mit allen anderen Ideen, die zur Charakterisierung eines Pferdes erforderlich sind (den Ideen von Säugetieren, Pflanzenfressern, Paarhufern usw.) zu verknüpfen vermag. Ich erhasche gleichsam einen kleinen Ausschnitt, noch dazu ohne die logische Verbindung unter den Ideen zu erfassen. So weiß ich nicht, ob aus der Tatsache, dass ein Pferd einen bestimmten Magen hat, folgt, dass es nur Pflanzen frisst, oder ob es sich gerade umgekehrt verhält. Die Ideen, die ich habe, sind nur lose miteinander verknüpft. Gott hingegen umfasst alle relevanten Ideen in der perfekten logischen Verbindung. Daher passt seine Pferd-Idee, die in ein ganzes Netz von Ideen eingebettet ist, vollkommen auf das Pferd: Sie zeigt alle realen Eigenschaften eines Pferdes und nur diese Eigenschaften an. Es ist daher nicht erstaunlich, dass Spinoza behauptet, eine adäquate Idee – also jene im göttlichen Geist – sei „eine Idee, die, insofern sie an sich und ohne Beziehung zum Objekt betrachtet wird, alle Eigenschaften oder innerlichen Merkmale einer wahren Idee hat." (*E* II def 4) Eine adäquate Idee ist eine wahre Idee, weil sie alles anzeigt, was sich tatsächlich in dem ihm zugeordneten Gegenstand befindet. Im Gegensatz dazu zeigt eine inadäquate Idee nur einen Teil der realen Eigenschaften an. Es kann sogar sein, dass sie aufgrund einer falschen Verknüpfung mit

---

13 Spinoza spricht selber freilich nur von einer *kausalen* Kette, die sich parallel zur kausalen Kette der materiellen Gegenstände verhält (vgl. programmatisch *E* II p7). Wilson 1996, 106, und Della Rocca 1996, 55, erklären daher eine inadäquate Idee als jene, die nicht alle Glieder in der kausalen Kette enthält. Wie Spinozas eigener Vergleich mit Prämissen und Schlusssätzen zeigt, ist das kausale Verhältnis aber am ehesten als ein logisches zu verstehen. Dies gilt vor allem, wenn man den „kausalen Rationalismus" (Bennett 1984, 29–30) berücksichtigt, der sich wie ein roter Faden durch Spinozas Argumentation zieht: Die begriffliche und logische Ordnung der Ideen widerspiegelt die kausale Ordnung der Gegenstände.

anderen Ideen eine Eigenschaft anzeigt, die sich gar nicht im Gegenstand befindet.

Dies ist nun für eine Erklärung des Irrtums relevant. Ich irre mich, wenn ich eine falsche Idee habe und nicht bemerke, dass sie falsch ist. Und falsch ist meine Idee genau dann, wenn sie inadäquat ist, d. h. wenn sie unvollständig in eine logische Kette von Ideen eingebunden ist und daher auch nur unvollständig anzeigt, welche Eigenschaften ein Gegenstand hat. Genau aus diesem Grund nennt Spinoza eine falsche Idee auch „verstümmelt" und „verworren". Sie ist verstümmelt, weil sie mit einem unvollständigen Teil der ganzen Ideenkette verbunden ist, und verworren, weil unklar ist, wie die Beziehung zwischen den einzelnen Gliedern dieser Kette beschaffen ist. Und natürlich ist sie auch verworren, weil sie die bereits genannte zweifache intentionale Beziehung aufweist, nämlich zum eigenen körperlichen Zustand ebenso wie zum äußeren Gegenstand. Wenn ich eine Pferd-Idee habe, weiß ich nicht genau, ob sie nun etwas in meinem Körper oder im Pferd anzeigt, und schreibe vielleicht eine sinnliche Eigenschaft, die nur in meinem Körper ist, dem Pferd selbst zu.

Aus dieser Analyse des Irrtums geht sogleich hervor, welche Therapie zur Überwindung eines Irrtums erforderlich ist. Zum einen muss man versuchen, eine Idee möglichst lückenlos mit anderen Ideen zu verbinden, um so ihren Platz im Ideennetz genau zu bestimmen und damit auch alle Eigenschaften zu erfassen, die ein Gegenstand hat. Erst wenn ich mich eingehend mit Säugetieren, Pflanzenfressern usw. befasst habe, kann ich meine Pferd-Idee so präzisieren, dass sie alles anzeigt, was ein Pferd tatsächlich hat. Zum anderen muss man auch darauf abzielen, die beiden intentionalen Objekte einer Idee möglichst genau voneinander zu unterscheiden, um zu vermeiden, dass sinnliche Eigenschaften mit realen Eigenschaften verwechselt werden. Dies ist freilich nicht auf einen Schlag möglich, sondern nur in mehreren Schritten. Irrtum kann deshalb nur graduell überwunden werden, indem immer adäquatere Ideen erworben werden. Das Ideennetz muss immer enger geflochten und immer präziser auf die jeweiligen Gegenstände bezogen werden.

Allerdings stellt sich dann immer noch die Frage, ob hier nicht einfach ein Irrtum mit einer unvollständigen Erkenntnis verwechselt wird. Es ist doch eine Sache, ein unvollständiges oder ungenau geflochtenes Ideennetz zu haben und dadurch nicht alle Eigenschaften zu erfassen, die ein Gegenstand hat (z. B. wenn mir entgeht, worin das Verdauungssystem eines Pferdes besteht). Eine ganz andere Sache ist es, einem Gegenstand eine Eigenschaft zuzuschreiben, die er in Tat und Wahrheit nicht hat (z. B. wenn

ich meine, ein Pferd habe Schwimmhäute), oder sogar einen nicht existierenden Gegenstand für existent zu halten (z. B. wenn ich glaube, dass
Pegasus ein Pferd ist und existiert). Muss für eine Erklärung dieser Fälle
nicht etwas in Anspruch genommen werden, was über die Inadäquatheit
der Ideen hinausgeht? Keineswegs. Wenn ich einem Gegenstand eine Eigenschaft zuschreibe, die er nicht hat, liegt der Grund nur darin, dass ich
nicht das vollständige Ideennetz erfasse und falsche Verbindungen zwischen
einzelnen Ideen herstelle, etwa zwischen der Idee von einem Pferd und jener
von einem Wassertier. Und wenn ich einen nicht existierenden Gegenstand
für existent halte, liegt der Grund wiederum darin, dass ich zwei Ideen,
die nicht miteinander verbunden sind, in Relation zueinander setze, etwa
indem ich die Idee von einem Pferd mit jener von etwas Geflügeltem ver-
binde. Kurzum: Der Grund für den Irrtum liegt immer darin, dass mein
Ideennetz defizitär ist.

Daraus ergibt sich eine weitere Erklärung für Sinnestäuschungen. Was
ist der Grund dafür, dass ich den ins Wasser eingetauchten Holzstab für gekrümmt halte? Oder um Spinozas eigenes Beispiel aufzugreifen: Was ist der
Grund dafür, dass ich irrtümlicherweise glaube, die Sonne sei nur 200 Fuß
entfernt? In beiden Fällen liegt der Grund in der unvollständigen Verknüpfung einer Idee mit anderen Ideen. Ich erkenne nicht, dass etwas, was aus
Holz besteht und somit hart ist, durch das Eintauchen in das Wasser nicht
gekrümmt wird; meine Verbindung der Ideen von Holz, Härte und Wasser
ist defizitär. Ich erkenne auch nicht, dass die Sonne ein überaus großer, hei-
ßer Himmelskörper ist und weit entfernt sein muss, damit die Erde nicht
verglüht; meine Verbindung der Ideen von Sonne, Erde und Entfernung ist
defizitär. Es ist daher nicht erstaunlich, dass Spinoza betont, „dass wir, während wir die Sonne so vorstellen, ihre wahre Entfernung [...] nicht kennen."
(*E* II p35s) In der bloßen Wahrnehmung, in der wir von Sinneseindrücken
ausgehen und nur auf eine begrenzte, lose verknüpfte Menge von Ideen
Zugriff haben, können wir die korrekte Entfernung nicht bestimmen. Dies
gelingt uns erst, wenn wir gleichsam einen Schritt zurücktreten und uns
fragen, wie sich die Ideen Sonne, Erde und Entfernung überhaupt zueinander verhalten. Wir müssen also über die korrekte Verknüpfung der
Ideen reflektieren und können nur so den Irrtum korrigieren, dem wir in
der Wahrnehmungssituation unweigerlich ausgeliefert sind.[14]

---

14 Yovel 1984 betont in Anlehnung an Davidson zu Recht, dass man zur Korrektur
    ein „explanatory scheme" benötigt, das die Ideen einander richtig zuordnet und
    nicht aus einer einzigen Wahrnehmung gewonnen werden kann. Allerdings ist zu

Gegen diese Auffassung von Irrtum hat J. Bennett den Einwand erhoben, sie verwechsle die Genese eines Irrtums mit dem, worin er besteht, und sei deshalb vollkommen verfehlt (vgl. Bennett 1984, 169). Auf den ersten Blick scheint dieser Einwand berechtigt zu sein. So ist es doch eine Sache, zu sagen, mein Irrtum bezüglich der Entfernung der Sonne entstehe dadurch, dass ich nicht alle relevanten Ideen korrekt miteinander verknüpfe. Eine ganz andere Sache ist es, zu behaupten, mein Irrtum bestehe in nichts anderem als in dieser mangelhaften Verknüpfung. Müsste man nicht korrekterweise sagen, der Irrtum bestehe in dem Urteil, in dem ich der Sonne eine falsche Entfernung von der Erde zuschreibe? In der Tat besteht der Irrtum darin. Aber das Urteil wird innerhalb eines Ideennetzes gebildet und besteht deshalb darin, dass innerhalb dieses Netzes eine falsche Relation hergestellt wird. Bildlich gesprochen: Nur indem ich ein abwegiges Ideennetz aufspanne und die Idee von der glühenden Sonne mit der Idee von einem nahen Gegenstand in direkte Verbindung bringe, schreibe ich der Sonne die Eigenschaft zu, 200 Fuß von der Erde entfernt zu sein. Der Irrtum *besteht* darin, dass mein Ideennetz unvollständig geknüpft ist und nicht auf die Sonne passt. Und eine Korrektur des Irrtums gelingt mir nur, wenn ich mein Ideennetz erweitere und revidiere. Daher lässt sich ein Irrtum nicht einfach punktuell korrigieren, etwa indem eine Idee getilgt oder eine andere hinzugefügt wird. Vielmehr muss die gegenseitige Zuordnung der Ideen innerhalb des ganzen Netzes revidiert werden.

Genau für diese Revision spielt die Wahrnehmung, zusammen mit theoretischer Reflexion, eine zentrale Rolle. Denn indem ich astronomische Studien betreibe und die Entfernung verschiedener Himmelskörper beobachte, kann ich mein Ideennetz vergrößern und verfeinern, teilweise auch revidieren. Würde ich als „Lehnstuhl-Philosoph" bloß auf jene Ideen zurückgreifen, die ich bereits habe, und über ihre Relation nachdenken, gelänge es mir nicht, Anpassungen vorzunehmen. Die Wahrnehmung hat daher einen zwiespältigen Charakter. Einerseits liefert sie nur inadäquate Ideen und führt dazu, dass wir eine „verstümmelte und verworrene" Erkenntnis von den materiellen Gegenständen haben. Andererseits bietet sie den einzigen Zugang zu diesen Gegenständen. Ob wir wollen oder nicht, wir müssen immer ausgehend von der Wahrnehmung zu erkennen versuchen, welche Gegenstände existieren und in welcher Relation sie zueinander

---

betonen, dass das Erklärungsschema nicht angeboren ist, sondern seinerseits auf der Grundlage von Wahrnehmungen erworben, ergänzt und gegebenenfalls revidiert werden muss.

stehen. Und wir müssen immer auf diesem Weg eine schrittweise Erweiterung und Verfeinerung unseres Ideennetzes anstreben. Ein anderer Weg steht uns nicht offen.

Wenn man in Betracht zieht, dass Spinoza die Ausarbeitung eines immer umfassenderen und kohärenteren Ideennetzes als das Hauptziel bestimmt, das ein Wahrnehmender verfolgen sollte, wird auch deutlich, warum er auf dem Unterschied zwischen Aktivität und Passivität insistiert: Passiv ist jemand, wenn er bloß inadäquate Ideen hat, aktiv hingegen, wenn er adäquate Ideen bildet.[15] So verhält sich jemand passiv, wenn er vor einem Pferd steht, einfach die Eindrücke von etwas Braunem, Warmem, Wieherndem aufnimmt und diese lose aneinander reiht. Er ist dann weder imstande, die realen Eigenschaften des Pferds zu bestimmen, noch kann er erläutern, warum ein Pferd bestimmte Eigenschaften hat oder warum es bestimmte Sinneseindrücke hervorruft. Erst wenn er über seine Eindrücke reflektiert, kann er angeben, was wirklich zum Pferd gehört, ja aufgrund der anatomischen und physiologischen Struktur zu einem Pferd gehören muss. Dies heißt freilich nicht, dass er dann seine Sinneseindrücke ignoriert und die durch sie ausgelösten Urteile einfach tilgt.[16] So kann er nach wie vor das Urteil „Das Pferd ist braun" bilden und sich der spontanen Bildung dieses Urteils kaum entziehen. Entscheidend ist weniger die Entstehung als die Interpretation dieses Urteils. Verhält sich jemand passiv, glaubt er in naiver Weise, das Pferd selbst sei braun. Verhält er sich hingegen aktiv, sieht er ein, dass das Urteil im Sinne von „Das Pferd erzeugt aufgrund der Partikelstruktur seines Fells in mir den Eindruck von etwas Braunem" zu verstehen ist. Diese Interpretation ist nur möglich, wenn die Ideen vom Pferd, von seinem Fell, von der Entstehung des Sinneseindrucks usw. adäquat miteinander verknüpft werden.

Freilich ist zu betonen, dass adäquate Ideen höchstens ansatzweise gebildet werden.[17] Adäquatheit ist ein regulatives Ideal: Wie unvollständig

---

15 Vgl. *E* IIIp1, dazu Nadler 2006, 193–194.

16 Da es Spinoza zufolge eine notwendige, nomologisch festgelegte Abfolge von Ereignissen in der materiellen Welt gibt (vgl. Perler 2006), müssen sogar Sinneseindrücke entstehen. Konkret heißt dies: Naturgesetze legen fest, dass jemand, der vor einem Pferd steht, durch Lichtstrahlen, warme Luft usw. derart affiziert wird, dass er die Sinneseindrücke von etwas Braunem, Warmem usw. gewinnt. Es ist dann unausweichlich, dass er auch entsprechende Ideen hat, da diese (aufgrund der Doppelstruktur-These) ja nichts anderes als das geistige Gegenstück zu den körperlichen Zuständen sind.

17 In *E* IIp29c räumt Spinoza ein, dass der menschliche Geist weder von sich selbst, noch von seinem eigenen Körper, noch von anderen Körpern adäquate Ideen und

und obskur die Ideen auch sein mögen, die wir in konkreten Wahrnehmungssituation bilden, wir sollten stets danach streben, ihre Genese und
ihre gegenseitige Verknüpfung genau zu bestimmen. Nur so können wir –
zumindest ansatzweise – nicht nur sagen, wie uns die Gegenstände aufgrund
der Sinneseindrücke gerade erscheinen, sondern wie sie wirklich sind.

5   Empirismus und metaphysischer Rationalismus

Berücksichtigt man den schrittweisen Übergang von inadäquaten zu adäquaten Ideen, lässt sich das eingangs gestellte Rätsel lösen. Wie kann Spinoza einerseits einräumen, die Sinneswahrnehmung sei irreführend und liefere
nur eine verstümmelte und verworrene Erkenntnis, andererseits aber daran
festhalten, dass sie eine genuine Erkenntnis bietet? Die Antwort lautet: Da
wir durch die Wahrnehmung nur einen Teil aller Ideen gewinnen, noch dazu Ideen, die unzulänglich miteinander verknüpft sind und sich ebenso auf
unsere körperlichen Zustände wie auf die materiellen Gegenstände beziehen, sind sie irreführend und vermitteln kein vollständig korrektes Bild der
Wirklichkeit. Trotzdem beziehen sie sich auf die materiellen Gegenstände
und stellen diese teilweise korrekt dar. Daher bieten sie eine Erkenntnis,
die freilich ergänzt und partiell korrigiert werden muss. Doch Erkenntnis
kann ohnehin nur etappenweise gewonnen werden. Sinneswahrnehmung
ist die erste und unverzichtbare Etappe auf dem Weg.

Diesen Punkt gilt es zu beachten, um ein Vorurteil zu vermeiden,
das sich selbst bei scharfsinnigen Kommentatoren findet. Spinoza, so wird
gelegentlich argumentiert, sei ein sinnesfeindlicher Philosoph, der behaupte, die Tätigkeit der Sinne müsse zugunsten einer rein rationalen Tätigkeit
überwunden werden. So behauptet J. Bennett, der freie Mensch sei Spinoza
zufolge jemand, der sich nicht auf seine Sinne beziehe, ja man könne kaum
umhin festzustellen, dass sich Spinoza darauf verpflichte, „sinnliche Deprivation als ein Ideal anzubieten" (Bennett 1984, 325). Ein freier Mensch
beziehe sich nämlich nur auf die adäquaten Ideen, die er kraft seiner Vernunft – nicht seiner Sinne – aktiv hervorbringe, und er lasse sich in seinen

---

damit eine adäquate Erkenntnis hat. Nur von Merkmalen, die allen Dingen gemeinsam sind, können adäquate Ideen gebildet werden (vgl. *E* IIp38). Um die
Metapher von der kognitiven Landkarte wieder aufzugreifen, könnte man daher
sagen: Zwar können wir nie eine perfekte Karte herstellen, die alle *einzelnen* Dinge genau so darstellt, wie sie sind. Wir sind aber in der Lage, eine Karte für die
allgemeinen Merkmale zu bilden, die sich in den einzelnen Dingen finden.

Handlungen nur von diesen Ideen leiten. Dazu ist erstens zu bemerken, dass selbst die adäquaten Ideen einer sinnlichen Grundlage bedürfen. So kann jemand nur dann eine adäquate Idee von einem Pferd hervorbringen (oder die Bildung einer solchen Idee zumindest anstreben), wenn er aufgrund sinnlicher Eindrücke zahlreiche Ideen von einem konkreten Pferd erworben hat. Natürlich muss er diese Ideen ordnen und die beiden intentionalen Objekte dieser Ideen sorgfältig voneinander unterscheiden, um eine komplexe Idee zu bilden, die alle Eigenschaften eines Pferdes und nur diese Eigenschaften anzeigt. Trotzdem sind die sinnlichen Ideen, wie konfus und inadäquat sie auch sein mögen, die unverzichtbare Grundlage für die Bildung einer adäquaten Idee. Zweitens ist festzuhalten, dass Spinoza aufgrund seiner Doppelstruktur-Theorie (vgl. Abschnitt 3) ohnehin keine rein rationale Tätigkeit annimmt, die irgendwie von einer sinnlichen Tätigkeit abgetrennt werden könnte. Weil jede Idee mit einem körperlichen Zustand einhergeht und dieser wiederum durch die Einwirkung eines äußeren Gegenstandes auf die Sinne ausgelöst wird, hat jede Idee eine sinnliche Grundlage. Selbst die adäquate Idee von einem Pferd ist also an sinnliche Eindrücke von einem Pferd geknüpft. Sie zeichnet sich nicht dadurch aus, dass sie von der sinnlichen Grundlage irgendwie abgekoppelt wäre, sondern dass sie einen bestimmten *Inhalt* hat: Sie hat „alle Eigenschaften oder inneren Merkmale einer wahren Idee" (*E* II d4) und zeigt daher nur das an, was ein Pferd ausmacht. Diesen Inhalt hat sie aber nur, weil sie mit zahlreichen anderen Ideen, die ebenfalls auf sinnlicher Grundlage gewonnen wurden, auf geordnete Weise verknüpft ist. Kurzum: Nicht die Trennung von der sinnlichen Grundlage, sondern die geordnete Verknüpfung macht eine adäquate Idee aus.

Beachtet man diese fundierende Funktion der Sinneswahrnehmung, wird verständlich, warum Spinoza behauptet, Wahrnehmung gehöre zur ersten Gattung von Erkenntnis (vgl. *E* II p40s2). Wenn sie auch defizitär und korrekturbedürftig ist, bietet sie doch einen Zugang zur materiellen Welt und ermöglicht uns, nach und nach eine kognitive Landkarte von dieser Welt zu entwerfen. Natürlich ist die Landkarte lückenhaft und weist Fehler auf. Nur mithilfe der dritten Gattung von Erkenntnis, der so genannten „intuitiven Erkenntnis", könnten wir eine vollständige Landkarte entwerfen und würden gleichsam auf einen Schlag sehen, wie alle Ideen einander zugeordnet sind.[18] Wenn diese Art von Erkenntnis auch erstrebens-

---

18 Vgl. zu dieser Art von Erkenntnis Bartuschat 1992, 119–123, und Wilson 1996, 126–131.

wert ist,[19] so ist sie doch schwer zu erreichen und baut auf der sinnlichen Grundlage auf. Ob wir wollen oder nicht, wir müssen von der Wahrnehmung ausgehen und können uns nur bemühen, die Landkarte immer besser auszudifferenzieren und anzupassen, sobald wir neue Eindrücke erhalten. Wir sind aber nie in der Lage, ein für allemal eine korrekte Landkarte zu erwerben oder unsere defizitäre Landkarte an einem perfekten Modell abzugleichen. Um eine berühmte Metapher von O. Neurath aufzugreifen, könnte man sagen: Wir sind wie Schiffer, die auf offener See ihr Schiff ständig umbauen müssen, ohne je sicheres Land erreichen zu können. Mitten in den verschiedenen Wahrnehmungssituationen, die uns teils unvollständige und teils irreführende Informationen über die materielle Welt liefern, müssen wir ein Ideensystem aufbauen, es revidieren und korrigieren, ohne dass wir je den Hafen eines umfassenden und sicheren Systems anlaufen können.

Angesichts dieses Erklärungsansatzes wäre es irreführend, Spinoza einfach als Rationalisten zu bezeichnen. Weder rekurriert er (wie prominenterweise Descartes) auf angeborene Ideen, die einen sicheren Hafen bieten, noch beruft er sich (wie Malebranche) auf Ideen im göttlichen Geist, an denen wir partizipieren.[20] *Erkenntnistheoretisch* betrachtet vertritt Spinoza einen Empirismus: Die Sinneswahrnehmung ist für uns Menschen der einzige Ausgangspunkt für den Aufbau eines Ideensystems und bietet das einzige Fundament für eine Erkenntnis von der materiellen Welt. Dies heißt freilich nicht, dass Spinoza auch *metaphysisch* betrachtet einen Rationalismus von sich weist.[21] Im Gegenteil: Seine Parallelismus-These, die eine Übereinstimmung von Ideen und Gegenständen postuliert, bietet eine Garantie dafür, dass die Ideen, die wir Schritt für Schritt erwerben, tatsächlich auf die Welt passen, und dass das ganze Ideennetz, das wir nach und

---

19 In *E* V p27 betont Spinoza, ihr entspringe „die höchste Zufriedenheit des Geistes, die es geben kann."

20 Dies ist gegenüber Allison 1987, 114, festzuhalten, der meint, Spinoza zufolge seien alle Ideen angeboren, da ja keine geistige Idee durch einen körperlichen Zustand verursacht werden könne. Diese Interpretation betont zwar zu Recht, dass es aufgrund der kausalen Geschlossenheit im Bereich des Denkens keine *direkte* Verursachung durch etwas Körperliches geben kann. Sie übersieht aber, dass es aufgrund der Parallelismus-These eine *indirekte* Verursachung geben kann: Ein körperlicher Gegenstand verursacht einen körperlichen Zustand, der – wie Allison selber festhält – mit einem geistigen Zustand korreliert (oder sogar mit ihm identisch ist; vgl. Anm. 6). Spinoza verweist an keiner Stelle auf angeborene Ideen.

21 Vgl. zur Unterscheidung von erkenntnistheoretischem und metaphysischem Rationalismus prägnant Cottingham 1988, 4–11.

nach entwerfen, die Gegenstände und ihre Relationen korrekt darstellen. Nur weil es eine Garantie für eine solche rationale Ordnung gibt, können wir sicher sein, dass wir ausgehend von der Wahrnehmung ein Ideennetz aufbauen, das uns anzeigt, wie die materielle Welt beschaffen ist. Und nur dank dieser Garantie können wir auch sicher sein, dass wir alle – zumindest idealerweise – über dasselbe Netz verfügen werden. Oder in Neuraths Metapher ausgedrückt: Auch wenn wir nie einen sicheren Hafen anlaufen können, haben wir eine Garantie dafür, dass wir alle ein Schiff aufbauen, das uns sicher über das Meer bringen wird, ja dass wir uns sogar alle auf demselben Schiff befinden.

Literatur

Primärliteratur

Spinoza, B. de, *Abhandlung über die Verbesserung des Verstandes*, übers. von W. Bartuschat, Hamburg: Meiner 1993.

–, *Ethik in geometrischer Ordnung dargestellt*, übers. von W. Bartuschat, Hamburg: Meiner 1999.

–, *Kurze Abhandlung von Gott, dem Menschen und dessen Glück*, auf der Grundlage der Übers. von C. Gebhardt neu hrsg. von W. Bartuschat, Hamburg: Meiner 1991.

Sekundärliteratur

Adler, J., „Spinoza's Physical Philosophy", *Archiv für Geschichte der Philosophie* 78 (1996), 253–276.

Allison, H. E., *Benedictus de Spinoza. An Introduction*, New Haven & London: Yale University Press 1987.

Bartuschat, W., *Spinozas Theorie des Menschen*, Hamburg: Meiner 1992.

Bennett, J., *A Study of Spinoza's Ethics*, Indianapolis: Hackett 1984.

–, „Spinoza on Error", *Philosophical Papers* 15 (1986), 59–73.

Brandom, R., *Tales of the Mighty Dead. Historical Essays in the Metaphysics of Intentionality*, Cambridge, Mass.: Harvard University Press 2002.

Carriero, J., „On the Relationship between Mode and Substance in Spinoza's Metaphysics", *Journal of the History of Philosophy* 33 (1995), 245–273.

Cottingham, J., *The Rationalists*, Oxford & New York: Oxford University Press 1988.

202 Dominik Perler

Curley, E., *Behind the Geometrical Method. A Reading of Spinoza's Ethics*, Princeton: Princeton University Press 1988.

Della Rocca, M., *Representation and the Mind-Body Problem in Spinoza*, New York & Oxford: Oxford University Press 1996.

Garrett, D., „*Ethics* 1P5: Shared Attributes and the Basis of Spinoza's Monism", in: *Central Themes in Early Modern Philosophy*, hrsg. von J. A. Cover & M. Kulstad, Indianopolis: Hackett 1990, 69–108.

Nadler, S., *Spinoza's Ethics. An Introduction*, Cambridge & New York: Cambridge University Press 2006.

Perler, D., „Das Problem des Nezessitarismus (1p28–36)", in: *Baruch de Spinoza: Ethik*, hrsg. von M. Hampe & R. Schnepf, Berlin: Akademie-Verlag 2006, 59–80.

–, „Spinozas Antiskeptizismus", *Zeitschrift für philosophische Forschung* 61 (2007), 1–26.

Radner, D., „Spinoza's Theory of Ideas", *Philosophical Review* 80 (1971), 338–359.

Wilson, M. D., „Spinoza's Theory of Knowledge", in: *The Cambridge Companion to Spinoza*, hrsg. von D. Garrett, Cambridge & New York: Cambridge University Press 1996, 89–141.

–, „Objects, Ideas, and 'Minds'. Comments on Spinoza's Theory of Mind", in dies., *Ideas and Mechanism. Essays on Early Modern Philosophy*, Princeton: Princeton University Press 1999, 126–140.

Yovel, Y., „The Second Kind of Knowledge and the Removal of Error", in: *Spinoza on Knowledge and the Human Mind*, hrsg. von Y. Yovel, Leiden: Brill 1994, 93–110.

Andreas Kemmerling

Locke über die Wahrnehmung sekundärer Qualitäten

Für Rainer Specht

John Lockes (1632–1704) Wahrnehmungstheorie dient einem klaren philosophischen Ziel.[1] Sie soll dazu beitragen, seine empiristische Grundthese zu untermauern, dass alle unsere Ideen letztlich aus der Erfahrung kommen – entweder aus der sinnlichen Wahrnehmung äußerer Gegenstände, oder aus der Reflexion, d. h. aus der inneren Wahrnehmung dessen, was im eigenen Geist gegeben ist. Jede Idee ist entweder komplex (d. h. das Ergebnis geistiger Operationen wie denen des Zusammenfügens, Vergleichens, Erweiterns und Abstrahierens von einfachen Ideen), oder sie ist eine einfache Idee. Einfache Ideen charakterisiert er folgendermaßen: Sie bieten dem Geist etwas Einheitliches dar, in dem kein Unterschied anzutreffen ist, und lassen sich deshalb nicht in verschiedene Ideen zerlegen. Der Geist ist nicht fähig, aus eigener Kraft einfache Ideen zu bilden oder zu zerstören; darin sind sie den kleinsten Teilchen der Körperwelt vergleichbar (II.2.1 f.). Sie sind also keine Fiktionen unserer Einbildung, sondern „notwendigerweise das Produkt von Dingen, die auf den Geist in einer natürlichen Weise einwirken"; zwischen ihnen und den Dingen, die sie uns repräsentieren, besteht eine „Konformität", die für wirkliches Wissen ausreicht (IV.4.4).

Wir werden uns hier auf Lockes Theorie der Sinneswahrnehmung beschränken, die er viel detaillierter ausführt als seine Theorie der Reflexion. Insbesondere wird es darum gehen, vor welche komplexe Problemlage Lockes wahrnehmungstheoretischer Ansatz durch eine bestimmte Klasse körperlicher Eigenschaften (die so genannten sekundären Qualitäten) gestellt wird und welche Lösung er entwickelt. Die Komplexität des Problems,

---

1 In meinen Verweisen auf Lockes *Essay concerning Human Understanding* bezieht sich die römische Ziffer auf das Buch, die zweite auf das Kapitel und die dritte auf den Abschnitt. („I.2.3" bezeichnet also den dritten Abschnitt des zweiten Kapitels des ersten Buchs.)

vor dem Locke steht, rührt – wie im Folgenden deutlich werden wird – daher, dass es Annahmen aus unterschiedlichen Bereichen sind (Erkenntnistheorie, Kausaltheorie, Repräsentationstheorie und Ontologie), die im Falle der primären Qualitäten keine Schwierigkeiten bereiten, wohl aber im Falle der sekundären.

Beispiele für sekundäre Qualitäten sind: die Röte einer reifen Tomate, die Süße eines Zuckerwürfels oder die Kälte eines Schneeballs. Das Wesen solcher Eigenschaften ist bis heute Gegenstand philosophischer Kontroversen. Sind sie objektiv in den materiellen Gegenständen vorhanden, oder sind sie „phänomenale" Eigenschaften, die nicht den Gegenständen selbst, sondern eigentlich nur unserer Wahrnehmung zukommen? Sind sie vielleicht hybride Eigenschaften, in denen objektive und subjektive Aspekte zusammenspielen? Oder gibt es sekundäre Qualitäten überhaupt nicht; entpuppen sich unsere Begriffe von ihnen bei genauerer Betrachtung als leere Konstrukte, die auf nichts in der Welt zutreffen? Lockes ingeniöse Wahrnehmungstheorie ist ein Meilenstein in der Geschichte des philosophischen Streits um diese Fragen, und ihre Rekonstruktion ist nicht nur von historischem Interesse, sondern führt uns in eine philosophische Problematik, die heute nicht weniger aktuell ist als vor 200 Jahren.[2]

Lockes Lehre von der Sinneswahrnehmung ist zwar eine philosophische, aber keine bloße Begriffsuntersuchung dazu, was „wahrnehmen" heißt. Sie soll verständlich werden lassen, wie Wahrnehmung in natürlichen Kausalprozessen zustande kommt. Der theoretische Hintergrund, vor dem Locke seine Lehre entwickelt, ist die Korpuskel-Theorie, die er nicht für erwiesen hält, sondern für eine Hypothese (IV.3.16) – allerdings für die beste verfügbare Hypothese, um von den Eigenschaften und der Interaktion von Körpern eine verständliche Erklärung zu geben. Dieser Hypothese zufolge ist jeder Körper nichts anderes als eine Ansammlung von unwahrnehmbar kleinen Korpuskeln, und alles, was in der Körperwelt vor sich geht, lässt sich letztlich mit Rückgriff auf Korpuskeln und deren physikalische Eigenschaften erklären.[3]

2　Das Problem der Farben und ihrer Wahrnehmung steht im Vordergrund der zeitgenössischen Diskussion zum Thema sekundäre Qualitäten. Einen guten Überblick dazu bieten Maund (1995) und Byrne/Hilbert (1997).

3　Korpuskeln sind für Locke offenbar Atome: nicht nur unwahrnehmbar klein, sondern auch unteilbar (II.27.3). Vermutlich hielt er sie nur für de facto, nicht für prinzipiell, unteilbar. Jedenfalls gibt es einige Stellen, die darauf hindeuten, dass ihm der Begriff eines unteilbaren Stücks Materie unheimlich war (z. B. II.17.12; IV.17.10). Lockes Konzeption des Korpuskularismus und insbesondere auch seine Unter-

Innerhalb dieses korpuskularistischen Ansatzes soll eine Wahrnehmungstheorie, wie Locke sie anstrebt, zumindest in Umrissen verständlich machen, wie wir vermittels unserer Sinnesorgane Eigenschaften an Gegenständen wahrnehmen. Sie soll weiterhin die empiristische These plausibel machen, dass *alle* unsere einfachen Sinnes-Ideen aus der Sinneswahrnehmung stammen: wir nehmen sie an Gegenständen wahr, indem wir Ideen von ihnen empfangen. Dies ist der Ausgangspunkt der Lockeschen Wahrnehmungstheorie:

Wenn ein Subjekt *S* an einem Gegenstand *x* die Eigenschaft *E* wahrnimmt, dann hat *S* eine durch *x* hervorgerufene Idee von *E*.

Bevor wir uns weiter mit den beiden Leitfragen beschäftigen, wie es im Rahmen der Korpuskular-Hypothese zu erklären ist, dass körperliche Gegenstände bzw. ihre Eigenschaften Ursachen von Ideen sein können und ob wirklich alle einfachen Sinnes-Ideen als derartige Wirkungen aufgefasst werden können, wollen wir zunächst versuchen, besser zu begreifen, was Locke unter einer Idee versteht.

1 Ideen und Perzeptionen: Lockes undeutliche ontologische Lehre

Was eine Idee ist, definiert Locke nirgendwo. Aber er gibt mannigfache Erläuterungen und Umschreibungen – so viele allerdings, dass es schwierig ist, daraus eine konsistente Konzeption zu rekonstruieren. Selbst führende Interpreten sind sich bis zum heutigen Tag darüber uneins, ob Lockesche Ideen als geistige *Objekte* aufzufassen sind, zu denen das Subjekt in bestimmte Beziehungen treten kann, oder ob sie geistige *Vorgänge* („Perzeptionen") sind, deren repräsentationaler Gehalt durch das Wort „Idee" akzentuiert wird.[4] Schon Thomas Reid hatte auf diese Mehrdeutigkeit aufmerksam gemacht: an vielen Stellen sei mit „Idee" bei Locke nur der Akt

---

scheidung zwischen primären und sekundären Qualitäten von Körpern ist durch die wissenschaftlichen Theorien seines Freundes Robert Boyle geprägt; vgl. dazu insbesondere Alexander (1985). Als knapper Überblick zur Geschichte der Unterscheidung zwischen primären und sekundären Qualitäten vor Boyle und Locke ist immer noch zu empfehlen: W. Hamiltons Darstellung in Reid (1785/1863, Band II), 825 ff.

4   Die Objekt-Auffassung wird z. B. von Mackie 1976, 44 ff., Chappell 1994 und Bennett 2001, Kap. 24, § 154) vertreten; die Vorgangsauffassung insbesondere von Yolton 1993, 88 ff.

des Geistes beim Erfassen eines Objekts gemeint; an andern Stellen aber eine Art Schatten-Entität, die zwischen dem Gedanken und dem Objekt des Denkens angesiedelt ist und eine gesonderte Existenz für sich hat.[5]

Es scheint mir die letztlich philosophisch wohlmeinendere Interpretation Lockes zu sein, dass der Vorgangssinn des Wortes „Idee" für ihn der ontologisch grundlegende ist. Einige Stellen sprechen für diese Deutung: Das Ideen-Haben und das Perzipieren sind ein und dasselbe (II.1.9); ja, unsere Ideen selbst *sind* nichts anderes als bloße Erscheinungen oder Perzeptionen in unserm Geist (II.32.1 und II.32.3). Zwar spricht er sehr häufig von Ideen als Objekten, die im Geist perzipiert werden, und bezeichnet sie auch als Materialien des Denkens und Wissens (z. B. II.8.8 und II.1.2); ontologisch gesehen ist diese Redeweise aber vielleicht nur eine façon de parler. Dafür spricht z. B. folgender Textbeleg: Wenn er sagt, das Gedächtnis sei gleichsam das Lagerhaus unserer Ideen, in dem sie gleichsam außer Sichtweite abgelegt werden (II.10.2), dann lässt er es an dieser Stelle nicht damit genug sein, durch zweimaliges „gleichsam" den Analogiecharakter dieser Beschreibung deutlich zu machen. Vielmehr weist er auch unmittelbar anschließend ausdrücklich darauf hin, dass Ideen Perzeptionen sind: „Jedoch sind unsere Ideen *nichts anderes als aktuale Perzeptionen* im Geist, und sie hören auf, irgendetwas zu sein, wenn es keine Perzeption von ihnen gibt" (meine Hervorhebung).

Das Perzipieren ist für Locke eine so grundlegende Geistestätigkeit, dass es nicht viel Erhellendes darüber zu sagen gibt: *„Was Perzeption ist, wird jedermann besser dadurch erkennen, dass er darauf reflektiert, was er selbst tut, wenn er sieht, hört, fühlt, usw. oder denkt, als durch irgendeinen Diskurs von mir. Wer darauf reflektiert, was sich in seinem eigenen Geist abspielt, dem kann es nicht entgehen: Und wer nicht reflektiert, dem können alle Wörter der Welt keinen Begriff davon geben"* (II.9.1). Zwei Aspekte sind Locke jedoch wichtig. Erstens ist der Geist beim bloßen Perzipieren weitgehend passiv und kann das, was er perzipiert, nicht zu perzipieren vermeiden. Zweitens gehört es zum Perzipieren, dass dem Geist das Perzipierte nicht entgeht. Unbewusstes Wahrnehmen kann es nicht geben, denn das Perzipieren ist ein geistiges Notiz-Nehmen (II.9.1–4).

---

5   Vgl. hierzu: Reid 1785/1863 Band I, 279. An dieser Stelle sagt Reid in Bezug auf Locke: „Es scheint wahrscheinlich, dass der Autor diese Mehrdeutigkeit nicht bemerkt hat und es [das Wort „Idee"] mal im einen, mal im andern Sinn verwendet hat, je nachdem, was das Thema erforderte; und dass die weitaus meisten seiner Leser dasselbe getan haben".

Lockes übliche Ausdrucksweisen haben die Form: „Der Geist perzipiert die Idee". Dies nimmt sich wie eine Relationsaussage aus: „Zwischen dem Geist g und der Idee i besteht die Perzeptionsbeziehung", oder kurz:

Perzipieren(g, i).

Doch im Lichte dessen, was wir gerade betrachtet haben, ist diese relationale Darstellung mit Vorsicht zu genießen. Denn das Perzipieren, um das es geht, und die Idee, um die es geht, sind ja nichts voneinander Unabhängiges. Die Idee ist kein eigenständiges Relatum, zu dem ein Geist in der Perzeptionsrelation stehen kann oder auch nicht. Ist die Feststellung, dass der Geist eine Idee perzipiert, also so zu verstehen, dass dem Geist eine nichtrelationale Eigenschaft zugeschrieben wird? Dann sollte unsere obige Ausdrucksweise vielleicht besser so gelesen werden: „Die Eigenschaft des i-Perzipierens kommt g zu", oder kurz:

i-Perzipieren(g).

Dadurch würde immerhin deutlicher, dass die Idee und ihr Perzipiertwerden nicht voneinander getrennt werden können. Aber auch das ist keine befriedigende Darstellung. Denn für Locke sind Perzeptionen ja keine Eigenschaften, die einem Geist zukommen, sondern konkrete Vorgänge, die sich in einem Geist abspielen. Mithin ist das, was mit „Der Geist perzipiert die Idee" gesagt wird, besser als eine relationale Aussage über eine Beziehung zwischen dem Geist und einem konkreten Vorgang aufzufassen: „Zwischen g und p_i, dem Vorgang des i-Perzipierens, besteht die Beziehung, dass p_i in g stattfindet":

Stattfinden-in(g, p_i).

Das kognitiv Entscheidende an jedem Vorgang des Perzipierens ist sein repräsentationaler Gehalt. Indem über „die Idee" gesprochen wird (die ontologisch gesehen nichts anderes ist als der Vorgang ihres Perzipiertwerdens), wird der Gehalt des Vorgangs thematisiert. Wird also z. B. über die Idee von Rund gesprochen, dann wird damit der Gehalt des Vorgangs einer Rund-Perzeption thematisiert. Dieser Gehalt wird von Locke aber gerade nicht als eine zusätzliche Entität aufgefasst, die zu dem Vorgang selbst noch hinzukäme oder ihm fehlen könnte.[6] Und dann ist auch gut zu verstehen, weshalb Locke schreibt: „Sei jede beliebige Idee, wie sie mag; sie

---

6   Die Idee von Rund lässt sich, cum grano salis, so charakterisieren: *Rundsein, so wie es im Geist ist*; in Kontrast zu: *Rundsein, so wie es in der Billardkugel ist*. Wenn wir uns jedoch fragen: „Und wie ist Rundsein im Geist?", dann lautet die nach Locke richtige Auskunft: als ein aktualer Perzeptionsvorgang.

kann nicht anders sein als so, wie der Geist sie zu sein perzipiert" (II.29.5). Sie *kann* nicht anders sein als so, wie sie perzipiert wird, weil sie und ihr Perzipiertwerden ein und dasselbe sind.

Diese Darstellung mag zwar angemessen sein, um Lockes ontologische Lehre über das Perzipieren von Ideen wiederzugeben. Aber de facto redet Locke über Ideen mit Vorliebe wie über geistige Objekte, und er nennt sie auch mehrfach „(immediate) objects in the mind"; an zahllosen Stellen bezeichnet er sie als „images", „copies", „resemblances", „representations", „marks" und „signs". Wir werden sehen, dass er behauptet, gewisse Ideen seien gewissen Eigenschaften von Körpern ähnlich. Natürlich liegt angesichts einer derartigen Feststellung die Vermutung nahe, Locke habe (zumindest manche) Ideen als geistige Bildchen konzipiert, in denen körperliche Gegenstände als die-und-die Eigenschaften besitzend dargestellt sind. Seiner Lehre entspricht das jedoch nicht, und wir werden später sehen, wie diese Ähnlichkeitsthese zu verstehen ist. Die repräsentationalen Gehalte von Perzeptionsvorgängen, die durch das vorangestellte „die Idee von ..." thematisiert werden, sind für Locke nichts weiter als die kognitiv entscheidenden repräsentationalen Aspekte dieser Vorgänge selbst. Er hielt es offenbar für harmlos, bequem und vielleicht sogar für unvermeidlich, über diese Gehalte an vielen Stellen wie über Objekte zu reden.

Im Lichte dieser Interpretation ist der Ausgangspunkt von Lockes Wahrnehmungstheorie, nämlich

Wenn ein Subjekt S an einem Gegenstand x die Eigenschaft E wahrnimmt, dann hat S eine durch x hervorgerufene Idee von E

also folgendermaßen zu verstehen:

(1) Wenn ein Subjekt S an einem Gegenstand x die Eigenschaft E wahrnimmt, dann findet in dem Geist von S eine durch x hervorgerufene E-Perzeption statt.

2 Korpuskularistische Erklärung der Erzeugung von Ideen durch äußere Gegenstände

Die Frage, vor der eine von (1) ausgehende korpuskularistische Wahrnehmungstheorie steht, ist zunächst folgende: Wie rufen Körper, also Ansammlungen von Korpuskeln zu größeren Struktureinheiten, Perzeptionen hervor?

Sie tun dies durch Impuls (Stoß); dies ist für Locke die einzig denkbare Art, in der Körper Wirkungen hervorbringen können (II.8.11). Entweder gibt es zwischen dem wahrgenommen Körper und den Sinnesorganen unmittelbaren Kontakt (Fühlen, Schmecken) oder vermittelten Kontakt über Teilchen, die von dem Gegenstand ausgehend auf unsere Sinnesorgane stoßen (Sehen, Hören und Riechen). Der Aufprall auf die Sinnesorgane setzt in diesen die Nerven und die Lebensgeister (feinste Materieteilchen in den Nerven) in Bewegung; schließlich findet eine je nach Beschaffenheit der Teilchen und ihrer Bewegung differenzierte Bewegung im Gehirn statt, dem „Sitz der Sinneswahrnehmung" (II.8.12). Diese von den äußeren Gegenständen hervorgerufene Bewegung im Gehirn, so bemerkt Locke mit souveräner Lakonie, „erzeugt die Ideen, die wir von ihnen in uns haben" (II.8.12).

Wie dieser letzte Schritt – eine Bewegung im Gehirn erzeugt eine Idee – funktioniert, darüber sagt Lockes Erklärung nichts. An späterer Stelle im *Essay*, in dem Kapitel über die Reichweite unseres Wissens im vierten Buch, wird deutlich, dass er eine solche Erklärung für undenkbar hält: Aufgrund „der Natur unserer Ideen" von körperlichen und geistigen Gegebenheiten sei es uns verschlossen, „wie irgendein Körper irgendeinen Gedanken im Geist hervorrufen kann" (IV.3.28). Die Erfahrung lehrt uns zwar, dass solche Kausalverhältnisse bestehen, aber unsere Ideen vom Körper und seinen Eigenschaften sind unseren Ideen vom Geist und seinen Perzeptionen einfach zu fremd, als dass wir verstehen könnten, wie Bewegungen Perzeptionen verursachen (und umgekehrt).

Unsere in der Wahrnehmung erworbenen Ideen hängen am Ende nur von Bewegungen im eigenen Leib – und letztlich im Gehirn – ab (II.8.4). Auch wenn der physiko-psychische Kausalnexus im Gehirn naturwissenschaftlich rätselhaft bleiben muss, ist für Locke offenbar dennoch die Annahme einleuchtend, dass von *unterschiedlichen* Bewegungen im Gehirn – auf welche Weise auch immer – *unterschiedliche* Ideen hervorgerufen werden können. Und die Hypothese, dass unterschiedliche Bewegungen im Gehirn rein mechanistisch auf unterschiedliche Korpuskel-Konfigurationen in den äußeren Gegenständen zurückgeführt werden können, ist für Locke eine konkurrenzlos plausible empirische Vermutung. Er ist, wie wir sehen werden, der Meinung, dass dieses Modell zwar sehr gut auf den Erwerb einer gewissen Art von Sinnes-Ideen passt (nämlich Sinnes-Ideen von „primären" Qualitäten von Körpern), aber grundsätzliche Schwierigkeiten aufwirft, wenn es auf andere Sinnes-Ideen (nämlich solche von „sekundären" Qualitäten) angewandt werden soll.

Worin diese besonderen Schwierigkeiten bestehen, wird aus seiner Darstellung im achten Kapitel des zweiten Buchs des *Essay* allerdings nicht deutlich. Locke geht es dort von Anfang an vornehmlich darum, seine eigene Theorie zu präsentieren und gegen gewisse vortheoretische Intuitionen zu verteidigen. Die philosophischen Pointen dieser Theorie lassen sich jedoch erst dann verstehen, wenn überhaupt erkennbar ist, auf welche komplexe Problemlage mit ihr reagiert wird. Im Folgenden soll es deshalb zunächst darum gehen, im einzelnen herauszuarbeiten, worin die Schwierigkeiten bestehen, vor die eine korpuskularistische Wahrnehmungstheorie durch die so genannten sekundären Qualitäten gestellt wird.

3 Primäre Qualitäten und die Ideen von ihnen

Locke unterteilt die Eigenschaften, von denen wir einfache Ideen der Sinneswahrnehmung haben, in zwei Klassen.[7] Die erste Klasse umfasst die primären Qualitäten körperlicher Gegenstände. Solche primären Qualitäten sind z. B.: die Größe, Figur, Anzahl, Lage und Bewegung (genauer: Bewegung-oder-Ruhe) der festen Teile eines Gegenstands (II.8.23). Locke gibt an verschiedenen Stellen unterschiedliche Kataloge primärer Qualitäten von Körpern; außer den gerade genannten werden aufgeführt: Festigkeit, Textur[8] und Mobilität. Die kürzeste Liste findet sich zweimal (II.8.13, II.8.25); sie bezieht sich auf Korpuskeln und umfasst nur: Größe, Figur und Bewegung. Die Qualitäten sind als *bestimmbare* Eigenschaften aufzufassen; „Größe" heißt hier: „irgendeine bestimmte Größe", und so weiter.

Was ist nun das Charakteristikum dieser Qualitäten? Locke nennt zweierlei: ihre *Wahrnehmungsunabhängigkeit* und ihre *Unabtrennbarkeit*. Er sagt (II.8.23), sie werden deshalb zutreffend „primäre" (auch „reale" oder „ursprüngliche") Qualitäten genannt, weil sie in den Dingen selbst sind, ob sie

---

7   Locke unterscheidet eine dritte Klasse (vgl. z. B. II.8.23), die ich hier beiseite lasse. Er nennt sie „mittelbar wahrnehmbare sekundäre Qualitäten" (II.8.26). Aus ihnen ergeben sich keine zusätzlichen philosophischen Probleme, die durch die primären und die gewöhnlichen („unmittelbar wahrnehmbaren") Qualitäten nicht aufgeworfen werden.

8   Mit „Textur" (*texture*) ist eine Anordnung von Korpuskeln zu einem größeren Verband gemeint, in dem die Korpuskeln sich zueinander in Ruhe oder Bewegung befinden und einzeln genommen nur als ihre primären Qualitäten besitzend aufgefasst werden. Ich werde im Folgenden stattdessen den Terminus *Partikel-Struktur* verwenden. Locke übernimmt den Textur-Begriff von Robert Boyle; vgl. dazu Alexander 1985, Kap. 2.

nun wahrgenommen werden oder nicht. Dieser Hinweis ist wenig hilfreich, solange unklar ist, um was für eine Art der Wahrnehmungsunabhängigkeit es geht. Aufschlussreicher ist folgende Erläuterung, die Locke in II.8.9 gibt: Primär sind solche Qualitäten eines Körpers, die völlig unabtrennbar von ihm sind, in welchem Zustand er auch immer sein mag; die er in allen Veränderungen beibehält, gleichgültig welche Kraft auf ihn ausgeübt wird; die wir durch die Sinne an ihm wahrnehmen, wenn er groß genug ist, um wahrgenommen zu werden; und die der Geist von ihm nicht trennen kann, wenn der betreffende Körper zu klein ist, um als einzelner durch unsere Sinne wahrgenommen zu werden. – Durch die letzte Formulierung („auch der Geist kann diese Qualität nicht von irgendeinem Körper trennen") wird nahegelegt, dass primäre Qualitäten diejenigen sind, die zum Begriff des körperlichen Gegenstands überhaupt gehören.

Welche Eigenschaften gehören nun zum Begriff des Körpers überhaupt? Für Locke sind es diejenigen, die zum wissenschaftlichen Begriff des Körpers gehören. Welche dies im Einzelnen sind, darüber lässt er sich durch die Korpuskular-Hypothese belehren.

Was besagt die Hypothese zu diesem Thema? Beginnen wir naheliegenderweise bei den Korpuskeln. Zum Begriff eines einzelnen Korpuskels gehören für Locke, im Lichte von II.8.13 und II.8.25, offenbar ausschließlich die drei intrinsischen (d. h. nicht-relationalen) Qualitäten: Größe, Figur und Bewegung-oder-Ruhe. Dass er keine der anderen Qualitäten, die er ebenfalls als „primäre" bezeichnet, zu dem *Begriff* eines Korpuskels rechnet, ist im Rahmen seiner Auffassungen plausibel:[9] Lage gehört nicht dazu, weil Lage relativ zu andern Körpern ist; Festigkeit, als eine bestimmbare Eigenschaft, gehört nicht dazu, weil ein Korpuskel absolut fest ist; eine Anzahl nicht, weil ein Korpuskel keine Teile hat; und eine Textur nicht, weil diese eine Eigenschaft von Korpuskel-Verbänden ist. Wenn ausschließlich Größe, Figur und Bewegung-oder-Ruhe begrifflich wesentliche Eigenschaften von Korpuskeln sind, dann sind diese drei (im Rahmen der Korpuskular-Hypothese) die einzigen primären Eigenschaften von Körpern überhaupt. Alle anderen Eigenschaften, die Locke darüber hinaus als primäre Qualitäten bezeichnet, sind keine Eigenschaften, die *jedem* Körper mit begrifflicher Notwendigkeit zukommen, sondern nur solchen Körpern, die in einem Universum mit mehreren Korpuskeln vorkommen. Strenggenommen müsste er demnach behaupten, dass Größe, Figur und Bewegung-

---

9   Zu einer gründlicheren Fassung der hier skizzierten Überlegung vgl. Alexander 1985, Kap. 6.

oder-Ruhe die einzigen primären Qualitäten sind. Doch hat er, wie aus den umfangreicheren Auflistungen hervorgeht, offenbar auch solche Eigenschaften als primäre Qualitäten eines Körpers klassifiziert, die intrinsische Eigenschaften der Partikel-Struktur dieses Körpers sind, d. h. sich vollständig auf die primären Eigenschaften der ihn konstituierenden Korpuskeln (und ihrer Lage zueinander) zurückführen lassen. Mithin sind Größe, Figur und Bewegung-oder-Ruhe für ihn nicht die einzigen, wohl aber die grundlegenden primären Qualitäten von Körpern.

Wir können Locke also, wenn wir ihn so lesen, sowohl die folgende Definition von „primäre Qualität" zuschreiben, als auch eine inhaltliche These:

(PQ-Def)   Eine bestimmbare Eigenschaft E eines Körpers ist eine *primäre Qualität* = $_{\text{Def}}$ Entweder (a) E ist eine intrinsische Eigenschaft, die jeder Körper (also auch jedes Korpuskel) hat, oder (b) E ist eine intrinsische Eigenschaft der Partikel-Struktur des Körpers, die sich vollständig auf solche Eigenschaften der Teile des Körpers zurückführen lässt, die Bedingung (a) erfüllen.

(PQ-These) Größe, Figur und Bewegung-oder-Ruhe sind die grundlegenden primären Qualitäten von Körpern; d. h. sie erfüllen Bedingung (a) der Definition.

Wie passt das oben skizzierte Modell der mechanistischen Erklärung der Ideenentstehung in der Sinneswahrnehmung auf den Fall primärer Qualitäten? Betrachten wir dazu ein Beispiel. Jemand blickt auf einen Flecken an der Wand, der eine bestimmte Figur-Eigenschaft, die primäre Qualität E_P, hat; durch die von der Wand abprallenden Licht-Teilchen wird ein Netzhautmuster erzeugt, das ebenfalls E_P hat; der Stoß, der auf die Netzhaut auftrifft, löst eine Bewegung von Lebensgeistern aus, die im Gehirn ein Muster mit E_P erzeugt; und dieses Aufprall-Muster im Gehirn erzeugt schließlich eine E_P-Perzeption im Geist des Subjekts. Die primäre Qualität wird gleichsam vom Gegenstand bis in das Gehirn weitertransportiert und erzeugt dort eine Perzeption von sich. Das „Muster", das im Geist perzipiert wird, „existiert wirklich in den Gegenständen selbst" (II.8.15).[10] Der letzte

---

10 Bei Figur-Eigenschaften wirkt dieses „Transport"-Modell überzeugender als bei Größe und Bewegung. Darin muss Locke kein prinzipielles Problem gesehen haben; er könnte der Auffassung gewesen sein, dass die Muster im Gehirn auch, in Abhängigkeit vom perzipierten Gegenstand, unterschiedliche Größe haben und dass eine Abfolge solcher Muster, in Abhängigkeit von der Bewegung des perzipierten Gegenstands, unterschiedliche Bewegungen entsprechender Muster-Bestandteile

Erklärungsschritt (vom Gehirn zur Perzeption) übersteigt, wie wir schon wissen, Locke zufolge aus prinzpiellen Gründen unser Verständnis; diese Erklärungslücke besteht also für jeden Erklärungsansatz und darf nicht als Einwand speziell gegen das mechanistische Modell geltend gemacht werden.

Auf diese erste Klasse von Eigenschaften ist das mechanistische Erklärungsmodell für Locke also ohne weiteres anwendbar.

4 Korpuskularistische Probleme mit den sekundären Qualitäten

Die zweite Klasse unserer Sinnes-Ideen umfasst Ideen von sekundären Qualitäten von Körpern. Locke nennt u. a.: Weißsein, Kälte, Härte und Süße. Sie lassen sich im Lichte von II.8.23 zusammenfassend so charakterisieren: sie sind diejenigen Eigenschaften, die wir in der Sinneswahrnehmung mannigfacher Farben, Klänge, unterschiedlichen Geschmacks usw. perzipieren. Er gibt keine Definition, und die gerade genannte Charakterisierung ist nicht dazu angetan, deutlich werden zu lassen, welches das eigentliche Problem ist, das Locke mit ihnen hat – und zwar: Lässt sich im Rahmen der Korpuskular-Hypothese anerkennen, dass sekundäre Qualitäten wahrgenommen werden, ja, dass sie überhaupt etwas bewirken?

Wie könnte eine geeignetere vorläufige Charakterisierung aussehen? Nun, Locke ist offenbar der Auffassung, dass ein Körper keine anderen als primäre und sekundäre Qualitäten hat, die an ihm unmittelbar wahrnehmbar sind. Außerdem ist es nach Locke für sekundäre Qualitäten kennzeichnend, dass sie in der Wahrnehmung einfache Ideen hervorrufen, die nicht anders als durch Sinneswahrnehmung erworben werden können. Als eine erste, vorläufige Erläuterung mag uns demnach dienen: „Die Eigenschaft E ist eine sekundäre Qualität eines Körpers" besagt zumindest: (a) E ist keine primäre Qualität, und (b) die Idee von E ist eine einfache Idee, die nur durch die Sinneswahrnehmung von Körpern erworben werden kann.

---

haben kann. Jacovides 1999, 480 weist darauf hin, dass Locke über die Idee der Festigkeit nicht behauptet, sie sei der Festigkeit im Körper selbst ähnlich. Dies passt gut zu der Vermutung, dass ihm ein „Transport"-Modell vorgeschwebt hat: Es ist ja nicht plausibel, dass sich in der Perzeption eines Gegenstands die Eigenschaft der Festigkeit über verschiedene Stationen der Kausalkette erhält.

Das Problem, das der Anhänger der Korpuskular-Hypothese mit den sekundären Qualitäten hat, kommt durch zwei einfache Fragen zum Vorschein:

Frage 1: Sind solche Eigenschaften (wie Süße, Röte usw.) überhaupt Eigenschaften von Körpern?

Frage 2: Ist der Erwerb von Ideen der Süße, Röte, usw. ein Kausalprozess, der sich mechanistisch erklären lässt?

Die erste Frage sollte, so scheint es, mit einem klaren Ja beantwortet werden. Alles andere wäre kontraintuitiv; zumindest unsere *vortheoretische* Auffassung ist ganz eindeutig: Zucker ist süß, Schnee ist weiß, usw. Für einen Korpuskularisten hingegen ist es zumindest keine triviale Sache anzuerkennen, dass solche Eigenschaften überhaupt Eigenschaften von Körpern (also Ansammlungen von Korpuskeln) sind. Dass Korpuskel-Ansammlungen *primäre* Qualitäten haben, ist unproblematisch; und zwar deshalb, weil ihre Bestandteile bis hinunter zu den kleinsten Teilchen solche Qualitäten haben. (Es fällt nicht schwer zu verstehen, wie z. B. eine Ansammlung sehr kleiner Würfel selbst wiederum würfelförmig sein kann.) Aber angesichts dessen, dass kein einzelnes Korpuskel süß ist, ist überhaupt nicht klar, wie dann ein Stück Zucker – das nichts weiter ist als eine Ansammlung nichtsüßer Korpuskeln – süß sein kann. Falls jedoch der Korpuskularist so weit ginge zu behaupten: „Streng genommen ist ein Stück Zucker nicht süß", so geriete er in weitere Probleme. Denn wenn es nicht süß wäre, wie könnte es überhaupt die Idee der Süße erzeugen? Und wenn es sie auf irgendeinem mysteriösen Weg erzeugte, wäre diese Idee dann nicht unweigerlich eine Fehl-Repräsentation: die Idee von einer Eigenschaft, die der Zucker gar nicht hat? Kurz, ist der Korpuskularist nicht gedrängt, Frage 1 abwegigerweise mit einem Nein zu beantworten und sich damit in weitere Ungereimtheiten zu verstricken?

Nicht weniger schwierig ist es für ihn, die zweite Frage mit einem Ja zu beantworten, selbst wenn ihm das bei der ersten gelänge. Anders als im Falle der primären Qualitäten wirkt das Modell der mechanistischen Erklärung der Ideenentstehung in der Sinneswahrnehmung prima facie überhaupt nicht plausibel, wenn wir versuchen, es auf das Zustandekommen von Ideen sekundärer Qualitäten anzuwenden. Eine strikt analoge Erklärung zu der, die wir am Ende des vorigen Abschnitts für das Zustandekommen der Idee einer primären Qualität (einer visuell wahrgenommenen Figureigenschaft) skizziert haben, scheint aussichtslos. Die Schwierigkeit mit solch einem strikt analogen Erklärungsversuch ist eben: Es ist nicht einsichtig, wie eine sekundäre Qualität (z. B. die Süße) durch so etwas wie Muster-Erhaltung vom Gegenstand bis in das Gehirn „weitertransportiert" wird – selbst wenn wir unterstellen könnten, dass der Gegenstand sie hat. Dass eine bestimmte Figur-Eigenschaft sich über verschiedene Stationen einer Stoßbewegung erhalten kann, ist einsichtig; bei einer Geschmackseigenschaft mag dies ungereimt wirken. Was könnte hier das Analogon zur *Muster*-Erhaltung sein? – Doch fehlt hier nicht einfach nur ein Analogon. Vielmehr ist die Schwierigkeit, vor der eine mechanistische Erklärung des Erwerbs von Ideen sekundärer Qualitäten steht, von sehr grundsätzlicher Art, wie die folgende Überlegung zeigt.

Eingangs hatten wir die Korpuskular-Hypothese nur recht unbestimmt charakterisiert. Mit Rückgriff auf den Begriff der primären Qualität lässt sich deutlicher formulieren, was sie besagt:

> (Korp) Ausschließlich die primären Qualitäten von Körpern spielen in einer mechanistischen Kausalerklärung eine Rolle. Alle Vorgänge in der Körperwelt lassen sich vollständig mit mechanistischen Kausalerklärungen erklären.

Nun soll aber auch gelten: Keine sekundäre Qualität ist eine primäre Qualität. Nach (Korp) spielt demnach keine sekundäre Qualität in einer mechanistischen Kausalerklärung eine Rolle. Doch wie soll sich das Zustandekommen von Ideen sekundärer Qualitäten in der Wahrnehmung mechanistisch erklären lassen können, wenn in einer solchen Erklärung derartige Qualitäten selbst überhaupt keine Rolle spielen dürfen? – Dies ist das kausale Grundproblem für eine Wahrnehmungstheorie, wie Locke sie anstrebt.

Betrachten wir es ein wenig genauer. Wenn wir auf unser im vorigen Abschnitt skizziertes Erklärungsschema zurückblicken, dann sehen wir, dass die primäre Qualität, eine bestimmte Form zu haben, an jeder markanten Stelle der Erklärung eine prominente Rolle dafür spielt, dass das Subjekt schließlich zu einer Perzeption dieser Formeigenschaft gelangt: Der Fleck hat diese Eigenschaft; das Netzhaut-Muster hat diese Eigenschaft; das Muster im Gehirn hat diese Eigenschaft und bewirkt eine Perzeption von ihr. Diese Beschreibung wirkt nicht zuletzt gerade deshalb *erklärend*, weil der Ideenentstehungsprozess so beschrieben wird, dass die Eigenschaft im Körper vorhanden ist und über einige Stationen hinweg per Impuls bis ins Gehirn gleichsam „durchgereicht" wird. Schematisch lässt sich dies so wiedergeben (wobei „→" für mechanische und „⇒" für Körper/Geist-Einwirkung steht und der Index deutlich macht, ob es sich bei der Eigenschaft E jeweils um eine primäre oder um eine sekundäre Qualität handelt):

[Prim-Kaus]

Körper-mit-E_P → Netzhaut-mit-E_P → Gehirn-mit-E_P ⇒ E_P-Perzeption

Betrachten wir nun den Fall, in dem jemand ein Stück Zucker zerkaut und nun dessen Süße perzipiert. Wenn eine mechanistische Erklärung des Zustandekommens der Idee einer sekundären Qualität diese Qualität in den materiellen Gliedern der Kausalkette gar nicht erwähnen darf, dann ergibt sich bestenfalls ein Schema wie dieses:

[Sek-Kaus]

Körper-mit-E_{Px} → Zunge-mit-E_{Py} → Gehirn-mit-E_{Pz} ⇒ E_S-Perzeption

Aus dieser Darstellung erklärt sich in keiner Weise, warum am Ende die Idee der *sekundären* Qualität im Geist zustandekommt; warum nicht die Idee der primären Qualität E_{Px}, oder die von E_{Pz}? Locke hebt dies in IV.3.13 hervor:

> wir können in keiner Weise begreifen, wie irgendeine *Größe*, *Figur* oder *Bewegung* irgendwelcher Partikel in uns überhaupt die Idee irgendeiner *Farbe*, eines *Geschmacks* oder *Klangs*, welcher Art auch immer, hervorrufen kann; es gibt keinen begreifbaren *Zusammenhang* zwischen dem einen und dem andern.

Aus dem kausalen Grundproblem ergibt sich also auch folgendes Rätsel mit der unvermeidlichen Sinnestäuschung: Wie können primäre Qualitäten überhaupt Ideen sekundärer Qualitäten bewirken, ohne dass ein Wahrnehmungsirrtum vorliegt? Denn wenn in dem Kausalprozess, der zur E_S-Perzeption führt, überhaupt keine sekundäre Qualität beteiligt ist, ist diese Perzeption dann nicht ipso facto eine kategoriale Fehl-Perzeption: eine Perzeption, die uns eine Qualität aus der Kategorie *Sekundär* vorgaukelt, wo in Wirklichkeit nur solche aus der Kategorie *Primär* sind?

Der Kern dieser Schwierigkeiten liegt darin, dass folgende fünf Annahmen, die Locke offenbar machen möchte, eine mechanistische Erklärung des Erwerbs von Ideen sekundärer Qualitäten unmöglich zu machen scheinen:

Ontologische Annahme: Es gibt sekundäre Qualitäten von Körpern; sie sind keine primären.

Common-Sense-Annahme: Wir nehmen sekundäre Qualitäten an Körpern wahr.

Wahrnehmungstheoretische Annahme: Um eine Eigenschaft E an einem Körper x wahrzunehmen, muss ein Subjekt S eine durch x hervorgerufene E-Perzeption haben.

Repräsentationstheoretische Annahme: Eine Perzeption von *S* ist höchstens dann eine durch *x* hervorgerufene *E*-Perzeption, wenn die in *x* vorhandene Eigenschaft *E* ein Kausalfaktor („die Ursache") des Zustandekommens dieser Perzeption in *S* ist.

Kausaltheoretische Annahme: Nur die primären Qualitäten von Körpern sind Kausalfaktoren.

Damit haben wir einen deutlicheren Eindruck von der Problemlage gewonnen, die Locke in seiner Wahrnehmungstheorie beschäftigt. Zum einen haben wir unbestreitbarerweise Ideen von Süße, Röte, Wärme, usw. und perzipieren diese Qualitäten in der Wahrnehmung als Eigenschaften von Gegenständen. Deshalb sollte Frage (1) von jeder Wahrnehmungstheorie mit einem Ja beantwortet werden; es ist aber gar nicht klar, ob und wie dies im Rahmen eines korpuskularistischen Ansatzes gelingen kann. Zum zweiten scheint in einem solchen Rahmen aus prinzipiellen Gründen keine Möglichkeit zu bestehen, für das Zustandekommen solcher Wahrnehmungen eine Beschreibung mit echter Erklärungskraft zu geben. Deshalb muss Frage (2) anscheinend mit einem Nein beantwortet werden. Mithin ist der korpuskularistische Empirismus in Gefahr: Die Entstehung zahlloser einfacher Ideen lässt sich, so scheint es, nicht auf die gewünschte Weise erklären.[11]

Die philosophische Problemlage, vor die sich Locke im Hinblick auf die sekundären Qualitäten gestellt sieht, umfasst unterschiedliche Teilprobleme. Zum einen gibt es hier *das ontologische Problem*: Gibt es in Wirklichkeit überhaupt sekundäre Qualitäten? Sind sie, wenn es sie gibt, Eigenschaften *in* Gegenständen – oder sind sie nur Eigenschaften *von* Gegenständen (so, wie die Eigenschaft *von* Harvey, mit mir verwechselt zu werden, keine Eigenschaft *in* ihm ist)? Zweitens gibt es *das explanatorische Problem* im Hinblick auf die Ideen-Entstehung: Lässt sich ihr Zustandekommen auf die gewünschte Weise, also mit Rückgriff ausschließlich auf primäre Qualitäten von Körpern, erklären? Zum dritten ist da *das repräsentationale Problem*: Lässt sich diese Erklärung so gestalten, dass die Ideen sekundärer Qualitäten sich nicht als kategoriale Fehl-Repräsentationen herausstellen, d. h. nicht als Ideen, mit deren Perzeption wir Eigenschaften kategorial an-

---

11 Verschiedene extreme Reaktionen wären darauf möglich. Sind die Ideen sekundärer Qualitäten, entgegen dem Anschein, vielleicht doch nicht einfach, sondern zusammengesetzt aus Ideen primärer Qualitäten; oder: kommen sie vielleicht gar nicht aus der äußeren, sondern aus der inneren Wahrnehmung? Locke erwägt nichts dergleichen.

ders wahrnehmen, als sie wirklich sind? Und viertens gibt es das mit dem repräsentationalen eng zusammenhängende *erkenntnistheoretische Problem*, ob wir durch die Sinneswahrnehmung Wissen über sekundäre Qualitäten von Körpern gewinnen. Locke behandelt diese Fragen nicht getrennt. Hinzu kommt, dass er sich zugleich auch mit einer konkurrierenden Konzeption auseinander setzt, die er nie deutlich formuliert und die ich hier, mangels einer besseren Bezeichnung, die Alltagsauffassung nennen werde. Zusätzlich gibt es für Locke also noch ein fünftes, *das Adäquatheitsproblem*: Ist es möglich, eine Lösung der vier genannten Probleme zu geben, die sich weitgehend mit unserer vortheoretischen Alltagsauffassung verträgt?

5   Wie sich sekundäre Qualitäten von den primären unterscheiden und was sie sind

Noch wissen wir nicht, was sekundäre Qualitäten eigentlich sind. Wir wollen nun betrachten, welche Unterschiede Locke zwischen ihnen und den primären vermerkt, und dann versuchen, eine Definition zu geben und wichtige inhaltliche Thesen herauszuarbeiten, die den Ausgangspunkt seiner Lösung der genannten Probleme bilden. Locke kontrastiert primäre und sekundäre Qualitäten mit folgenden Thesen:

(2) Sekundäre Qualitäten sind den Ideen, die wir von ihnen haben, *nicht ähnlich*; primäre Qualitäten sind den Ideen ähnlich, die wir von ihnen haben (z. B. II.8.15).

(3) Sekundäre Qualitäten sind in Körpern *dispositionale Eigenschaften*. Genauer gesagt: Sie sind in den äußeren Gegenständen nichts als Vermögen (Dispositionen), in uns Perzeptionen hervorzurufen; primäre Qualitäten sind in ihnen keine (oder: nicht nur) Vermögen, in uns Perzeptionen hervorzurufen (z. B. II.8.10).

(4) Sekundäre Qualitäten sind *relational* (das Gelbsein und andere Qualitäten von Gold sind „nichts anderes als vielerlei Relationen zu anderen Substanzen", II.23.37); primäre Qualitäten sind intrinsische Eigenschaften von Körpern;

(5) Sekundäre Qualitäten sind keine realen Eigenschaften, sie sind *nicht wirklich* in den Körpern selbst; primäre Qualitäten sind reale Eigenschaften, die wirklich in den Körpern selbst sind (II.8.17).

Betrachten wir diese Thesen im Einzelnen. These (2) klingt unplausibel, insbesondere wenn man unter Ähnlichkeit eine wahrnehmbare Beziehung wie die zwischen einem Porträt und dem Porträtierten versteht. Wäre dies unter Ähnlichkeit zu verstehen, dann können Eigenschaften von Körpern nur Eigenschaften von Körpern ähnlich sein und Ideen nur Ideen; die eine Art von Ähnlichkeit kann nur durch die Sinne wahrgenommen werden, die andere Art nur durch Reflexion. Dass eine Idee der Eigenschaft eines Körpers ähnlich ist, wäre dann eine kategorial abwegige These. Berkeley hat berühmtermaßen gegen Locke eingewandt, nichts außer einer Idee könne einer Idee ähnlich sein (Berkeley 1710, §§ 8 und 90). Der damit gegen These (2) nahegelegte Vorwurf begrifflicher Inkohärenz träfe zu, wenn die Ähnlichkeit, die Locke meint, eine durch äußere oder innere Wahrnehmung feststellbare wäre. Doch vielleicht meint Locke etwas anderes.

Wir hatten gesehen, dass die mechanistische Erklärung des Zustandekommens von Ideen primärer Qualitäten beinhaltet, dass die betreffende Eigenschaft im Gegenstand vorhanden ist. Es hat, im Lichte dieser Erklärung, einen guten Sinn zu sagen: Die perzipierte Qualität ist dieselbe wie die, die im Gegenstand vorliegt. Und genau das sagt Locke: „Ein Kreis oder Viereck sind dasselbe, ob in der Idee oder in der Existenz; ob im Geist oder im [externen Gegenstand]" (II.8.18). Die Kreisförmigkeit, die im Gegenstand selbst ist, ist diejenige Eigenschaft, von der die Kreisförmigkeits-Perzeption eine Perzeption ist; von dieser Eigenschaft wird die Perzeption hervorgerufen. (Das heißt natürlich nicht, dass die Perzeption selbst kreisförmig wäre, sondern dass sie die Perzeption *von* Kreisförmigkeit ist – und zwar von genau der Eigenschaft, die im Körper ist und die Perzeption hervorgerufen hat.) Im korpuskularistischen Rahmen taucht hingegen eine sekundäre Qualität wie die der Süße überhaupt nicht in der Kausalkette auf, die zur Entstehung der Idee der Süße führt. Eine solche Eigenschaft gibt es, unter der korpuskularistischen Betrachtungsweise der Welt, in den außergeistigen Gliedern der Kausalkette überhaupt nicht. In diesem Rahmen wäre es von vornherein unmöglich zu sagen: Die Süße, von der die Süße-Perzeption eine Perzeption ist, ist identisch mit derjenigen Eigenschaft im Gegenstand, von der die Perzeption hervorgerufen wird.

Wenn es dieser Unterschied ist, den Locke im Auge hat, dann formuliert er mit seiner Rede von der Ähnlichkeit zwischen primären Qualitäten und unseren Ideen eine kausalrepräsentationalistische Identitätsthese: Die im Geist perzipierte Eigenschaft ist *identisch* mit der im Gegenstand kausal wirksamen Eigenschaft. Und in der Tat scheint mir angesichts dessen, was Locke im achten Kapitel des zweiten Buchs des *Essay* schreibt, folgende Vermutung plausibel: Die Ähnlichkeitsthese

(Ä) Die Idee von E ist einer Eigenschaft *ähnlich*, die im Gegenstand ist

ist nichts anderes als seine Formulierung der Identitätsthese

(I) Die Eigenschaft, die in der Idee von E perzipiert wird, ist *identisch* mit irgendeiner Eigenschaft, die im Gegenstand ist und die Idee von E hervorruft.

Wenn man Locke so versteht[12], dann ist These (2) keine abwegige repräsentationstheoretische, sondern eine durchaus diskutable ontologische These. Jedenfalls ist es, wenn man (Ä) als dieselbe Aussage wie (I) versteht, nicht ungereimt zu behaupten, Ideen von primären Qualitäten seien diesen Qualitäten selbst (wie sie in äußeren Gegenständen sind) ähnlich; für sekundäre Qualitäten hingegen gelte das nicht. Die Ähnlichkeit bzw. Unähnlichkeit, um die es Locke geht, ist nicht durch äußere oder innere Wahrnehmung feststellbar; es bedarf einer Verstandeseinsicht.

Locke wird oft gerade wegen seiner Rede von Ähnlichkeiten zwischen einer Idee und dem, wovon sie eine Idee ist, vorgeworfen, er habe Ideen als geistige Bildchen konzipiert. Und wenn er sie als geistige Bildchen konzipiert hätte, dann naheliegenderweise auch als geistige Objekte. Unter der hier vorgestellten Interpretation ist der Vorwurf der Bildchen-Konzeption verfehlt und sollte nicht als Stütze der Objekt-Konzeption betrachtet werden.[13]

These (3) enthält zwei Teilbehauptungen: Sekundäre Qualitäten sind in Körpern; und sie sind nichts anderes als gewisse Kausal*vermögen*, d. h. Dispositionen, etwas zu verursachen. Der philosophische Witz der zweiten Teilthese liegt in der Akausalität rein dispositionaler Eigenschaften: sie selbst verursachen nichts. Das mag paradox klingen: *Kausal*vermögen sind etwas *Akausales*. Doch man führt sich leicht vor Augen, dass ein Vermögen eines

---

12 Doch kann man ihn so verstehen? Dürfte er überhaupt, und sei es auch nur in verbrämter Form, von Eigenschaftsidentität sprechen, wo er doch an die Existenz von Allgemein-Dingen nicht glaubt? (Dominik Perler und ein kluger Züricher Hörer einer Vortragsfassung dieser Arbeit haben mich dies, mit dem Unterton des gelehrten Zweifels, gefragt.) Meine kurze Antwort darauf lautet: Ja, natürlich; Locke hat zwar eine konzeptualistische Auffassung davon, was Eigenschaften sind, aber keinen Zweifel daran, dass es sie gibt. Meine längere Antwort passt in keine Fußnote. – Zu einer meisterlich klaren, knappen und textgetreuen Darstellung der Lockeschen Theorie des Allgemeinen siehe Specht (2006) und insbesondere auch die vorletzte Fußnote dieser Arbeit.

13 Zu interessanten andersartigen Versuchen, Lockes Ähnlichkeitsthese in Bezug auf primäre Qualitäten zu verteidigen, siehe Mackie 1976, 49 ff. und Lowe 1995, 63 ff.

Gegenstands, wie überhaupt jede seiner Dispositionen, eine Eigenschaft logisch anderer Art ist als jede seiner nichtdispositionalen Eigenschaften. Sei E eine Eigenschaft des Gegenstands x, durch die er unter gewissen Umständen in y eine Wirkung W verursacht. Da x die kausal wirksame Eigenschaft E hat, besitzt x, trivialerweise, auch das Vermögen, W zu verursachen. Dieses Vermögen selbst ist jedoch keine Eigenschaft wie E, sondern besteht darin, irgendeine W-verursachende Eigenschaft, wie z. B. E, zu haben. (Reichtum ist nicht etwas wie Geld, sondern besteht darin, *irgendetwas* zu haben, Geld oder auch anderes, mit dem man gegebenenfalls Waren erstehen kann.) Das Kausalvermögen selbst gehört einer anderen – einer höheren – begrifflichen Kategorie an als die kausal wirksame Eigenschaft. Jenes Kausalvermögen ist zwar eine Eigenschaft von x (und nicht nur eine Eigenschaft von Eigenschaften von x), aber sie bewirkt selbst nichts. Sie ist keine W-verursachende Eigenschaft von x, sondern xs Haben-irgendwelcher-W-verursachender-Eigenschaften. Auf diesen einschneidenden begrifflichen Unterschied hebt Locke ab, wenn er sekundäre Qualitäten *„nichts als Vermögen"* nennt: Sie sind ihrem Wesen nach *dispositionale*, folglich *nichtverursachende* Eigenschaften, die nur von Begriffen einer höheren Ordnung bezeichnet werden – im Gegensatz zu den primären Qualitäten, die *verursachende,* folglich *nichtdispositionale* Eigenschaften von Gegenständen sind.

Verfolgen wir noch einen Schritt weiter, was Locke aus diesem begrifflich einschneidenden Unterschied zu machen bereit ist. Er überlegt offenbar so:[14] Die Eigenschaft, in (Gegenständen wie) y die Wirkung W hervorrufen zu können, ist nur unter Zuhilfenahme des Begriffs „W bewirken können" fassbar. Unter denkbaren Gegebenheiten, unter denen Wirkungen wie W grundsätzlich ausgeschlossen sind, kann W nicht bewirkt werden; der Begriff des W-bewirken-Könnens ist dann von vornherein unanwendbar. Kein Gegenstand hat dann, in solchen Gegebenheiten, die Eigenschaft, W bewirken zu können. Betrachten wir nun einen Gegenstand x, der unter den tatsächlichen Gegebenheiten in y W hervorruft. Unter den tatsächlichen Gegebenheiten hat er folglich trivialerweise das Vermögen, in Gegenständen wie y W hervorzurufen. Und das heißt, wie gerade gesehen: x hat irgendeine Eigenschaft, de facto sei es E, die unter den tatsächlichen Gegebenheiten in Gegenständen wie y W hervorbringt. E selbst ist jedoch keine Eigenschaft, die wesentlich dadurch bestimmt

---

14 Das Folgende stützt sich auf Lockes Bemerkung (II.8.17), unter wahrnehmungslosen Gegebenheiten würden die sekundären Qualitäten eines Gegenstands „verschwinden" und auf dessen primäre Qualitäten „reduziert".

ist, dass sie *W* bewirkt. Unter den tatsächlichen Gegebenheiten tut sie das zwar, aber das ist alles; sie bliebe die Eigenschaft, die sie ist, auch wenn sie es nicht täte. Das Vermögen, *W* zu bewirken, wäre dann verschwunden, nicht jedoch die Eigenschaft *E*. (Eine Stoffmenge, *x*, mag unter den tatsächlichen Gegebenheiten zuckerauflösend sein; d. h. *x* hat irgendeine Eigenschaft, dank welcher sich Zucker in *x* auflöst: etwa die Eigenschaft, ein Liter heißen Wassers zu sein. Unter grundsätzlich zuckerlosen Gegebenheiten hätte *x* immer noch die Eigenschaft, ein Liter heißen Wassers zu sein; aber gemäß der Lockeschen Betrachtungsweise hätte *x* unter solchen Gegebenheiten nicht das Vermögen, Zucker aufzulösen. Dieses Vermögen von *x* wäre verschwunden, obwohl *x* seine *de facto* zuckerauflösende Eigenschaft, ein Liter heißen Wassers zu sein, nicht verloren hätte.) Daraus, dass sekundäre Qualitäten *bloße* Dispositionen [*NOTHING BUT powers*, auch: *BARE powers* (II.23.8), meine Großschreibung] sind, ergibt sich ihre Akausalität; und Locke fühlt sich offenbar schon dadurch allein gedrängt, sie als relationale Eigenschaften zu konzipieren.[15]

Die erste Teilbehauptung von These (3) scheint nicht dazu zu passen, dass Locke mit These (5) sagt, sekundäre Qualitäten seien nicht wirklich [*not really*], nicht tatsächlich [*not actually*] in Körpern (II.8.17; II.23.10). Das klingt in der Tat wie: Sekundäre Qualitäten sind gar nicht *in* Körpern. Was er meint, ist jedoch dies: Sie sind in Körpern nicht als reale Qualitäten, d. h. als völlig wahrnehmungsunabhängige Eigenschaften, vorhanden. Locke bestreitet in keiner Weise, dass Kausalvermögen *in* Körpern sind (II.8.10; II.31.2); was er bestreitet, ist, dass alle Kausalvermögen *wirklich* (d. h. wahrnehmungsunabhängig) in ihnen sind. Lockes Terminologie mag verwirrend sein, aber die Unterscheidung, um die es ihm offenbar geht, ist einfach: Eine Eigenschaft, die *in* ihm ist, hat ein Körper nicht einfach dadurch, dass sie ihm von außen beigelegt[16] wird; sie ist keine bloße ‚Cambridge-Eigenschaft‘, die ihm zukommen oder fehlen kann, obwohl an ihm selbst alles gleich bleibt. Alle faktisch vorhandenen Kausaldispositionen eines Körpers hängen von seinen intrinsischen Eigenschaften ab und

---

15 Viele heutige Autoren halten die hier skizzierte Betrachtungsweise für wenig überzeugend. Genau dieser Komplex (Dispositionalität – Eigenschaft höherer Ordnung – Akausalität – Relationalität) ist seit Locke ein zentraler Streitpunkt in der philosophischen Diskussion um sekundäre Qualitäten geblieben.

16 Leider spricht Locke an einer Stelle (II.8.22) auch von „*secondary and imputed qualities*". Da diese Formulierung offenkundig als Kontrast zu „*primary and real qualities*" im selben Satz gemeint ist, ist „*imputed*" hier jedoch offenbar zu verstehen als: nicht-real, d. h. nicht wahrnehmungsunabhängig.

sind deshalb *in* ihm; aber nur diejenigen Kausaldispositionen, die er auch in einer Welt ohne Wahrnehmungssubjekte hätte, sind *wirklich in* ihm. Auch in einer Welt ohne Wahrnehmungssubjekte hätte Feuer das Vermögen, einen Eiswürfel zum Schmelzen zu bringen; diese Kausaldisposition ist wirklich in ihm. In solch einer Welt hätte Feuer jedoch nicht das Vermögen, Wärmeempfindungen hervorzurufen; die Wärme ist zwar (in der wirklichen Welt) in ihm, sie ist aber nicht wirklich in ihm.

Die Alltagsauffassung, gegen die Locke sich wendet, besagt hingegen: Sekundäre Qualitäten sind *wirklich in* Körpern; d. h. sie sind in ihnen nicht einfach nur faktisch vorhandene Kausaldispositionen (erst recht keine solchen, die sie ohne die Existenz wahrnehmender Subjekte gar nicht hätten). Gegen die zweite Teilbehauptung von These (3) könnte ein Vertreter der Alltagsauffassung einwenden, dass eine Eigenschaft wie das Rotsein, wenn wir sie in einem Gegenstand bemerken, uns nicht wie ein Vermögen des Gegenstands erscheint, sondern wie eine nicht-dispositionale Eigenschaft.[17] Zugunsten dieser Auffassung könnte er gegen Locke folgende Überlegung ins Feld führen: Dispositionen kann man überhaupt nicht sinnlich wahrnehmen. Die Zerbrechlichkeit eines Gegenstands z. B. kann man nicht sehen oder fühlen. Man kann zwar auf Grund dessen, was man sieht und fühlt, zu der Überzeugung gelangen, dass er zerbrechlich ist; aber selbst wenn man sieht, wie er zerbricht, sieht man nicht seine Zerbrechlichkeit, sondern etwas, aus dem folgt, dass er zerbrechlich war. Sekundäre Qualitäten wie Röte, Wärme und Süße hingegen kann man sinnlich wahrnehmen: d. h. sehen, fühlen, schmecken usw., ohne dabei einen Verstandesschluss auf eine Disposition im Gegenstand zu ziehen. Diese Überlegung stützt die erste Prämisse des folgenden Schlusses; mit der weiteren Annahme, dass Ideen sekundärer Qualitäten keine kategorialen Fehl-Repräsentationen sind, ergibt sich die Zurückweisung von These (3):

(A1) Ideen von sekundären Qualitäten repräsentieren uns keine Dispositionen.

(A2) Ideen von sekundären Qualitäten repräsentieren uns Eigenschaften kategorial korrekt, d. h. so, wie sie in den Gegenständen sind.[18]

---

17 Ein derartiger Einwand lässt sich mit einiger exegetischer Unverfrorenheit aus II.8.25 herauslesen. In der zeitgenössischen Diskussion wird er z. B. von Boghossian/Velleman 1991, Johnston 1992 und McGinn 1996 vertreten.

18 Das heißt: Sie repräsentieren uns dispositionale Eigenschaften als dispositionale, nicht-dispositionale als nicht-dispositionale, usw. für alle einschlägigen Kategorien wahrnehmbarer Eigenschaften.

Also: Sekundäre Eigenschaften sind in den Gegenständen keine Dispositionen.

Wir werden sehen, dass Locke (A2) akzeptiert, (A1) und die Konklusion hingegen ablehnt.

Zu These (4). Dass sekundäre Eigenschaften relational[19] sind, ergibt sich daraus, dass sie wesentlich wahrnehmungsabhängig sind: Es gäbe sie nicht, wenn es keine wahrnehmungsfähigen Subjekte gäbe. Sehr deutlich ist Locke zu diesem Punkt in II.31.2. Wollten wir die Eigenschaft, rot zu sein, in seinem Sinn erläutern, so müssten wir im Explikans auf wahrnehmungsfähige Subjekte und deren Perzeptionen Bezug nehmen, etwa nach folgendem Schema:

> „Ein Gegenstand x ist rot" heißt ziemlich genau dasselbe wie: x befindet sich in einer Welt mit wahrnehmungsfähigen Subjekten, und wenn x unter Standard-Bedingungen visuell wahrgenommen würde, dann riefe x im Geist des wahrnehmenden Subjekts eine Rot-Perzeption hervor.

Primäre Qualitäten hingegen sind per definitionem intrinsisch, also nicht relational. Aber die Wahrnehmungsunabhängigkeit primärer Qualitäten ist bei Locke inhaltlich begründet, nicht einfach das Ergebnis einer definitorischen Festsetzung. In der Erläuterung primärer Qualitäten, so meint Locke, müsste nicht auf Subjekte und deren Perzeptionen Bezug genommen werden. Denn zum einen können primäre Eigenschaften an sinnlich nicht wahrnehmbaren Körpern vorkommen (ein Korpuskel hat eine bestimmte Form, obwohl es zu klein ist, als dass sie an ihm wahrgenommen werden könnte). Und zum zweiten gilt auch in dem Fall, in dem ein Körper groß genug ist, um mit seinen primären Qualitäten in uns entsprechende Perzeptionen hervorrufen: Die relationale Eigenschaft, in uns Rund-Perzeptionen hervorrufen zu können, ist nicht identisch mit der primären Qualität des Rundseins selbst. „Gegenstand x ist rund" heißt nicht dasselbe wie „Wenn x unter Standard-Bedingungen visuell oder taktil wahrgenommen würde, riefe x eine Rund-Perzeption hervor". Die Eigenschaft des Rundseins ließe sich z. B. damit erläutern, dass die Teilchen, die die Oberfläche des Körpers bilden, gleichweit von seinem Mittelpunkt entfernt sind. Dass runde Körper *auch* die Disposition haben, in uns Rund-Perzeptionen hervorzurufen, ist eine kontingente Folge ihres Rundseins, kein wesentliches Merkmal die-

---

19 „Relational" ist hier stets zu lesen als: in Beziehung zu *anderen* Entitäten stehend. Nicht jede Disposition ist in diesem Sinne relational. Das Vermögen eines Gegenstands, in sich selbst Veränderungen zu bewirken, ist zwar eine dispositionale, aber keine relationale Eigenschaft.

ser Eigenschaft selbst. Locke schreibt sinngemäß (vgl. II.31.2): Stellen wir uns eine reine Körper-Welt vor, in der niemals ein wahrnehmendes Subjekt ist, dann hätten die Körper in solch einer Welt zwar primäre, aber keine sekundären Eigenschaften. Und wir dürfen hinzusetzen: runde Körper hätten dort auch nicht das Vermögen, Rund-Perzeptionen hervorzurufen.

Mit These (5) haben wir uns im Zusammenhang von (3) schon beschäftigt. Ein wichtiger Nachtrag ist allerdings zu machen. So, wie Locke seinen Terminus „reale Qualität" (in II.8.17 und 23) erläutert, besagt (5), dass sekundäre Eigenschaften nicht in Körpern sind, wenn sie nicht wahrgenommen werden. Das ist angesichts seiner These (3) wenig plausibel: Das *Vermögen*, in uns Rot-Perzeptionen hervorzurufen, hat ein roter Gegenstand ja auch dann, wenn er nicht wahrgenommen wird. Er wird nicht dann rot, wenn wir ihn als rot wahrnehmen; und er verliert seine Disposition, in uns Rot-Perzeptionen hervorzurufen, nicht, sobald wir unsern Blick von ihm abwenden. Was Locke stattdessen meint, ist (im Lichte von II.31.2) wohl dies:

(5*) Sekundäre Qualitäten sind wesentlich wahrnehm*bar*; d. h. es gehört zu ihrem Wesen, dass Gegenstände sie nur dann haben, wenn es in der Welt auch Subjekte mit dem entsprechenden Wahrnehmungsvermögen gibt.

Man darf vermuten, dass Locke (in II.8.17 und 23) falsch erläutert, was er unter einer realen Eigenschaft verstanden wissen will: nämlich nicht einfach eine Eigenschaft, die ein Gegenstand auch dann hat, wenn sie nicht in ihm wahrgenommen wird, sondern eine Eigenschaft, die er auch dann hat, wenn nichts existiert, das sie in ihm wahrnehmen kann.[20]

In Lockes Erörterungen zum Thema sekundäre Qualitäten fließen inhaltliche Thesen und begriffliche Bestimmungen ineinander. Es ist nützlich zu versuchen, Begriffliches und Inhaltliches von einander zu trennen. Lockes Thesen (2) und (3) sind inhaltliche Behauptungen, die er im Rahmen der korpuskularistischen Hypothese vertritt. Die in (4) und (5*) ak-

---

20 Die entgegengesetzte Interpretation findet sich z. B. bei Specht (1989, 79: „Sekundäre Qualitäten [. . .] erlöschen mit dem Wahrnehmungsakt") und wird von Stuart 2003 mit interessanten Argumenten verteidigt. Doch wie könnte Locke sekundäre Qualitäten dann überhaupt noch *Vermögen* nennen? Ein ephemeres Phänomen, das mit begrifflicher Notwendigkeit seine Manifestation nicht überdauert, verdiente es nicht einmal, ein degeneriertes Vermögen genannt zu werden. Sollte gerade Locke die begriffliche Pointe – ja, der eigentliche (onto-)logische Witz – entgangen sein, dass ein Vermögen *sich* zwar nur *zeigt*, wenn es ausgeübt wird, aber auch dann *vorhanden* sein kann, wenn es sich nicht zeigt?

zentuierte Wahrnehmungsabhängigkeit hingegen hielt er offenbar für ein a priori einsichtiges Merkmal von sekundären Eigenschaften. Als Definition und zentrale These dürfen wir ihm mithin folgendes zuschreiben:

(SQ-Def) E ist eine sekundäre Qualität eines Körpers

$=_{Def.}$ (a) die Idee von E ist eine einfache Idee der Sinneswahrnehmung;

(b) E ist in folgendem Sinn wahrnehmungsabhängig: E ist nur dann in einem Körper vorhanden, wenn dieser Subjekten zugänglich ist, die durch Wahrnehmung des Körpers (unter passenden Bedingungen) E-Perzeptionen haben würden.[21]

(SQ-These) Eine sekundäre Qualität E_S eines Körpers ist nichts anderes als das Vermögen dieses Körpers, E_S-Perzeptionen hervorzurufen. Farb-, Geschmacks-, Geruchs- und Klangeigenschaften eines Körpers sind typische Beispiele für sekundäre Qualitäten.

6   Lockes Lösung

Lockes Lösung der Probleme mit den sekundären Qualitäten besteht in drei Schritten. Der erste ist in These (3) enthalten und besteht darin, diese Qualitäten mit der Disposition, in uns Ideen von ihnen hervorzurufen, gleichzusetzen. Formulieren wir diesen ersten Schritt noch einmal deutlicher:

(6) Eine sekundäre Qualität E_S eines Körpers x ist identisch mit dem Vermögen von x, in uns E_S-Perzeptionen hervorzurufen, wenn wir x wahrnehmen.

Die Gleichsetzung von sekundären Qualitäten mit Dispositionen ist, wie bereits erwähnt, für unsere Alltagsauffassung nicht selbstverständlich, ja vielleicht sogar überraschend. (Würden wir jemanden fragen, welche *Dispositionen* für reife Tomaten typisch sind, dann wären wir verblüfft, wenn

---

21 Die Definiensbedingung (b) hat die erwünschte Konsequenz, dass keine sekundäre Qualität eine primäre ist, denn primäre Qualitäten sind ja intrinsische Eigenschaften von Gegenständen.

er sagte: „Sie sind leicht zerquetschbar, gut verdaulich und *rot*".) Darauf werde ich im letzten Abschnitt zurückkommen.

Der zweite Schritt besteht darin, dieses Vermögen korpuskularistisch zu erklären:

(7) Das Vermögen, in uns E_S-Perzeptionen hervorzurufen, besitzt x dank seiner Partikel-Struktur; es beruht somit auf den primären Eigenschaften unwahrnehmbar kleiner Teilchen von x. Letzten Endes sind es die primären Eigenschaften dieser Teilchen, die die Perzeption von sekundären Qualitäten verursachen.

An einigen Stellen scheint Locke statt (7) sogar eine stärkere Behauptung, eine theoretische Gleichsetzung, vertreten zu wollen – nämlich die, dass das Vermögen mit gewissen primären Eigenschaften der Partikel-Struktur identisch sei: „Was in der Idee süß, blau oder warm ist, ist ausschließlich die bestimmte Größe, Figur und Bewegung der unwahrnehmbaren Teile in denjenigen Körpern selbst, die wir so [„süß" usw.] nennen" (II.8.15; siehe auch II.32.14). Aber diese Gleichsetzung wäre falsch, weil den primären Qualitäten einer Partikel-Struktur die wesentliche Wahrnehmungsabhängigkeit und Akausalität fehlt, die nach Locke für sekundäre Qualitäten kennzeichnend ist. Man darf vermuten, dass Locke zwischen sekundären Eigenschaften eines Gegenstands und gewissen primären Qualitäten seiner Partikel-Struktur eine kausale Abhängigkeitsbeziehung angenommen hat. Er drückt sich wiederholt so aus, dass das Vermögen eines Körpers, Perzeptionen von sekundären Qualitäten hervorzurufen, von den primären Qualitäten seiner Teile *abhänge* (II.8.14, 23, 24) oder aus ihnen *resultiere* (II.8.24). In II.8.17 und II.23.9 bezeichnet er die primären Qualitäten der Teile sogar als die *Ursachen* der sekundären Qualitäten des Körpers. In heute gebräuchlicher Terminologie können wir These (7) demnach so wiedergeben: Das Vermögen, Perzeptionen von sekundären Qualitäten hervorzurufen, superveniert kausal über einer *primären Basis*, d. h. über irgendwelchen primären Qualitäten (einer Teilmenge) der Korpuskeln eines Körpers. Wir wissen zwar nicht, welche primären Qualitäten (welcher Korpuskel-Teilmengen) das im einzelnen sind, aber wir haben guten korpuskularistischen Grund anzunehmen: Wenn ein Gegenstand dieses Kausalvermögen besitzt, dann gilt mit naturgesetzlicher Notwendigkeit, dass jeder wahrnehmungszugängliche Gegenstand mit derselben primären Basis ebenfalls dieses Vermögen besitzt.

Der dritte Schritt besteht in einer „semiotischen" These, die den Ideen von sekundären Qualitäten einen sehr kargen repräsentationalen Gehalt zuordnet. Locke wird nicht müde, diese These zu wiederholen (mit aller wünschenswerten Deutlichkeit z. B. in II.32.16)[22]:

(8) Die Idee von E_S repräsentiert dem wahrnehmenden Subjekt das Vermögen von x, in ihm eine E_S-Perzeption hervorzurufen; und dies allein ist ihr vollständiger repräsentationaler Gehalt.[23]

Wenn wir einen Körper z. B. als rot wahrnehmen, dann erfahren wir durch die dabei involvierte Perzeption also herzlich wenig über die („primäre") Beschaffenheit des Körpers. Was wir (8) zufolge erfahren, nimmt sich aus wie eine Trivialität: „Der Körper besitzt das Vermögen, in mir eine solche Perzeption hervorzurufen wie die, die ich jetzt habe, während ich ihn wahrnehme". Es ist wichtig zu sehen, dass These (8) selbst jedoch alles andere als trivial ist. Denn dass der repräsentationale Gehalt von unzähligen Ideen derart arm ist, wie in (8) behauptet, ist eine ungemein starke Behauptung, aus der Locke wichtige erkenntnistheoretische Folgerungen zieht.

Betrachten wir nun, wie es Locke mit Hilfe der Thesen (6)–(8) gelingt, die Probleme zu lösen, die am Ende von Abschnitt 4 genannt wurden.

Zum ontologischen Problem: Es gibt sekundäre Qualitäten wirklich. Sie sind Eigenschaften in Gegenständen. Allerdings sind sie, in Lockes Terminologie, nicht *wirklich in* den Gegenständen, in denen sie sind. Vielmehr sind sie relationale Eigenschaften, die Körper nicht hätten, wenn es keine wahrnehmenden Subjekte gäbe. Zudem sind sie dispositionale, mithin grundsätzlich akausale Eigenschaften, die sich letztlich den primären Eigenschaften der Korpuskeln in den betreffenden Gegenständen verdanken. Die einer sekundären Qualität zugrunde liegende primäre Basis ist nicht sinnlich wahrnehmbar; wir nehmen nur das Vermögen des Gegenstands sinnlich wahr, nicht die primären Qualitäten, auf denen es beruht.

Zum explanatorischen Problem: Ein Körper, der in uns eine Idee der sekundären Qualität E_S erzeugt, tut dies auf die in Abschnitt 4 durch [Sek-Kaus] veranschaulichte Weise. Seine Teilchen wirken auf ein Wahrnehmungsorgan ein, dadurch wird eine Bewegung bis ins Gehirn ausgelöst, von der dort eine E_S-Perzeption hervorgerufen wird. Kausale Wirksamkeit haben dabei nur primäre Qualitäten. Die sekundäre Qualität E_S selbst ist

---

22 Als eine semantische These über *das Wort* „Blau" findet sie sich z. B. in II.32.14.

23 Eine These wie (8) lässt sich als bloße Feststellung über das Repraesentat von Ideen lesen („Das Repraesentat von *i* ist *E*"), oder aber als eine Feststellung über den repräsentationalen Gehalt von Ideen. Im zweiten Sinn besagt sie: „*i* repräsentiert sein Repraesentat als *E*". Locke unterscheidet nicht zwischen diesen beiden Lesarten. Nichts spricht dagegen, dass er (8) in beiden Lesarten vertreten hat.

kein Glied der außergeistigen Kausalkette. Zwar ist E_S im wahrgenommenen Körper, aber sie ist eine *bloß* dispositionale, keine kausal wirkende Eigenschaft. Der relevante Kausalfaktor im Gegenstand ist nicht E_S, sondern die primäre Basis von E_S.

Zum repräsentationalen Problem: Ideen sekundärer Qualitäten sind keine kategorialen Fehl-Repräsentationen. Nach (6) gilt:

E_S = das Vermögen, Ideen von E_S hervorzubringen.

Nach (8) gilt:

die Idee von E_S = die Idee des Vermögens, Ideen von E_S hervorzubringen.

Ideen von sekundären Qualitäten repräsentieren also kategorial korrekt: Dispositionen als Dispositionen. Mithin sind auch Ideen von sekundären Qualitäten keine Fehlrepräsentationen. Sie *wären* Fehlrepräsentationen, wenn sie die sie verursachende Eigenschaft im Körper repräsentierten. Aber sie repräsentieren etwas anderes: nämlich das Vermögen, derartige Ideen zu verursachen. Zu Lockes Lösung des repräsentationalen Problems gehört es also, dass die einfachen Ideen der Sinneswahrnehmung auf zwei verschiedene Weisen repräsentieren: Ideen primärer Qualitäten repräsentieren diejenige Eigenschaft im Körper, durch die sie verursacht werden; Ideen sekundärer Qualitäten hingegen repräsentieren keine sie verursachende Eigenschaft, sondern eine Eigenschaft, die der Körper dank dessen hat, dass er die verursachende Eigenschaft hat. In Abschnitt 4 hatten wir fünf Annahmen betrachtet, die zusammengenommen den Kern des Problems ausmachen, das Locke mit sekundären Qualitäten hat. Es ist also die dort formulierte repräsentationstheoretische Annahme, die Locke letztlich nicht akzeptiert. Sie muss zumindest in folgender Weise modifiziert werden:

(9) Eine Perzeption von S ist höchstens dann eine durch x hervorgerufene E-Perzeption, wenn
  (i) entweder die in x vorhandene Eigenschaft E selbst
  (ii) oder die primäre Basis von E in x
ein Kausalfaktor („die Ursache") des Zustandekommens dieser Perzeption in S ist.

Lockes kausale Theorie dazu, wie einfache Sinnes-Ideen repräsentieren, ist also nicht aus einem Guss. Diese repräsentationstheoretische Uneinheitlichkeit ist allerdings gerade ein Herzstück von Lockes Lösung des Problems mit den sekundären Qualitäten. Ich bezweifle, nebenbei gesagt, dass ihm dies bewusst war. Sonst hätte er ja (wenigstens an einem Punkt) bemerkt, wie theoretisch heikel und zutiefst erläuterungsbedürftig sein drolliges, dezidiert naiv konfidentes Reden von Ideen ist.[24]

Zum erkenntnistheoretischen Problem: Ideen von sekundären Qualitäten repräsentieren nicht nur *kategorial* korrekt, sondern sie repräsentieren auch *im Einzelnen* korrekt. Sie repräsentieren nicht nur jede sekundäre Qualität zutreffend als eine Disposition, sondern (unter Standardbedingungen[25]) auch jede dieser Qualitäten als exakt das, was sie ist. Es gibt keinen Raum für sinnvollen Zweifel daran, dass das, was in mir die Idee von Röte hervorruft, auch das Vermögen hat, in mir diese Idee hervorzurufen, und folglich (falls Standardbedingungen vorliegen) rot ist. Da jede Idee einer sekundären Qualität eine einfache Idee ist, die nur aus der Sinneswahrnehmung gewonnen werden kann, muss sie von etwas außerhalb kommen, und das, wodurch sie hervorgerufen wird (was auch immer es sei), muss etwas sein, das dieses Vermögen hat. Da sie, (8) zufolge, keinen weiteren repräsentationalen Gehalt hat, kann sie (unter Standardbedingungen) keine Fehlrepräsentation sein. Locke formuliert dies manchmal so: Auch die Ideen sekundärer Qualitäten sind *wirkliche Ideen*, d. h. sie haben „eine Konformität mit dem wirklichen Sein" und „stimmen mit der Wirklichkeit der Dinge überein" (II.30.2 und II.30.3). Und mehr als das, diese Ideen haben alle wesentlichen erkenntnistheoretischen Tugenden, die eine Idee nur haben kann: Sie sind *klar* (d. h. so, wie die Objekte selbst sie darbieten); jedenfalls sind sie es, wenn die Sinnesorgane intakt und die Wahrnehmung nicht zu flüchtig ist (II.29.2 f.). Sie sind außerdem *wirklich*, im gerade erläuterten Sinn (II.30.2) und *adäquat*, d. h. sie repräsentieren ihre Originale perfekt (II.31.2); und sie sind *wahr*, soweit Ideen überhaupt „wahr" genannt werden können (II.32.14 ff.). Eine hübsche Pointe der Lockeschen Theorie sollte uns dabei nicht entgehen: Weil die in der Sinneswahrnehmung gewonnene sekundäre Idee von sich aus nichts weiter als das betreffende Vermögen repräsentiert, bedarf es kei-

---

24 Dafür, dass ihm das entgangen ist, und für all das Schlimme in der Welt, das er dadurch mitangerichtet hat, habe ich Locke wiederholt gescholten – am erbittertsten, unpassenderweise, anlässlich seines 300. Todesjahrs, in Kemmerling 2006. Locke starb 1704.

25 Locke erwähnt die Relativierung auf Standardbedingungen nicht. Der Unterschied zwischen (i) „x ist zum Zeitpunkt t rot" und (ii) „x sieht zu t rot aus" war ihm offenbar nicht wichtig. Gelegentlich neigt er dazu, von (ii) auch dann auf (i) zu schließen, wenn keine Standardbedingungen vorliegen. – Darin ist eher eine Lässlichkeit Lockes als ein struktureller Mangel seiner Theorie zu sehen. – Wo ich diese Relativierung ergänze, gehe ich also über den Wortlaut des Lockeschen Texts hinaus.

ner hinzutretenden Verstandesleistung, um zu erkennen, dass der wahrgenommene Gegenstand dieses Vermögen hat. Mit einem Wort, Ideen sekundärer Qualitäten liefern echtes Sinnes-Wissen [*sensitive knowledge*, IV.2.14].

Das philosophische Hauptziel, das Locke mit seiner Wahrnehmungstheorie verfolgt, hat er damit erreicht. Die vorgestellten Lösungen der vier Probleme erlauben es ihm, die beiden ursprünglich schwierigen Fragen

Sind solche Eigenschaften (wie Süße, Röte usw.) überhaupt Eigenschaften von Körpern?

Ist der Erwerb von Ideen der Süße, Röte, usw. ein Kausalprozess, der sich mechanistisch erklären lässt?

mit einem Ja zu beantworten. Es ist im Rahmen der Korpuskular-Hypothese möglich, den Erwerb *aller* einfachen Ideen der Sinneswahrnehmung als einen Vorgang zu betrachten, in dem Dinge „auf den Geist in einer natürlichen Weise einwirken" (IV.4.4). Locke kann außerdem durch seine semiotische These die Behauptung begründen, dass einfache Ideen das Basismaterial unseres *Wissens* sind.

Aber gerade aus der semiotischen These ergibt sich das Adäquatheitsproblem: Ist es möglich, eine Lösung der vier genannten Probleme zu geben, die sich weitgehend mit unserer vortheoretischen Alltagsauffassung verträgt? Nun, dies ist erst möglich, wenn diese Auffassung von dem Vorurteil befreit worden ist, es handele sich bei den sekundären Qualitäten um eine eigenständige Art von Eigenschaften, die – wie eben alle wahrnehmbaren Eigenschaften – mit Hilfe von ihnen ähnlichen Ideen repräsentiert werden.

À propos. Die geistige Anstrengung, sich aus eigener Kraft von Vorurteilen zu befreien, ist, in meinen Augen, der ewig bezaubernde Geist, den Lockes abschreckend trockene Philosophie bis heute *glaubhaft* atmet. Dieser Geist zeigt sich auf's Schönste auch in seiner ingeniösen Wahrnehmungstheorie, um die es uns hier ging. Dass er selbst – und: selbst er – dem Vorurteil namens *Idee* so maulwurfsblind aufgesessen ist und – wie hätte er dies ahnen können? – so beklagenswert viele andere Kluge damit angesteckt hat, sei ihm bei dieser Gelegenheit ausnahmsweise einmal nicht vorgeworfen. In seinem sei's auch grundsätzlich fragwürdigen Rahmen hat er so Großes geleistet, dass wir, wie mir scheint, bis auf den heutigen Tag

nichts deutlich Gehaltvolleres dazu zu sagen vermögen, wie wir sekundäre
Qualitäten wahrnehmen.[26]

Literatur

Primärtexte

Berkeley, G., *A Treatise concerning the Principles of Human Knowledge* (1710), hrsg.
von J. Dancy, Oxford: Oxford University Press 1998.
Locke, J., *An Essay Concerning Human Understanding* (1689/1690), hrsg. von
P. H. Nidditch, Oxford: Oxford University Press 1975 (die Erstausgabe des
Essay gibt auf der Titelseite das Jahr 1690 an; erschienen ist er im Dezember
1689).
Reid, Th., *Essays on the Intellectual Powers of Man* (1785), zitiert nach: *The Works
of Thomas Reid*, hrsg. von W. Hamilton, Bd. I, Edinburgh (u. a.): MacLachlan
and Stewart 1863.

Sekundärtexte

Alexander, P., *Ideas, Qualities and Corpuscles – Locke and Boyle on the External World*,
Cambridge: Cambridge University Press 1985.
Bennett, J., *Learning from Six Philosophers – Descartes, Spinoza, Leibniz, Locke,
Berkely, Hume*, 2 Bde., Oxford: Oxford University Press 2001.
Boghossian, P. & Velleman, J. D. (1991), „Physicalist Theories of Color", *Philoso-
phical Review* 100 (1991), 67–106.
Byrne, A. & Hilbert, D. R. (Hrsg.), *Readings on Colour*, 2 Bde, Cambridge, Mass.
& London: MIT Press 1997.
Chappell, V., „Locke's Theory of Ideas", in: *The Cambridge Companion to Locke*,
hrsg von V. Chappell, Cambridge: Cambridge University Press 1994, 26–55.
Jacovides, M., „Locke's Resemblance Theses", *Philosophical Review* 108 (1999),
461–496.
Johnston, M., „How to Speak of the Colours", *Philosophical Studies* 68 (1992),
221–263.
Kemmerling, A., „Vom Unverständlichen zum als selbstverständlich Vorausgesetz-
ten – Lockes unerläuterter Ideenbegriff", in: *Aufklärung – Interdisziplinäre
Jahrbuch zur Erforschung des 18. Jahrhunderts und seiner Wirkungsgeschichte* 18
(2006), 7–20.

---

26 Dank an R. P. Horstmann, Laura Jehl, Claudia Nissle, Dominik Perler, Eike von Sa-
vigny, Jakob Steinbrenner und Julia Zakkou für hilfreiche Hinweise verschiedenster
Art zu früheren Fassungen dieser Arbeit.

Lowe, E. J., *Locke on Human Understanding*, London & New York: Routledge 1995.

Mackie, J. L., *Problems from Locke*, Oxford: Oxford University Press 1976.

Maund, B., *Colours – Their Nature and Representation*, Cambridge: Cambridge University Press 1995.

McGinn, C., „Another Look at Color", *Journal of Philosophy* 93 (1996), 537–553.

Specht, R., *John Locke*, München: Beck 1989.

–, „John Lockes Lehre vom Allgemeinen", in: *Aufklärung – Interdisziplinäres Jahrbuch zur Erforschung des 18. Jahrhunderts und seiner Wirkungsgeschichte* 18 (2006), 69 – 94.

Stuart, M., „Locke's Colors", *Philosophical Review* 112 (2003), 57–96.

Yolton, J. W., *A Locke Dictionary*, Oxford (u. a.): Blackwell 1993.

Stephen Puryear

Leibniz über Begriffe und ihr Verhältnis zu den Sinnen*

1 Ein Rätsel

Wie vor ihm schon Descartes schreibt auch Leibniz dem Geist eine Art doppelter Beschaffenheit zu.[1] Zuallererst ist der Geist *einfach*, und zwar in dem traditionellen metaphysischen Sinne, nach dem man ihn nicht in weitere Teile zerlegen kann. In dieser Hinsicht unterscheidet er sich von stofflichen Objekten oder Körpern, die, wie klein sie auch sind, aus immer noch kleineren Körpern bestehen (müssen). Gleichzeitig jedoch ist der Geist *komplex*, und zwar in dem Sinne, dass er eine Vielzahl (genau genommen unendlich viele) „Akzidenzen" und „Modifikationen" umfasst: Streben etwa, Wünsche, Wahrnehmungen, Gedanken, Ideen und Begriffe. Deren Anwesenheit im Geist verleiht ihm eine gewisse Komplexität. Leibniz zufolge steht diese Komplexität allerdings in keiner Weise im Widerspruch zu seiner Einfachheit, da diese Eigenschaften keine *Teile* des Geistes sind. Stattdessen stellen sie verschiedene Modifikationen einer einzigen, unteilbaren Substanz dar, etwa wie bei einem Zentrum oder Punkt, der zwar einfach und unteilbar ist, aber dennoch auf eine Art eine unendliche Anzahl von Winkeln einschließt, die von den in ihm zusammenlaufenden Linien gebildet werden (PNG 2; GP VII 566).[2]

---

* Aus dem Englischen übersetzt von Simone Ungerer
1 Descartes bestätigt diese Sichtweise des Geistes (unter anderem) in der sechsten seiner *Meditationen*.
2 Im Weiteren benutze ich die folgenden Abkürzungen für Leibniz' Texte: A = *Sämtliche Schriften und Briefe*, zitiert nach Reihe, Band und Artikel oder Seitenzahl; C = *Opuscules et Fragments inédits de Leibniz*, DM = *Discours de Métaphysique*, zitiert nach Abschnitt; GP = *Die philosophischen Schriften von Gottfried Wilhelm Leibniz*, zitiert nach Band und Seitenzahl; M = *Monadologie*, zitiert nach Abschnitt; NE = *Abhandlungen über den menschlichen Verstand*, zitiert nach Seitenzahl in A VI, vi;

Diese Dualität von Einfachheit und Komplexität, die weit über einen bloß interessanten Gegensatz hinausreicht, führt Leibniz (zusammen mit zwei Hilfsprinzipien, die ich weiter unten aufzeige) zu einer wichtigen Schlussfolgerung über den Geist: dass nämlich die Qualitäten, die seine Komplexität ausmachen, angeboren sein müssen und niemals von außen zu ihm gelangen können. In einem kurzen Essay über die Beschaffenheit der Monaden, der als *Monadologie* bekannt wurde, erklärt er weshalb:

> Es gibt auch keine Möglichkeit zu erklären, wie eine Monade durch irgendein anderes Geschöpf umgewandelt oder in ihrem Innern verändert werden kann; weil man in ihr weder etwas umstellen noch sich eine innere Bewegung vorstellen kann, die in ihr angeregt, gelenkt, vermehrt oder vermindert werden könnte, wie dies bei Zusammensetzungen möglich ist, bei denen es einen Wechsel zwischen den Teilen gibt. Die Monaden haben keine Fenster, durch die irgendetwas ein- oder austreten könnte. Die Akzidenzen können sich weder, wie seinerzeit die Spezies der Wahrnehmung der Scholastiker, von den Substanzen absondern noch außerhalb derselben umherwandern. Also können weder Substanz noch Akzidenz von außen in die Monade hineingelangen. (M 7; vgl. C521; GP II 251, 275)[3]

Eines der Prinzipien, von denen er in diesem Argument ausgeht, lautet, dass eine Substanz nur von innen beeinflusst werden kann, und zwar entweder durch den Austausch von Teilen oder von Akzidenzen. Das zweite lautet, dass es zwischen Substanzen keinen Transfer von Akzidenzen geben kann, weil Akzidenzen ganz einfach nicht von einer Substanz losgelöst und mit einer anderen wieder verbunden werden können (vgl. NE 224). Zusammen genommen ziehen diese Prinzipien nach sich, dass interne Veränderungen in einer Substanz nur durch den Austausch von Teilen verursacht werden können. Aus der Tatsache, dass eine einfache Substanz wie der Geist nicht aus Teilen besteht, die ausgetauscht werden könnten, folgt jedoch, dass keine seiner Eigenschaften von außen erworben werden kann: sie alle müssen im Geist selbst hervorgebracht werden. In Anbetracht der Tatsache, dass Begriffe Eigenschaften des Geistes sind, scheint Leibniz sich mit diesem Argument der außergewöhnlichen (sogar radikalen) These zu verpflichten, dass all unsere Begriffe, eingeschlossen diejenigen von „sinnlichen Qualitäten" wie Farben, Geräusche, Aromen und Düfte, dem

---

PNG = *Vernunftprinzipien der Natur und der Gnade*, zitiert nach Abschnitt; T = *Die Theodizee*, zitiert nach Abschnitt.
3   Dt. siehe *Monadologie*, hrsg. von H. Hecht, Stuttgart: Reclam, 13 (§ 7).

Geiste angeboren sind und nicht auf irgend eine Weise über die Sinne in ihn eintreten.[4]

Über die Tatsache hinaus, dass Leibniz sich dieser These verpflichtet, gibt es klare Belege dafür, dass er sie sich zu Eigen machte. In seiner *Metaphysischen Abhandlung* (*Discours de Métaphysique*, 1686) beispielsweise legt er zunächst dar, dass „auf natürliche Weise von außen nichts in unseren Geist [kommt]" und „es eine schlechte Angewohnheit [ist], die wir angenommen haben, zu denken, dass unsere Seele irgendwie geartete Boten empfängt und Türen und Fenster hat". Er schließt dann mit der Behauptung: „wir können nichts lernen, von dem wir nicht schon im Geiste die Idee hätten" (DM 26). Obwohl es in dieser Behauptung zumindest nominal eher um Ideen als um Begriffe geht, bemerkt Leibniz im nächsten Abschnitt des *Discours*, dass in seiner Terminologie ein Begriff oder Ausdruck lediglich eine Idee ist, die tatsächlich geistig erfasst oder gebildet worden ist. Daher kann man in einem gewissen Sinn sagen, dass all unsere Begriffe von Anfang an in uns sind, da jeder Begriff gleichzeitig eine Idee ist und wir immer alle unsere Ideen in uns haben. In einem anderen Sinn können wir jedoch sagen, unsere Begriffe seien erworben, insofern wir sie erst haben, nachdem wir eine Idee tatsächlich geistig erfasst oder gebildet haben. Aber selbst dann erwerben wir diese Begriffe nicht aus der Außenwelt, sondern aus den Tiefen unseres Inneren, aus unserem eigenen Ideenspeicher. Im *Discours* unterstützt Leibniz also ganz eindeutig die Vorstellung, dass all unsere Begriffe immanent oder angeboren sind. Er wiederholt dies in den *Neuen Abhandlungen über den menschlichen Verstand* (*Nouveaux Essais sur l'Entendement Humain*), die er zwanzig Jahre später (1704–05) verfasst:

> Ich gebe zu, die Erfahrung ist notwendig, damit die Seele zu diesen oder jenen Gedanken bestimmt werde, und damit sie auf die Ideen, die in uns sind, achtet. Was aber ist das Mittel, durch das die Erfahrung und die Sinne Ideen geben können? Hat die Seele Fenster, gleicht sie einer Tafel? Ist sie wie aus Wachs? Offensichtlich halten alle diejenigen, die so von der Seele denken, sie im Grunde für körperlich. (NE 110, vgl. NE 74).

Angesichts der Tatsache, dass Leibniz diese Doktrin eines universalen Angeborenseins aufstellt, sollten wir durchaus davon überrascht sein, dass wir auch auf Textstellen stoßen, in denen er behauptet, dass gewisse Begriffe mittels der Sinne von außen in uns eindringen. In § 27 des *Discours* bemüht er sich beispielsweise zu zeigen, „wie unsere Seele mit leeren Tafeln vergli-

---

4   In seinen *Notae in Programma* (1647) nimmt Descartes einen ähnlichen Standpunkt ein, vgl. AT VIIIB, 358–359.

chen werden kann, und wie unsere Begriffe aus den Sinnen stammen".
Weiter wirbt Leibniz in einer Reihe von Schriften für eine Unterschei-
dung zwischen Ideen oder Begriffen, die dem Geist angeboren sind, und
denjenigen, die von außen kommen. Er tut dies insbesondere in den *Neu-
en Abhandlungen*, und zwar in einem außerordentlich langen Angriff auf
Lockes Argument für den Ursprung aller Begriffe in den Sinnen.[5] Gegen
Locke vertritt Leibniz die Auffassung, dass unsere (klaren) intellektuellen
Ideen aus uns selbst stammen, während man von unseren verworrenen
Ideen sagen kann, dass sie durch die Sinne zu uns gelangen. Die folgende
Bemerkung ist typisch:

> Die intellektuellen Ideen, die die Quelle der notwendigen Wahrheiten sind,
> kommen nicht von den Sinnen her [...]. Die Wahrheiten, in die die von den
> Sinnen herkommenden Ideen eingehen, hängen von den Sinnen ab, wenigs-
> tens zum Teil. Aber die von den Sinnen herkommenden Ideen sind verworren,
> und die Wahrheiten, die davon abhängen, sind dies ebenfalls, wenigstens zum
> Teil. Stattdessen sind die intellektuellen Ideen und die davon abhängenden
> Wahrheiten deutlich, und weder die einen noch die anderen haben ihren Ur-
> sprung von den Sinnen, obwohl wir natürlich ohne Sinne nicht daran denken
> könnten. (NE 81)

Zu den intellektuellen Ideen zählt er Sein, Einheit, Substanz, Dauer, Wandel, Ursache, Wirkung, Handlung, Ähnlichkeit, Wahrnehmung, Vergnü-
gen und generell all diejenigen Ideen, deren Objekte dem Bereich der Metaphysik, der Logik oder der Ethik angehören (NE 51, 111, 392; GP VI
502; M 30). Diese Ideen, so Leibniz, sind angeboren. Wir erwerben (oder
erfassen) sie durch Denkakte, bei denen wir auf uns selbst reflektieren,
darüber, was wir sind und was in uns ist. Auf diese Weise entdecken wir
die Objekte dieser verschiedenen Ideen (PNG 5; M 30). Beispielsweise
könnten wir nicht zu der Idee vom Sein gelangen, „wenn wir nicht selbst
Seiende wären und das Sein nicht in uns fänden" (NE 86; vgl. GP VI 502–
503). Ähnliches gilt für alle anderen Objekte unserer intellektuellen Ideen.
Im Gegensatz dazu haben nicht-intellektuelle (d. h. sinnliche) Ideen die
verschiedenen sinnlichen Qualitäten zum Gegenstand – Farben, Aromen,
Gerüche, Geräusche sowie taktile Eigenschaften wie warm und kalt (NE
392).[6] Diese Qualitäten können wir nicht in uns selbst finden, wie das

---

5   Zu Lockes Argument siehe Buch I seines *Essay Concerning Human Understanding*
     (1690).
6   Was Leibniz in GP VI 501–2 sagt, verkompliziert die Sache allerdings. Dort nennt er
     drei Kategorien von Ideen: sinnliche, vorstellbare und intelligible. Die vorstellbaren
     Ideen sind, wie die intelligiblen, klar. Die vorstellbaren Ideen unterscheiden sich

etwa beim Sein der Fall ist. Also, schlussfolgert Leibniz, müssen die Ideen, die wir von ihnen haben, von außen kommen. Wenn er diese Unterscheidung zwischen intellektuellen und sinnlichen Ideen trifft und dabei die letzteren externen Quellen zuschreibt, scheint Leibniz seiner Behauptung zu widersprechen, alle Ideen seien dem Geist angeboren. Dennoch räumt er hier überraschenderweise keinen Widerspruch ein. Wie sollen wir das verstehen?

Eine Möglichkeit, die wir dabei nicht ernsthaft vertreten können, bestünde in der Behauptung, Leibniz habe niemals beide Sichtweisen zur gleichen Zeit befürwortet. Wir können also nicht annehmen, dass er einfach seine Meinung in dieser Sache geändert und vielleicht der einen Sichtweise früher und der anderen später den Vorzug gegeben hat. Wie der sorgfältige Leser nämlich festgestellt haben wird, wirbt er bisweilen für beide Sichtweisen in ein und demselben Text. Im *Discours* spricht er sich in § 26 für das Angeborensein aller Ideen (und daher aller Begriffe) aus, behauptet dann aber direkt im nächsten Abschnitt zu zeigen, wie man von bestimmten Begriffen sagen kann, sie kämen von außen durch die Sinne zu uns. Dasselbe wiederholt sich in den *Neuen Abhandlungen*. Wie wir gesehen haben, unterscheidet er in diesem Werk zwischen intellektuellen und sinnlichen Ideen und behauptet, die Letzteren gelangten von außen zu uns. Allerdings bestreitet er an anderer Stelle in demselben Text, dass die Sinne jemals in der Lage wären, uns mit irgendwelchen Ideen auszustatten (NE 74; 110). Folglich kann es nicht so sein, dass er lediglich seine Meinung geändert hat, was den Ursprung der Begriffe angeht. Wir könnten ihm natürlich vorwerfen, in dieser Frage wild hin und her zu schwanken oder ambivalent zu sein, dies sollte aber wirklich erst unser letzter Ausweg sein. Wenn es irgend möglich ist, sollten wir davon ausgehen, dass er immer wieder und ganz bewusst beide Sichtweisen vertritt.

Vielleicht könnten wir stattdessen annehmen, dass Leibniz einfach seine Sprechweise an die einiger anderer anpasst, wenn er von bestimmten Ideen sagt, sie kämen durch die Sinne zu uns, auch wenn er weiß, dass er dabei etwas Falsches sagt. In den *Neuen Abhandlungen* beispielsweise, die

---

jedoch von den intelligiblen, insofern als sie dem „gesunden Menschenverstand" oder der Phantasie entstammen und nicht dem Verstand. Das Problem dabei ist, dass Leibniz scheinbar annimmt, nur die Ideen, die vom Verstand herrühren, seien wirklich angeboren. Was Leibniz in diesem Text sagt, zieht also nach sich, dass die Klasse der klaren Ideen nicht mit der Klasse der intellektuellen oder angeborenen Ideen übereinstimmt. Ich werde nicht darauf eingehen, wie das mit der Position in Einklang zu bringen ist, die er in den *Neuen Abhandlungen* vertritt.

die Form von Dialogen zwischen Vertretern von Leibniz und Locke haben, greift Leibniz vielleicht einfach den Lockeschen Bezugsrahmen auf, um ihn zu untersuchen und zu kritisieren, ohne ihn dabei bestätigen zu wollen. Die Schwierigkeit dieses Vorschlags besteht allerdings darin, dass Leibniz eindeutig unsere alltägliche Sprechweise von Begriffen, die durch die Sinne kommen, bestätigt. Er sagt, dass eine solche Sprechweise „gut und haltbar" (NE 74) ist und dass wir nichts Falsches sagen, wenn wir uns in dieser Weise ausdrücken (DM 27). Wie kann das aber sein, wenn nach streng metaphysischer Sichtweise alle Begriffe dem Geiste entspringen?

Obwohl es recht schwierig sein dürfte aufzudecken, wie genau Leibniz' Ansatz gedacht ist, kann man meiner Meinung nach zeigen, dass Leibniz sehr wohl eine Möglichkeit anbietet (das beabsichtigt er jedenfalls), wie diese im Wettstreit befindlichen Bilder über den Ursprung von Begriffen in Einklang zu bringen sind. Ich will in diesem Essay zuerst detailliert erklären, was dieser Ansatz beinhaltet, und dann seine Plausibilität bewerten. Am Ende werde ich zu dem Schluss kommen, dass es Leibniz nicht gelingt, irgendeinen Sinn ausfindig zu machen, der mit seiner Sichtweise, nach der Begriffe eine externe Quelle haben können, vereinbar wäre, und dass er daher einfach den Standpunkt einnehmen sollte, alle Begriffe seien ohne Einschränkung dem Geist angeboren.

2   Ein allererster Vorschlag

Ich beginne mit Leibniz' Ausführungen zum Ursprung von Begriffen im *Discours*. Die wichtigste Stelle für unsere Untersuchung findet sich in § 27, wo Leibniz Aristoteles' Vergleich der Seele mit einer leeren Tafel (*tabula rasa*) und die scholastisch-aristotelische Maxime, nichts sei im Verstand, was nicht zuvor in den Sinnen war, betrachtet. Darüber schreibt er:

> Diese Arten theoretischer oder praktischer Reden können indessen im gewöhnlichen Gebrauch durchgehen, so etwa, wie wir sehen, dass diejenigen, die dem Kopernikus folgen, dennoch nicht aufhören zu sagen, dass die Sonne aufgeht und untergeht. Ich finde sogar oft, dass man ihnen einen guten Sinn geben kann, demzufolge sie gar nichts Falsches zum Inhalt haben, so wie ich schon bemerkt habe, auf welche Art man wahrhaft sagen kann, dass die individuellen Substanzen aufeinander wirken, und in diesem selben Sinne kann man auch sagen, dass wir unsere Erkenntnisse von außen unter dem Beistand der Sinne empfangen, weil manche äußeren Dinge die Gründe, die unsere Seele zu gewissen Gedanken bestimmen, auf eine ganz besondere Weise enthalten oder ausdrücken. Wenn es sich aber um die Genauigkeit metaphysischer Wahrheiten

handelt, so ist es wichtig, die Erstreckung und Unabhängigkeit unserer Seele anzuerkennen, die unendlich viel weiter geht, als man gewöhnlich denkt, obschon man im Sprachgebrauch des alltäglichen Lebens ihr nur das zuschreibt, was man ganz offenbar wahrnimmt und was uns auf eine besondere Weise zukommt, denn es nützt dabei nichts, zu weit zu gehen. (DM 27)

Die Schlüsselaussage besteht hier darin, dass man sagen kann, dass wir (bestimmte) Begriffe durch die Sinne empfangen „weil manche äußeren Dinge die Gründe, die unsere Seele zu gewissen Gedanken bestimmen, auf eine ganz besondere Weise enthalten oder ausdrücken." Um ganz genau zu sein, spricht Leibniz hier tatsächlich davon, dass man *Wissen* empfängt, nicht Begriffe. Ein gründlicherer Blick legt aber nahe, dass das, was er hier über Wissen sagt, genauso für Ideen und insbesondere für Begriffe zutrifft. Erstens verbindet er gemeinhin das Haben von Wissen mit dem Haben von Ideen oder Begriffen. Das ist insbesondere im *Discours* der Fall (§ 24; vgl. auch die *Neuen Abhandlungen*). In seinem Essay „Betrachtungen über die Erkenntnis, die Wahrheit und die Ideen" (*Meditationes De Cognitione, Veritate et Ideis*, GP IV 422–426) verwendet er „Wissen" und „Begriffe" (oder auch „Ausdrücke") synonym. Zweitens gibt Leibniz an anderer Stelle an, sein Ziel in diesem Abschnitt des *Discours* sei, zu zeigen, „wie unsere Seele mit leeren Tafeln verglichen werden kann und wie unsere Begriffe aus den Sinnen stammen" (GPII 14). Drittens schließt er den Abschnitt, der auf die oben zitierte Passage folgt, indem er betont: „es ist immer falsch zu sagen, daß alle unsere Begriffe aus den Sinnen stammen, die man äußere nennt, denn die Begriffe, die ich von mir und meinen Gedanken und folglich vom Sein, von der Substanz, von der Handlung, von der Identität und vielen anderen Dingen habe, stammen aus einer inneren Erfahrung." (DM 27). Diese Beobachtungen lassen die Vermutung plausibel erscheinen, dass in diesem Abschnitt „Wissen" im Wesentlichen gleichbedeutend mit „Begriffen" ist, und dass Leibniz daher hier eine Erklärung bietet, in welchem Sinne man wahrhaftig sagen kann, unsere Begriffe kämen von außen durch die Sinne zu uns.

Seine Erklärung wirft jedoch mehr Fragen auf als sie beantwortet. Was heißt es, Gründe auf eine besondere Weise zu enthalten oder auszudrücken? Und besonders im Vergleich womit? Wie rechtfertigt darüber hinaus die Tatsache, dass äußere Dinge diesen besonderen Ausdruck haben, dass wir von Begriffen sprechen, die vermittels der Sinne zu uns gelangen? Was hat das eine mit dem anderen zu tun? Dies sind wichtige und schwierige Fragen, und wir müssen sie beantworten, wenn wir Leibniz' Ansatz verstehen wollen. In Leibniz' Umgang mit Begriffen im *Discours* oder in irgendeiner seiner anderen Diskussionen über Begriffe werden wir allerdings vergeblich nach Antworten suchen. Wenn wir jedoch an den richtigen Stellen suchen, können wir, so denke ich, Antworten finden. Insbesondere widmet sich Leibniz in einer Reihe von Schriften zwei eng damit verbundenen Problemstellungen, und in beiden Fällen scheint er im Wesentlichen dieselbe Strategie anzuwenden, um den alltäglichen Sprachgebrauch zu verteidigen. Aber in diesen Zusammenhängen erklärt er die Strategie klarer und detaillierter. Wenn wir also unsere Aufmerksamkeit auf seinen Umgang mit diesen Problemen lenken, können wir eine bessere Vorstellung davon erlangen, in welchem Sinne er denkt, dass es wahr ist zu sagen, manche Begriffe kämen von außen zu uns. Eines der Probleme betrifft die Interaktion von Geist (eine einfache Substanz) und Körper (eine komplexe Substanz). Zu Leibniz' Darstellung dieser Wechselbeziehung werde ich später mehr sagen müssen. Zuerst jedoch will ich das zweite Problem betrachten, zu dem Leibniz sich ausführlicher äußert. Es handelt sich um das Problem der Interaktion einfacher Substanzen.

3 Interaktion bei Leibniz

Aus demselben Grund, aus dem ein Geist in metaphysischer Strenge keine Begriffe von außen aufnehmen kann, vertritt Leibniz die Auffassung, Monaden könnten generell in keinem wirklichen Sinne interagieren. Interaktion erfordert in seiner Sicht den Austausch von Teilen oder von Akzidenzen. Im Falle von einfachen Substanzen gibt es aber keine Teile, die ausgetauscht werden können; weiter können die Akzidenzen eines Dinges niemals von einem Ding auf ein anderes übertragen werden. Daher können Monaden niemals wirklich interagieren. Trotzdem denken und sprechen wir für gewöhnlich so, als ob es möglich wäre, dass ein Geist mit einem anderen interagieren könnte. Wir können beispielsweise denken, dass die bösartigen Gedanken einer Person eine Abneigung in einer anderen Person anregten, oder dass die Entscheidung eines Individuums zu sprechen eine andere Person dazu brachte, Töne zu hören und so weiter. Also stehen wir einmal mehr vor einem Fall, in dem Leibniz' metaphysische Schlussfolgerungen mit der gewöhnlichen Sprechweise kollidieren, und, wie auch schon zuvor, behauptet er, einen Weg gefunden zu haben, um eine gewisse Annäherung zu erreichen.

Man kann seinen Ansatz in zwei Teile gliedern. Den ersten Teil erklärt er am deutlichsten in dieser Passage aus einem Brief an Antoine Arnauld aus dem Jahre 1686, den er kurz nach der Fertigstellung des *Discours* verfasste:

> Denn da alle geschaffenen Substanzen eine beständige Schöpfung desselben souveränen Wesens gemäß denselben Plänen sind und dasselbe Universum oder dieselben Phänomene ausdrücken, stimmen sie untereinander völlig überein, und dies lässt uns sagen, dass die eine auf die andere einwirkt, weil die eine die Ursache oder den Grund der Veränderungen deutlicher ausdrückt als die andere [...]. So muss man meiner Meinung nach die Gemeinschaft der geschaffenen Substanzen untereinander verstehen, und nicht wie eine reale physische Beeinflussung oder Abhängigkeit. (GP II 57)[7]

In dieser und in vielen ähnlichen Passagen bringt Leibniz die Aktivitäten der Substanzen mit dem klareren Ausdruck oder der Vorstellung gewisser Gründe in Verbindung.[8] Wenn wir verstehen wollen, was er im Sinn hat, müssen wir zuerst deutlich machen, was er mit einer klaren Vorstellung meint. Es wäre falsch, den Eindruck zu vermitteln, Leibniz meine immer dasselbe, wenn er von einer klaren Vorstellung oder Wahrnehmung spricht.[9] Aber der Hauptgedanke und derjenige, den er in der für uns relevanten Passage scheinbar im Sinn hat, lautet: *A* repräsentiert *B* klar in dem Maße, als *A* den Inhalt (oder die Natur) von *B* explizit repräsentiert, d. h. in einer Art und Weise, die den Inhalt zugänglich macht. Im Gegensatz dazu repräsentiert *A B* nicht-klar, oder in Leibniz' Terminologie *verworren*, in dem Maße, als *A* den Inhalt (oder die Natur) von *B* nur implizit repräsentiert. In der *Theodizee* (1710), seinem einzigen veröffentlichten Buch, finden wir, wie auch an anderen Stellen, eine deutliche Erklärung dieser Vorstellung von Klarheit:

> Oft unterdrückt die Vorstellung, wenn sie unvollkommen ist, etwas an den Dingen; hinzufügen kann sie jedoch nicht: das würde sie, anstatt vollkommener, vielmehr zu einer falschen machen. Übrigens ist die Unterdrückung bei unseren Wahrnehmungen niemals vollständig und ist in der Vorstellung, wenn sie verworren ist, immer stärker als wir sehen. Daher ist wohl der Grund zu der Annahme vorhanden, dass die Vorstellungen von der Wärme, der Kälte, den Farben usw. ebenfalls nur die kleinen Bewegungen zur Darstellung bringen,

---

7   Vgl. A VI, iv, 1620; GP I 383; II 69, 71; M 49, 52.

8   Leibniz benutzt durchgängig „Ausdruck" und „Repräsentation" synonym: siehe zum Beispiel DM 9, 26; GP II 112–121, VII 554; T 403; M 56–65.

9   Leibniz definiert Wahrnehmung als Repräsentation einer Vielheit in einer Einheit, oder mit anderen Worten als jedwede Repräsentation eines Körpers oder materiellen Dinges in einer Monade; vgl. etwa GP II 311; III 622; VII 529, 566; PNG 2,4; M 14.

die bei der Wahrnehmung jener Eigenschaften in den Organen erregt werden, obgleich die Menge und Geringfügigkeit dieser Bewegungen die deutliche Vorstellung von ihnen hindert, ungefähr in der Weise, wie wir auch das Blau und das Gelb nicht unterscheiden, das sowohl in der Vorstellung wie in der Zusammensetzung des Grünen enthalten ist, während das Mikroskop zeigt, daß das, was grün erscheint, aus gelben und blauen Teilen zusammengesetzt ist. (T 356)

Wir sehen hier, dass gerade der Umstand, dass Vorstellungen etwas unterdrücken, in dem Sinne, dass sie „mehr [repräsentieren] als wir sehen", die Vorstellungen verworren oder unvollkommen sein lässt, eben so wie unsere Ideen von wahrnehmbaren Eigenschaften verschiedene winzige Vorgänge in unseren Organen repräsentieren, die wir aufgrund ihrer Vielzahl und Kleinheit nicht bemerken können. Wir spüren diese Eigenschaften, sagt er, sind uns aber der kleinen Wahrnehmungen von Vorgängen, aus denen diese Empfindungen sich zusammensetzen, nicht bewusst, weshalb wir die Eigenschaften nicht klar repräsentieren können. Sie klar zu repräsentieren würde heißen, sie in einer solchen Art und Weise zu repräsentieren, dass wir die Inhalte dieser Eigenschaften unterscheiden könnten, etwas, was unsere Fähigkeiten übersteigt. Wie es in dieser Passage heißt, bedeutet etwas klar zu repräsentieren, es in einer Art und Weise zu repräsentieren, dass seine Komplexität oder sein Gehalt explizit ist. Für unsere Zwecke ist wichtig, dass diese Vorstellung des „expliziten Gehalts" von Klarheit gerade diejenige zu sein scheint, die Leibniz in seiner Diskussion der Wechselbeziehungen zwischen Substanzen im Sinn hat. Beachten Sie nur einmal die folgende Formulierung seines Vorschlags:

> Das aber, dessen Ausdruck deutlicher ist, wird als tätig, das mit dem verworreneren Ausdruck als erleidend beurteilt. Denn das Tätigsein ist Vollkommenheit, das Erleiden hingegen Unvollkommenheit. Und wir halten diejenige Sache für die Ursache, aus deren Status sich der Grund der Bewegung am leichtesten angeben lässt. Ursachen werden nicht aufgrund eines wirklichen Einflusses angenommen, sondern wegen der Notwendigkeit einen Grund anzugeben. (A VI, iv, 1620).

Leibniz weist hier darauf hin, dass das Ding mit dem klareren Ausdruck (eines bestimmten Grundes) dasjenige sein wird, das am ehesten diesen Grund enthält. Das Ding aber, das einen Grund am ehesten enthält, wird das genau deswegen tun, weil es den Gehalt dieses Grundes am explizitesten ausdrückt. Wenn Leibniz also von einer Substanz spricht, die einen klareren Ausdruck des Grundes für gewisse Veränderungen beinhaltet als eine andere, meint er eindeutig, dass die erste Substanz den Gehalt dieser

Gründe expliziter repräsentiert und diesen Gehalt dadurch besser verfügbar macht.

Jetzt sind wir ausreichend vorbereitet, Leibniz' Behauptung zu prüfen, nach der die aktive Substanz die Gründe für die stattfindenden Veränderungen klarer repräsentiert, d. h. in einer expliziter gehaltvollen Art und Weise. Mein Vorschlag wäre, ihn folgendermaßen zu verstehen: Leibniz hat die Überzeugung, dass die Welt sich in größtmöglicher Harmonie befindet, sodass bei jeder Veränderung in einer Substanz eine entsprechende Veränderung in jeder anderen Substanz stattfindet.[10] Wenn zum Beispiel eine Monade ein bestimmtes Ereignis wahrnimmt, müssen alle anderen Monaden dasselbe Ereignis wahrnehmen, jede allerdings in ihrer eigenen Sichtweise. Weiter enthält jede Substanz in sich den Grund für die Veränderungen, die sie durchläuft. Das rührt daher, dass bei genauester Analyse die Veränderungen einer Monade jeweils Übergänge von einem andauernden Stadium auf ein anderes sind, wobei diese Veränderungen von den *Gesetzen des Strebens* oder *Gesetzen der letzten Wirkursachen*, wie er es nennt, beherrscht werden.[11] So erklärt er im *Discours*:

> In der Tat kann uns nichts als Perzeption und Gedanke zustoßen, und alle unsere zukünftigen Gedanken und Perzeptionen sind nur Folgen, obgleich zufällige, unserer vorhergegangenen Gedanken und Perzeptionen, derart, dass ich, wenn ich fähig wäre, alles deutlich zu erwägen, was mir in dieser Stunde zustößt oder erscheint, alles erkennen könnte, was mir jemals zustoßen oder erscheinen wird (DM 14).

Außerdem könne ich diese späteren Zustände in meinem gegenwärtigen Zustand erkennen, erklärt er an anderer Stelle, und zwar nur deshalb, weil

> die Perzeptionen in der Monade auseinander nach den Gesetzen des Strebens oder den Zweckursachen des Guten und des Bösen [entstehen], wie die Veränderungen der Körper und die äußeren Erscheinungen nach den Gesetzen der Wirkursachen, d. h. der Bewegungen, auseinander hervorgehen. (PNG 3).

Daher kann jede Veränderung in einer Monade zumindest vom Prinzip her ganz und gar in Bezug auf ihre früheren Stadien und auf die Gesetze, denen sie unterliegen, erklärt werden. Bisweilen ist uns diese Erklärung allerdings nicht zugänglich, entweder weil wir uns der relevanten vergangenen Stadien nicht bewusst sind, oder weil wir die relevanten Gesetze nicht in angemessener Weise begreifen. Tatsächlich ist es bisweilen einfacher, eine Erklärung für die Veränderungen, die wir erfahren, zu finden, wenn wir uns

---

10 Vgl. DM 9; GP II 95, 112; T 360; PNG 3; M 56–60.
11 Vgl. GP II 113–15; IV 518, 522–23; T 291; PNG 3; M 78.

andere Substanzen anschauen. Betrachten wir einige Beispiele. Nehmen wir
an, ich entschließe mich dazu Sport zu treiben. Diese Entscheidung stellt
einen gewissen Wandel dar, und ich finde den Grund für diese Veränderung recht einfach durch Introspektion. Insbesondere werde ich entdecken,
dass sie von einigen meiner Überzeugungen herrührt. Unter anderem vielleicht von meiner Überzeugung, dass Sport gut für meine Gesundheit ist,
und so weiter. Oder nehmen wir an, ich folgere und denke daher, dass die
Winkel eines Dreiecks zwei rechten Winkeln entsprechen müssen. Wieder kann ich den Grund, aus dem ich das denke, ganz einfach entdecken,
indem ich meine eigenen früheren Zustände betrachte. Insbesondere gewisse Gedanken, die ich zuvor hatte und aus denen der spätere Gedanke
logisch folgt. Betrachten wir nun eine andere Art von Beispiel. Nehmen
wir an, jemand spricht, und ich nehme den Klang wahr. Wenn ich wissen
will, warum diese Veränderung in mir stattfand, werde ich wahrscheinlich
nichts in meinen früheren Wahrnehmungszuständen finden, das mir eine
Einsicht verschafft. Tatsächlich folgt diese Wahrnehmung aus meinen vor-
hergehenden Zuständen, aber nicht aus solchen, derer ich mir gewahr bin,
oder zumindest nicht in einer Art und Weise, die ich erfassen kann. Wenn
ich mich jedoch den Zuständen der äußeren Dinge zuwende, werde ich
schneller einen Grund finden. Denn die Person, die spricht, tut dies aus
einem Grund, und wenn ich diesen Grund entdecken kann, werde ich den
Grund für meine Wahrnehmung entdeckt haben (oder zumindest *einen*
Grund dafür). Diese Beispiele veranschaulichen Leibniz' Argument, dass
wir derjenigen einfachen Substanz ein Handeln zuschreiben, bei der der
Ausdruck des Grundes für die stattfindenden Veränderungen den explizi-
teren Gehalt hat.

Der erste Teil von Leibniz' Ansatz beinhaltet also seine Verknüpfung
einer Handlung mit der klarsten Vorstellung der Gründe für die Veränderungen, die mit dieser Handlung verbunden sind.[12] Welche Bedeutung
hat aber diese Verknüpfung für Leibniz' Vorhaben, den alltäglichen Sprachgebrauch in Bezug auf die Interaktion zwischen einfachen Substanzen zu
verteidigen? Wenn wir diese Frage beantworten wollen, müssen wir die zweite, kritische Komponente seines Vorschlags einführen: nämlich die Vorstellung, dass Gott sich bei der Schöpfung dieser Welt entschied, die Substanz
mit dem weniger klaren Ausdruck einer Sache (besonders eines Grundes)
an die Substanz mit dem klareren Ausdruck dieser Sache anzupassen, so-

---

12   Für einige ähnliche Überlegungen zur Handlung, die Leibniz möglicherweise be-
     einflusst haben, siehe Teil III von Spinozas *Ethik*, insbesondere die Lehrsätze 1–3.

dass man von der letzteren sagen kann, sie habe im Geist Gottes eine Art „idealen" Einfluss auf die vorherige gehabt. Wie Leibniz in seinem Essay das *Neue System* (*Neues System der Natur und des Verkehrs der Substanzen sowie der Verbindung, die es zwischen Seele und Körper gibt*) (1695) erklärt, besteht einer der Vorteile dieses Systems darin, dass

> die gewöhnliche Sprechweise sehr wohl noch erhalten bleibt. Denn man kann sagen, dass die Substanz, deren Anlage auf verständliche Weise derart den Grund für eine Veränderung gibt, dass man urteilen kann, dass die anderen in diesem Punkte von Anfang an nach den Beschlüssen Gottes auf sie abgestellt wurden, folglich diejenige ist, die man sich in dieser Hinsicht als auf die anderen *wirkend* vorstellen darf. (GP IV 486; vgl. DM 32; GII 516, III 465; T66; M51–52)

Wenn meine Lesart von Leibniz richtig ist, ist die Substanz, deren Zustand eine Veränderung auf verständliche Art und Weise erklärt, diejenige mit der klarsten Repräsentation (Wahrnehmung) der Gründe für diese Veränderung. Denn einen Grund klarer zu repräsentieren bedeutet, den Gehalt dieses Grundes expliziter erscheinen zu lassen und daher eine tiefer gehende, verständlichere Erklärung zu liefern. Leibniz' Behauptung besteht hier daher darin, dass bei manchen Veränderungen in Substanzen Gott diejenigen mit weniger klaren Repräsentationen der Gründe für die Veränderungen an die mit der klarsten Repräsentation dieses Grundes anpasst. Auf diese Art und Weise kann man wahrheitsgemäß sagen, dass diese Substanzen interagieren, sei es auch nur durch Gott, und dass eine aktiv ist, während die anderen passiv sind.

Wir können uns zu Recht fragen, weshalb Gott sich die Mühe macht, Substanzen einander auf diese Art und Weise anzugleichen. Es wäre selbstverständlich inakzeptabel zu schließen, dass er dies tun muss, weil andernfalls unser alltäglicher Sprachgebrauch falsch wäre. Also benötigt Leibniz einen unabhängigen Grund für seine Behauptung, dass Gott so handelt. In § 66 der *Theodizee* erhalten wir einen Hinweis darauf, worin dieser Grund besteht:

> Jede [*einfache Substanz*] gilt als nach dem Maße ihrer Vollkommenheit auf die andere einwirkend, obgleich das nur ideal und in den Gründen der Dinge geschieht, worin Gott gleich im Anbeginn eine Substanz im Hinblick auf die andere eingerichtet hat, je nach der in jeder einzelnen enthaltenen Vollkommenheit oder Unvollkommenheit. [...] Das lässt uns der einen Substanz das *Handeln*, der anderen das *Leiden* zuschreiben. (T 66)

Der wichtigste Punkt für uns ist hier, dass Gott im Anfang die Substanzen einander zugeordnet hat, oder vielleicht eine als Vorbild für die andere genommen hat, je nach ihrer jeweiligen Vollkommenheit oder Unvollkommenheit. Es ist nicht unmittelbar klar, was genau Leibniz vorsieht, aber ich würde vorschlagen, dass er hier an etwas in der folgenden Art denkt: Es ist bekannt, dass Leibniz' Sichtweise zufolge Gott die Ansammlung von Essenzen oder möglichen Existenzen erschafft oder aktualisiert, die die größte Vollkommenheit hat; kurz gesagt erschafft er die beste aller möglichen Welten. Um aber als maximal perfekt gelten zu können, muss eine Welt unter anderem die Eigenschaft haben, vollkommen harmonisch zu sein, und zwar in dem Sinne, dass gilt: Wenn irgendeine Substanz in dieser Welt einen Gegenstand O wahrnimmt, müssen alle anderen Substanzen in der Welt O auch wahrnehmen, allerdings nicht notwendigerweise mit demselben Grad an Klarheit (vgl. M 60). Dies bedeutet, dass Gott bei der Auswahl einer Essenz oder „möglichen Substanz" sicherstellt, dass deren Wahrnehmungen in diesem Sinne harmonisch mit den Wahrnehmungen der anderen möglichen Substanzen sind, die er zur Verwirklichung ausgewählt hat. Eine Art und Weise dies zu erreichen besteht darin, Anpassungen an die mögliche Substanz, die er auswählt, vorzunehmen (entweder indem er sie mit Wahrnehmungen versieht, die sie nicht bereits hatte, oder indem er die Wahrnehmungen verändert, die sie hat). Eine weitere Möglichkeit besteht darin, Anpassungen bei den Substanzen vorzunehmen, die er sich bereits zu schaffen entschlossen hat. Eine dritte besteht in einer Kombination dieser Strategien, das heißt, sowohl bei den möglichen Substanzen, die gerade ausgewählt werden, als auch bei den möglichen Substanzen, die bereits früher ausgewählt worden sind, Anpassungen vorzunehmen. Leibniz scheint davon ausgegangen zu sein, dass Gott mehr oder weniger die dritte Strategie verfolgt. Sind die Wahrnehmungen der Substanzen, die gerade ausgewählt werden, klarer, werden somit die Wahrnehmungen der früher ausgewählten Substanzen an diejenigen der ersten angepasst und umgekehrt. Nehmen wir also an, irgendeine mögliche Substanz P_1 empfiehlt sich Gott zur Erschaffung, aufgrund ihrer ausgesprochen klaren Wahrnehmung von O_1, wobei eine klare Wahrnehmung eine Art der Vollkommenheit ist; und nehmen wir an, Gott entschließt sich daher dazu P_1 zu erschaffen. Dann erkennt Gott, dass es in einer perfekten Welt mehr als nur ein Wesen gibt, und entscheidet sich dazu, eine weitere mögliche Substanz, P_2, zu verwirklichen. Sagen wir, P_2 empfiehlt sich Gott, weil es eine sehr klare Wahrnehmung eines Gegenstands O_2 hat. Damit aber diese Zwei-Substanzen-Welt maximal vollkommen sein kann, müssen P_1 und P_2 in eine Wahrnehmungsharmonie gebracht werden. Also muss Gott P_1 anpassen um sicher zu stellen, dass sie O_2 wahrnimmt, und P_2, damit sie

O_1 wahrnimmt. Nehmen wir weiter an, dass Gott sich entschließt, eine mögliche Substanz P_3 zu verwirklichen, weil sie O_3 in klarer Weise wahrnimmt und daher beträchtlich zur übergeordneten Vollkommenheit der Welt beiträgt. Überlegungen der Harmonie geben nun vor, dass er jede der drei möglichen Substanzen an die anderen anpasst. P_3 muss so geformt werden, dass sie O_1 und O_2 repräsentiert; Ersteres wegen P_1, Letzteres wegen P_2. Ebenso müssen auch P_1 und P_2 so verändert werden, dass sie O_3 repräsentieren, weil P_3 O_3 repräsentiert. Auf diese Art und Weise passt Gott jede erschaffene Substanz an die anderen an, indem er Substanzen in Hinblick auf eine gegebene Wahrnehmung angleicht, um sie in Harmonie mit anderen Substanzen zu bringen, die dasselbe Ding wahrnehmen, aber klarer. Von diesem Standpunkt aus besteht der Grund, aus dem Gott die Substanz, von der sich zeigt, dass sie die am wenigsten klare (verworrenste) Wahrnehmung hat, an diejenige Substanz mit der klareren Wahrnehmung anpasst, darin, dass Harmonie erreicht und dadurch die Vollkommenheit vergrößert werden soll. Ob das genau das ist, was Leibniz vorschwebte, weiß ich nicht. Aber es stellt eine Möglichkeit dar, wie wir verstehen können, warum Gott Substanzen einander anpasst, wie Leibniz ja annimmt.

Nun haben wir eine einfache Skizze von Leibniz' Strategie zur Rechtfertigung alltäglicher Sprechweisen über die Interaktion zwischen den Substanzen. Zusammenfassend kann man sagen, dass diese Strategie aus zwei Teilen besteht. Zuerst gilt: Wann immer wir eine von zwei Substanzen als aktiv in Hinblick auf bestimmte Veränderungen betrachten und die andere als passiv, ist diejenige, die wir als aktiv betrachten, diejenige mit der klareren Vorstellung der Gründe für diese Veränderungen. Zweitens passt Gott bei der Erschaffung der Welt die Substanz mit der weniger klaren Wahrnehmung der Gründe für die Veränderungen an diejenige mit der klareren Wahrnehmung dieser Gründe an. Leibniz ist der Auffassung, dass diese Punkte zusammen genommen unsere alltägliche Sprechweise rechtfertigen, denn Substanzen, von denen wir intuitiv denken, dass sie interagieren, interagieren tatsächlich. Nichts von dem, was wir sagen, ist daher falsch, selbst wenn die Interaktion eher *ideal* als *real* ist, weil sie im Geiste Gottes stattfindet, d. h. im Bereich der möglichen Dinge.

Bevor wir zu unserer Kernfrage zurückkehren, nämlich wie man von bestimmten Begriffen sagen kann, sie rührten von den Sinnen her, wollen wir einen kurzen Blick darauf werfen, was Leibniz zum zweiten der beiden Probleme zu sagen hat, bei denen er einen Ansatz verfolgt, der parallel verläuft zu demjenigen, den er im Zusammenhang mit Begriffen anwendet. Das erste Problem bestand in der Interaktion zwischen einfachen Substanzen. Das zweite betrifft die Interaktion zwischen Geist und Körper, oder zwischen einfachen und komplexen Substanzen. Die Erfahrung bringt uns zu der Überzeugung, dass eine solche Interaktion stattfindet. Aus Gründen, die teilweise mit der Einfachheit des Geistes und teilweise mit der Unverständlichkeit einer solchen Interaktion zu tun haben, bestreitet Leibniz jedoch, dass zwischen Geist und Körper eine wirkliche Interaktion stattfinden kann.[13] Sein Standpunkt scheint daher der Erfahrung zuwider zu laufen. Wie wir in diesem Text allerdings sehen können, behauptet Leibniz, dass die Unmöglichkeit einer wirklichen Interaktion nicht nach sich zieht, dass überhaupt keine Interaktion stattfindet:

> Jedoch gibt es gute Gründe für die Behauptung, dass mein Wille die Ursache dieser Armbewegung ist, und dass eine *solutio continui* in der Materie meines Körpers die Ursache eines Schmerzes ist. Denn das eine drückt auf deutliche Weise aus, was das andere verworrener ausdrückt, und man muss derjenigen Substanz mit dem deutlicheren Ausdruck ein Handeln zuschreiben [...].Wenn sie [auch] nicht die physische Ursache ist, kann man [doch] sagen, sie sei der endgültige Grund oder besser gesagt exemplarische Grund, das heißt, dass seine Vorstellung im Verständnis Gottes zu seinem Entschluss bezüglich dieser Besonderheit beigetragen hat, als es darum ging, die allgemeine Reihenfolge der Dinge festzulegen. (GP II 71; vgl. T 66)

Eindeutig verfolgt Leibniz hier dieselbe Argumentation wie zuvor. Der einzige tatsächliche Unterschied besteht dabei darin, dass es sich zuvor um die Interaktion zwischen einfachen Substanzen handelte und jetzt zwischen einer einfachen Substanz und einer komplexen Substanz, das heißt, zwischen Geist oder Seele und Körper. Das wichtige Argument, das wir hieraus ziehen können, besteht darin, dass gelegentlich ein *Körper* oder ein *materielles Ding* über die klarste Repräsentation der relevanten Gründe verfügt. In solchen Fällen schreiben wir diesem Körper ein Handeln zu. Im gerade zitierten Abschnitt veranschaulicht Leibniz dies mit einem Beispiel, das einen Bruch in der Materie des Körpers einschließt. Um das Beispiel konkreter werden zu lassen, nehmen wir an, eine Frau trete beim Gehen in einen Nagel und beginne einen Schmerz zu fühlen. Leibniz behauptet, in einem solchen Fall gebe es etwas, das der Körper der Frau klarer repräsentiert als ihr Geist. Ausgehend davon, was wir zur Interaktion zwischen einfachen Substanzen gesagt haben, ist es sinnvoll vorzuschlagen, dass das in verschiedener Weise repräsentierte Ding *der Grund ist, aus dem diese Veränderungen stattgefunden haben.* Tatsächlich schreibt Leibniz in der *Theodizee*:

---

13   Vgl. GP III 340–41; IV 497; NE 224.

Man kann jedoch dieser wechselseitigen Abhängigkeit, die wir uns zwischen Körper und Seele vorstellen, auch einen wirklichen und philosophischen Sinn beilegen. Danach hängt dann die eine dieser Substanzen ideal von den anderen ab, insofern der Grund für das, was in der einen geschieht, durch das ausgedrückt werden kann, was in der anderen ist, was schon damals bei den Beschlüssen Gottes stattfand, als Gott im voraus die Harmonie regelte, die zwischen ihnen bestehen sollte. (T 66)

Leibniz' Gedanke lautet daher, dass der Körper der Frau eine bessere, gehaltvollere und verständlichere Erklärung für diese Veränderungen liefert. Das ist ein auffallend plausibler Gedanke. Durch reine Introspektion wird die Frau keinen Grund für ihre Schmerzerfahrung oder für den Schaden an ihrem Fuß finden (außer natürlich, wenn sie *willentlich* in den Nagel getreten ist); es wird so aussehen, als wären sie unversehens zu ihr gekommen. Wenn sie allerdings ihren Fuß betrachtet und die Umstände, unter denen diese Veränderungen an ihrem Fuß stattgefunden haben, berücksichtigt, wird sie leicht eine Erklärung für die Veränderungen in ihrem Körper (d. h. den Schaden) sowie ihrem Geist (also die Empfindung) finden. Ich werde nicht versuchen, dies im Detail zu erklären, es wird aber eindeutig etwas mit dem Nagel, der in ihrem Fuß steckt, zu tun haben. Es ist bemerkenswert, dass Leibniz weiter vorne im selben Brief an Arnauld schreibt: „Wir schreiben den Körperregungen Schmerzen zu, weil wir auf diese Weise zu etwas Klarem gelangen. Dies dient uns dazu, die Erscheinungen hervorzurufen oder sie zu verhindern." (GP II 70). Dieses „klare Etwas", das wir im Körper vorfinden, sagt er, erlaubt es uns, die Erscheinungen zu erzeugen oder zu verhindern. Wenn wir diese Erscheinungen daher als den Schaden am Körper und den entsprechenden Schmerz in der Seele verstehen, passt diese Bemerkung perfekt zu dem Vorschlag, dass das, was der Körper klarer repräsentiert, der Grund für die stattfindenden Veränderungen ist. Denn diesen Grund zu kennen (grob gesagt, dass ein scharfer Gegenstand das Fleisch durchbohrt hat) würde uns gerade erlauben, die Erscheinungen hervorzubringen oder zu verhindern.

4   Leibniz' Vorschlag neu überdacht

Nachdem wir nun Leibniz' Ansätze zur Interaktion zwischen einfachen Substanzen und zwischen einfachen und komplexen Substanzen umrissen haben, sind wir in der Lage festzustellen, inwiefern sie seinen Versuch erhellen, die Behauptung zu rechtfertigen, dass man von empirischen Begriffen, obwohl sie uns streng genommen angeboren sind, wahrheitsgemäß sagen kann, sie kämen uns von außen zu. Erinnern wir uns, dass er in § 27 des *Discours*, dessen Ziel es ist zu erklären „wie unsere Begriffe aus den Sinnen stammen" (GP II 14), einen solchen Versuch unternimmt. Der Kern seiner eher knappen Erklärung besteht in der folgenden Aussage: „Wir [*empfangen*] unsere Erkenntnisse von außen unter dem Beistand der Sinne [...], weil manche äußeren Dinge die Gründe, die unsere Seele zu gewissen Gedanken bestimmen, auf eine ganz besondere Weise enthalten oder ausdrücken". Die Erklärung ist offensichtlich nicht vollständig. Angesichts der eindeutigen Verwandtschaft zwischen dieser Bemerkung und seinen Darstellungen der Interaktion einfacher Substanzen scheint es aber so, als hätte er etwas Ähnliches im Sinn. Erstens ist es plausibel anzunehmen, dass er, wenn er von äußeren Dingen spricht, die bestimmte Gründe „genauer" ausdrücken, meint, dass diese äußeren Dinge diese Gründe *klarer* repräsentieren, d. h. in eindeutig gehaltvollerer Art und Weise als die Seele, die die Gedanken hat. Also könnte man sagen, dass die äußeren Dinge gewissermaßen die *Ursache* dafür sind, dass die Seele zu diesen Gedanken bestimmt ist (vgl. NE 74). Wenn es hier nämlich ein Element göttlicher Anpassung gibt wie in den anderen Instantiierungen dieser Erklärungsstrategie, hätte Gott die Seele diesen äußeren Dingen angepasst und sie dazu bestimmt, diese Gedanken genau so zu haben, dass sie mit ihnen in Einklang wäre. Allerdings bleibt die Erklärung dessen, in welchem Sinn man von *Begriffen* sagen kann, sie kämen von außen zu uns, unvollständig. Dies zeigt nämlich höchstens, dass etwas Äußeres dafür verantwortlich ist, dass die Seele zu bestimmten *Gedanken* bestimmt ist. Gedanken aber, wie Leibniz selbst bei vielen Gelegenheiten betont, müssen angesichts der Tatsache, dass wir einen Begriff oder eine Idee von etwas haben können (selbst wenn wir nicht an dieses Ding denken), streng von Begriffen unterschieden werden.[14]

Wenn wir die Erklärung vervollständigen wollen, müssen wir verstehen, in welchem Zusammenhang sie mit Begriffen steht. Wenn wir in einem äußeren Ding den Grund dafür finden würden, weshalb eine Seele zu gewissen Gedanken bestimmt ist, dann würde dies nach Leibniz' Vorschlag zeigen, dass das äußere Ding in einem gewissen Sinn auf die Seele einwirkt, insofern es die klare Repräsentation des Grundes des äußeren Dings ist, die Gott dazu veranlasst, die Seele an es anzupassen, indem er die Seele zu diesen Gedanken bestimmt. Aber wie rechtfertigt dieses Einwirken des äußeren Dinges auf die Seele den Gedanken, dass manche unserer Begriffe

---

14   Vgl. GP VII 263; DM 26; NE 109, 119.

von außen durch die Sinne zu uns kommen? Leibniz beschäftigt sich nicht mit dieser Frage, aber wir können in plausibler Weise annehmen, dass er sie etwa folgendermaßen beantworten würde: Obwohl man Begriffe von Gedanken unterscheiden muss, bleibt die Tatsache bestehen, dass Begriffe (*qua* Begriffe) *durch* Gedanken entstehen. Da alle Begriffe Ideen sind, haben wir sie streng genommen alle von Anfang an in uns (DM 26). Ein Begriff aber ist eine Idee, die tatsächlich erfasst oder gebildet wurde (DM 27). Das Bilden oder Erfassen eines Begriffs schließt offensichtlich einen Gedanken mit ein, da das Erfassen eines Dinges mit einschließt, dass man an es denkt. Daher können wir sagen, eine bloße Idee werde vermittels eines Gedanken auf die Ebene eines Begriffes erhoben. Mein Vorschlag lautet, dass es genau ein solcher Gedanke ist, den Leibniz im Sinn hat, wenn er davon spricht, die Seele sei „zu gewissen Gedanken bestimmt". Seine Vorstellung sieht also folgendermaßen aus: Wenn der Gedanke, der eine bloße Idee zu einem Begriff erhöht, durch einen externen Gegenstand dazu gebracht wird, in der Seele aufzutreten, können wir sagen, der Gegenstand sei der Grund, aus dem der Begriff (*qua* Begriff) in die Seele gelangt ist. Daher gibt es eine Möglichkeit, wie man sinnvoller Weise sagen kann, der Begriff sei von außen zu uns gekommen.

Man kann diesen Punkt mit einem Beispiel veranschaulichen. Stellen wir uns einen Mann vor, der sein gesamtes Leben in einem Land verbracht hat, in dem es keine Hitze gibt, und der nichts weiß von Energie, Molekülen oder irgendwelchen anderen Dingen, mit denen wir die Natur von Hitze erklären könnten. Nehmen wir an, eines Tages begegnet dieser Mann zum ersten Mal einer Hitzequelle, sagen wir einem Feuer. Schließlich bekommt er einen Begriff von Hitze.[15] Nach Leibniz' Sichtweise hat dieser Mann schon immer (in metaphysischer Strenge gesprochen) eine Idee von Hitze besessen, denn alle Ideen sind von Anfang an in uns. Es braucht jedoch die Erfahrung des Feuers, damit diese Idee zu einem Begriff erhöht werden kann, damit also der Mann diese Idee tatsächlich bilden oder erfassen kann. Diese Erfahrung ist wiederum nichts anderes als eine Wahrnehmung oder ein Gedanke.[16] Demzufolge erhält der Mann nur deshalb den Begriff, weil er den Gedanken von Feuer hat. Weiter wird dieser Gedanke ein verworrener Gedanke sein, und daraus folgt, dass äußere Umstände klarer

15   Das Beispiel ist eine Variation eines Beispiels von Leibniz aus A VI, iv, n.366.
16   In Übereinstimmung mit Leibniz' üblicher Ausdrucksweise gelten selbst Sinneswahrnehmungen als Gedanken, besonders verwirrte Gedanken. Siehe z. B. GP II 71, IV 574–77; T 66, 124, 289.

ausdrücken werden, weshalb der Mann dazu bestimmt war, diesen Gedanken zu haben. Wenn er über seine eigenen inneren Zustände nachdenkt, wird er vergeblich nach einem Grund suchen, aus dem er diesen Gedanken hatte. Er wird aufgrund seiner früheren Gedanken und aufgrund der Gesetze der Begierden zu diesem Gedanken bestimmt sein. Angesichts der Tatsache aber, dass dieser Gedanke verworren ist und daher einen Gehalt hat, der überwiegend implizit und unzugänglich ist, wird er nicht in der Lage sein, zu begreifen, weshalb dieser Gedanke aus früheren Gedanken hervorgehen sollte. Wenn er jedoch Dinge betrachtet, die außerhalb seiner selbst existieren, wird er leicht eine Erklärung für seine Erfahrung finden. Im Falle der Hitze wird der Mann schnell feststellen, dass sein Hitzegefühl mit dem Zustand zusammentrifft, dass sein Körper sich nahe beim Feuer befindet. Bewegt er sich vom Feuer weg, vergeht das Gefühl. Nähert er sich wieder, kehrt es zurück. Die Intensität des Gefühls ist dabei umgekehrt proportional zum Abstand seines Körpers zum Feuer. Also wird der Mann in Tatsachen, die außerhalb seiner selbst liegen, insbesondere in Tatsachen, die den Standort seines Körpers in Bezug auf das Feuer betreffen, eine einfache Erklärung dafür finden, weshalb er gerade zu diesem Zeitpunkt den Gedanken hatte, der den Begriff von Hitze umfasst. Man kann daher sagen: Äußere Gegenstände enthalten oder repräsentieren die Gründe für Veränderungen im geistigen Zustand des Mannes klarer. Angesichts der Tatsache, dass Gott bei der Erschaffung der Welt die geistigen Zustände des Mannes angepasst hat, sodass sie sich mit diesen äußeren Gegenständen in Einklang befinden, ist es gerechtfertigt, dass wir sagen, der Begriff von Hitze gelange von außen durch die Sinne zu dem Mann.

Ähnliches wird wohl für alle verworrenen Begriffe gelten. In Leibniz' Terminologie sind Begriffe, wie Wahrnehmungen, verworren, in dem Sinne, dass sie einen impliziten Gehalt haben. Wir können uns den Gehalt eines Begriffs (außer bei primitiven Begriffen) so vorstellen, dass er aus den verschiedenen einfacheren Begriffen besteht, aus denen er sich zusammensetzt, wie etwa die Begriffe *rational* und *Tier* in den Begriff *Mensch* einfließen. Aber solche Bestandteile oder Zutaten eines Begriffes sind oft nicht in ihm greifbar. In solchen Fällen nennt Leibniz einen Begriff verworren. So behauptet er, dass „sinnliche Ideen dem Anschein nach einfach [*sind*], weil sie verworren sind und so dem Geiste nicht das Mittel an die Hand geben, zu unterscheiden, was sie in sich enthalten". Er veranschaulicht diesen Punkt, indem er anmerkt, dass die Vorstellung von Grün, obwohl sie sich aus den Vorstellungen von Blau und Gelb zusammensetzt, als einfach betrachtet wird, weil wir uns keiner Aufteilungen in ihr bewusst sind (NE 120). Was eine Idee also zu einer verworrenen Idee macht, ist dieser Textstelle zufolge, dass wir nicht in der Lage sind, die Bestandteile, die in ihr enthalten sind, zu erkennen. Ähnlich stellt Leibniz fest, dass

> wir zum Beispiel jetzt die vollkommene Analyse des Grünen in Blau und Gelb haben und im Hinblick darauf nach fast nichts mehr zu fragen haben als nur nach jenen Bestandteilen und dennoch nicht fähig sind, die Ideen des Blauen und Gelben in unserer aus den Sinnen stammenden Idee des Grünen zu entwirren, eben deshalb, weil es eine verworrene Idee ist. (NE 403; vgl. GP III 247, IV 550)

Halten wir aber fest, dass ein in diesem Sinn verworrener Begriff auf ganz natürliche Art und Weise aufkommen wird, als Gedanke oder Wahrnehmung, die auch in diesem Sinne verworren ist. Wenn wir beispielsweise zu einem verworrenen Begriff von Grün gelangen, wird dieser Begriff nach Leibniz' Sichtweise die Begriffe Gelb und Blau als Bestandteile haben, obwohl diese Zutaten in ihm nicht erkennbar sein werden. Und gewiss wäre ein Begriff von dieser Beschaffenheit durch eine Wahrnehmung von Grün aufgekommen, die, obwohl sie selbst aus Wahrnehmungen von Gelb und Blau besteht, nicht von der Art wäre, dass sie dem Wahrnehmenden erlauben würde, die in ihr enthaltenen Wahrnehmungen zu erkennen. Daher wäre die Wahrnehmung, die die verworrene Idee von Grün einführt, in genau demselben Sinn selbst verworren. Weiter werden wir bei einer Wahrnehmung mit implizitem Gehalt nicht in der Lage sein zu begreifen, wie oder weshalb diese Wahrnehmung aus irgendeiner früheren Wahrnehmung hervorging. Dies würde nämlich erfordern, dass wir in der Lage sind, ihren Gehalt zu begreifen. Dann werden wir also in uns selbst keinen Grund dafür finden, warum dieser Gedanke auftrat, und so können wir zu Recht schließen: Bei verworrenen Begriffen wird der Grund, aus dem der Begreifende dazu bestimmt war, diesen Begriff gerade dann zu bilden, immer in etwas Äußerem zu finden sein.

Vergleichen wir dies mit Fällen, in denen man zu einem klaren Begriff gelangt. Leibniz scheint der Auffassung zu sein, dass wir durch Überlegung zu derlei Begriffen gelangen.[17] Betrachten wir sein Lieblingsbeispiel für einen klaren Begriff: des Prüfers Begriff von Gold. Dieser Begriff ist in dem Sinne klar, dass er die „Merkmale" oder unterscheidenden Eigenschaf-

---

17 In GP VI 502–3 diskutiert Leibniz wie wir dazu kommen klare Begriffe von Substanz, Sein und Wahrheit zu bilden. Obwohl seine Darstellungen unvollständig und in gewisser Weise obskur sind, ist leicht einzusehen, dass der Geist auch in diesen Fällen gewisse Schlussfolgerungen ziehen muss um zu diesen Begriffen zu gelangen.

ten von Gold deutlich macht. Sein Gewicht etwa, der Widerstand gegen Kupellation, seine Unauflöslichkeit in *aqua fortis* und seine Auflösbarkeit in *aqua regia*. (Anders gesehen ist der Begriff in dem Sinne klar, als er deutlich macht, dass die Begriffe dieser Merkmale zu seinen Bestandteilen gehören).[18] Dieser Begriff tritt aber nicht einfach aus dem Nichts im Geist des Prüfers in Erscheinung. Er entwächst vielmehr daraus, dass der Prüfer bestimmte Versuche oder Experimente durchführt:

> Diese Verworrenheit kann jedoch tadelnswert sein, wenn es wichtig ist und in meiner Macht steht, deutliche Ideen zu haben, wie wenn ich zum Beispiel falsches Gold für echtes halte, weil ich die notwendigen Versuche nicht angestellt habe, die die Kennzeichen echten Goldes nachweisen. (NE 255–256).

Um aber durch Versuche zu den Kennzeichen von Gold zu gelangen, sind Überlegungen notwendig sowie das Ziehen von Schlüssen aus Prämissen. Insbesondere wird der Prüfer aus einigen Prämissen schließen, dass Gold dasjenige Material ist, das diese und jene Eigenschaften hat und gerade seine Wahrnehmung oder sein Gedanke an diese Wahrheit wird den klaren Begriff einführen. Dasselbe wird für jeden Gedanken gelten, der zu einem klaren Begriff führt. Namentlich wird es sich um eine Wahrnehmung einer Wahrheit der Form ‚X ist genau diese Art Ding mit den Eigenschaften Y, Z, usw.' handeln. Diese Wahrheit wird von anderen Wahrheiten hergeleitet, die die Person erkennt. Daraus folgt, dass eine Person beim ersten Bilden eines klaren Begriffs immer in der Lage sein wird, in sich selbst den Grund dafür zu finden, warum sie diesen Begriff gebildet hat (d. h. den Grund, aus dem sie diesen Gedanken hatte). Während also verworrene Begriffe immer unter Umständen aufkommen, die nur in Bezug auf äußere Dinge erklärt werden können, werden klare Begriffe immer durch Gedanken eingeführt, für deren Auftreten es eine interne Erklärung gibt. Kombinieren wir dies mit der Vorstellung, dass Gott, wenn ein Ding Veränderungen klar erklärt, andere Dinge anpasst, um sie damit in Einklang zu bringen. Daraus resultiert, dass man von allen verworrenen Begriffen (und nur von ihnen) wahrheitsgemäß sagen kann, sie hätten äußere Quellen, auch wenn sie ebenfalls angeboren sind.

---

18   Vgl. NE 255–56; GP VI 499–500.

5   Eine scheinbare Spannung

Ich hoffe, in den vorangehenden Abschnitten deutlich gemacht zu haben, in welchem Sinne Leibniz meint, man könne wahrheitsgemäß sagen, manche unserer Begriffe gelangten von außen durch die Sinne zu uns. Im verbleibenden Teil dieser Untersuchung möchte ich zwei Schwierigkeiten des Ansatzes betrachten, den ich Leibniz zugeschrieben habe. Die erste Schwierigkeit geht aus seiner Behauptung hervor, dass selbst diejenigen unserer Gedanken, die klare Ideen beinhalten (eingeschlossen diejenigen, die von notwendigen Wahrheiten handeln), durch die Sinne veranlasst werden müssen. Er behauptet in den *Neuen Abhandlungen*, dass „[obgleich] die Sinne dazu nötig sind, ihm die Gelegenheit und Aufmerksamkeit dafür zu geben und ihm eines eher als ein anderes zuzutragen", (NE 80, vgl. NE 50) der Geist notwendige Wahrheiten aus seinen eigenen Tiefen gewinnt. Woran er hier denkt, kann man mithilfe eines Beispiels von Platon veranschaulichen, auf das Leibniz in NE 77 selbst verweist. Im *Menon* bringt Sokrates einen jungen Sklaven dazu, bestimmte mathematische Wahrheiten einzusehen, und zwar nur dadurch, dass er Diagramme in den Sand malt und bestimmte Fragen stellt. Sokrates zufolge zeigt dies, dass diese Wahrheiten dem Jungen angeboren waren, weil er sie entdeckte, ohne dass sie ihm mitgeteilt wurden. Allerdings war der Junge nur durch Sokrates' Fragen und Zeichnungen in der Lage, sie aus seinem Inneren abzurufen; wären diese Fragen nicht gestellt, die Schaubilder nicht gezeichnet worden, hätte der Junge möglicherweise niemals diese Wahrheiten hervorgebracht. Entsprechend gab seine Sinneserfahrung (besonders seine Wahrnehmung bestimmter Töne und Formen) dem Jungen die Gelegenheit und Aufmerksamkeit zum Denken dieser Wahrheiten und führte ihn zu genau diesen Wahrheiten. Das scheint in etwa zu sein, woran Leibniz denkt, wenn er behauptet, dass das Denken von notwendigen Wahrheiten eine Sinneswahrnehmung erfordert. Halten wir aber fest, dass nicht nur unsere *Wahrnehmung* und unser *Denken* solcher Wahrheiten, sondern auch das, was wir klar erfassen, von den Sinnen veranlasst, wenn nicht gar geführt, werden muss. Denn nach Leibniz' Sicht enthält „die Seele ursprünglich die Prinzipien verschiedener Begriffe und Lehrsätze, welche die äußeren Gegenstände nur bei Gelegenheit in ihr wieder erwecken" (NE 48), weiter gibt „es Ideen und Prinzipien, die uns nicht von den Sinnen zukommen, und die wir in uns vorfinden, ohne sie zu formen, wenngleich die Sinne uns die Gelegenheit geben, uns ihrer bewusst zu werden" (NE 74). Das Problem, das sich hier stellt, lautet einfach:

Wenn die Gedanken, die klare Ideen auf die Ebene von Begriffen erheben, selbst durch Sinneserfahrung veranlasst werden, hat es den Anschein, dass die empfundenen äußeren Dinge einen Grund für das Auftreten des Gedankens liefern. Aber wenn dem so ist, müssten wir dem Ansatz zufolge, den ich Leibniz zugeschrieben habe, selbst von unseren klaren Ideen sagen, dass sie von außen durch die Sinne zu uns gelangen; und dies ist eine Schlussfolgerung, die Leibniz gewiss zurückgewiesen hätte. Daher habe ich entweder seinen Standpunkt missverstanden, wobei unklar wäre, welchen Ansatz man ihm sonst zuschreiben sollte, oder seine gesamte Haltung zum Ursprung von Begriffen ist inkohärent.

Wenn wir diese Schwierigkeit betrachten, müssen wir darauf achten, dass wir nicht die Rolle der Sinne beim Veranlassen von Gedanken mit ihrer Rolle bei der Bereitstellung des Materials für Gedanken verwechseln. Leibniz zufolge erfordern selbst die abstraktesten unserer Gedanken, wie etwa diejenigen, die zur Mathematik oder Metaphysik gehören, gewisse „Charakteristika", die von den Sinnen geliefert werden müssen: so „können wir nämlich keinen abstrakten Gedanken haben, der nicht einer sinnlichen Ursache bedürfte, und wenn es auch nur solche Zeichen wie Buchstaben oder Töne wären, obgleich es keine notwendige Verbindung zwischen bestimmten willkürlichen Zeichen und bestimmten Gedanken gibt" (NE 77).[19] Ebenso wie wir nicht ‚2 + 3 = 5' schreiben oder vermitteln können, ohne dabei physische Symbole zu verwenden, können wir nach Leibniz' Auffassung eine solche Wahrheit nicht einmal denken, ohne dabei auf eine Art analoger geistiger Symbole zurückzugreifen (geistige Bilder vielleicht, die bestimmte Formen haben, Töne, usw.), die von den Sinnen bereitgestellt werden. Tatsächlich folgt daraus, dass unsere Gedanken klare Ideen beinhalten und Begriffe abstrakt sind, dass „man allerdings die Ideen, um die es hier geht, nicht in den Blick bekommen würde, wenn man niemals etwas gesehen oder berührt hätte" (NE 77). Ein klarer Begriff setzt daher voraus, dass die Sinne uns mit passendem Material für Gedanken versorgt haben (vgl. NE 212). Allerdings müssen die Sinne, außer dass sie den Geist mit Symbolen ausstatten, unsere klaren Gedanken veranlassen, und gerade dieses Veranlassen, vielmehr als die Bereitstellung von Symbolen, lässt die Spannung entstehen, die wir hier betrachten.

Weiter oben habe ich die Aufmerksamkeit auf Leibniz' Bemerkung gelenkt, dass, wenn der Geist an notwendige Wahrheiten denkt, „die Sinne dazu nötig sind, ihm die Gelegenheit und Aufmerksamkeit dafür zu geben

---

19 Siehe auch GP III 466; IV 559, 563, 574; VI 514, 626.

und ihm eines eher als ein anderes zuzutragen." (NE 80). Die Vermutung, dass Leibniz die Sichtweise, die wir hier betrachten, falsch dargestellt hat, ist jedoch begründet. Denn nur drei Seiten weiter scheint er das genaue Gegenteil zu behaupten. Nachdem er das bereits erwähnte Beispiel aus dem *Menon* diskutiert hat, schließt Leibniz:

> So kann man diese [*mathematischen*] Wissenschaften in seinem Zimmer und sogar mit geschlossenen Augen erzeugen, ohne durch Sehen noch selbst durch Tasten die Wahrheiten zu erwerben, derer man dazu bedarf, obwohl man allerdings die Ideen, um die es hier geht, nicht in den Blick bekommen würde, wenn man niemals etwas gesehen oder berührt hätte. (NE 77)

Er räumt dann ein, dass wir notwendige Wahrheiten nicht entdecken können, wenn die Sinne uns nicht zuerst mit passenden Symbolen versorgt haben. Darüber hinaus schreibt er hier den Sinnen aber keine wesentliche Rolle zu. Tatsächlich scheint er in diesem Text gerade zu betonen, dass die Sinne *nicht* dazu gebraucht werden, in unseren Gedanken mathematische Wahrheiten realisieren zu können. Wenn dem aber so wäre, wäre unser klares Erfassen, zumindest in einigen Fällen, nicht von den Sinnen veranlasst und könnte daher nicht am besten dadurch erklärt werden, dass man auf äußere Dinge zurückgreift; in diesen Fällen gäbe es keine Spannung. Trotzdem bleibt die Tatsache bestehen, dass Leibniz' Sichtweise zufolge die Sinne beinahe immer unsere klaren Gedanken veranlassen, die klare Begriffe entstehen lassen. Angesichts der Tatsache, dass er behaupten will, dass alle klaren Begriffe angeboren sind, bleibt die Spannung also bestehen.

Nach meinem Wissen beschäftigt sich Leibniz an keiner Stelle mit dieser Schwierigkeit. Anstatt also zu erklären, wie er tatsächlich damit umgegangen ist, will ich skizzieren, wie er meiner Meinung nach damit umgegangen wäre. Seinem Ansatz zufolge veranlassen unsere Wahrnehmungen äußerer Dinge häufig unsere klaren Vorstellungen. Aus diesem Grund wird es oftmals möglich sein, durch einen Verweis auf äußere Dinge zu erklären, warum wir gerade einen bestimmten Begriff gebildet haben. Allerdings folgt daraus nicht, dass diese äußeren Dinge die klarste und verständlichste Erklärung für unser klares Erfassen liefern. Denken wir noch einmal an den Sklavenjungen aus dem *Menon*. Sokrates führt ihn durch Zeichnungen und Fragen zu der Einsicht, dass die Seitenlänge eines Quadrats mit einer doppelt so großen Fläche wie ein anderes Quadrat mit dessen Diagonalen übereinstimmt. Wie ich bereits betont habe, war eine Sinneserfahrung vonnöten, damit der Junge diese Wahrheit erkennen konnte. Die verschiedenen Töne und Formen, die Sokrates hervorgebracht hat, liefern daher eine teilweise Erklärung dafür, weshalb der Junge gerade jene Wahrheit zu gerade jenem Zeitpunkt erfasst hat. Sokrates hat diese Wahrheit dem Jungen aber nicht einfach mitgeteilt; der Junge hat, wenn man so will, vielmehr alleine darauf geschlossen, und zwar aus verschiedenen anderen Wahrheiten, von denen der Philosoph einige in den Geist gerufen hat, und die selbst wiederum aus anderen abgeleitet waren und so weiter. Daher würde Leibniz mit einiger Plausibilität darauf bestehen, dass etwas, das in dem Jungen bereits enthalten war, eine vollständigere, klarere Erklärung dafür liefert, warum er diese Wahrheit gerade dann gedacht hat. Möglicherweise erklären äußere Umstände, warum der Junge zufällig an bestimmte Wahrheiten (Prämissen) gedacht hat, und weshalb er gerade diesen bestimmten Schluss aus ihnen ziehen zu müssen glaubte. Aber die eigenen Zustände des Jungen liefern uns eine explizit gehaltvollere Erklärung dafür, warum er diesen Schluss gezogen hat, insofern als sie uns den Grund liefern, aus dem er dachte, dass dieser Schluss wahr sei. Ein Teil der Erklärung wird daher außen gefunden, aber der größere Teil ist im Innern zu suchen, sodass der Gedanke ihm und keinem äußeren Ding zugeschrieben wird. In derselben Art und Weise könnte Leibniz behaupten: Wann immer die Sinne die Formung irgendeines klaren Begriffes veranlassen, vermag der Geist selbst den Grund, aus dem der Begriff gebildet wurde, klarer auszudrücken als jedes andere äußere Ding, sodass alle Begriffe dieser Art sich als angeboren auszeichnen.

6   Das Problem der göttlichen Anpassung

Ich wende mich nun der meines Erachtens größten Schwierigkeit zu, die aus Leibniz' Darstellung des sinnlichen Ursprungs verworrener Begriffe entspringt. Es geht hier um den zweiten Teil des Vorschlags, die Idee nämlich, dass Gott jede geschaffene Substanz anpasst, um sie mit den anderen in Einklang zu bringen. Auf diesen Teil seines Ansatzes legt Leibniz großes Gewicht; für seine Erklärungsstrategie scheint er von äußerster Wichtigkeit zu sein. Ich möchte jedoch behaupten, dass sein Sprechen von göttlicher Anpassung, wörtlich interpretiert, im direkten Gegensatz zu bestimmten von ihm inbrünstig vertretenen Standpunkten und Prinzipien steht. Zuallererst behauptet Leibniz, keine einfache Substanz könne innere Veränderungen in einer anderen hervorrufen. Wir haben schließlich gesehen, dass solche Veränderungen aus einer Kommunikation entweder zwischen den Akzidenzen oder den Teilen resultieren müssten, die aber nicht stattfinden kann. Daher schließt er, dass einfache Substanzen nicht interagieren können. Eine solche

Interaktion wäre ja unverständlich. Betrachten wir aber die Mutmaßung, dass Gott bei der Erschaffung einfacher Substanzen interne Veränderungen in ihnen bewirkt. Ein solches Handeln ist keineswegs verständlicher als das tatsächliche Einwirken einer erschaffenen einfachen Substanz auf eine andere. Da Gott selbst tatsächlich in demselben Sinne wie die erschaffenen Monaden einfach ist, würde seine Handlung an ihnen lediglich einen Spezialfall der Interaktion zwischen einfachen Substanzen darstellen, die Leibniz ja für nicht plausibel hält. Daher sollte Gottes Anpassung einer Substanz an eine andere in Leibniz' Philosophie genau so inakzeptabel sein wie eine geschaffene Substanz, die einen tatsächlichen Einfluss auf eine andere ausübt. (Natürlich bestehen keine besonderen Schwierigkeiten bei dem Vorschlag, dass Gott lediglich einige möglichen Substanzen erschafft oder verwirklicht, insofern als das Ins-Leben-rufen einer Sache nicht beinhaltet, irgendwelche Veränderung an ihrem inneren Aufbau vorzunehmen. Wenn Leibniz aber davon spricht, dass Gott Substanzen einander zuordnet, scheint er sich genau solche inneren Veränderungen vorzustellen, und das sollte er für unverständlich befinden).

Weiter ergibt die Vorstellung, dass Gott im Anfang buchstäblich Substanzen einander zuordnet, im Lichte von Leibniz' Vorstellung der Erschaffung der Welt keinen Sinn. Denn entweder ordnet Gott gewisse mögliche Substanzen vor der Schöpfung einander zu, oder er ordnet nach der Schöpfung gewisse tatsächliche Substanzen einander zu. Wenn er eine mögliche Substanz anpasst, sodass sie in Einklang mit einer anderen ist, bedeutet das tatsächlich, dass er diese mögliche Substanz in jeder Hinsicht identisch mit einer anderen möglichen Substanz macht, die nach seinem Verständnis bereits existiert. Angesichts von Leibniz' Prinzip der Identität von nicht unterscheidbaren Substanzen wären diese möglichen Substanzen allerdings identisch. Wenn Gott also eine mögliche Substanz anpassen würde, würde er sie einfach in eine andere mögliche Substanz verwandeln – eine sinnlose Handlung. Wenn Gott im Gegensatz dazu einige mögliche Substanzen aktualisiert und diese dann aneinander anpasst, hat das die Wirkung, dass er es wahr macht, dass eine andere Reihe von möglichen Substanzen verwirklicht wird. Aber welchen Grund könnte Gott dafür haben, eine Reihe von Substanzen zu erschaffen und sie dann aneinander anzupassen, wenn er stattdessen ganz einfach diejenigen Substanzen erschaffen könnte, die durch ihre Natur bereits in Einklang miteinander sind? Es scheint, dass die Idee der göttlichen Anpassung selbst, wörtlich verstanden, eine Vorstellung ist, die Leibniz aufgrund seiner eigenen Überlegungen unverständlich und sinnlos finden sollte.

Die Bedeutung dieser Schwierigkeit für Leibniz' Darstellung des Ursprungs von Begriffen sollte klar sein. Der Leser wird sich erinnern, dass der
Zweck dieser Darstellung darin bestand, einen Sinn einzuführen, in dem es
wahr wäre zu sagen, dass einige unserer Begriffe von außen zu uns kommen.
Dies wird angeblich durch den Vorschlag erreicht, dass in dem Falle, dass
äußere Dinge gewisse Gründe sehr klar repräsentieren, Gott dazu veranlasst
wird, den Geist anzupassen, sodass dieser bestimmte Begriffe bilden muss.
Halten wir aber fest, dass das Element der göttlichen Anpassung wesentlich
für den Erfolg dieser Erklärung ist. Wenn Gott den Geist nicht wirklich
anpasst, sodass er mit den äußeren Dingen übereinstimmt, gibt es keinen
wirklichen Sinn, in dem diese Dinge Quelle irgendwelcher unserer Begriffe
sind. Sie können nach wie vor den Grund, aus dem der Geist gerade einen
bestimmten Begriff formt, klar repräsentieren. Ohne göttliche Anpassung
jedoch werden sie dadurch nicht den Grund bilden, aus dem der Begriff
geformt wird. Daher können wir Leibniz' Ansatz nicht dadurch retten, dass
wir annehmen, seine Rede von der göttlichen Anpassung sei rhetorisch. Es
scheint so, als müssten die äußeren Dinge den Geist wirklich beeinflussen,
zumindest ideal, damit der Ansatz funktionieren kann. Aber wenn Gott
nicht wirklich den Geist an diese Dinge anpasst, gibt es keinen solchen
Einfluss und der Ansatz scheitert.

Aus demselben Grund erscheint eine metaphorische Interpretation der
göttlichen Anpassung nicht hilfreich. Man könnte annehmen, Leibniz meine, wenn er davon spricht, dass Gott die Substanzen einander zuordnet,
lediglich, dass Gott eine gegebene mögliche Substanz zur Realisierung auswählt, weil sie zufälligerweise von Natur aus so ist, dass sie mit bestimmten
anderen in Einklang ist. Dementsprechend passt Gott, genau genommen,
keine wirklichen Substanzen an, er aktualisiert vielmehr angepasste Substanzen. Der Effekt ist jedoch derselbe: Harmonierende Substanzen werden
geschaffen, sodass es den Anschein hat, *als wären* sie von Gott angepasst
worden. Vielleicht ist das alles, was Leibniz' Rede von der göttlichen Anpassung zu bedeuten hat.

Wenn Gott jedoch nicht wörtlich eine Substanz an die andere anpasst,
scheint es keinen wirklichen Sinn zu geben, in dem eine spätere Substanz
auf die vorhergehende einwirkt, und daher auch keinen wirklichen Sinn,
in dem unsere verworrenen Begriffe zu Recht irgendeinem äußeren Ding
zugeschrieben werden können. Eine metaphorische Leseweise von Leibniz
trägt nichts dazu bei, ihn aus dieser Schwierigkeit zu retten – sie erweist
sich letzten Endes als fatal.

7   Schlussfolgerung

Ich habe versucht deutlich zu machen, wie Leibniz' Vorschlag dazu aussieht, wie man sein philosophisches System mit der weithin akzeptierten Meinung versöhnen kann, dass bestimmte Begriffe von außen durch die Sinne zu uns kommen. Wenn meine Kritik der Vorstellung von der göttlichen Anpassung ins Schwarze trifft, muss dieser Vorschlag jedoch als gescheitert beurteilt werden. Ein wesentlicher Bestandteil davon läuft nämlich auf vielfältige Art und Weise Ansichten und Prinzipien zuwider, denen er sich zutiefst verpflichtet fühlt. Vielleicht ist aber dennoch nicht alles verloren. Leibniz selbst vergleicht seine Situation mit der eines Anhängers des Kopernikus, der davon spricht, dass die Sonne auf und unter geht. Wenn er so spricht, sagt der Anhänger des Kopernikus etwas, das wörtlich genommen falsch ist. Dennoch ist es gerechtfertigt, dass er so spricht, weil es bequem und gleichzeitig mit den Erscheinungen vereinbar ist. Vielleicht könnte Leibniz in ähnlicher Weise eine plausible und praktische Rechtfertigung dafür abgeben, weiterhin so zu sprechen, als ob verworrene Begriffe eine äußere Quelle hätten. Vielleicht könnte unser Sprechen von verworrenen Begriffen, die von außen kommen, dadurch entschuldigt werden, dass es nicht nur bequem, sondern auch in Übereinstimmung mit Erscheinungen ist, da das Auftreten solcher Begriffe mit gewissen Veränderungen in äußeren Dingen korrespondiert, die uns den Grund liefern, aus dem diese Begriffe gerade zu diesem Zeitpunkt aufgetreten sind (vgl. T 65). In diesem Fall wäre Leibniz wenigstens in der Lage, sein Bedürfnis zu befriedigen und alltägliche Sprechweisen zu bewahren (vgl. GP IV 486). Selbst wenn jedoch das Sprechen davon, dass Begriffe von außen kommen, praktisch gerechtfertigt werden könnte, müssen wir uns daran erinnern, dass es letztendlich als falsch beurteilt werden muss, wie es auch bei dem Sprechen des Anhängers des Kopernikus davon, dass die Sonne auf und unter geht, der Fall ist. Trotz all seiner Beteuerungen des Gegenteils ist dann die einzige Position, die Leibniz zum Ursprung von Begriffen in konsistenter Weise vertreten kann, die eher radikale Position, dass sie alle ohne Einschränkung angeboren sind.

Literaturverzeichnis

Descartes, R., *Meditationen*, übers. von A. Schmidt, Göttingen: Vandenhoeck & Ruprecht 2004.

Leibniz, G. W., *Die philosophischen Schriften von Gottfried Wilhelm Leibniz*, hrsg. von C. J. Gerhard, Berlin: Weidmannsche Buchhandlung, 1875–90.

–, *Sämtliche Schriften und Briefe*, hrsg. von der Deutsche Akademie der Wissenschaften, Darmstadt & Berlin: Akademie Verlag 1923 ff.

–, *Vernunftprinzipien der Natur und der Gnade*, hrsg. von H. Herring, Hamburg: Meiner 1982.

–, *Monadologie*, hrsg. von H. Hecht, Stuttgart: Reclam 1998.

–, *Discours de Métaphysique/Metaphysische Abhandlungen*, hrsg. von H. Herring, Hamburg: Meiner 1985.

–, *Neue Abhandlungen über den menschlichen Verstand*, in: *Philosophische Schriften*, Bd. 3, hrsg. und übers. von W. von Engelhardt, Frankfurt a. M.: Suhrkamp 1996.

–, *Opuscules et Fragments inédits de Leibniz*, hrsg. von L. Couturant, Paris: Alcan 1903.

Locke, J., Essay *Concerning Human Understanding*, hrsg. von P. H. Nidditch, Oxford: Clarendon 1979.

Katia Saporiti

Weshalb die Welt so ist, wie wir sie sehen

Berkeleys These der Unfehlbarkeit unserer Wahrnehmung

„Das glaube ich erst, wenn ich es sehe!" Redensarten wie diese und der Umstand, dass wir öfter von Augen- als von Ohrenzeugen sprechen, scheinen darauf hinzuweisen, dass wir uns insbesondere auf unseren Gesichtssinn verlassen, wenn es um die Erkundung der Wirklichkeit geht. Wie vor ihm Aristoteles und in der Neuzeit Descartes, Malebranche oder Locke nennt auch der irische Philosoph George Berkeley (1685–1753) das Sehvermögen das umfassendste und vorzüglichste unserer Sinnesvermögen.[1] Berkeley zufolge kann diese Vorzüglichkeit allerdings nicht in der besonderen Zuverlässigkeit der visuellen Wahrnehmung liegen (im Vergleich etwa zur Zuverlässigkeit der haptischen oder der olfaktorischen Wahrnehmung), sondern allenfalls darin, dass unser Sehvermögen in besonderem Maße dazu geeignet ist, uns vor Gefahren für unser leibliches Wohl zu warnen.

> [Z]u diesem Zweck scheint den Lebewesen der Gesichtssinn verliehen zu sein, damit sie nämlich durch die Wahrnehmung sichtbarer Vorstellungen [...] imstande seien, [...] den Schaden oder Nutzen vorauszusehen, der auf die Berührung ihres eigenen Körpers mit diesem oder jenem Körper, der sich in einer Entfernung befindet, wahrscheinlich folgt. (V § 59)[2]

---

1 Vgl. Berkeleys Widmung des *Versuch über eine neue Theorie des Sehens* an Sir John Percival; Aristoteles, *Metaphysica* I, 1, 980a21–26, *De Anima* III, 3, 429a2–3; Descartes, *La Dioptrique* I, AT VI, 81, *Les Principes de la Philosophie* IV, 195, AT IX, 314 („AT" steht für die von Ch. Adam & P. Tannery besorgte Gesamtausgabe der Werke Descartes' in 11. Bd. Dem Sigel „AT" folgen Bandnummer und Seitenzahl); Malebranche, *Recherche de la vérité* I, 6; Locke, *Essay Concerning Human Understanding* II, 9, 9.

2 Auf Berkeleys Werke wird mit folgenden Siglen und Kurztiteln verwiesen: „V" und „*Versuch*" für *Versuch über eine neue Theorie des Sehens*, „P" und „*Prinzipien*" für *Eine Abhandlung über die Prinzipien der menschlichen Erkenntnis*, „DD" und „*Drei Dialoge*" für *Drei Dialoge zwischen Hylas und Philonous*, „PT" für *Philosophisches Tagebuch*.

Was ihre Zuverlässigkeit anbetrifft, so sind alle unsere Sinne gleichauf: Sie sind unfehlbar.

Mit der These der Unfehlbarkeit unserer Wahrnehmung hofft Berkeley den Skeptizismus widerlegen zu können, den er als ernsthafte Bedrohung des Glaubens und der menschlichen Erkenntnis ansieht. Anhänger der pyrrhonischen Skepsis, die sich zur Zeit Berkeleys insbesondere auf Pierre Bayles *Dictionnaire historique et critique* stützen, bestreiten jeden Wissensanspruch. Dem Skeptiker zufolge können wir weder wissen, ob die Dinge, die wir wahrzunehmen meinen, tatsächlich existieren und die Eigenschaften besitzen, die wir an ihnen wahrzunehmen glauben, noch können wir wissen, ob Gott existiert. Berkeley dagegen ist davon überzeugt, dass die wahrnehmbare Welt so ist, wie wir sie wahrnehmen, und dass sich uns die Existenz Gottes gerade in der Sinneswahrnehmung offenbart. Seine Philosophie ist als Gegenentwurf zu den metaphysischen Systemen der Neuzeit zu verstehen, die in seinen Augen dem Skeptizismus den Boden bereiten. Wie Berkeley die Unfehlbarkeit der Wahrnehmung im Rahmen dieses Gegenentwurfs begründet, soll im Folgenden dargelegt und erörtert werden.

1   Die Geometrie bringt uns nicht zum Sehen

In seinem 1709 erschienenen *Versuch über eine neue Theorie des Sehens* entwickelt Berkeley einige Thesen über das Sehen, die er in seinem philosophischen Hauptwerk, der 1710 erschienenen *Abhandlung über die Prinzipien der menschlichen Erkenntnis*, auf alle unsere Sinne und das mit ihnen Wahrgenommene überträgt. Es sind dies insbesondere die Thesen von der Heterogenität der Gegenstände des Gesichts- und des Tastsinns, vom Fehlen einer notwendigen Beziehung zwischen diesen Gegenständen, vom Zusammenfassen dieser Gegenstände zu komplexeren Gegenständen, das erst durch den menschlichen Geist geleistet werde, und von der Funktion des Sichtbaren, das uns als Zeichen für das Tastbare diene. Diese Thesen ergeben sich für Berkeley als Teil einer Antwort auf die im *Versuch* aufgeworfene Frage, *wie* wir sehen, was wir sehen.

Wie nehmen wir beispielsweise Entfernungen wahr? Descartes hatte behauptet, dass wir die Entfernung eines Gegenstands, den wir erblicken, anhand der Einfallswinkel der von ihm reflektierten und auf unsere Augen treffenden Lichtstrahlen beurteilen (AT VI, 137f.). Je geringer der Einfallswinkel (je divergierender die Strahlen, die vom erblickten Punkt ausgehen) im Verhältnis zum Pupillendurchmesser, desto geringer ist die Entfernung des Gegenstandes, den wir im Schnittpunkt der Strahlen erblicken. Je stumpfer der Winkel ist, in dem sich die optischen Achsen schneiden, wenn wir einen Gegenstand erblicken (der sich in einer Entfernung von uns befindet, die in einem wahrnehmbaren Verhältnis zum Augenabstand steht), desto geringer ist die Entfernung des Gegenstands zu uns. Descartes spricht von einer „natürlichen Geometrie" (AT VI, 137), auf der die visuelle Wahrnehmung beruhe.

Berkeley hält die Annahme, „die Geometrie brächte uns zum Sehen" (V § 52), für unplausibel und weist Descartes' rationalistische Analyse mit folgender Überlegung zurück: Eine durch die Wahrnehmung gewonnene Idee gelangt entweder unmittelbar in unseren Geist oder sie wird durch eine andere Sinnesidee angeregt. Die Idee der Entfernung von etwas, das wir sehen, gelangt beim Sehen insofern nicht unmittelbar in den Geist, als wir die Entfernung selbst, in der sich ein Gegenstand zu uns befindet, nicht sehen können. In diesem Punkt glaubt sich Berkeley mit den Anhängern der geometrischen Optik einig. Fasst man nämlich die Entfernung als eine mit dem Ende auf das Auge gerichtete Linie auf, so kann die Projektion dieser Linie auf den Augenhintergrund stets nur einen Punkt ergeben, unabhängig davon, wie weit ein Gegenstand von uns entfernt und wie lang damit eine zwischen uns und ihm gezogene Linie wäre (V § 2). Wenn die Idee der Entfernung von etwas, das wir sehen, beim Sehen nicht unmittelbar in den Geist gelangt, muss sie durch andere Ideen, die wir beim Sehen gewinnen, vermittelt werden. Wenn wir beispielsweise sehen, wie jemand aus Scham errötet, sehen wir die Scham selbst nicht, aber die durch den Gesichtssinn gewonnene Idee der Röte gibt uns die Idee der Scham ein (V § 9). Welche der beim Sehen gewonnenen Ideen vermitteln uns aber die Idee der Entfernung? Berkeley zufolge können dies nicht die Ideen der Linien und Winkel sein, die der im Rahmen der geometrischen Optik angestellten Entfernungsberechnung dienen, weil wir diese Linien und Winkel nicht wahrnehmen (V § 12). Sie reflektieren kein Licht und sind selbst nicht sichtbar. Wir nehmen sie aber auch mit keinem anderen Sinn wahr. Sie existieren gewissermaßen gar nicht, sondern sind nichts anderes als Bestandteile mathematischer Hypothesen, die für die Berechnung von Entfernungen nützlich sind (V § 14).[3] Berkeley stört sich nicht in erster Linie daran, dass wir nicht bemerken, wie wir beim Sehen die von Descartes beschriebene Entfernungsberechnung durchführen. Es geht ihm vielmehr

---

3   Zu Berkeleys Begriff der mathematischen Hypothese s. *De Motu* §§ 17, 28, 39 f., 66 f. und vgl. Saporiti 2006, 289–298.

darum, dass dieser Berechnung eine empirische Grundlage fehlt. Keiner unserer Sinne liefert uns beim Sehen Ideen der Linien und Winkel, die der Berechnung der Entfernung des Gesehenen dienen könnten. Berkeley beharrt jedoch darauf – und erweist sich hierin als Empirist –, dass die Wahrnehmung von Entfernungen eine Grundlage in der Erfahrung haben muss.

Ein anderer und für Berkeley aufschlussreicher Einwand gegen die Lehren der geometrischen Optik ergab sich aus ihrer Unvereinbarkeit mit einem von Isaac Barrow geschilderten Phänomen. Die geometrische Optik ging (zu Recht) davon aus, dass die von einem Gegenstand reflektierten und auf das Auge treffenden Lichtstrahlen umso stärker divergieren, je näher sich der wahrgenommene Gegenstand vor unseren Augen befindet. Daraus hat man die These abgeleitet, dass die Strahlen, die von einem sehr weit (bzw. unendlich weit) entfernten Gegenstand reflektiert werden, parallel auf das Auge treffen, aber niemals konvergierend. Denn ein Konvergieren der Strahlen hätte bedeutet, dass sich der wahrgenommene Gegenstand in einer mehr als unendlich großen Entfernung vom Betrachter (bzw. hinter ihm) befindet. Deshalb behauptete Kepler, dass kein deutlich sichtbarer Punkt so strahlt, dass seine Strahlen dort, wo sie aufs Auge treffen, konvergieren.[4] Barrow aber, den Berkeley im *Versuch* zitiert (V § 29), stellte fest, dass die von einem Hohlspiegel reflektierten oder von einer doppelt konvexen Linse (einer Sammellinse oder einem Vergrößerungsglas) gebrochenen Strahlen konvergierend auf das Auge treffen, so dass ihr Schnittpunkt hinter dem Auge liegt. Der Schnittpunkt der von einem Gegenstand ausgehenden, in das Auge einfallenden Strahlen galt der geometrischen Optik als der Punkt, an dem wir den Gegenstand sehen. Damit widersprach der von Barrow geschilderte Fall der Sammellinse der akzeptierten Theorie darüber, wie wir Entfernungen sehen. Weder Barrow noch Molyneux konnten das Problem lösen.[5] Berkeley zog aus Barrows Ausführungen die Konsequenz, dass der wahrgenommene Ort eines Gegenstands *nicht* am Schnittpunkt der auf das Auge treffenden Strahlen liegt, und suchte nach einer anderen Erklärung der Entfernungswahrnehmung.

Wir können nur deshalb sehen, dass sich jemand schämt, weil es ein sichtbares Indiz dafür gibt, dass er sich schämt: Er wird rot. Welche Hinweise liefert uns die Wahrnehmung hinsichtlich der Frage, wie weit entfernt die

---

4   Kepler, *Dioptrice*, LXV (*Gesammelte Werke*, Bd. IV, 376); s. a. Kepler, *Ad vitellionem Paralipomena*, cap. 3, prop. 8 f. (*Gesammelte Werke* II, 66 f.).
5   Barrow, *Lectiones*, lect. 18 § 13; Molyneux, *Dioptrica nova*, prop. 31 § 9.

von uns erblickten Dinge sind? Bei großen Entfernungen (die in keinem wahrnehmbaren Verhältnis zum Augenabstand stehen) liegen die Dinge Berkeley zufolge einfach. Wir beurteilen sie unter Rückgriff auf bestimmte Erfahrungen. Wir schließen beispielsweise daraus, dass wir zwischen uns und dem betreffenden Gegenstand eine Reihe von Dingen sehen, von denen wir wissen, dass sie einen bestimmten Raum einnehmen, dass sich der Gegenstand in einiger Entfernung von uns befindet. Ebenso legt die geringe Größe eines erblickten Gegenstands, der uns, wie wir wissen, aus der Nähe gesehen und betastet viel größer erschiene, eine große Entfernung nahe. Hierin glaubt sich Berkeley mit den Vertretern der traditionellen Optik einig (V § 3): Grosse Entfernungen nehmen wir nicht unmittelbar wahr (wir sehen sie nicht), sondern wir lernen, sie aus bestimmten Hinweisen zu erschließen. Ganz analog verhält es sich Berkeley zufolge auch mit geringen Entfernungen (deren Verhältnis zum Augenabstand wahrnehmbar ist). Wir entnehmen sie bestimmten Hinweisen, die uns die Wahrnehmung liefert: der Schärfe, mit der wir Dinge erkennen, der Stellung unserer Augen und der Anstrengung, die es uns kostet, die Dinge zu fokussieren. Diese Hinweise zu deuten, ermöglicht uns allein die Erfahrung. Wir sind es gewohnt, dass wir Gegenstände umso verschwommener sehen, je näher sie sind, und sie umso schärfer erkennen, je weiter sie entfernt sind, dass wir unsere Augen drehen, wenn wir den Abstand unserer Pupillen verringern, um einen näher kommenden Gegenstand zu erkennen, und dass die Anstrengung beim Fokussieren eines Gegenstands nachlässt, wenn wir uns von ihm entfernen. Es ist die Erfahrung, nicht die Geometrie, die uns das Sehen von Entfernungen lehrt. Weil die Entfernung stets mit bestimmten anderen Ideen einhergeht, ist sie für uns durch die Erfahrung mit diesen Ideen korreliert, so dass diese Ideen uns die Idee der Entfernung nahe legen (Berkeley spricht von „suggestion" und benutzt meist das Verb „to suggest").

Die Sammellinse ist für Berkeley besonders aufschlussreich, weil sie belegt, dass die wahrnehmbaren Hinweise auf eine Entfernung nicht notwendig, sondern nur durch die Erfahrung mit der Entfernung verknüpft sind, so dass die Wahrnehmung der Entfernung von unseren individuellen Erfahrungen abhängt. Der Normalsichtige, für den (in einem bestimmten Bereich) eine geringere Schärfe eine geringere Entfernung anzeigt, wird beim Blick durch das Vergrößerungsglas getäuscht. Für ihn sieht es aus, als käme ein Gegenstand auf ihn zu, während er sich tatsächlich von ihm entfernt. Der Kurzsichtige erliegt dieser Täuschung nicht. Berkeley führt dies darauf zurück, dass wir die Entfernung anhand dessen beurteilen, was zu sehen wir gewohnt sind: Wir sehen die Dinge mehr oder weniger scharf,

je nachdem, wie nah sie sich vor unseren Augen befinden. Aber dem Kurz-
sichtigen zeigt die zunehmende Schärfe etwas anderes an als dem Nor-
malsichtigen, nämlich ein Abnehmen der Entfernung (V § 37).[6] Zwischen
der Schärfe, mit der wir etwas sehen, und der Entfernung, in der wir es
sehen, besteht also kein notwendiger Zusammenhang. „Und wenn es der
gewöhnliche Lauf der Natur gewesen wäre, dass ein Objekt um so verschwommener erschiene, je weiter entfernt es sich befindet, so hätte mit
Sicherheit dieselbe Wahrnehmung, die jetzt bewirkt, dass wir denken, ein
Objekt nähere sich, bei uns die Einbildung hervorgerufen, es entferne sich.
Dieselbe Wahrnehmung ist, wenn man sie getrennt von Gewohnheit und
Erfahrung betrachtet, ebenso geeignet, die Vorstellung großer Entfernung,
wie auch die kleiner oder auch überhaupt keiner Entfernung hervorzubrin-
gen" (V § 26).

Die Erkenntnisse der geometrischen Optik und die Beschreibung physiologischer Aspekte der visuellen Wahrnehmung reichen Berkeley zufolge – so zutreffend sie auch sein mögen – nicht für eine Erklärung, *wie* (oder
warum) wir sehen, was wir sehen.[7] In welcher Entfernung wir etwas sehen,
hängt von unseren bisherigen Erfahrungen ab. Beim Sehen interpretieren
wir die auf uns einwirkenden Reize und unsere physiologisch bedingte Reaktion auf sie vor dem Hintergrund unserer Erfahrung. Eine Erklärung des
Sehens muss deshalb auch die psychologischen Vorgänge berücksichtigen,
die dazu führen, dass wir bestimmte Dinge miteinander assoziieren. Aufgrund der Erfahrung, dass bestimmte Wahrnehmungen mit bestimmten
anderen einhergehen, können wir nicht umhin, die Dinge so zu sehen, wie
wir sie sehen. Die Anstrengung unserer Muskeln, die wir beim Bewegen
der Augen und Fokussieren von Gegenständen empfinden, sowie die Verschwommenheit oder Schärfe, mit der wir Gegenstände erkennen, rufen
nur deshalb die Idee einer bestimmten Entfernung des erblickten Gegenstands hervor, weil sie durch unsere Erfahrung mit dieser Idee korreliert
sind.

---

6   Vgl. Berkeleys *Philosophisches Tagebuch*, Nr. 170.
7   Vgl. Belfrage 2006, 206 f.

2   Die Heterogenität der Gegenstände des Gesichts- und des Tastsinns

Die propriozeptiven Empfindungen, die wir beim Bewegen unserer Augen und beim Fokussieren haben, sind haptische Empfindungen. Wenn wir anhand dieser Empfindungen die Entfernung eines erblickten Gegenstands beurteilen, sehen wir die Entfernung nicht, sondern wir fühlen sie. Was Schärfe und Verschwommenheit betrifft, so ist es zwar das Auge, mit dem wir einen Gegenstand mehr oder weniger scharf erblicken, aber Schärfe und Verschwommenheit sind etwas anderes als geringere und größere Entfernung. Berkeley gelangt deshalb zu der Auffassung, dass wir weder Entfernungen noch entfernte Gegenstände *sehen*. Der Gesichtssinn allein vermittelt uns weder die Idee irgendeiner Entfernung noch die Ideen entfernter Gegenstände, „[...] so dass ich – streng genommen und wahr gesprochen – weder Entfernung an sich sehe, noch etwas, das ich als etwas Entferntes auffasse. Ich behaupte: Weder Entfernung noch Dinge, die sich in einer Entfernung befinden, werden wirklich durch den Gesichtssinn wahrgenommen" (V § 45). Streng genommen sehen wir nach Berkeley nur Farben und Licht – Farbverteilungen in unserem Gesichtsfeld, die zwar (in einem bestimmten Sinn) größer oder kleiner, verschwommener oder klarer, stärker oder schwächer werden können, die uns aber niemals näher kommen oder sich von uns entfernen können (V § 50). Die Idee der Entfernung gewinnen wir aus den Empfindungen des Tastsinns. Dass jemand einen Gegenstand in einer gewissen Entfernung sieht, bedeutet Berkeley zufolge nichts anderes, als dass er nach dem Durchmessen einer gewissen Entfernung diese und jene visuellen Eindrücke haben wird, die für gewöhnlich mit diesen und jenen haptischen Eindrücken einhergehen, wobei die zurückgelegte Entfernung anhand der mit dem Tastsinn erfahrbaren Bewegung des eigenen Körpers bestimmt wird (V § 45).

Bedenken wir es recht, so erkennen wir nach Berkeley, dass wir nicht sehen, was wir fühlen, und nicht fühlen, was wir sehen. „Das, was ich sehe, ist nur eine Mannigfaltigkeit von Licht und Farbe. Das, was ich fühle, ist hart oder weich, heiß oder kalt, rau oder glatt. Welche Ähnlichkeit, welche Verknüpfung haben diese Vorstellungen mit jenen?" (V § 103) Die Empfindungen unseres Gesichts- und unseres Tastsinns sind einander gänzlich unähnlich und stehen in keiner notwendigen Beziehung zueinander. Was sie verbindet, ist allein unsere Erfahrung, die uns lehrt, dass sie systematisch korreliert auftreten. Berkeleys Heterogenitätsthese geht jedoch über diese Behauptung hinaus. Sie besagt, dass es sich bei den Gegenständen des Gesichts- und des Tastsinns um verschiedene, voneinander unabhängige Objekte handelt, von denen nur die Gegenstände des Tastsinns tatsächlich außerhalb des Geistes existieren. Das, was wir sehen, Farben und Helligkeiten, identifiziert Berkeley hingegen schon im *Versuch* mit den Ideen bzw. Empfindungen, die wir beim Sehen haben. Tastbare Eigenschaften kommen also Gegenständen zu, die wir nicht sehen können, und sichtbare Qualitäten sind keine Eigenschaften tastbarer Gegenstände. Wir unterscheiden zwischen den Gegenständen des Gesichts- und des Tastsinns nur deshalb nicht, weil die Empfindungen dieser Sinne in der Erfahrung denkbar eng miteinander verknüpft sind. Wir unterscheiden beispielsweise nicht zwischen dem sicht- und dem tastbaren Baum. Weil es für uns zweckmäßig ist, fassen wir Gegenstände des Gesichts- und des Tastsinns im Geist zu Gegenständen zusammen, die wir mit jeweils nur einem Namen belegen – z. B. „Baum". Um aber zu verstehen, wie wir die Lage oder Größe der so zusammengefassten, heterogenen Gegenstände mit dem Gesichtssinn erkennen, müssen wir zwischen ihrer sichtbaren und ihrer tastbaren Lage bzw. Größe unterscheiden.

Zunächst ist festzuhalten, dass wir, wenn wir von *der* Größe eines Gegenstands sprechen, stets seine tastbare Größe meinen. Denn kein Gegenstand besitzt eine feste und beständige sichtbare Größe. Die Dinge verändern ihre sichtbare Größe, wenn wir uns ihnen nähern oder uns von ihnen entfernen (V § 55). Die Frage, wie wir Größe sehen, ist also genauer als Frage danach zu verstehen, wie wir die Größe tastbarer Objekte durch den Gesichtssinn wahrnehmen. Qua definitionem können wir die tastbare Ausdehnung und Gestalt eines Gegenstands natürlich ebenso wenig *sehen*, wie wir Entfernungen sehen können. Aber während es eine sichtbare Entfernung nicht gibt, weisen die (zusammengesetzten) Gegenstände neben ihrer tastbaren Größe auch eine sichtbare (scheinbare) Größe auf. Die sichtbare Größe von etwas bemisst sich danach, einen wie großen Anteil unseres Gesichtsfeldes es einnimmt. Die scheinbare Ausdehnung ist nicht unendlich teilbar, sondern setzt sich aus einer Anzahl so genannter Sehminima (kleinster mit dem Gesichtssinn wahrnehmbarer Einheiten) zusammen. Die Anzahl der Sehminima, die in unserem Gesichtsfeld Platz finden, hängt offensichtlich von der Kraft unseres Augenlichts ab.

Die sichtbare Größe eines Gegenstands liefert uns einen Hinweis auf seine tastbare Größe, da sie sich zu dieser proportional verhält. Weitere mit dem Gesichtssinn wahrnehmbare Hinweise auf die tastbare Größe eines Objekts sind die Verschwommenheit oder Schärfe, mit der wir es sehen, und die Stärke oder Schwäche seiner Erscheinung (die visuell bewertete Lichtintensität oder Leuchtdichte). Bei einer konstant bleibenden sichtbaren Größe halten wir einen Gegenstand für umso kleiner, je verschwommener wir ihn wahrnehmen, und für umso größer, je deutlicher wir ihn erkennen. Wenn wir ihn zudem nur schwach wahrnehmen, dann halten wir ihn für noch größer (V § 56). Freilich steht keiner dieser Hinweise in einer notwendigen Beziehung zur (tastbaren) Größe des erblickten Gegenstands.

> Es ist auch evident, dass die Verschwommenheit und Schwäche ebenso wenig eine notwendige Verknüpfung mit geringer oder bedeutender Größe haben, wie sie eine mit geringer oder bedeutender Entfernung haben. Wie sie unserem Geist die letztere suggerieren, so suggerieren sie ihm auch die erstere. Und folglich: Wenn wir es nicht aus der Erfahrung hätten, würden wir in unserem Urteil ebenso wenig eine schwache oder verschwommene Erscheinung an bedeutende oder geringe Größe knüpfen, wie wir sie an bedeutende oder geringe Entfernung knüpfen würden. (V § 58)

Mit seiner neuen Theorie des Sehens kann Berkeley auch erklären, wie wir beim Sehen die Lage oder Position des Gesehenen erkennen. Den Prinzipien der geometrischen Optik zufolge müssten wir eigentlich alles verkehrt herum sehen, d. h. auf dem Kopf stehend und seitenverkehrt – entsprechend dem Bild, das die in das Auge einfallenden Strahlen auf die Retina projizieren. Descartes und Molyneux hatten sich nicht anders als mit dem Hinweis zu helfen gewusst, dass letztlich nicht das Auge, sondern der Geist sehe.[8] Dieser betrachte die jeweiligen Lichtreize auf der Netzhaut und die sich kreuzenden Geraden, auf denen sie vom Objekt ins Auge gelangten, so dass er, was er im oberen Teil des Auges wahrnehme, als vom unteren Teil des Objekts herkommend ansehe und umgekehrt. Descartes hatte dies anhand eines Blinden illustriert, der einen senkrecht vor ihm stehenden Gegenstand mit Hilfe zweier sich kreuzender Stöcke (einer großen Schere vergleichbar) betastet. Der Blinde halte dasjenige für den oberen Teil des Gegenstands, was er mit dem in der unteren Hand liegenden Stock berühre, und umgekehrt dasjenige für den unteren Teil des Gegenstands, woran er mit dem von der oberen Hand gehaltenen Stock anstoße (AT VI, 134 ff.). Berkeley entlarvt das Problem des aufrechten Sehens als ein Scheinproblem. Berücksichtigt man die Heterogenität der Objekte des Gesichts- und des Tastsinns, dann ergibt sich, dass das eigene Netzhautbild niemals irgendetwas verkehrt herum darstellen kann.

---

8   Descartes, *La Dioptrique* VI, AT VI, 141; Molyneux, *Dioptrica nova*, prop. 28 § 4, S. 105.

In Bezug auf die menschliche Gestalt beispielsweise bedeutet „aufrecht"
eine senkrechte Stellung, in der die Füße der Erde am nächsten sind und
der Kopf am weitesten von der Erde entfernt ist. Wenn wir uns auf die eigentlichen Objekte des Gesichtssinns und damit auf die sichtbare Lage der
Dinge beschränken, entsteht im Zusammenhang mit unserem Netzhautbild kein Problem. Wenn wir einen Menschen sehen, dann befinden sich
dessen Füße auch in dem Bild auf unserer Retina nahe der Erde, während
sein Kopf am weitesten von der Erde entfernt ist (V § 114). Der Eindruck,
irgendetwas stünde auf dem Kopf, könnte allenfalls dann entstehen, wenn
man zwischen zwei Betrachtungsweisen hin und her wechselte: zwischen
der Perspektive des Wahrnehmenden und der Perspektive, die ein anderer
einnehmen kann, der von außen auf die Netzhaut des Wahrnehmenden
blickt. Ihm mögen die Retinabilder des anderen verkehrt herum erscheinen, weil er sie zu anderen Dingen, die er neben (und außerhalb) dieser
Bilder sieht, ins Verhältnis setzt. Daraus dürfen wir jedoch nicht schließen,
dass die Bilder für den Wahrnehmenden verkehrt herum sind, denn der
sieht seine eigenen Netzhautbilder nicht, bzw. er sieht nichts, im Verhältnis
zu dem sie ihm die Dinge verkehrt herum zeigen könnten (V § 116).

Das aufrechte Sehen wird Berkeley zufolge nur dann zum Problem,
wenn wir die Heterogenität sicht- und tastbarer Objekte vernachlässigen
und glauben, die Lage eines sichtbaren Objekts anhand seiner Entfernung
zu tastbaren Gegenständen oder die Lage tastbarer Dinge anhand ihrer
Entfernung zu etwas Sichtbarem bestimmen zu können (V § 111). Nur
dann nämlich kann man die unsinnige Frage aufwerfen, wie es zugeht, dass
uns, wenn wir einen Menschen sehen, dessen (sichtbarer) Kopf weiter von
der (sichtbaren) Erde entfernt zu sein scheint als seine Füße, obwohl er in
unserem Auge an einem Ort abgebildet wird, der weiter von der (tastbaren)
Erde entfernt ist als derjenige, an dem seine Füße abgebildet werden. Die
ganze Schwierigkeit beruht auf der falschen Annahme, dass wir mit Hilfe
unseres Sehvermögens über die Lage sichtbarer Gegenstände anhand ihrer
Entfernung zur tastbaren Erde urteilen (V § 113).

Tatsächlich beurteilen wir die Lage tastbarer Objekte anhand hapti-
scher Empfindungen, wobei wir gelernt haben, das „unten" zu nennen,
wohin Körper (insbesondere unser eigener Körper) aufgrund ihrer Schwere streben (V § 93). „Sichtbare" räumliche Verhältnisse eröffnet uns erst
die Erfahrung, dass sich die sichtbaren Dinge auf bestimmte Weise verändern, wenn wir unsere Augen (oder unseren Körper und mit ihm unsere
Augen) bewegen. Die Empfindungen, die es uns ermöglichen, Ausdrücke
wie „oben", „unten", „aufrecht" oder „verkehrt herum" auch auf Sichtbares

anzuwenden, sind haptische Empfindungen insbesondere beim Bewegen der Augen und beim Heben und Senken des Kopfes. Wir nennen, was wir durch eine Aufwärtsbewegung der Augen oder des Kopfes wahrnehmen können, „oben", und was wir durch eine Abwärtsbewegung sehen können, „unten". Allein die Erfahrung lehrt uns, die Objekte des Gesichtssinns so mit den Objekten des Tastsinns zu verbinden, dass wir imstande sind, mit Hilfe unseres Gesichtssinns die Lage tastbarer Dinge wahrzunehmen – ihre Lage zu „sehen". Der einfache Grund, aus dem wir gerade das, was im unteren Teil des Auges abgebildet wird, als das ansehen, was oben liegt, besteht darin, dass wir die Erfahrung gemacht haben, dass wir es durch eine Aufwärtsbewegung des Auges deutlich sehen. Berkeley ist sich darüber im Klaren, dass es eine Frage der Gewöhnung ist, wie herum wir die Dinge sehen. In sein *Philosophisches Tagebuch* notiert er folgende Frage: „Welches Urteil würde der, der immer durch eine Umkehrlinse gesehen hat, über oben und unten fällen" (PT Nr. 148).

Weil uns der Gesichtssinn keine Idee der Entfernung liefert, gewinnen wir durch ihn allein auch keine räumliche Vorstellung. Räumliches Sehen wäre ohne den Tastsinn nicht möglich, weil wir genau genommen nur ein ständig wechselndes Spiel von Farben und Licht sehen.

> Alles das, was mit dem Sehvermögen eigentlich wahrgenommen wird, läuft auf nichts anderes hinaus als auf Farben mit ihren Variationen und verschiedenen Verhältnissen von Licht und Schatten. Die dauernde Unbeständigkeit und Flüchtigkeit dieser unmittelbaren Objekte des Gesichtssinns macht es uns unmöglich, sie nach Art geometrischer Figuren zu behandeln. (V § 156)

Nicht nur die Idee der räumlichen Tiefe, auch die Idee einer zweidimensionalen Ausdehnung können wir nach Berkeley nicht durch den Gesichtssinn allein gewinnen. Denn anders, als man vielleicht meinen möchte, hat das, was wir eigentlich sehen (was wir allein durch das Sehvermögen wahrnehmen), keine zweidimensionale Ausdehnung (V §§ 157 f.). Wir sehen keine farbigen Flächen oder Farbflecken, wie oft behauptet wird. Um die zweidimensionale Ausdehnung oder Gestalt eines Objektes zu erfassen, müssen wir begreifen, wie Teile des Objektes im Verhältnis zueinander angeordnet sind: welche Teile über oder unter, rechts oder links von welchen anderen Teilen liegen und welche Teile von welchen anderen weiter oder weniger weit entfernt sind. Aber die eine solche Ordnung allererst stiftenden Elemente sind zum einen die haptische Empfindung des nach unten Strebens, die uns bewusst macht, was oben und was unten ist, und zum anderen die haptischen Empfindungen, die eine Überwindung einer Entfernung begleiten, die uns bewusst machen, was Entfernung ist. Um in dem beständigen Fluss von Farben, Licht und Schatten einzelne Farbflecken ausmachen zu können, müssen wir sie als separate Einheiten ansehen können. Sichtbare Einheiten aber erkennen wir nur dadurch, dass wir sie mit den Augen festhalten – sie sind für uns das, was wir fokussieren und dem wir mit den Augen folgen können. Beides bedarf eines Zusammenspiels der Empfindungen des Gesichtssinns mit haptischen Empfindungen.

Eine Voraussetzung des räumlichen Sehens ist die Verknüpfung von Ideen des Gesichts- und des Tastsinns zu heterogenen Objekten. Nur weil wir den sichtbaren und den tastbaren Baum als einen wahrnehmbaren Gegenstand ansehen, existiert er für uns als ein sichtbarer Körper (dem eine Ausdehnung zukommt). Der tast- und sichtbare Körper ist uns nicht gegeben, sondern er wird vom Geist aufgrund der Erfahrung einer systematischen Korrelation bestimmter Empfindungen konstruiert. Wie wir unsere Ideen zu komplexeren Einheiten bündeln, was wir als Dinge ansehen, die wir mit verschiedenen Sinnen wahrnehmen können, hängt von unseren Zielen und Zwecken ab und variiert mit den veranlagungs- und umgebungsbedingten Unterschieden zwischen den Wahrnehmenden. Wir betrachten unsere Umgebung im Hinblick darauf, was unserem Wohlergehen dient oder schadet (V § 59). Was uns dabei jeweils als ein Ding gilt, ist nicht etwas, das als „eines" gegeben wäre, sondern eine vom Geist hervorgebrachte Kombination von Ideen oder Vorstellungen (*ideas*):

> Jede Vorstellungskombination wird vom Geist als ein einziges Ding betrachtet und als Zeichen dafür mit einem einzigen Namen markiert. Nun ist dieses Benennen und Kombinieren von Vorstellungen vollkommen willkürlich und wird vom Geist so ausgeführt, wie es die Erfahrung als äußerst passend zeigt. (V § 109)

Das Zusammenfassen oder Bündeln unserer Ideen ist jedoch nur insofern willkürlich oder beliebig (*arbitrary*), als das Resultat – dasjenige, was wir als Einheit ansehen, wie z. B. ein sowohl mit dem Gesichts- als auch mit dem Tastsinn wahrnehmbarer Körper – uns nicht gegeben ist, sondern erst durch eine Leistung des Geistes hervorgebracht wird. Das Zusammenfassen oder Bündeln ist aber insofern ganz und gar nicht willkürlich, beliebig oder zufällig, als es erstens nicht bewusst unternommen wird (also keinen Willensakt beinhaltet, sondern unwillkürlich geschieht), zweitens durch die Erfahrung bedingt und drittens danach ausgerichtet ist, was uns nutzt oder schadet. Berkeley schließt aus seinen Überlegungen zum Sehen, dass uns das Sichtbare Zeichen für das Tastbare ist. Die Empfindungen des Gesichts- und des Tastsinns sind nicht notwendig miteinander verknüpft, aber die

Welt ist so eingerichtet, dass sie in einer Weise systematisch korreliert sind, dass uns unsere Erfahrung in die Lage versetzt, unsere Ideen so zu bündeln, dass wir tastbare Körper „sehen" und auf diese Weise drohende Gefahren und nutzbringende Umstände rechtzeitig erkennen und meiden bzw. suchen können. Berkeley gelangt zu der Auffassung, dass die sichtbaren Dinge ein System von Zeichen bilden, das als Sprache angesehen werden kann.

> Aus alldem können wir, meine ich, mit Recht schließen, dass die eigentlichen Objekte des Sehens eine universale Sprache des Schöpfers der Natur bilden, durch die wir unterrichtet werden, wie wir unsere Handlungen einrichten müssen, um die Dinge zu erreichen, die für die Erhaltung und das Wohlbefinden unseres Leibes nötig sind, wie auch zur Vermeidung all dessen, was ihm nachteilig und schädlich sein kann. [...] Und die Art und Weise, wie sie uns die Objekte, die sich in einer Entfernung befinden, bezeichnen und kenntlich machen, ist dieselbe wie die der Sprachen und Zeichen aufgrund menschlicher Vereinbarung, die ja die bezeichneten Dinge nicht aufgrund natürlicher Ähnlichkeit oder Identität suggerieren, sondern nur aufgrund einer gewohnheitsmäßigen Verknüpfung zwischen ihnen, zu deren Beachtung uns die Erfahrung geführt hat. (V § 147)

3 Wahrnehmbare Dinge als Bündel von Ideen

Während es Berkeley im *Versuch* darum geht, dass wir die ganz und gar unähnlichen und voneinander unabhängigen Objekte des Gesichts- und Tastsinns zu komplexen und in sich heterogenen Gegenständen zusammenfassen, vertritt er in den *Prinzipien* und in den *Drei Dialogen* die Auffassung, dass wahrnehmbare Gegenstände insgesamt nichts anderes sind als Zusammenfassungen oder Bündel von Ideen. Dabei unterscheidet er nicht zwischen Empfindungen und Sinnesideen (durch die Sinne gewonnenen Ideen) und identifiziert Sinnesideen mit wahrnehmbaren Eigenschaften.

> Wenn nun beobachtet wird, dass mehrere dieser Ideen [mit denen uns die Sinne versorgen] einander begleiten, so erhalten sie einen Namen und werden infolgedessen als *ein* Ding aufgefasst. So geschieht es zum Beispiel, dass eine bestimmte Farb-, Geschmacks-, Geruchsqualität, Gestalt und stoffliche Beschaffenheit, nachdem beobachtet worden ist, dass sie regelmäßig zusammen auftreten, als ein Ding angesehen und mit dem Namen *Apfel* belegt werden. Andere Konfigurationen von Ideen bilden einen Stein, einen Baum, ein Buch und ähnliche Sinnendinge [*sensible things*]. (P § 1)

Im *Versuch* hatte Berkeley nur die Objekte des Gesichtssinns mit Ideen identifiziert. In den *Prinzipien* dagegen gelten ihm die Gegenstände jedes unserer Sinne nur mehr als Ideen.[9] Er bemerkt dazu:

> Dass die eigentlichen Objekte des Sehens weder außerhalb des Geistes existieren noch Bilder externer Dinge sind, wurde in eben jener Abhandlung gezeigt. Für die Objekte des Tastsinns wurde freilich noch das Gegenteil angenommen – nicht als ob die dort vertretene Lehre jenen gemeinen Irrtum zur Voraussetzung hätte, sondern weil es nicht in meiner Absicht lag, ihn in einer Abhandlung über das *Sehen* zu untersuchen und zu widerlegen. (P § 44)

Sinnlich wahrnehmbare Dinge wie Äpfel, Steine, Bäume und Bücher sind also Bündel wahrnehmbarer Eigenschaften, und wahrnehmbare Eigenschaften sind Ideen. (Berkeley spricht wahlweise von *collections, combinations* oder *congeries of ideas* bzw. *of sensible qualities*, ohne dass sich jedoch ein Bedeutungsunterschied ausmachen ließe.) Nicht jede beliebige Ansammlung sinnlich wahrnehmbarer Eigenschaften konstituiert einen Gegenstand. Zwar fassen wir unsere Ideen zu Bündeln zusammen, aber es steht nicht in unserem Belieben, welche Ideen wir als ein Ding betrachten wollen. Dafür, dass wir den Apfel als einen Gegenstand betrachten, sind Gewohnheiten verantwortlich, die wir bereits in frühestem Kindesalter auszubilden beginnen. Diese Gewohnheiten stellen sich ein, weil unsere Sinnesideen in bestimmten systematischen Korrelationen auftreten. Auf das Bestehen dieser systematischen Zusammenhänge unserer Sinnesideen haben wir keinen Einfluss.

Bündel von Ideen sind selbst wiederum (komplexe) Ideen, und Berkeley zufolge nehmen wir sowohl Ideen (wahrnehmbare Eigenschaften) als auch Ideenbündel (wahrnehmbare Gegenstände) unmittelbar wahr (DD 3, 230).[10] Es tritt nichts zwischen uns und die Dinge, die wir wahrnehmen – keine Idee, kein geistiges Bildchen, keine mentale Repräsentation, oder sonst eine Entität, die vom Wahrgenommenen verschieden wäre. Denn die wahrgenommenen Dinge sind selbst die Ideen. Damit verwirft Berkeley eine Grundannahme des repräsentationalistischen Realismus, dem zufolge die von uns wahrgenommenen Dinge außerhalb und unabhängig von unserem Geist existieren, und immer dann, wenn wir sie wahrnehmen, Ideen in uns hervorrufen, die die wahrgenommenen Dinge repräsentieren (Ideen dieser Dinge sind) und uns auf diese Weise Kenntnis von ihnen vermitteln. Dieses Bild hatte die skeptische Frage heraufbeschworen, wie wir jemals

---

9   Zu Berkeleys Begründung seines Idealismus vgl. Saporiti 2006, Kap. IV.
10   Dem Sigel „DD" folgen die Nummer des Dialogs und die Seitenzahl in Bd. II der von Luce und Jessop besorgten Gesamtausgabe der Werke Berkeleys in 9 Bänden.

wissen können, dass unsere Ideen ihre Ursachen korrekt repräsentieren, da wir keine Möglichkeit haben, unsere Ideen mit den sie verursachenden Dingen (die uns nur vermittels unserer Ideen zugänglich sind) zu vergleichen. Indem Berkeley Ideen zu Dingen macht, blockiert er die skeptischen Konsequenzen der These, dass wir unmittelbar nur unsere eigenen Ideen wahrnehmen. Berkeleys Idealismus ist ein Versuch, uns vor einer unheilvollen erkenntnistheoretischen Position zu bewahren, der zufolge wir allenfalls mittelbares Wissen über die wahrnehmbare Welt erlangen können (P § 87).

Wahrnehmbare Dinge mit Ideen zu identifizieren, scheint nun allerdings ein hoher Preis dafür zu sein, dass man den Argumenten des Skeptikers entgeht. Denn mit der Unterscheidung zwischen Idee und Ding scheint man die Wirklichkeit preiszugeben. Berkeley rührt nach eigenem Dafürhalten aber keineswegs an die Wirklichkeit der Dinge (P § 34). Er verwirft die Annahme der Existenz materieller Gegenstände als eine unhaltbare Spekulation über die Ursachen unserer Ideen, will aber an der realen Existenz der Dinge festhalten. Den Begriff der formalen Existenz, der traditionell dem der objektiven Existenz gegenübersteht, gibt Berkeley auf, so dass die objektive Seinsweise der Dinge zu ihrer einzigen Seinsweise wird. (Sie existieren nur, indem sie einem Subjekt Objekt sind.) Aber auch im Rahmen der Metaphysik Berkeleys soll den wahrnehmbaren Dingen eine von der Wahrnehmung und dem Denken des Menschen unabhängige, dauerhafte Existenz zukommen. Da Ideen Berkeley zufolge nur im Geist existieren, d. h. dann und nur dann, wenn sie perzipiert werden – da es also keine Ideen gibt, die niemand hat –, ist nicht leicht zu sehen, wie dies zugehen könnte. Berkeley gesteht zu, dass die Existenz der uns umgebenden wahrnehmbaren Dinge unmöglich davon abhängen kann, dass wir sie wahrnehmen. Aber er schließt hieraus nicht auf die vom Geist unabhängige Existenz wahrnehmbarer Gegenstände (darauf, dass die Existenz wahrnehmbarer Dinge nicht in ihrem Wahrgenommenwerden besteht), sondern auf die Existenz eines alles wahrnehmenden Geistes. Gott und nicht eine materielle, vom Geist unabhängige Substanz garantiert die kontinuierliche Existenz und das den Naturgesetzen entsprechende Verhalten wahrnehmbarer Dinge (P § 57).

Wie unterscheidet man vorgestellte, geträumte oder eingebildete Dinge von wirklichen Dingen, wenn es keinen Unterschied zwischen Idee und Ding gibt? Berkeley versucht dem Unterschied zwischen Imagination und Wirklichkeit gerecht zu werden, indem er zwischen zwei Arten von Ideen unterscheidet: Vorstellungsideen und Sinnesideen. Tische, Stühle, Äpfel, Töne, Gerüche und Temperaturen, all die Dinge, die wir mit unseren Sinnen wahrnehmen können, sind nach Berkeley Sinnesideen (*ideas of sense*).

Einbildungen, Vorstellungen, Erinnerungen usw. sind Vorstellungsideen (*ideas of imagination*). Der ontologische (bzw. genealogische) Unterschied zwischen Sinnes- und Vorstellungsideen liegt darin, dass erstere von Gott in uns hervorgerufen werden, während wir letztere selbst hervorbringen. Gott lässt unsere Sinnesideen Naturgesetzen gehorchen und offenbart uns so seine Existenz und Güte. Für uns erkennbar unterscheiden sich Sinnesideen von Vorstellungsideen darin, dass sie geordneter, lebhafter und weniger willkürlich sind als diese (P § 33). Der Vorwurf, Berkeleys Philosophie erlaube keine Unterscheidung zwischen Wirklichkeit und Vorstellung, lässt sich nicht aufrechterhalten. Denn Gott oder einen endlichen Geist als Ursache zu haben, ist für eine Idee jeweils eine notwendige und hinreichende Bedingung dafür, eine Sinnes- oder eine Vorstellungsidee zu sein. Nur unsere Sinnesideen haben eine von uns verschiedene und unabhängige Ursache.

Nun sind wir gewöhnlich dazu in der Lage, Wirklichkeit und Vorstellung auseinander zu halten. Wie also ist Berkeleys Unterscheidung zwischen Sinnes- und Vorstellungsideen epistemologisch zu bewerten? Ob eine Idee von Gott in uns hervorgerufen wurde oder nicht, können wir der Idee als solcher nicht entnehmen. Berkeley behauptet nicht, dass unsere Sinnesideen eine Art Stempel „Made in Heaven" tragen, der uns über ihre Herkunft aufklärt. Was jedoch die Lebhaftigkeit unserer Sinnesideen und ihr unwillkürliches Auftreten anbetrifft, so ergeben sich aus diesen Merkmalen offensichtlich keine notwendigen und hinreichenden Bedingungen dafür, dass es sich bei einer unserer Ideen um eine Sinnesidee (und damit um einen Aspekt der Wirklichkeit) handelt. Nicht nur kann man sich Dinge überaus lebhaft ausmalen oder einbilden, sondern auch Vorstellungsideen stellen sich, u. a. beim Träumen, unwillkürlich ein. Bleibt die relative Geordnetheit unserer Sinnesideen – der Umstand, dass sie in ihren Abfolgen und Kombinationen den Naturgesetzen gehorchen. Wie gut sich eine Idee in das System unserer Sinnesideen einfügt, lässt sich der Idee selbst nicht entnehmen. Um herauszufinden, ob eine Idee mit unseren vergangenen, gegenwärtigen und zukünftigen Sinnesideen in Einklang steht und ob sie zu den Sinnesideen anderer endlicher Wesen passt, müssen wir sie mit anderen Ideen vergleichen, die Zukunft abwarten und andere befragen. Als endliche Wesen können wir deshalb nur zu Wahrscheinlichkeitsaussagen darüber gelangen, was wirklich ist und was nicht. Grundsätzlich können uns künftige Ereignisse eines Besseren belehren und dazu zwingen, unsere Urteile zu revidieren. Auch nach Berkeleys Voraussetzungen können wir uns also darüber irren, was wirklich ist und was nicht. Wäre der Vorwurf berechtigt, dass Berkeley die Wirklichkeit auf eine Art Traum reduziere, dann wäre es nicht möglich, sich in dieser Hinsicht zu täuschen. Insofern uns alle Merkmale des Wirklichen aber nur bedingt Gewissheit darüber verschaffen, wann wir es mit unabhängig von uns existierenden Dingen zu tun haben, ist Berkeleys Position skeptischen Angriffen ebenso ausgesetzt wie die Position des repräsentationalistischen Realisten. Durch die Identifizierung wahrnehmbarer Dinge mit Ideen scheint dem Skeptiker gegenüber in dieser Frage nichts gewonnen worden zu sein.

4   Wahrnehmungsfehler und Irrtümer

Wahrnehmbare Gegenstände sind nichts anderes als Bündel wahrnehmbarer Eigenschaften. Eine materielle Substanz, der diese Eigenschaften inhärieren, existiert nach Berkeley nicht. Wahrnehmbare Eigenschaften ihrerseits sind Ideen, deren Existenz in ihrem Perzipiertwerden besteht. Demzufolge müssen wahrnehmbare Dinge offenbar genau die Eigenschaften haben, die wir an ihnen wahrnehmen, und insofern wir von unseren eigenen Ideen vollständige und unmittelbare Kenntnis haben, können wir uns darüber, welche Eigenschaften wir an den Dingen wahrnehmen, nicht irren. Folgerichtig behauptet Berkeley, dass unsere Wahrnehmung unfehlbar ist. Wahrnehmbare Dinge sind genau so, wie wir sie wahrnehmen. Sieht beispielsweise ein Ruder, das zur Hälfte in das Wasser getaucht ist, für uns gekrümmt aus, dann ist dieses Ruder genau so, wie es aussieht: gekrümmt. Unsere Sinnesideen können uns zu der irrigen Annahme verleiten, dass wir auch dann ein krummes Ruder sehen werden, wenn das Ruder wieder aus dem Wasser auftaucht. Aber unser Irrtum bestünde dann nicht darin, ein gerades Ruder für gekrümmt zu halten, sondern darin, andere Sinnesideen zu erwarten als die, die wir tatsächlich haben werden (DD 3, 238). Über die Beschaffenheit wahrgenommener Dinge können wir uns nicht täuschen. Aber ausgehend von Sinnesideen können wir zu falschen Urteilen darüber gelangen, welche Sinnesideen wir unter kontrafaktischen Umständen hätten. Vor solchen Fehlschlüssen können wir uns u. a. dadurch schützen, dass wir die Welt wissenschaftlich erforschen und verstehen lernen, wie die Natur funktioniert, d. h. die geregelte Art und Weise kennen lernen, in der ihr Schöpfer in uns Ideen hervorbringt.

Aber, so möchte man einwenden, jenes Ruder, verändert es denn jedes Mal seine Gestalt, wenn es in das Wasser eintaucht, wieder auftaucht und wieder eintaucht? Krümmt und streckt es sich abwechselnd? Berkeleys Antwort lautet, dass wir es genau genommen nicht mit nur einem, sondern nacheinander mit mehreren Rudern zu tun haben. Wir fassen verschiedene aufeinander folgende Ideen zusammen und betrachten sie als einen Gegenstand. *Aber*, so wird man weiter einwenden wollen, selbst während des Zeitraums, in dem das Ruder im Wasser bleibt, kann das Ruder nicht einfach so sein, wie es uns zu sein scheint. Denn wenn ich meine Hand ins Wasser tauche und am Ruder entlang führe, fühlt es sich gerade an, während es gekrümmt aussieht. Und dasselbe Ruder kann doch nicht gleichzeitig gekrümmt und gerade sein. Nein, lautet Berkeleys Antwort. Streng genommen nehmen wir mit verschiedenen Sinnen nie denselben Gegenstand wahr (DD 3, 245). Wir fassen die Ideen verschiedener Sinne zusammen und erachten sie für ein Ding. *Aber*, so wird man weiter einwenden wollen, verschiedene Menschen nehmen dieselben Dinge unterschiedlich wahr. Während ich ein hellbraunes Ruder sehe, nimmt mein Vordermann, der eine getönte Sonnenbrille trägt, ein orangefarbenes Ruder wahr. Haben wir beide Recht? Ist das Ruder gleichzeitig hellbraun und orange? Nein, entgegnet Berkeley. Streng genommen können zwei Personen nicht dasselbe Objekt wahrnehmen (DD 3, 247). Wir fassen die von verschiedenen Menschen zu verschiedenen Zeitpunkten und mit verschiedenen Sinnen perzipierten Ideen zusammen und betrachten sie als ein Ding.

Nun aber scheint es, als sei uns durch die Identifizierung des Wahrgenommenen mit unseren Ideen die transtemporale, transsensorische und transpersonale Identität des Wahrnehmbaren abhanden gekommen. Zwar besitzen wir insofern unangreifbares Wahrnehmungswissen, als wir uns über unsere eigenen Ideen nicht täuschen können, aber das kann nicht von Belang sein im Hinblick auf unsere Fähigkeit, Erkenntnisse über eine von uns unabhängig existierende Welt zu gewinnen – eine Welt, die uns durch den Verlust wahrnehmbarer Dinge, die wir mit mehreren Sinnen zu verschiedenen Zeitpunkten intersubjektiv beobachten können, überdies gerade verloren gegangen zu sein scheint. Berkeley zufolge gewinnen wir die wahrnehmbaren Dinge im gewöhnlichen Sinn des Wortes erst durch das Bündeln unserer Ideen. Dieses Bündeln ist uns aufgrund der systematischen Zusammenhänge möglich, die zwischen unseren Sinnesideen bestehen. Weil wir bestimmte systematische Zusammenhänge zwischen den durch verschiedene Sinne und zu verschiedenen Zeitpunkten sowie zwischen den von uns und den von anderen in der Sinneswahrnehmung gewonnenen Ideen gewohnt sind, fassen wir sie zu Bündeln zusammen, die wir jeweils für ein Ding erachten. Über die systematischen Zusammenhänge aber, die zwischen den Ideen bestehen – darüber, welche Ideen stets gemeinsam auftreten, welche Ideen auf welche anderen folgen usw. –, können wir uns im Einzelfall irren.

Nun nimmt auch der Repräsentationalist nicht an, sich darüber irren zu können, dass ein wahrgenommener Gegenstand für ihn so und so aussieht. Auch dem Repräsentationalisten zufolge irren wir uns nicht über unsere eigenen Empfindungen oder die Ideen, die ein Gegenstand in uns hervorruft und die uns den Gegenstand repräsentieren. Und es ist eben nur das Aussehen, das der Gegenstand für uns als Wahrnehmende gerade hat, über das wir Berkeley zufolge unfehlbares Wissen besitzen. Wir können uns nur darüber nicht irren, wie uns etwas momentan erscheint: wie es für uns aussieht, wie es sich anfühlt, wie es riecht, schmeckt und klingt. Berkeley postuliert mit seinem unfehlbaren Wahrnehmungswissen also in einer wesentlichen Hinsicht nicht mehr, als auch der Repräsentationalist und Realist uns zubilligt. Unser unfehlbares Wahrnehmungswissen ist ein Wissen über unsere eigenen Ideen. Diese Ideen repräsentieren uns den Gegenstand Berkeley zufolge allerdings nicht, sondern machen ihn zusammen mit anderen Ideen aus. Weil sie in diesem Sinne Teil des Gegenstands sind, ist unser unfehlbares Wahrnehmungswissen ein Wissen über den wahrgenommenen Gegenstand. Dieser Gegenstand ist ein Bündel von Ideen, zu dem neben unseren eigenen Ideen auch die Ideen Gottes gehören, von denen die dauerhafte Existenz des Gegenstands abhängt, sowie alle Ideen, die Gott endlichen Wesen eingibt, die den betreffenden Gegenstand irgendwann wahrnehmen. Wahrnehmbare Gegenstände mögen damit in unseren Augen zu äußerst eigenartigen Gebilden geworden sein, aber Berkeley hält dem entgegen, dass es nicht verständlicher und überdies in sich widersprüchlich sei, wenn man behaupte, wahrnehmbare Gegenstände seien selbst nicht wahrnehmbare, materielle Substanzen, denen wahrnehmbare Eigenschaften inhärierten, deren Träger sie seien (P §§ 9–21).

Der durch die Naturgesetze garantierte, systematische Zusammenhang der zu einem Ideenbündel gehörenden Ideen kann nach Berkeley durchaus jene Aufgaben erfüllen, die seine Gegner der materiellen Substanz zudenken. Dieser Zusammenhang ist die objektive Grundlage für das Zusammenfassen von Ideen zu Bündeln von Ideen und damit zu wahrnehmbaren Gegenständen im gewöhnlichen Sinn des Wortes. Naturgesetze sind Berkeley zufolge nichts anderes als Regelmäßigkeiten, mit denen Gott Sinnesideen in uns hervorbringt (P § 30). Zwischen unseren Sinnesideen bestehen keine notwendigen Beziehungen. Ideen sind ganz und gar passiv und können nichts bewirken. Was wir in der wahrnehmbaren Welt als Ursache und Wirkung ansehen, verhält sich in Wahrheit wie Zeichen und Bezeichnetes zueinander. Ein Feuer warnt uns vor dem Schmerz, den wir empfinden, wenn wir ihm zu nahe kommen, aber es verursacht ihn nicht. Der Schmerz ist keine Wirkung der erlittenen Verbrennung, sondern zeigt uns an, dass wir dem Feuer zu nahe gekommen sind und eine Verletzung erlitten haben (P § 65). Berkeley begreift das Naturgeschehen als Äußerung Gottes, der uns mitteilt, wie wir uns verhalten können, um unsere Ziele und Zwecke zu erreichen. In jeder seiner Äußerungen (in jedem von uns beobachteten Geschehen) offenbart sich Gottes Existenz und Güte. Mit dieser semiotischen Deutung des Naturgeschehens überträgt Berkeley seine These, es gebe keine notwendige Beziehung zwischen den Objekten des Gesichts- und des Tastsinns, und seine Auffassung des Sichtbaren als einer Sprache auf alle Sinne und ihre Gegenstände.[11]

Berkeley gewinnt gegenüber dem Repräsentationalisten im Hinblick auf die Unangreifbarkeit unseres Wahrnehmungswissens kaum etwas. Obwohl wir nach seiner Auffassung die Dinge selbst wahrnehmen, ist unsere aus der Wahrnehmung der Dinge gewonnene Erkenntnis der Existenz und Beschaffenheit wahrnehmbarer Dinge nicht gewisser oder umfangreicher als diejenige des Repräsentationalisten. Dennoch ist die Welt Berkeley zufolge im folgenden Sinn so, wie wir sie sehen: Zum einen sind uns die Dinge, die wir sehen, nicht einfach gegeben. Als Gegenstände, die eine Weile existieren, auch von anderen gesehen werden und von uns mit verschiedenen Sinnen wahrgenommen werden, sind sie vielmehr Konstruktionen – Produkte geistiger Bündelungsaktivitäten. Zum anderen haben die Dinge, die wir sehen, nach Berkeley genau jene Eigenschaften, die wir an ihnen sehen, und sie haben diese Eigenschaften nur, weil und insofern wir sie sehen. Denn sie bestehen aus unseren Ideen.

Literatur

Primärliteratur

Aristoteles, *Metaphysica*, hrsg. von W. D. Ross, Oxford: Clarendon Press 1970.
Aristoteles, *De Anima*, hrsg. von W. D. Ross, Oxford: Clarendon Press, 1961.

---

11   Zu Berkeleys Vorstellung einer Sprache der Natur vgl. Saporiti 2006, Kap. IX.

Barrow, I., *Lectiones XVIII Cantabrigiae in scholis publicis habitae, in quibus opticorum phaenomenon genuinae rationes investigantur, ac exponuntur*, London 1669.

Bayle, P., *Dictionnaire historique et critique*, Rotterdam 1697.

Berkeley, G., *The Works of George Berkeley, Bishop of Cloyne*, 9 Bde., hrsg. von A. A. Luce & T. E. Jessop, Edinburg 1948–1957.

–, *Versuch über eine neue Theorie des Sehens*, hrsg., übers., eingel. und mit Anmerkungen versehen von W. Breidert, Hamburg: Meiner 1987 (*An Essay Towards a New Theory of Vision*, Dublin 1709).

–, *Eine Abhandlung über die Prinzipien der menschlichen Erkenntnis*, hrsg. und übers. von A. Kulenkampff, Hamburg: Meiner 2004 (*A Treatise Concerning the Principles of Human Knowledge*, Dublin 1710).

–, *Drei Dialoge zwischen Hylas und Philonous*, dt. von R. Richter, überarb. von A. Kulenkampff, hrsg., eingel. und mit Anmerkungen versehen von W. Breidert, Hamburg: Meiner 2005 (*Three Dialogues between Hylas and Philonous*, London 1713).

–, *Über die Bewegung oder über das Prinzip und die Natur der Bewegung und über die Ursache der Bewegungsmitteilung*, in: *George Berkeley, Schriften über die Grundlagen der Mathematik und Physik*, hrsg. und übers. von W. Breidert, Frankfurt a. M.: Suhrkamp 1985, 208–243 (*De Motu; Sive De Motus Principio & Natura, et de Causa Communicationis Motuum*, London 1721).

–, *Alciphron oder der kleine Philosoph*, dt. von L. & F. Raab, hrsg. und eingel. von W. Breidert, Hamburg: Meiner 1996 (*Alciphron; or, The Minute Philosopher in Seven Dialogues*, London 1732).

–, *Philosophisches Tagebuch*, hrsg., übers., eingel. und mit Anmerkungen versehen von W. Breidert, Hamburg: Meiner 1979 (*Philosophical Commentaries*, Bd. II in *Works of George Berkey*)

Descartes, R., *Oeuvres de Descartes*, 11 Bde., hrsg. von Ch. Adam & P. Tannery, Paris 1897–1910, J. Vrin.

–, *Principia Philosophiae*, Amsterdam 1644 (*Les Principes de la Philosophie*, Paris 1647).

–, *La Dioptrique*, Leiden 1637

Kepler, J., *Dioptrice*, Augsburg 1611 (Bd. IV in *Johannes Kepler. Gesammelte Werke*, hrsg. von M. Caspar & F. Hammer, München: C. H. Beck 1941).

–, *Ad vitellionem Paralipomena, quibus astronomiae pars optica traditur*, Frankfurt 1604 (Bd. II in *Gesammelte Werke*, hrsg. von M. Caspar, München: C. H. Beck 1938).

Locke, J., *An Essay Concerning Human Understanding*, London 1690 (hrsg. von P. H. Nidditch, Oxford: Clarendon Press 1975).

Malebranche, N., *De la Recherche de la Vérité où l'on traite de la nature de l'esprit de l'homme, & de l'usage qu'il en doit faire pour éviter l'erreur dans les Sciences*, Paris 1674–1675 (hrsg. von G. Rodis-Lewis, 2 Bde., Paris 1965 und 1967, Libraire Philosophique J. Vrin).

Molyneux, W., *Dioptrica nova*, London: Benj. Tooke 1692.

Sekundärliteratur

Belfrage, B., „The Scientific Background of George Berkeley's Idealism", in: *Eurigena, Berkeley, and the Idealist Tradition*, hrsg. von S. Gersh & D. Moran, Notre Dame (Indiana): University of Notre Dame Press 2006, 202–223.

Saporiti, K., *Die Wirklichkeit der Dinge. Eine Untersuchung zum Begriff der Idee in der Philosophie George Berkeleys*, Frankfurt a. M.: Klostermann 2006.

Markus Wild

Hume über das Wahrnehmungsobjekt

1   Einleitung

Einige der Analysen von David Hume (1711–1776) – etwa diejenigen der Kausalität[1] oder der Gottesbeweise[2] – gelten mit gutem Grund als Klassiker. Sie beeindruckten nachfolgende Denker nachhaltig und lenkten das Nachdenken in neue Bahnen. Man denke nur an das oft zitierte Wort Kants, dass es Humes Analyse der Kausalität gewesen sei, die seinen „dogmatischen Schlummer unterbrach" und seinen Untersuchungen „eine ganz andere Richtung gab" (Kant 1989, 11). Nach wie vor sind die erwähnten Analysen Bestandteil der philosophischen Lehre und Ausgangspunkt philosophischer Forschung. Weniger Erfolg ist hingegen den empiristischen Voraussetzungen und den skeptischen Folgerungen von Humes Philosophie beschieden. So wird etwa die grundlegende empiristische Unterscheidung zwischen Eindrücken (*impressions*) und Ideen (*ideas*) zu Beginn der beiden Werke *A Treatise of Human Nature* (T 1.1.1–7, 7–22, 1–25, 8–40) und *An Enquiry Concerning Human Understanding* (EHU II–III, 96–107, 15–24, 31–40) selbst von wohlwollenden Interpreten als inadäquat und zirkulär kritisiert (Bennett 2001, 202 ff., 221 ff., Mounce 1999, 27–28). Ebenso gilt Humes Behandlung der skeptischen Frage nach der Existenz der Außenwelt als „quälend", „verwirrend" oder „paradox" (Penelhum 1975, 62,

---

1   Vgl. T 1.3.1–16, 50–120, 69–179, 93–240 und EHU VII, 134–148, 60–79, 82–105. Der *Treatise of Human Nature* (1739/1741) wird nach der ed. Norton zitiert, und zwar wie folgt: T Buch.Teil.Abschnitt, Seitenangabe, Seitenangabe, Seitenangabe. Die zweite Seitenangabe verweist auf die (weithin noch) gebräuchliche ed. Selby-Bigge, die dritte auf die Übersetzung Hume 1978. Alle Übersetzungen des *Treatise* stammen jedoch vom Verfasser. Der *Enquiry Concerning Human Understanding* (1748) wird nach der ed. Beauchamp zitiert, und zwar wie folgt: EHU Kapitel, Seitenangabe, Seitenangabe, Seitenangabe. Die zweite Seitenangabe verweist auf die (weithin noch) gebräuchliche ed. Selby-Bigge. Die dritte Seitenzahl verweist auf die Übersetzung Hume 1967, aus der die Zitate stammen.

2   Vgl. *Dialoge über die natürliche Religion*, II–IX, 21–90.

Fogelin 1985, 64, Stroud 1975, 245). Diese wenig schmeichelhaften Urteile zielen auf das schwierige und lange Kapitel „Über den Skeptizismus bezüglich der Sinne" (T 1.4.2, 125–143, 187–218, 250–287).[3] Um die Interpretation dieses Kapitels wird es im Folgenden gehen. Das Kapitel ist weder quälend noch paradox, wie wir sehen werden. Es ist etwas verwirrend, weil es voraussetzungsreich und schwierig ist, und dennoch lohnt sich die Mühe.

Um einen philosophischen Text interpretieren zu können, muss man zuerst herausfinden, was die Frage oder das Problem ist, auf die er eine Antwort sein möchte. Das Kapitel T 1.4.2 scheint eine bestimmte Theorie über Wahrnehmungsobjekte vertreten zu wollen. Welche Optionen stehen dabei zur Verfügung? Dazu schreibt D. M. Armstrong:

> Es gibt drei Wahrnehmungstheorien, die um philosophische Anhängerschaft konkurrieren: den direkten Realismus, den Repräsentationalismus und den Phänomenalismus. Jede von ihnen kann als Antwort auf folgende Frage aufgefasst werden: Was ist das direkte oder unmittelbare Objekt unseres Geistes, wenn wir wahrnehmen? [...] Dies ist die Hauptfrage, die sich die moderne westliche Philosophie über die Wahrnehmung gestellt hat, und die Antworten auf diese Frage haben eine der drei Formen angenommen. (Armstrong 1961, ix)

Versuchen wir ein intuitives Verständnis dieser drei Optionen zu gewinnen! Wollen wir von jemandem wissen, was er gerade wahrnimmt (d. h. sieht, hört oder riecht), so erhalten wir Antworten wie „eine Orange", „einen blauen Mercedes", „einen bärtigen Mann", „Schritte", „Motorenlärm", „Bratfett", „Veilchen" usw. Wir sehen, hören oder riechen Dinge, Lebewesen, Eigenschaften, Tätigkeiten oder Prozesse. Diese Aufzählung erklärt jedoch nicht, welche Art von Objekten wir wahrnehmen. Einer bestimmten Theorie zufolge – der kausalen Theorie der Wahrnehmung – sind jene Dinge, die Wahrnehmungen *verursachen*, Objekte der Wahrnehmung. Es gibt von uns unabhängige, materielle Gegenstände oder Ereignisse, die auf die Sinne einwirken und dadurch Wahrnehmungen hervorrufen. Diese Dinge nehmen wir wahr. Der *direkte Realist* glaubt, die Objekte der Wahrnehmung seien die *materiellen* Gegenstände selbst, die unabhängig von ihrem Wahrgenommensein existieren. Die anderen beiden Theorien gehen davon aus, dass es sich bei den unmittelbaren Objekten unserer Wahrnehmung nicht um materielle Gegenstände handelt, sondern um Sinnesdaten. Die Verfechter dieser Theorien sind sich aber uneins darüber, was ein materieller

---

3 Hume hat die langen Ausführungen aus T 1.4.2 im späteren *Enquiry* stark gekürzt widergegeben, vgl. EHU XII, 200–203, 150–155, 190–195.

Gegenstand ist. Der *Phänomenalist* ist der Ansicht, materielle Gegenstände seien nichts weiter als regelmäßige Muster tatsächlicher oder möglicher Kombinationen von Sinnesdaten, die nicht unabhängig von der Wahrnehmung existieren. Uns sind von unserem Geist abhängige Sinnesdaten gegeben, die nach bestimmten Mustern kovariieren. Dies sind die unmittelbaren Objekte der Wahrnehmung. Der *Repräsentationalist* schließlich glaubt, wie der direkte Realist, dass wir eine Welt materieller Gegenstände wahrnehmen, aber wir tun dies lediglich indirekt, vermittelt über Sinnesdaten (oder Repräsentationen), die von diesen Gegenständen handeln.

Es scheint nun, als hätten wir eine gute Frage, auf die Humes Text eine Antwort ist, nämlich: Welche der drei Wahrnehmungstheorien vertritt Hume? Blickt man jedoch in die Sekundärliteratur, muss man zur Kenntnis nehmen, dass Hume alle drei Antworten auf die von Armstrong identifizierte Frage zugeschrieben worden sind! Er ist Phänomenalist (Price 1940), indirekter Realist (Wright 1984, Wilson 1989), direkter Realist (Weller 2001) und natürlich ein Skeptiker, der nicht glaubt, die Frage, was das direkte oder unmittelbare Objekt unserer Wahrnehmung sei, könne beantwortet werden (Reid [1764] 1997; Baxter 2006). Die meisten Interpretationen von T 1.4.2 übersehen jedoch, dass Hume gar keine Antwort auf die von Armstrong aufgeworfene Frage, worin das direkte oder unmittelbare Objekt unserer Wahrnehmung bestehe, sucht. Hume tritt gleichsam einen Schritt zurück und fragt, *was es überhaupt heißt, ein Wahrnehmungsobjekt zu sein*. Diese Frage ist grundlegender. Ich nenne sie im Folgenden „Objektfrage". Was ist darunter zu verstehen? Hume zufolge setzen die drei Antworten auf Armstrongs Frage ein Verständnis dessen voraus, was ein Wahrnehmungsobjekt überhaupt sein soll: Welche Voraussetzungen müssen erfüllt sein, damit etwas ein Wahrnehmungsobjekt sein kann? Die drei wahrnehmungstheoretischen Optionen nehmen offenbar an, dass es klar ist, *was* ein Wahrnehmungsobjekt sei; nun müsse man nur noch herausfinden, welches das *direkte* Wahrnehmungsobjekt ist, und ob es sich dabei um Sinnesdaten oder um materielle Gegenstände handle. Hume geht zwar davon aus, dass wir anfangs so etwas wie direkte Realisten sind und normalerweise an die Existenz unabhängiger materieller Gegenstände glauben. Diese Alltagssicht ist aber nur der Ausgangspunkt, der es ihm erlauben soll, eine Antwort auf die Objektfrage zu gewinnen. Zu diesem Zweck spielt Hume in T 1.4.2 alle drei genannten Wahrnehmungstheorien durch und gegeneinander aus. Dies verwirrt die Interpreten, die davon ausgehen, Hume müsse sich auf eine dieser drei Theorien festlegen. Da es ihm aber um die Objektfrage geht, muss er dies nicht.

Die Objektfrage ist eine *semantische* Frage: Man möchte wissen, was es heißt, ein Wahrnehmungsobjekt zu sein, welche Bedingungen ein Wahrnehmungsobjekt für uns erfüllen muss. Hume geht semantische Fragen generell *genetisch* an, d. h. er fragt nach der Herkunft unserer Ideen und deren Eigenschaften. Und deshalb lautet Humes eigene Formulierung der Objektfrage: *„Welche Ursachen führen uns dazu, an die Existenz von Körpern zu glauben?"* (*What causes induce us to believe in the existence of body?*, T 1.4.2, 125, 187, 250). Der folgende Aufsatz ist eine Rekonstruktion von Humes Antwort auf die Objektfrage. Die Antwort ist komplex und verlangt einiges an Vorbereitung (Abschnitte 2–4). Dabei werde ich mich auf Humes Analyse des Glaubens konzentrieren, und zwar deshalb, weil Humes Formulierung der Objektfrage lautet, welche Ursachen uns dazu führen, an die Existenz von Körpern zu *glauben*. Im Abschnitt 5 werde ich mich Humes metaphilosophischer Behandlung der drei wahrnehmungstheoretischen Optionen zuwenden. In den Abschnitten 6 und 7 endlich findet sich Humes Antwort auf die Objektfrage.

2   Grundbegriffe: Perzeption, Kausalität, Glaube und X

Mit seinen Vorgängern Locke und Berkeley stimmt Hume darin überein, dass die Untersuchung des menschlichen Geistes von Ideen und nur von diesen auszugehen habe, denn sie sind alles, was dem Geist gegeben ist. Der Ausgang von den Ideen beruht jedoch nicht allein auf einer theoretischen Vorentscheidung. Es handelt sich für Hume um einen offensichtlichen Ausgangspunkt:[4]

> Wir können sehen, dass unter den Philosophen die Annahme allgemein akzeptiert und außerdem auch ziemlich offensichtlich ist, dass dem Geist nichts

---

4   Hume darf nicht vorschnell mit dem Vorwurf behaftet werden, er würde theoretische Entitäten seiner empiristischen Hintergrundtheorie (nämlich Ideen und Eindrücke) zu etwas Nicht-Theoretischem und natürlicherweise Gegebenem machen. Die Diskussion in T 1.4.2 zeigt, dass Hume sich des Umstands bewusst ist, dass Philosophen dazu neigen, theoretische Entitäten zu hypostasieren (vgl. dazu seine Kritik an der Doppelexistenzthese in Abschnitt 5). Demgegenüber hält Hume den Anfang bei den Perzeptionen deshalb für natürlich, weil der „gemeine Mann" die Perzeptionen für die Dinge selbst nimmt (vgl. die Diskussion in Abschnitt 5). Die Perzeptionen bieten uns eine öffentliche, geteilte Wahrnehmungswelt, deren Zentrum wir je als einzelner Wahrnehmender sind. Humes Ausgang bei den Ideen hat eine vielleicht überraschende Ähnlichkeit mit M. Merleau-Pontys Begriff des „Wahrnehmungsglaubens", vgl. Merleau-Ponty 1986, 15–74.

gegenwärtig ist als seine Perzeptionen oder Eindrücke (*impressions*) und Ideen (*ideas*), und dass äußere Gegenstände uns allein vermittels dieser Perzeptionen bekannt werden. (T 1.2.6, 49, 67, 91–92)

Anders als seine Vorgänger nennt Hume nicht alles „Idee", was dem Geist gegenwärtig ist, sondern spricht von „*Perzeptionen*". Perzeptionen sind mentale Ereignisse; alles, was dem Geist *zunächst* gegenwärtig ist, und wovon er ausgehen muss, sind mentale Ereignisse. Der Ausdruck „Ereignis" ist passender als der Ausdruck „Zustand", denn Hume zufolge ist der Geist zunächst nichts weiter als „ein Bündel oder eine Ansammlung von unterschiedlichen Perzeptionen, die einander in kaum wahrnehmbarer Geschwindigkeit folgen und sich in stetem Fluss befinden" (T 1.4.6, 165, 252, 327). Hume untersucht, wie aus einem Bündel von Perzeptionen ein Selbst entsteht, d. h. wie ein „System unterschiedlicher Perzeptionen und unterschiedlicher Existenzen" entstehen kann, dessen Elemente „durch die Relation von Ursache und Wirkung miteinander verbunden sind, und sich gegenseitig hervorbringen, zerstören, beeinflussen und verändern" (T 1.4.6, 170, 261, 337). Er untersucht also, wie sich eine bloße Ansammlung rasch verändernder und fließender Perzeptionen systematisch organisiert, wie aus flüchtigen mentalen Ereignissen *stabile* mentale Zustände werden.

Im Perzeptionsbündel finden sich nun schwächere und stärkere Perzeptionen. Entsprechend unterteilt Hume Perzeptionen in zwei Klassen, nämlich *Eindrücke* und *Ideen*, wobei Eindrücke irgendwie stärker und lebendiger sein sollen als Ideen. Betrachten wir die Klassifizierung, bevor wir uns der Frage zuwenden, worin der Unterschied zwischen schwächeren und stärkeren Perzeptionen bestehen soll. Zu den Eindrücken zählt Hume *Sinneswahrnehmungen* (sehen, tasten, riechen, schmecken und hören), *Körperwahrnehmungen* (wie Hunger, Durst, Lust und Unlust) und *Emotionen* (wie Stolz, Scham, Liebe und Hass). Diese werden in Primäreindrücke (*impressions of the senses*) und Sekundäreindrücke (*impressions of reflexion*) unterteilt. Emotionen sind Sekundäreindrücke. Sie entstehen entweder direkt aus Primäreindrücken oder werden durch Ideen mitverursacht. Unter die Primäreindrücke fallen sowohl die Sinnes- als auch die Körperwahrnehmungen. Primäreindrücke entstehen *ohne vorgängige* Perzeptionen im Geist. Alle anderen Perzeptionen leiten sich auf mehr oder minder komplizierte Weise von ihnen ab. Deshalb nennt Hume Primäreindrücke auch „*original impressions*".

Was sind demgegenüber Ideen? Um Ideen handelt es sich bei Erinnerungen, Fantasien, Gedanken, Überzeugungen usw. Während Eindrücke im Geist ohne Vorgänger auftreten, sind Ideen stets Abbilder (*copies*) von

Eindrücken, d. h. sie sind den Eindrücken ähnlich. Aufgrund ihrer Ähnlichkeit repräsentieren Ideen Eindrücke. Die Ähnlichkeit zwischen Eindrücken und Ideen ist laut Hume eine grundlegende und nicht weiter analysierbare Tatsache (T 1.1.1, 8, 4, 12–13). Nun ist natürlich nicht jede Idee das Abbild *eines* Eindrucks, man denke nur an komplexe, fiktive oder abstrakte Ideen. Perzeptionen können entweder *zusammengesetzt* oder *einfach* sein. Normalerweise beschäftigen wir uns mit zusammengesetzten Perzeptionen. Wenn wir etwa eine Orange wahrnehmen (d. h. den zusammengesetzten Eindruck einer Orange haben), so sind Farbe, Form, Geschmack und Geruch in ihr vereint. Wir können uns diese Elemente jedoch auch voneinander getrennt vorstellen, und was wir im Geist trennen können, ist Hume zufolge verschieden (vgl. Garrett 1997, 58–75). Betrachten wir dieses Beispiel weiter: „Um einem Kind die Ideen von scharlachrot oder orange, von süß oder bitter zu geben, biete ich ihm die entsprechenden Objekte dar, anders gesagt, ich vermittle ihm diese Eindrücke." (T 1.1.1, 9, 5, 14) Wollen wir einem Kind die Idee der Farbe Orange vermitteln, so müssen wir ihm zuerst einen Eindruck ermöglichen. Wir zeigen ihm beispielsweise eine reife Orange. Dabei zeigen wir dem Kind keinen orangen Eindruck, sondern etwas, das orange ist. Aufgrund des Eindrucks bildet sich die Idee von etwas Orangem, niemals umgekehrt. Aus diesem Grund sind Eindrücke Ideen gegenüber vorgängig. Aber nur *einfache* Ideen, wie diejenige der Farbe Orange, sind einfachen Eindrücken ähnlich und deshalb deren Abbilder. Hume formuliert dies als das Prinzip, demzufolge *„alle unsere einfachen Ideen, wenn sie erstmals auftauchen, von einfachen Eindrücken abgeleitet sind, die ihnen entsprechen und die sie exakt repräsentieren"* (T 1.1.1, 9, 4, 13).[5]

Das Orangen-Beispiel erweckt nun den Anschein, als ob Hume gar nicht bei den Perzeptionen als demjenigen, was dem Geist alleine gegenwärtig ist, ansetzen würde, sondern bei Gegenständen, die auf unsere Sinnesorgane einwirken, denn wir zeigen dem Kind ja eine Orange. Darin spiegelt sich eine systematische Zweideutigkeit bei Hume, sobald er über „Objekte" spricht. Bisweilen sind mit Objekten gewöhnliche Alltagsgegenstände gemeint, manchmal die Perzeptionen selbst (Frasca-Spada 2002). Hume betont, dass der Ausdruck „Eindruck" etwas irreführend sei, denn es sei nicht die kausale Entstehung der Sinnes- oder Körperwahrnehmungen gemeint, sondern die Perzeption selbst. Es geht also nicht um die Ursachen einer Farbwahrnehmung (die Orange), sondern um die Farbperzeption als

---

5   Dieses Prinzip wird in der Forschung häufig als „Abbildprinzip" (*copy-principle*) bezeichnet, vgl. Garrett 1997, 41–57.

solche (den Eindruck oder die Idee *von* etwas Orangem). Und diese Perzeption halten wir normalerweise für eine Eigenschaft des wahrgenommenen Dinges selbst. Warum aber trennt Hume den Eindruck ausdrücklich von dessen Ursache? Hume unterstreicht dies aus zwei Gründen. Erstens: Für den Anatomen oder den Psychologen werden Primäreindrücke „durch die Beschaffenheit des Leibes, durch die Lebensgeister oder durch die Einwirkung von Objekten auf die äußeren Sinnesorgane" (T 2.1.1, 181, 275–276, Bd. 2: 4) hervorgebracht. Die Aufklärung der kausalen Naturprozesse, die von einem Objekt über die Sinnesorgane zum Farbeindruck oder von einer Veränderung im Leib zu einem Hungereindruck führen, fällt nicht in den Bereich der Philosophie, sondern in denjenigen der Naturwissenschaft (ebd.). Als Philosoph interessiert sich Hume für die Analyse des Geistes und für Begriffe, die die Naturwissenschaftler für ihre Erklärungsarbeit verwenden müssen, wie denjenigen der Kausalität oder des Wahrnehmungsobjekts. Zweitens: Natürlich weiß Hume, dass es philosophisch strittig ist, ob unsere Sinneseindrücke tatsächlich durch die „Einwirkung von Objekten auf die äußeren Sinnesorgane" erzeugt werden. Anders als für den Anatomen oder Psychologen gilt für den Philosophen:

> Was nun die Eindrücke betrifft, die durch die Sinne entstehen, so ist deren letzte Ursache meiner Ansicht nach vollkommen unerklärbar für den menschlichen Geist. So wird es immer unmöglich sein mit Gewissheit zu entscheiden, ob sie unmittelbar von den Gegenständen herrühren oder durch die schöpferische Kraft des Geistes oder vom Schöpfer unseres Daseins hervorgebracht werden. Doch solche Fragen sind für unsere momentanen Zwecke [*d.i. die Analyse der Kausalität*] unerheblich. Ob nun unsere Perzeptionen wahr oder falsch sind, ob sie die Natur richtig repräsentieren oder bloße Täuschungen der Sinne sind, so können wir doch aus ihrer internen Kohärenz Schlüsse ziehen. (T 1.3.5, 59, 84, 112–113; vgl. EHU XII, 202, 153, 192–193).

Die dreifache Alternative für die Herkunft unserer Sinneswahrnehmung (Welt, Geist oder Gott) findet sich in Descartes' zweiter *Meditation*. Wie wir unten sehen werden, geht Hume aber davon aus, dass wir an der Existenz einer Außenwelt nicht *glaubhaft* zweifeln können. Ebenso geht er davon aus, dass Naturwissenschaftler wie Anatomen oder Psychologen sich getrost einen hypothetischen Realismus leisten können. In seiner Untersuchung des Geistes verzichtet Hume jedoch auf eine solche Festlegung, denn sie braucht für seine Zwecke nicht entschieden zu werden. Dies ist auch der Grund für die oben angesprochene Zweideutigkeit im Gebrauch des Wortes „Objekt".

Die Unterscheidung zwischen Eindrücken und Ideen soll intuitiv der
alltäglichen zwischen *Fühlen* und *Denken* entsprechen. Damit kommen wir
auf den Unterschied zwischen starken und schwachen Perzeptionen zurück.
Eindrücke, so Hume, unterscheiden sich von Ideen durch ihre größere Kraft
und Lebendigkeit (*force and liveliness*), Ideen sind nur „schwache Abbilder"
von Eindrücken (T 1.1.1, 7, 1, 10). Diese Unterscheidung missfällt vielen
Interpreten. Und tatsächlich geht Hume sehr sorglos mit ihr um. Er glaubt
gar nicht, dass der Unterschied erklärt werden kann und muss, denn weder
könne eine Definition gegeben werden noch sei eine solche erforderlich, da
jeder intuitiv und introspektiv verstehe, was gemeint sei (ebd.). Weiter wird
deutlich, dass sich Kraft und Lebendigkeit nicht strikt unterscheiden, sondern *graduell*. So können sich Ideen Eindrücken annähern – etwa im Schlaf,
im Fieber, im Wahnsinn oder bei heftigen Emotionen (T 1.1.1, 7, 2, 10).
Auch die Wortwahl ist uneinheitlich. Hume spricht bei Eindrücken auch
von „Festigkeit, Solidität, oder Kraft oder Lebendigkeit" und greift sogar
auf die ästhetische Formel des *„je-ne-sais-quoi"* zurück (T 1.3.8, 74, 106,
145). Nennen wir die Eigenschaft, die Eindrücke von Ideen unterscheiden
soll, einfach „*X*" (Eindrücke haben mehr *X* als Ideen) und betrachten wir,
bevor wir uns der Frage zuwenden, was *X* sei, welche explanatorischen Bür-
den *X* überhaupt trägt. Denn es handelt sich in der Tat um beträchtliche
Lasten!

Hume führt zwei geistige Vermögen an, in denen Ideen auftreten, nämlich das Gedächtnis (*memory*) und die Vorstellungskraft (*imagination*). Im
Gedächtnis treten die Ideen mit größerer Ordnung auf als in der Vorstellungskraft, denn letztere ist frei, Ideen beliebig zu trennen oder zusammenzusetzen (T 1.1.3, 12, 10, 20). Ein weiterer Unterschied besteht darin, dass
Ideen im Gedächtnis „lebendiger und stärker" (T 1.1.4, 11, 9, 19) sind.
Somit unterscheidet *X* also nicht nur zwischen Eindrücken und Ideen,
sondern auch teilweise zwischen diesen beiden Vermögen.

Grundlegend für Humes Philosophie ist die Untersuchung des Phänomens des *Glaubens* (*belief*). Dieser mentale Zustand sei „noch nie durch
irgend einen Philosophen erklärt worden" (T 1.3.7, 67n, 97n, 131n). Was
heißt es wirklich zu glauben, dass heute Mittwoch ist, und sich dies nicht nur
zu fragen, vorzustellen oder es zu vermuten? Wie lautet Humes Erklärung
für den Glauben? Er legt sich das Problem als Frage nach dem Unterschied
„zwischen Unglauben und Glauben" zurecht (*betwixt incredulity and belief*,
T 1.3.7, 66, 95, 128). Wenn wir etwas glauben, dann halten wir etwas –
einen bestimmten Gedanken – für wahr. Glauben ist also Fürwahrhalten.
Zwei Personen (A und B) können verschiedene mentale Zustände mit ei-

nem gleichen gedanklichen Inhalt haben. A glaubt, *dass Orangen süß sind,* B hingegen glaubt nicht, *dass Orangen süß sind.* Sowohl A als auch B beziehen sich jedoch auf denselben Gedanken. Offenbar gibt es zwischen A und B einen Unterschied, der *nicht* darin bestehen kann, *was* A glaubt bzw. *was* B bestreitet. Hume zufolge kann es sich nur um einen Unterschied in „der Art unserer Auffassungsweise" handeln (T 1.3.7, 67, 96, 128). Um nun diesen Unterschied in der Auffassungsweise zu erklären, greift Hume auf das mysteriöse *X* zurück und definiert Glauben als *„eine lebendige Idee, die mit einem gegenwärtigen Eindruck verbunden oder assoziiert ist"* (*a lively idea related to or associated with a present impression*, T 1.3.7, 67, 96, 129). Durch die Assoziation eines Eindrucks (etwa einer Orange) mit einer Idee (der Süße) wird die natürliche Lebendigkeit des Eindrucks auf die Idee *übertragen.* Hume formuliert diesen für seine Philosophie grundlegenden Prozess als Prinzip, das man als „Übertragungsprinzip" bezeichnen kann (vgl. Stanistreet 2002, 71, 80–84):

> Ich würde gerne folgende allgemeine Maxime für die Wissenschaft von der menschlichen Natur aufstellen: *Wenn uns irgendein Eindruck gegenwärtig ist, so führt er den Geist nicht nur zu den mit ihm verbundenen Ideen, sondern überträgt auf diese Ideen zugleich einen Anteil seiner Kraft und Lebendigkeit.* (T 1.3.8, 69, 98, 134)

Welche Art der Assoziation ist in der Definition des Glaubens bzw. im Übertragungsprinzip gemeint? Gemeint ist die *Kausalität,* das Verhältnis von Ursache und Wirkung, die neben Ähnlichkeit und Kontiguität wichtigste Form der Assoziation von Perzeptionen. Assoziationen stabilisieren den Fluss der Perzeptionen. Ihnen fällt die Aufgabe zu, aus dem flüchtigen Perzeptionsbündel ein stabiles Perzeptionssystem zu schaffen. Das Übertragungsprinzip spielt deshalb in Humes Philosophie eine größere Rolle als das Abbildprinzip.

Was aber ist Kausalität? Um diese Frage zu beantworten, analysiert Hume die *Idee der Ursache* und erklärt, was ein *Kausalschluss* ist. Die Idee der Ursache hat *vier* Bestandteile. Stellen wir uns vor, dass A zum ersten Mal in eine (geschälte) Orange beißt. Sie schmeckt süß. Der Biss ist die Ursache für den Süß-Eindruck. Was bedeutet das? Um herauszufinden, was eine bestimmte Idee bedeutet, müssen wir sie analysieren. Ist eine Idee *zusammengesetzt,* analysieren wir sie dadurch, dass wir sie in ihre definierenden Bestandteile zerlegen. Dies sind wiederum Ideen. Ist eine Idee hingegen *einfach,* dann analysieren wir sie (gemäß dem „Abbildprinzip") dadurch, dass wir den ihr korrespondierenden Eindruck finden. Durch dieses Verfahren, das Hume mit der Mikroskopie vergleicht, bestimmen wir den Gehalt ei-

ner Idee (EHU VII, 135–136, 62, 84–85). Wie „mikroskopiert" Hume die
Idee der Ursache? Er sieht zunächst *drei* Bestandteile: (1) Räumliche Nähe
(*contiguity*). Das abgebissene Orangenstück und der Süß-Eindruck finden
sich im Mund.[6] (2) Zeitliche Priorität (*priority*). Der Biss erfolgt vor dem
Süß-Eindruck. (3) Konstante Verbindung (*constant conjunction*). Immer,
wenn A in einer Orange beißt, hat er einen Süß-Eindruck.

In der Beobachtung finden wir nichts weiter als diese Bestandteile.
Wenn sich nun in der bisherigen *Erfahrung* eine bestimmte Menge von
Ereignissen (ME_1) in räumlicher Nähe zu, in zeitlicher Priorität zu und in
konstanter Verbindung mit einer anderen Menge von Ereignissen (ME_2)
gezeigt hat, betrachten wir Ereignisse, die zu ME_1 gehören als Ursachen
für Ereignisse, die zu ME_2 gehören. Nehmen wir an, wir begegnen einem Ereignis E_1, das den Elementen in ME_1 ähnlich ist. Nun erwarten
wir psychisch *zwingend* ein Element E_2, das den Elementen der Menge
ME_2 ähnlich ist. Die Erfahrung des konstanten Zusammenhangs einer
räumlichen Nähe und zeitlichen Sukzession von Elementen aus ME_1 und
Elementen aus ME_2 führt dazu, dass wir im Falle des Auftritts von E_1 ein
ME_2 ähnliches Element erwarten. Das hier zugrunde liegende Prinzip –
das „Uniformitätsprinzip" – lautet, *„dass Ereignisse, mit denen wir bislang
keine Erfahrungen gemacht haben, jenen gleichen müssen, von denen wir Erfahrungen haben, und dass der Verlauf der Natur sich stets einheitlich gleich
bleibt"* (T 1.3.6, 62, 89, 119). Daraus ergibt sich der folgende *Kausalschluss*
(Beebee 2006, 53):

P1 E_1 tritt auf
P2 Elemente von ME_1 und Elemente von ME_2 sind in meiner Erfah-
    rung in konstanter Verbindung aufgetreten
P3 *Uniformitätsprinzip*
K E_2 tritt auf

Der *vierte* Bestandteil unserer Idee der Ursache besteht nun darin, dass Ursachen *notwendigerweise* bestimmte Wirkungen haben. Wir erwarten mit
Notwendigkeit, dass sich eine bestimmte Wirkung, gegeben eine bestimmte Ursache, einstellt. Woher stammt die Idee der Notwendigkeit? Anders
als die ersten Bestandteile kann die Idee der Notwendigkeit nicht auf äu-

---

6   Das Fruchtstück ist buchstäblich im Mund, der Geschmack jedoch nicht. Doch
    der Geschmack scheint sich im Mund zu befinden, er fühlt sich als im Mund
    seiend an. Ebenso sind Magenschmerzen nicht auf die gleiche Weise im Magen
    wie ein verdorbenes Lebensmittel. Aber wir empfinden den Schmerz als in einer
    bestimmten Körperregion seiend.

ßere Eindrücke zurückgeführt werden. So sehr man auch am Mikroskop dreht, die Beobachtung von räumlicher Nähe, zeitlicher Folge und konstanter Verbindung rückt keine Notwendigkeit in den Blick. Hume findet die Notwendigkeit denn auch nicht „draußen", sondern sozusagen „drinnen", und zwar im psychischen Zwang, E_2 zu antizipieren, sobald sich E_1 einstellt. Der korrespondierende Eindruck zur Idee der Notwendigkeit ist also ein *Gefühl* der Nötigung bei Auftreten des Eindrucks E_1 die Idee E_2 zu antizipieren (EHU VII, 74, 100). Für Hume ist es die *Vorstellungskraft*, die sowohl den kausalen Schluss vollzieht als auch die Idee E_2 antizipiert.

Wenden wir das Ergebnis auf unser Orangen-Beispiel und das Phänomen des Glaubens an. Wenn A nach zahlreichen Erfahrungen eine Orange sieht, so stellt er sich unweigerlich vor, dass diese süß sei. Infolge der konstanten Verbindung von Orangen und Süße zieht der Anblick einer Orange unweigerlich die *Idee* der Süße nach sich. Die Kraft und Lebendigkeit des Eindrucks (der Anblick einer Orange) überträgt sich auf die mit ihr kausal assoziierte Idee. Deshalb *glaubt* A, dass Orangen süß sind. Ruft A sich eine Orange ins *Gedächtnis*, statt sie zu sehen, so überträgt sich die Kraft und Lebendigkeit der erinnerten Idee auf die mit ihr assoziierte Idee der Süße. Das Gedächtnis kann an die Stelle der Wahrnehmung treten, eine Idee an die Stelle eines Eindrucks.[7] Das Gedächtnis kann deshalb an die Stelle eines Sinneseindrucks treten, weil Ideen im Gedächtnis mehr X haben als Ideen in der Vorstellungskraft. In diesem Fall wird das X der Gedächtnisidee auf die schwächere (weniger X) damit assoziierte Idee übertragen.

Warum ist nun das Phänomen des Glaubens so wichtig für Hume? Nun, ob wir einen Gedanken lediglich denken oder ihn für wahr halten, ist von enormer praktischer Bedeutung. Aufgrund dessen, was wir für wahr oder falsch halten, ziehen wir Folgerungen, gewinnen wir neue Erkennt-

---

7   Ich habe das Beispiel natürlich stark vereinfacht. Erstens wird A nicht immer an Süße denken, wenn er eine Orange sieht, dazu sind bestimmte weitere Umstände nötig. Bestimmt hat A nicht nur in süßschmeckende Orangen gebissen oder ausschließlich von solchen gehört. Es gibt saure Orangen. A hat aber *überwiegend* Erfahrungen mit süßen Orangen gemacht. Das bedeutet, dass A keine konstante Verbindung zwischen Orangen und Süße erfahren hat. Es gibt Gegenbeispiele. So erwartet A beim Anblick einer Orange oder beim Biss in ein Orangenstück nicht *zwingend*, dass sie süß ist. Der Zusammenhang besteht nur *wahrscheinlich*. Die Wahrscheinlichkeit eines Zusammenhangs variiert proportional zu den Gegenbeispielen. Entsprechend verändert sich die Übertragung von Kraft und Lebendigkeit auf eine Idee und damit die Stärke eines Glaubens: „widerstreitende Erfahrungen bringen einen nur unvollkommenen Glauben hervor" (T 1.3.12, 92, 135, 185). Da X graduell ist, kann ein Glaube natürlich auch mehr oder minder stark sein.

nisse, verändern wir unsere Überzeugungen, Wünsche oder Gefühle und handeln wir. Der Glaube gibt einigen unserer Ideen „mehr Kraft und Einfluss, gibt ihnen den Anschein größerer Wichtigkeit, fixiert sie im Geist, und macht sie zu den leitenden Prinzipien aller unserer Handlungen" (T 1.3.7, 68, T Appendix 629, T 1.3.7, 133).

Den Kausalschluss und den Glauben führt Hume auf Erfahrung zurück. Um zu betonen, dass diesen durch Erfahrung gewonnenen *Dispositionen* keine expliziten Schlüsse oder reflektierten Denkakte zugrunde liegen, nennt Hume sie *Gewohnheit (custom)*. Kausalschlüsse beruhen auf Gewohnheit (EHU V, 121, 43, 62–63). Die Gewohnheit verleiht dem Glauben dessen enorme praktische Bedeutung, denn der Effekt der Gewohnheit besteht darin, dass uns Erfahrungen nützlich werden. Ohne Gewohnheit wären wir „ganz und gar unwissend jenen Tatsachen gegenüber, die über das hinausgehen, was dem Gedächtnis und den Sinnen unmittelbar gegenwärtig ist" (EHU V, 122–123, 45, 65). Ohne Gewohnheit könnten wir weder bestimmte Wirkungen erzielen wollen noch Mittel für Zwecke wählen. Ohne Gewohnheit wären Handlungen und empirische Wissenschaft unmöglich (ebd.). Der Glaube ist der Stellvertreter unserer zur Gewohnheit geballten Erfahrungen.

Wie wir gesehen haben, geht Hume von dem aus, was dem Geist unmittelbar präsent ist, den Perzeptionen. Er bleibt jedoch nicht dabei stehen, sondern untersucht, wie der menschliche Geist sich auf Tatsachen jenseits des unmittelbar Gegebenen beziehen kann. Und in dem Maße, wie er das kann, wird aus einem bloßen Perzeptionsbündel ein Perzeptionssystem, ein Selbst.

3   Kraft und Lebendigkeit als Stabilität

Die Qualität X – Kraft und Lebendigkeit – unterscheidet also Eindrücke und Ideen, das Gedächtnis und die Vorstellungskraft, den Glauben und den Unglauben. X ist sowohl im Falle von Eindrücken als auch von Erinnerungen und Glauben – ja, sogar im Falle der Idee der notwendigen Verknüpfung – ein *Gefühl (feeling)*. Nun mag man vielleicht zugeben, dass sich eine Einbildung von einem Glauben, eine Erinnerung von einem Einfall, eine Sinneswahrnehmung von einem Gedanken, eine wahrscheinliche von einer sicheren Erwartung *phänomenologisch* irgendwie unterscheiden. Man mag sogar zugeben, dass der phänomenale Unterschied etwas mit *gefühlter*

Stärke oder Lebendigkeit zu tun hat. Aber diese Auskünfte sind philosophisch unbefriedigend. Einerseits erklären sie nicht, worin dieses Gefühl besteht, andererseits bereiten sie Humes Philosophie interne Probleme. Betrachten wir nur die folgenden Sätze:

(a) Alles, was dem Geist gegenwärtig ist, sind Perzeptionen, d. h. Eindrücke oder Ideen.
(b) X ist ein Gefühl (*feeling*).
(c) X kann introspektiv im Geist vorgefunden werden.
(d) X kommt sowohl Ideen als auch Eindrücken zu.
(e) X fügt einer Perzeption nichts hinzu, sondern ändert lediglich die Auffassungsweise.

Zunächst könnte man sagen, da (b) zufolge X ein Gefühl ist, müsste X ein Eindruck sein, der zu einer Idee hinzukomme. Das verträgt sich jedoch nicht mit (e). Außerdem erscheint es unsinnig zu behaupten, ein Eindruck unterscheide sich dadurch von einer Idee, dass ein Eindruck zum Eindruck hinzukomme. Das Problem besteht darin, dass im Geist etwas vorgefunden werden soll, das weder Idee noch Eindruck ist, und dies verträgt sich nicht mit (a). Nun könnte man sagen, dass sich im Geist Perzeptionen finden und dies mentale Akte seien. Ein Glaube etwa ist ein mentaler Akt, nämlich eine Auffassungsweise einer Idee, also ist X ein mentaler Akt. Dies hilft nicht weiter, denn alle Perzeptionen wären ja mentale Akte. Es geht aber darum zu erklären, was Glauben, Gedächtnis oder Wahrnehmung auszeichnet, in anderen Worten darum zu erklären, was mentale Akte *mit X* sind. Es sieht so aus, als wäre Humes Theorie des Glaubens nicht nur unbefriedigend, sondern „überhaupt keine Theorie" (Bennett 2002, 233). Die mysteriöse Qualität X droht sogar den Rahmen seiner Philosophie des Geistes zu sprengen.

   Das ist vorschnell. Betrachten wir X im Hinblick auf den Glauben und das Gedächtnis. Die Ideen im Gedächtnis sind stärker und lebendiger und treten *mit größerer Ordnung* auf als in der Vorstellungskraft. Die größere Ordnung verdankt sich dem Umstand, dass unsere Erinnerungen auf Erfahrungen beruhen. Wenn wir uns erinnern, wiederholen wir eine Abfolge von Erlebnissen in der Form von Ideen. Andersfalls würden wir uns nicht erinnern. In der Vorstellungskraft hingegen kann eine Idee nicht „ohne Schwierigkeiten durch den Geist über eine gewisse Zeit hinweg stabil und einheitlich (*steddy and uniform*) erhalten werden" (T 1.1.3, 11, 9, 19). Wie das Gedächtnis, so entsteht auch der Glaube durch Erfahrung. Gewohnheitsmäßig erwarte ich mit einiger Wahrscheinlichkeit, dass die

Orange süß schmeckt, mit größerer Wahrscheinlichkeit, dass sie essbar ist, und mit größter Sicherheit, dass sie fällt, wenn ich sie loslasse. Ohne Gewohnheit wäre mir nur ein flüchtiges Bündel von Eindrücken gegeben, und ich könnte buchstäblich alles von einer Orange erwarten: Sie könnte wie Käse schmecken, *mich* essen oder davon fliegen. Allgemeiner formuliert, erwarte ich aufgrund der Gewohnheit, „dass Ereignisse, mit denen wir bislang keine Erfahrungen gemacht haben, jenen gleichen *müssen*, von denen wir Erfahrungen haben, und dass der Verlauf der Natur sich *stets einheitlich* gleich bleibt" (meine Hervorhebung). Durch die Gewohnheit wird aus einem Bündel flüchtiger mentaler Ereignisse ein System *stabiler* mentaler Zustände. Die Funktion des Glaubens besteht darin, dass er Ideen mehr Kraft und Einfluss verleiht, ihnen den Anschein größerer Wichtigkeit gibt, sie im Geist fixiert, und sie zu den leitenden Prinzipien aller unserer Handlungen macht. Der Glaube erfüllt diese Funktionen dadurch, dass er Erwartungen „stabil und einheitlich" hält. Der Glaube hat die Funktion, Erwartungen zu stabilisieren und dadurch unser Verhalten zu steuern (Loeb 2002, 79–86). Woher hat er diese Funktion? Natürlich aus der geballten Erfahrung, der Gewohnheit.

Dies bedeutet, dass X keine *intrinsische* Eigenschaft der Perzeptionen unseres Geistes sein muss. Humes Fehler liegt m. E. darin, aus (b) und (c) zu schließen, dass X intrinsisch sein muss. Auch wenn es phänomenologisch zutrifft, dass sich eine Erinnerung oder ein Glaube auf distinkte Weise „anfühlen", so bedeutet dies nicht, dass X eine intrinsische geistige Eigenschaft ist. Bei X handelt es sich um eine extrinsische oder relationale, genauer um eine *historische* Eigenschaft, denn sie kommt Ideen aufgrund von Gewohnheit zu. Ideen haben X, weil wir eine Lerngeschichte haben, die mit Erfahrungen anhebt, sich zu Gewohnheiten formiert und in stabilen Zuständen des Glaubens resultiert. Ohne diese Geschichte hätte keine unserer Ideen die Eigenschaft X. Wie wir gesehen haben, kann man die historische Eigenschaft X am besten fassen, indem man ihre *Funktion* angibt.[8]

---

8   Funktionen sind Dispositionseigenschaften, die sich in der Lerngeschichte ausbilden und auf den Träger dieser Eigenschaft direkt zurückwirken, indem sie dessen Verhalten steuern. Beispiele: Blei hat die Disposition (aber nicht die Funktion) bei 356,73° zu schmelzen, und zwar aufgrund struktureller chemischer (intrinsischer) Eigenschaften. Eine Orange hat die Disposition (aber nicht die Funktion) im Kontakt mit aktiven Geschmacksknospen eine Süßwahrnehmung auszulösen, und zwar aufgrund struktureller chemischer Eigenschaften *und* eines Reifungsprozesses, d. h. der „Geschichte" der Orange. Dieser Prozess ist aber keine Lerngeschichte und steuert kein Orangenverhalten (aber ein Orangenschicksal). Pawlows Hund

Die Funktion von X besteht darin, dass sie uns dazu disponiert, eine stabile Menge von Wirkungen zu erwarten, wenn wir einen bestimmten Eindruck empfangen oder eine bestimmte Erinnerung haben. Der beste Ausdruck für X ist deshalb nicht „Kraft" oder „Lebendigkeit", sondern „Solidität" (*solidity*), „Festigkeit" (*firmness*) und v. a. „Stabilität" (*steadiness*).

Kann diese Deutung von X nun auch auf *Eindrücke* übertragen werden? Betrachten wir die Sinneseindrücke. Welche Erwartungen werden durch sie stabilisiert? Nun, wir erwarten, dass die Gegenstände, die wir wahrnehmen, tatsächlich vorhanden sind. Einen Orange-Eindruck zu haben, bedeutet, etwas zu sehen, das orange ist; einen Süßeindruck zu haben bedeutet, etwas zu schmecken, das süß ist. Kraft und Lebendigkeit von Sinneseindrücken besteht darin, dass sie die Anwesenheit eines entsprechenden Objekts anzeigen. Deshalb nähern sich unsere Ideen im Traum oder im Wahnsinn hinsichtlich ihrer Kraft und Lebendigkeit den Eindrücken an, denn im Traum oder im Wahn scheint es, als wären die vorgestellten Objekte tatsächlich vorhanden. Nun treten Sinneseindrücke jedoch in unserem Geist ursprünglich und ohne Vorgänger auf. Sie sind die Grundlage, auf der wir überhaupt Erfahrungen haben und eine Gewohnheit ausbilden können. Was bedeutet es dann in diesem Fall, dass X eine *historische* Eigenschaft sein soll? Wir haben ja noch keine Lerngeschichte. Und wie wir gesehen haben, beschäftigt sich Hume zunächst ausdrücklich nicht mit dem Ursprung von Sinneseindrücken, da diese Beschäftigung in die Naturwissenschaften gehöre oder eine Vorentscheidung gegenüber skeptischen Alternativen darstelle. Aber Hume spricht an verschiedenen Stellen davon, dass die Annahme, Sinneseindrücke involvierten die Anwesenheit von Objekten, uns *von Natur aus* eigen sei. Ja, er zieht sogar einen direkten Vergleich zwischen den Wirkungen der Gewohnheit und denjenigen der Natur: „Gewohnheit und Einübung haben denselben Einfluss auf den Geist wie die Natur und fixieren eine Idee mit derselben Kraft und Energie (*vigour*)" (T 1.3.5, 61, 86, 115). Die häufige Rede von „Natur" bei Hume bleibt unaufgeklärt. Heute steht uns jedoch die Möglichkeit offen, dass Eindrücke die Eigenschaft X nicht aufgrund unserer ontogenetischen, sondern unserer phylogenetischen Lerngeschichte haben, mit anderen Worten: aufgrund

---

hat die Disposition zu sabbern, wenn er eine Glocke hört, und zwar aufgrund einer Lerngeschichte. Dieser Prozess steuert aber nicht das Verhalten. Ein Kind, das gelernt hat, dass Schokolade gut schmeckt, hat damit einen Zustand erworben, der erlernt ist und der sein Verhalten steuert (es kann nach Schokolade greifen, bei deren Anblick quengeln, nach ihr betteln usw.). Das Kind hat nun die Disposition erworben, auf Schokolade zu reagieren.

unserer *evolutionären* Vergangenheit. Den Sinneseindrücken kommt somit gleichfalls die Funktion zu, Erwartungen zu stabilisieren und dadurch unser Verhalten zu steuern, nämlich dadurch, dass sie die Anwesenheit entsprechender Objekte anzeigen. Freilich stand Hume diese Möglichkeit nicht direkt zur Verfügung. An einer Stelle äußert sich Hume jedoch zum Disput über angeborene Ideen (T 1.1.1, 10, 7, 16–17). Gibt es angeborene Ideen oder sind alle Ideen aus der Sinneserfahrung abgeleitet, wie etwa Locke meinte? Hume zufolge sagt Locke jedoch nichts weiter, als dass sich Ideen aus Eindrücken ableiten. Eindrücke könnten aber durchaus angeboren sein. Darüber hinaus ist Hume der Auffassung, dass Tieren (die Hume zufolge einen Geist haben) bestimmte Perzeptionen angeboren sind (T 1.3.16, 119, 177, 238–239). Vögel empfangen ihr architektonisches und meteorologisches Talent und die damit verbundenen Verhaltensweisen direkt aus den Händen der Natur. Solche Verhaltensweisen können durch Erfahrung und Lernen kaum mehr verändert werden. In diesen Fällen kann in einem eigentlichen Sinn von Instinkten gesprochen werden. Im Gegensatz zum Menschen verfügt eine Schwalbe über angeborene Ideen über zweckmäßigen Nestbau und lohnende Brutzeiten. Diese Perzeptionen hat die Schwalbe nicht individuell erlernt, sondern sie gehören zur kognitiven Ausstattung ihrer Art (Wild 2006, 257–279). Die *Dialogues* schließlich entwerfen gegen den teleologischen Gottesbeweis durchaus proto-darwinistische Szenarien (*Dialogues*, V-VIII, 54–84, Dennett 1995, 28–34).

4   Ikonische und kognitive Repräsentationen

Humes Theorie des Glaubens stellen sich weitere Probleme. Einer modernen Auffassung zufolge heißt, einen Glauben oder eine Überzeugung zu haben, eine Einstellung zu einer *Proposition* zu unterhalten. Eine Überzeugung ist eine so genannte „propositionale Einstellung". Propositionen können wahr oder falsch sein und haben einen strukturierten Inhalt, etwa eine Subjekt-Prädikat-Struktur. Bisweilen werden die Bestandteile der Propositionen als Begriffe verstanden. Anders gesagt: die Elemente des strukturierten Inhalts sind Begriffe. In unserem Beispiel: A glaubt, *dass diese Orange süß ist*. Der Inhalt von A's Glaube ist strukturiert, er kann wahr oder falsch sein und bei den Begriffen handelt es sich um „Orange" und „süß". Ein erstes Problem besteht darin, dass Humes Theorie des Glaubens ohne Explikation des Wahrheitsbegriffs auskommen will, ein zweites darin, dass Humes Glaubenseinstellungen Einstellungen gegenüber Ideen, nicht gegenüber Propositionen zu sein scheinen. Ich will nur auf das zweite Problem eingehen, denn es führt zu Humes Theorie der Repräsentation. Man könnte Hume nun so verstehen, dass er Ideen als Begriffe betrachtet. Die zusammengesetzte Idee der Ursache entspräche dann dem Begriff einer Ursache. Ein auf eine Einzelidee gerichteter Glaube wäre dann eine Einstellung zu einer „Proto-Proposition". Propositionen könnten nun als etwas aufgefasst werden, das aus Ideen *alias* Begriffen zusammengesetzt ist. Hier muss man es natürlich bedauern, dass Hume sich keine Gedanken darüber macht, wie aus Proto-Propositionen überhaupt Propositionen werden. Und vielleicht kann man eine solche Theorie auch gar nicht liefern.

Solche Einwände gehen an Hume vorbei. Für ihn ist ein Glaube keine Einstellung zu einer Proposition, sondern die erfahrungsgenerierte, stabile Assoziation eines Eindrucks mit einer Idee. A's Glaube beispielsweise, *dass Orangen süß sind*, fasst Hume als kausalen Schluss auf. Wenn A der Eindruck einer Orange gegeben ist, stellt sich unwillkürlich die Idee der Süße ein. „Orangen sind süß" bedeutet also eigentlich „Orangen verursachen Süßempfindungen". Wenn A im Vorzimmer die Stimme von B hört, glaubt er aufgrund dieses Eindruck, *dass B im Vorzimmer ist*. Hier erfolgt der Schluss von einem Teil (B's Stimme) auf das Ganze (auf B). Hume teilt jenes Bild des Geistes nicht, wonach wir mit Einstellungen auf Propositionen gerichtet sind. Er ist auch nicht der Ansicht, dass ein Glaube eine mehr oder minder lebendige Auffassungsweise von einer *zusammengesetzten* Idee sein müsse. Gemäß der Hume vertrauten Logik heißt Urteilen in erster Linie, mindestens zwei Ideen zusammenzusetzen. Das sei jedoch falsch, denn „in jener Proposition, *Gott existiert*, und in jeder anderen, die sich auf die Existenz bezieht, ist die Idee der Existenz keine eigenständige Idee, die wir mit derjenigen des Objekts verbinden würden" (T 1.3.7, 67n, 96n, 129n). Im Gedanken, dass Gott existiert, füge ich der Idee Gottes nicht die Idee der Existenz hinzu. Existenz ist in Humes Augen ebensowenig eine eigenständige Idee wie Fürwahrhalten. Denn *F* zu denken und *F als existierend* zu denken, macht keinen Unterschied in der Idee von *F*. Eine Perzeption haben und sich diese Perzeption als existierend denken, ist ein und dasselbe, sind Perzeptionen dem Geist doch als existierend präsent, unabhängig davon, ob es sich dabei um die Idee einer Orange, eines Tisches, des Weihnachtsmanns oder Gottes handelt. Wenn ich nun aber *glaube*, dass Gott oder der Weihnachtsmann existieren, oder dass dort eine Orange ist oder ein Tisch, so habe ich *eine* lebendige und starke Idee, d. h. einen Glauben. Der *Glaube*, dass die Objekte meiner Wahrnehmung existieren, bedeutet für Hume nichts anderes, als eine starke und lebendige Idee zu haben.

Sind Ideen für Hume Begriffe (Fodor 2004, 28)? Die Ansichten darüber, was ein Begriff sein soll, divergieren stark (vgl. Margolis & Laurence 1999) und es ist fraglich, ob dem Begriff des Begriffs überhaupt ein einheitlicher Bereich zugrunde liegt (Machery 2005). Anstatt an Hume die Frage heranzutragen, ob Ideen Begriffe sind, sollte näher betrachtet werden, was Ideen und insbesondere, was *abstrakte* Ideen sind. Im Kapitel „über abstrakte Ideen" (T 1.1.7) wendet sich Hume gegen Lockes Theorie abstrakter Ideen. Locke zufolge (zumindest interpretieren Berkeley und Hume ihn so) besitzt eine abstrakte Idee keine partikularen Eigenschaften und zugleich alle wesentlichen Eigenschaften des bestimmten Gegenstandsbereichs, auf den sie sich bezieht. Die abstrakte Idee „Mensch" schließt keine spezifischen Bestandteile wie „weiß", „reformiert" oder „männlich" ein. Doch muss sie alle Individuen umfassen, die zur Klasse der Menschen gehören. Ideen seien aber stets partikulare oder bestimmte Ideen. Hume betrachtet abstrakte Ideen deshalb als Unding. Stattdessen entwickelt er den Begriff einer Idee, die zwar nicht selbst *abstrakt* (sondern partikular, wie alle Ideen), aber *allgemein* ist, und zwar infolge ihrer repräsentationalen Funktion. Einer Idee wird diese Funktion übertragen, wenn sie mit einem sprachlichen Ausdruck verknüpft wird:

> Darin besteht also die Natur unserer abstrakten Ideen und allgemeinen Ausdrücke; und demgemäß können wir auch das zuvor erwähnte Paradox lösen, das darin besteht, *dass einige Ideen ihrer Natur nach partikular sind, jedoch allgemein repräsentieren (but general in their representation).* Eine partikulare Idee wird allgemein, wenn sie einem allgemeinen Ausdruck angeheftet wird, d. h. einem Ausdruck, der eine gewohnheitsmäßige Verbindung zu vielen anderen partikularen Ideen aufweist und diese deshalb problemlos in der Vorstellungskraft aufzurufen vermag. (T 1.1.7, 20, 22, 37)

Abstrakte Ideen sind also keine allgemeinen, sondern partikulare Entitäten, die aber mit sprachlichen Ausdrücken so verbunden sind, dass „die Verwendung in unserem Denken so ist, als wäre sie allgemein" (T 1.1.7, 18, 20, 34). Der Gebrauch einer Idee im Denken und Schließen (*reasoning*) und die Assoziation mit einem Ausdruck wird durch dieselbe Gewohnheit hergestellt, die auch für den Kausalschluss verantwortlich ist. Erinnern wird uns: Zum Kausalschluss gehört das Uniformitätsprinzip, demzufolge „*Ereignisse, mit denen wir bislang keine Erfahrungen gemacht haben, jenen gleichen müssen, von denen wir Erfahrungen haben".* Hat beispielsweise das Wort „Viereck" bislang nur Ideen von Quadraten oder Rechtecken aufgerufen, werden wir bei der Begegnung mit einem Rhombus dessen Idee aufgrund der Ähnlichkeit mit Quadraten und Rechtecken auch unter „Viereck" subsumieren.

Durch die Assoziation mit einem Ausdruck können Ideen also nicht nur *„allgemein repräsentieren"*, sondern auch „eine unendliche Anzahl anderer Ideen in sich einschließen" (T 1.1.7, 21, 24, 39). Wie skizzenhaft oder ungenügend dieser Ansatz zur Erklärung von abstrakten Ideen auch sein mag, er vermag einige Merkmale einzufangen, die Begriffen häufig zugeschrieben werden. Zu diesen Merkmalen gehört, dass Begriffsbenutzer Sprachbenutzer sein müssen, dass Begriffe nicht partikular sondern allgemein sind, dass sie mehr umfassen als all das, was in einer kontingenten Erfahrungsbiographie enthalten ist, dass Begriffe durch Lernen erweitert werden können und schließlich dass Begriffe in Schlüssen eine wichtige Rolle spielen.

Wichtiger ist jedoch, dass abstrakte Ideen Komplexe aus partikularen Ideen sind. Diese bilden deren repräsentationalistischen Kern. Ideen sind zunächst, wie wir bereits in Abschnitt 2 gesehen haben, Abbilder von Eindrücken. Diese Relation versteht Hume als Ähnlichkeitsrelation. Sie macht (einfache) Ideen zu Abbildern, d. h. zu Repräsentationen von (einfachen) Eindrücken. Nennen wir diese Art der Repräsentation *ikonische* Repräsentation. Ikonische Repräsentationen sind gleichsam naturgegeben. Tritt ein Eindruck auf, formt sich eine ihm ähnliche Idee.

Es ist jedoch *nicht* diese Relation allein, die eine Idee zu einer Repräsentation macht, sondern es ist die durch Gewohnheit erworbene Eigenschaft einer Idee, mit anderen Ideen sowohl durch Ähnlichkeit *als auch durch Kausalschlüsse* verbunden zu sein. Nennen wir diese zweite Art der Repräsentation *kognitive* Repräsentation. Eine ikonische Repräsentation bildet lediglich den ihr zugrunde liegenden Eindruck ab. Daher die Bezeichnung „ikonisch". Eine kognitive Repräsentation hingegen ermöglicht es einem Lebewesen, Ideen zu gewichten, zu festigen und sie „zu den leitenden Prinzipien aller unserer Handlungen" zu machen. Unter „Kognition" wird gemeinhin die Fähigkeit von Lebewesen verstanden, Informationen aus ihrer Umwelt aufzunehmen und zum Zwecke der Verhaltenssteuerung lernend zu verarbeiten. Daher die Bezeichnung „kognitiv". Kognitive Repräsentationen entstehen durch Erfahrung. Die grundlegende Relation ist die Kausalität. Erst durch die zusätzliche Assoziation verschiedener kognitiver Repräsentationen mit einem Ausdruck wird eine Idee zu einer *abstrakten* – wenn man will: begrifflichen – Repräsentation. *Abstrakte* Repräsentationen sind sozial gegeben. Sie setzten sowohl ikonische als auch kognitive Repräsentationen voraus.

Anders als ikonische Repräsentationen können Ideen nicht aufgrund ihrer *intrinsischen* Eigenschaften kognitive oder abstrakte Repräsentationen sein. Dies liegt für abstrakte Ideen auf der Hand, müssen sie doch mit einem sprachlichen Ausdruck assoziiert sein. Diesen Punkt formuliert Hume allgemeiner so: „die Beziehung einer Idee zu einem Objekt ist eine externe Bestimmung (*extraneous denomination*[9]), von der sich in der Idee selbst kein Merkmal und kein Abdruck findet (*of which in itself it bears no mark or character*).“ (T 1.1.7, 18, 20, 33) Eine folgenreiche Behauptung! Hume sagt, eine Idee würde kein Merkmal in sich tragen, das anzeigen würde, dass sie von einem Objekt handelt. Die Beziehung auf ein Objekt sei eine der Idee externe Bestimmung. Das Handeln von einem Objekt, der Bezug auf ein Objekt wird „Intentionalität“ genannt. Wenn eine Idee etwas repräsentiert, dann hat diese Idee die Eigenschaft der Intentionalität, denn sie handelt von dem, was sie repräsentiert. Hume zufolge haben Ideen keine intrinsische Intentionalität, weil die Beziehung auf ein Objekt ein ihnen äußerliches Merkmal ist. Betrachten wir diesen Punkt genauer, um verstehen zu können, was eine kognitive Repräsentation bei Hume ist.

Hume zufolge entstehen Ideen zunächst unwillkürlich. Das Kind, dem wir eine Orange zeigen, bildet unwillkürlich die Idee einer Orange, die den von der Frucht herrührenden Sinneseindruck durch Ähnlichkeit (ikonisch) repräsentiert. Es hat damit beispielsweise auch die Idee der Farbe Orange, die ebenfalls einen Sinneseindruck repräsentiert. Doch mit dieser Idee kann es noch nicht viel anfangen, denn sie ist nicht aus Orangen-Ideen herausgelöst und steht dem Kind noch nicht zur Verfügung, um weitere Dinge damit zu verknüpfen. Wenn das Kind beispielsweise weitere, unterschiedliche Objekte dieser Farbe sieht, dann beginnt sich die Idee dieser Farbe herauszulösen und kann mit anderen Ideen verknüpft werden. Das Herauslösen und die Verknüpfung sind die beiden wesentlichen Bestandteile des Prozesses, in dessen Dynamik Ideen zu *kognitiven* Repräsentationen werden. Erst im Verlauf dieses Prozesses, beginnt die Idee für das Kind von etwas zu handeln, sich auf etwas zu beziehen. Allgemein gesagt: Eine Repräsentation spielt die funktionale Rolle eines Objekts, indem sie jene

---

9   Die *denominatio extrinseca* ist ein scholastischer Fachausdruck, dem die *denominatio intrinseca* gegenüber steht. Eine Benennung ist extrinsisch, wenn sie der benannten oder erkannten Sache nichts hinzufügt. Dieser Gebrauch findet sich noch bei Descartes: „Wenn etwa jemand fragen sollte, was der Sonne dadurch zustößt, dass sie objektiv in meinem Verstand ist, so könnte man sehr zu Recht antworten, dass ihr nichts zustößt als eine extrinsische Bezeichnung, weil sie nämlich die Tätigkeit meines Verstandes nach Art und Weise des Objektes begrenzt.“ (*Med*. VI, AT VII, 105) Hume dürfte diesen Ausdruck jedoch ohne intendierten Bezug auf die spätscholastische Diskussion benutzt haben.

Wirkung im Geist herstellt, die ein externes Objekt im Geist hervorbringen würde, *und* jene kausal assoziierten Ideen aufruft, die das Objekt in der Welt hervorbringen würde. Eine Idee repräsentiert also ein Objekt, wenn sie (bzw. ihre Bestandteile) mit Eindrücken korrespondiert *und* wenn sie in jenes Netzwerk von Kausalschlüssen eingebettet ist, das sich in der Erfahrung gezeigt und durch Gewohnheit stabilisiert hat. Nun kann man von einer kognitiven Repräsentation sprechen.

Humes Ansatz ist, wie einleitend bemerkt, *genetisch*: Repräsentationen beginnen bei der Wahrnehmung von Objekten (ikonische Repräsentation). Sie werden dann über Erfahrungen mit anderen Ideen verknüpft und mittels Gewohnheiten als Glaubenseinstellungen stabilisiert (kognitive Repräsentation). Schließlich werden sie durch die Verknüpfung mit dem Sprachgebrauch allgemein (abstrakte Repräsentation). Leider erklärt uns Hume nicht genauer, wie aus partikularen Ideen abstrakte werden können und er verliert kaum Worte über den sozialen Ursprung abstrakter Repräsentationen. Stattdessen konzentriert er sich auf die Analyse erfahrungsgenerierter Kausalschlüsse und des Glaubens, d. h. auf kognitive Repräsentationen.

Nun haben wir alle Elemente aus Humes Philosophie des Geistes beisammen, um uns dem Kapitel „Über den Skeptizismus bezüglich der Sinne" zuwenden zu können und damit der Frage, was Hume in T 1.4.2 über das Wahrnehmungsobjekt sagt.

5 „Über den Skeptizismus bezüglich der Sinne": Metaphilosophie

Man muss bei der Interpretation von T 1.4.2 zwei Dinge auseinander halten, nämlich Humes metaphilosophische Diskussion unterschiedlicher Wahrnehmungstheorien (direkter Realismus, Repräsentationalismus, Phänomenalismus) und seine Behandlung der Objektfrage (Was heißt es, ein Wahrnehmungsobjekt zu sein?). Trotz des Titels von T 1.4.2 stellt sich Hume nicht in erster Linie die skeptische Frage, ob es überhaupt eine Außenwelt gibt. Er möchte vielmehr wissen, worin die Ursachen unseres Glaubens an die kontinuierliche Existenz von Objekten bestehen:

> Wir können uns fragen: *Welche Ursachen führen uns dazu, an die Existenz von Körpern zu glauben?* Aber es wäre müßig zu fragen, *ob es Körper gibt oder nicht*. Diesen Punkt müssen wir in allen unseren Überlegungen als verbürgt akzeptieren. (T 1.4.2, 125, 187, 250).

Menschen und andere Tiere werden Hume zufolge durch *„einen blinden und mächtigen Naturinstinkt"* (EHU XII, 201, 151, 191) dazu geführt *„ihren Sinnen zu vertrauen"* (ebd.). Dieses Vertrauen in die Sinne beruht auf unserem Glauben an die Existenz äußerer Objekte, nicht umgekehrt! Hume ist deshalb der Ansicht, dass dieser Glaube nicht durch Verweis auf die Sinne gerechtfertigt werden kann. Doch kann man fragen, worin die Ursachen dieses Glaubens bestehen, anders gesagt, was es heißt, dass etwas ein Objekt der Wahrnehmung sei. Um das Gewicht der Objektfrage hervorzuheben, soll zunächst Humes Diskussion der drei Wahrnehmungstheorien skizziert werden.

Zwar sind alle drei Theorien Hume zugeschrieben worden, doch tatsächlich hält er keine für befriedigend. Hume behandelt den direkten Realismus als die alltägliche, unreflektierte Sichtweise des „gewöhnlichen Mannes". Er spricht von der *Alltagssicht (the vulgar system)*. Der indirekte Realismus hingegen ist eine reflektierte, philosophische Position, die Hume *Philosophensicht (the philosophical system)* nennt. Der Phänomenalismus schließlich, der sich in Humes Augen etwa bei Berkeley findet, ist eine Form des Skeptizismus. Keine dieser Theorien vermag die Existenz der Außenwelt zu beglaubigen. Der springende Punkt besteht nun darin, dass Hume die erkenntnistheoretische Frage nach dem direkten Wahrnehmungsobjekt nicht direkt untersucht, sondern auf dem Umweg einer Untersuchung der Antworten auf die Frage. Hume betreibt also *Metaphilosophie*. Deshalb lautet die Überschrift des vierten Teils des *Treatise* auch „Über das skeptische und andere Systeme der Philosophie". Philosophische Positionen beziehen ihre Stärke nicht selten aus der Schwäche der gegnerischen Position. Nicht anders ist es Hume zufolge in der Philosophie der Wahrnehmung: Schwachpunkte in der Alltagssicht führen zur Philosophensicht, deren Instabilität wiederum zum Skeptizismus, die Instabilität des Skeptizismus schließlich zurück Alltagssicht.[10] Wie wir gesehen haben, ist die Erreichung von Sta-

---

10   Einige Interpreten haben Humes metaphilosophische Persprektive mit seiner *Natural History of Religion* (1757) verglichen (vgl. Fogelin 1985, 80–92, Kail 2005). Die *Natural History* fragt nach dem Ursprung der Religion in der menschlichen Natur. Hume versucht zu zeigen, dass und wie sich der Monotheismus historisch aus dem Polytheismus entwickelt habe und dass sich diese Entwicklung weniger aufgrund rationaler Einsichten als natürlicher psychischer Mechanismen verstehen lasse. Humes Darstellung der Geschichte der Religion widerspricht vielen seiner Zeitgenossen, die den Monotheismus als natürliches Produkt eines unverstellten und vernünftigen Blicks auf die Natur der Dinge auffassen, den Polytheismus als nachfolgende, irrationale Zerfallserscheinung. Der Vergleich mit der Naturgeschichte der Religion zeigt, dass Hume die Wahrnehmungstheorien ebenfalls als

bilität eines der wichtigsten Ziele auf dem Weg vom Perzeptionsbündel zu einem Perzeptionssystem, d. h. einem Selbst. Stabilität ist in Humes Philosophie eine wichtige praktische Norm (Loeb 2002). Aus diesem Grund sind instabile Positionen zu verwerfen. Ein wichtiges Resultat von Humes metaphilosopischer Analyse lautet, dass die Philosophensicht und der Skeptizismus *instabil* sind. Warum? Der indirekte Realismus kritisiert zwar die naive Einstellung der Alltagssicht, *übernimmt jedoch deren grundlegende Annahme, es gebe unabhängige kontinuierliche Wahrnehmungsobjekte.* Nur werden diese Objekte nicht direkt wahrgenommen, sondern lediglich durch die Sinneseindrücke repräsentiert. Damit postuliert die Philosophensicht eine Art Doppelexistenz: Es gibt Perzeption und *etwas Anderes*, das durch die Perzeption repräsentiert wird. Dieses Etwas können wir aber niemals perzipieren, denn unserem Geist sind nur Perzeptionen gegenwärtig, die auf andere Perzeptionen verweisen (etwa durch kausale Schlüsse). Somit können wir uns auch keine Idee von diesem Etwas bilden. Es handelt sich, so Hume, um eine leere Idee. Die Instabilität der Doppelexistenzthese führe direkt zum Skeptizismus. Skeptische Hypothesen erzeugen jedoch keinen Glauben (in Humes Sinn), sodass der Skeptiker stets in die Alltagssicht zurückfällt. Obschon wir den Skeptizismus mit Argumenten nicht widerlegen können, führen uns die Gewohnheit und die Forderungen des Tages immer zur Alltagssicht zurück, die uns so natürlich erscheint, wie das Atmen. Darin besteht die Instabilität des Skeptizismus.

Alle genannten Wahrnehmungstheorien teilen zwei Annahmen: Erstens teilen sie die Idee eines Wahrnehmungsobjekts, ohne sich über diese Idee aufzuklären. Die *semantische* Frage, was es heißt, ein Wahrnehmungsobjekt zu sein (die „Objektfrage"), ist deshalb grundlegender als die metaphilosophische Entscheidung darüber, welche der drei Theorien richtig ist. Zweitens gehen sie davon aus, unser Glaube an die Existenz äußerer Gegenstände müsse durch die Zuverlässigkeit der Sinneswahrnehmung gerechtfertigt werden. Hume zufolge beruht jedoch unser Vertrauen in die Sinne auf dem Glauben an die Existenz äußerer Gegenstände, nicht umgekehrt. Aus diesen beiden Gründen hat die Objektfrage Vorrang.

---

eine gleichsam naturgeschichtliche Aufeinanderfolge unterschiedlicher Stadien auffasst und diese Entwicklung nicht nur als ein Resultat rationaler Forschung, sondern ebenso, wenn nicht stärker noch als Ergebnis natürlicher psychischer Mechanismen begreift. Der Unterschied besteht freilich darin, dass die Naturgeschichte der Wahrnehmungstheorien wieder dorthin zurückkehrt, wo sie angefangen hat, nämlich zur Alltagssicht.

6   „Über den Skeptizismus bezüglich der Sinne": Konstanz und Kohärenz

Wir glauben normalerweise, dass Wahrnehmungsobjekte außerhalb von uns existieren. Wie wir gesehen haben, kann die Idee der Existenz der Idee eines Objekts nichts hinzufügen. Dies bedeutet Hume zufolge, dass wir diesen Objekten andere Eigenschaften zuschreiben müssen, als die Existenz. Er nennt zwei grundlegende Eigenschaften, nämlich *Kontinuität* und *Unabhängigkeit*. Von Wahrnehmungsobjekten glauben wir, dass sie unabhängig von unserer Wahrnehmung und jenseits von Wahrnehmungsunterbrechungen kontinuierlich existieren. Hume untersucht mithin die Ursachen für den Glauben an die Existenz kontinuierlicher und unabhängiger Objekte (T 1.4.2, 125–126, 188, 251–252). Nennen wir den Untersuchungsgegenstand (den *G*lauben an *U*nabhängigkeit und *K*ontinuität) *GUK*. Kontinuität und Unabhängigkeit hängen zusammen: Ist Kontinuität gegeben, folgt Unabhängigkeit und umgekehrt. Allerdings meint Hume, dass das Element der Kontinuität psychologisch vorrangig sei und dasjenige der Unabhängigkeit derivativ (T 1.4.2, 132, 199, 265). Deshalb kümmert er sich v.a. um die Kontinuität. Genauer: Um die Kontinuität der Perzeptionen. Denn dem Geist sind ja nur Perzeptionen gegenwärtig. Ein Beispiel: A besteigt einen Berg. Seine Sinneseindrücke ändern sich im Gehen, sodass Farben, Formen und Gerüche kommen und gehen. A kann sich auf die verschiedenen Gerüche konzentrieren und sie unterscheiden, ebenso den Hunger, den leichten Schmerz im Fuß usw. Betrachtet A die Aussicht, braucht er nur die Augen zu schließen und wieder zu öffnen, schon ist die Wahrnehmung unterbrochen und diskontinuierlich. Natürlich nimmt A an, dass die Wahrnehmungsobjekte weiter existieren, *obschon zwischen seinen Wahrnehmungen Lücken klaffen*. Perzeptionen aber sind weder kontinuierlich noch zeigen sie sich als vom Geist unterschieden. Wenn dem Geist aber nur Perzeptionen gegenwärtig sind, aus welchen Quellen speist sich dann *GUK*? Dies ist Humes Problem in T 1.4.2.

Die Lösung eröffnet Hume mit einem für den *Treatise* insgesamt typischen Zug. Er fragt, welches geistige Vermögen die Quelle von *GUK* sei: die Sinne, die Vernunft oder die Vorstellungskraft? Nicht die *Sinne*, denn sie können die kontinuierliche Existenz von Objekten, die ihnen nicht mehr gegenwärtig sind, nicht verbürgen und zeigen uns keine von sich oder von

uns selbst unabhängigen Objekte an.[11] Die *Vernunft* kann *GUK* nicht
hervorbringen, handelt es sich bei *GUK* doch um einen ganz und gar ursprünglichen und naiven Glauben, den „Kinder, Bauern und der größte
Teil der Menschheit" vor jeder Reflexion hegen. Bleibt die *Vorstellungskraft*
(T 1.4.2, 129, 193, 258). Hume behauptet, dass die Vorstellungskraft den
Sinneseindrücken zwei Eigenschaften *zuschreibe*, nämlich Konstanz (*con-
stancy*) und Kohärenz (*coherence*) (T 1.4.2, 120, 194–195, 259). Sie sind
die Grundlage für *GUK*.

Hume beginnt mit der weniger bedeutsamen Eigenschaft der *Kohärenz*.
Er stellt sich vor, wie er in seinem Studierzimmer sitzt und hinter sich das
Quietschen seiner Türangel hört. Bisher hat er stets die Erfahrung gemacht,
dass auf das gesehene Öffnen der Tür (Eindruck E_1) das gehörte Quietschen
der Angel folgt (Eindruck E_2). Nun empfängt er aber nur E_2. Zwischen
seiner bisherigen und seiner aktuellen Erfahrung entsteht ein Widerspruch
(T 1.4.2, 130, 196, 261). Dessen Auflösung erfolgt durch die Annahme
der Kohärenz zwischen bisherigen und der aktuellen Erfahrungen. Von einem bisher in ständiger Verbindung auftretenden Perzeptionspaar E_1 und
E_2 schließen wir aus Gründen der Kohärenz auf die kontinuierliche Existenz eines Wahrnehmungsobjekts. Dieser Schluss ist erklärungsbedürftig,
unterstellt er doch mehr an Regularität, als in der bisherigen Erfahrung
vorhanden ist. Hume erklärt dies mit einer Art *Trägheitstendenz* der Vorstellungskraft. Einmal auf die Kohärenzannahme festgelegt, tendiert die
Vorstellungskraft dazu, diese Festlegung *stabil* zu halten, was ihr mit dem
Schluss auf die kontinuierliche Existenz der Objekte gelinge (T 1.4.2, 132,
198, 264). Hume hält den Schluss von der Kohärenz jedoch für zu schwach
„um ganz allein ein derart großes Gebilde zu tragen, wie es die kontinuierliche Existenz der äußeren Körper ist" (T 1.4.2, 132, 198–199, 265). Es
braucht die basalere Eigenschaft der Konstanz.

Anders als die Kohärenz, die einen Widerspruch *zwischen Perzeptionspaaren und Einzelperzeptionen* auflöst, stellt die Konstanz eine *Beziehung
zwischen Einzelperzeptionen* her. Aus diesem Grunde ist sie basaler, legt sie
doch den Grundstein für die Bildung von Wahrnehmungsobjekten, was
wiederum die Bildung von Perzeptionspaaren und den Kausalschluss mög-

---

11 Selbst wenn wir die „Stärke und Lebendigkeit" der Sinneseindrücke so deuten, dass
    sie deren Funktion zum Ausdruck bringen, die Anwesenheit bestimmter Objekte
    anzuzeigen, so bedeutet dies nicht, dass sie uns damit anzeigen, *dass sie* Wahrneh-
    mungsobjekte anzeigen. Sinne sind in dieser Hinsicht wie Messgeräte: Ein Ther-
    mometer zeigt an, dass etwas so und so viel Grad hat, es zeigt aber nicht, dass da
    etwas ist und was es ist, das diese Temperatur hat.

lich macht. Erinnern wir uns an das Beispiel der Wanderung. A gelangt auf den Gipfel, unterhalb liegt die Berghütte. A sieht die Hütte (Eindruck E_1), schließt die Augen und öffnet sie wieder (E_2), sieht auf die Uhr und wieder zur Hütte (E_3), schaut zu den Wolken hoch und wieder zur Hütte (E_4) usw. Stets zeigt sich die Hütte auf mehr oder weniger gleiche Art und Weise. Die Reihe E_1, E_2, E_3, E_4, ... erscheint als konstant. A glaubt, ein- und dasselbe Objekt zu sehen, obschon die Reihe diskontinuierlich ist und aus unterschiedlichen Perzeptionen besteht. Warum glaubt A, dass er ein konstantes Objekt sieht? Hume beantwortet diese entscheidende Frage in vier Schritten:

1. *Identität* (T 1.4.2, 133–134, 200–201, 266–268). Die Idee der Identität eines Gegenstands mit sich selbst (A = A) ist für Hume eine merkwürdige Idee. Einerseits geht sie von *einem* Objekt aus, andererseits fordert sie, dass es mit sich selbst identisch und gleichsam von sich selbst unterschieden sei. Die Vorstellung der Identität eines Objekts besteht laut Hume schlicht in der Möglichkeit, es über einen Zeitraum hinweg unverändert ununterbrochen zu beobachten. Unveränderbarkeit (*invariableness*) und Ununterbrochenheit (*uninterruptedness*) definieren die Idee der Identität. Die Perzeptionen-Reihe E_1, E_2, E_3, E_4, ... ist freilich eine diskontinuierliche und somit *unterbrochene* Reihe. Also muss in ihr ein gleich bleibendes, d. h. *unveränderliches* Moment gefunden werden, das die Identität des Wahrnehmungsobjekts konstituiert.

2. *Identitätszuschreibung* (T 1.4.2, 134–136, 201–204, 268–272). Mit E_1, E_2, E_3, E_4, ... hat unser Wanderer A eine Reihe diskontinuierlicher und unterschiedener Eindrücke, trotzdem schreibt er dem Objekt Identität zu. Wie kommt es zu dieser Identitätszuschreibung? Nun, die Elemente der Reihe sind durch große *Ähnlichkeit* miteinander verbunden. Doch Ähnlichkeit verschiedener Eindrücke legitimiert noch keine Identitätszuschreibung! Zur Veranschaulichung: Zeigt mir jemand sieben Mal hintereinander ein Ei, kann ich daraus nicht schließen, dass er mir stets dasselbe Ei zeigt, vielleicht zeigt er mir sieben verschiedene Eier. Laut Hume verwechselt die Vorstellungskraft zwei Relationen, nämlich die *Ähnlichkeits-* und die *Identitätsrelation*. Diese Relationen jedoch sind wiederum einander ähnlich. Aufgrund dieser höherstufigen Ähnlichkeitsrelation neigt die Vorstellungskraft zur Verwechslung von Ähnlichkeits- und Identitätsrelation. Es handelt sich dabei um eine Täuschung, nämlich um eine Verwechslung einer Reihe ähnlicher Elemente mit strikter Identität.

3. *Kontinuitätsannahme* (T 1.4.2, 136–138, 205–208, 173–175). Daraus ergibt sich wiederum ein Widerspruch. In dieser Situation fühlt sich der Geist unbehaglich „und wird sich naturgemäß von diesem Unbehagen zu entlasten suchen" (T 1.4.2, 137, 206, 273). Der Widerspruch wird durch die Kontinuitätsannahme gelöst. Die Ähnlichkeitsrelation zweiter Stufe erleichtert dem Geist zwar den Übergang von der Ähnlichkeit zwischen den Elementen der diskontinuierlichen Reihe E_1, E_2, E_3, E_4, … zur Identität, aber erst die Annahme einer kontinuierlichen Existenz verbürgt die Identität der Elemente der Reihe. Warum wird die Kontinuität überhaupt geglaubt?

4. *Glaube* (T 1.4.2, 138–139, 208–210, 276–277). Wie wir wissen, ist Glaube eine mit einem Eindruck assoziierte Idee, die ihr Stärke und Lebendigkeit verleiht. In der Reihe E_1, E_2, E_3, E_4, … sind dem Geist während der aktuellen Wahrnehmung E_4 des Objekts die eben vorangegangenen Eindrücke E_1, E_2, und E_3 noch *im Gedächtnis* präsent. Die Stärke und Lebendigkeit der vergangenen Eindrücke hat sich dort erhalten und überträgt sich auf den mit dem aktuellen Eindruck E_4 assoziierten Glauben an eine kontinuierliche Existenz der äußeren Objekte.

Da die Unabhängigkeit des Wahrnehmungsobjekts mit dessen Kontinuität gegeben ist, ist *GUK* nun erklärt: Der Glaube an die Existenz externer Objekte wird durch Konstanz begründet und durch Kohärenz sekundär gestützt. Die Kohärenzannahme überbrückt den Widerspruch zwischen Kausalschlüssen und Einzelperzeptionen, die Konstanzannahme wiederum überbrückt den Widerspruch zwischen der Identitätszuschreibung und der Diskontinuität von Einzelperzeptionen, und zwar beide Male durch die Kontinuitätsannahme. Zusammenfassend lautet Humes Beurteilung jedoch, dass *GUK* auf einer *falschen* Voraussetzung beruhe: der Identitätszuschreibung. *GUK* sitzt einer *Fiktion* der Vorstellungskraft auf, nämlich jenen Annahmen, die erforderlich sind, um Widersprüche zu überbrücken: Kohärenz und Konstanz.

7   Humes Antwort auf die Objektfrage

Wie lautet Humes Antwort auf die Objektfrage? Seine komplexe Antwort lautet, dass ein Wahrnehmungsobjekt nicht etwas ist, das einen Sinneseindruck verursacht, sondern etwas, das

a) auf Sinneseindrücken beruht,
b) basal Konstanz und darauf aufbauend Kohärenz aufweist,
c) in Kausalschlüsse eingebettet ist und
d) demgegenüber wir die Einstellung des Glaubens einnehmen.

Wenn wir eine Orange zu sehen glauben, liegt eine zusammengesetzte Idee
(als ikonische Repräsentation) vor, die auf Sinneseindrücke (orange, rund,
so und so groß usw.) zurückgeführt werden kann, der wir über Wahrneh-
mungslücken hinweg Konstanz und über Veränderungen hinweg Kohärenz
sowie eine bestimmte Menge an Wirkungen (rollt, fällt, schmeckt süß, hilft
gegen Mangel an Vitamin C usw.) zuschreiben können (kognitive Repräsentation), und von dem wir deshalb glauben, dass es in der Außenwelt (d. h.
kontinuierlich und unabhängig von uns) existiert. Hume zufolge können
wir auch lediglich (a) haben. Dann empfingen wir zwar Eindrücke, doch wäre *uns* kein Wahrnehmungsobjekt gegeben, sondern lediglich eine fließende
und flüchtige Ansammlung von Perzeptionen. Für ein Wahrnehmungsobjekt braucht es (b), (c) und – als Resultat – (d). Ein Wahrnehmungsobjekt
ist somit das Produkt des Zusammenwirkens der Sinne und der Erfahrung
in der *Vorstellungskraft*, die für Hume das zentrale kognitive Vermögen ist:
„Das Gedächtnis, die Sinne, und der Verstand beruhen also alle auf der
Vorstellungskraft bzw. auf der Lebendigkeit der Ideen" (T 1.4.7, 173, 265,
343). Dank einer „natürlichen Neigung der Vorstellungskraft" tendieren
wir zu *GUK*, d. h. wir „schreiben jenen sinnlichen Objekten unserer Wahrnehmung eine kontinuierliche Existenz zu, von denen wir finden, dass sie
einander in ihrer ununterbrochnen Erscheinung ähnlich sehen" (T 1.4.2,
139, 210, 278). Was bedeutet es nun, dass die wichtigste Eigenschaft von
GUK, die Konstanz, auf einer falschen Identitätszuschreibung beruhe, und
dass sowohl Konstanz als auch Kohärenz Fiktionen sind? Es handelt sich
bei *GUK* (in der Formulierung von Pears 1985) um eine „motivierte Ir-
rationalität". Die Funktion dieser Fiktionen besteht wiederum darin, die
fließenden Perzeptionen untereinander zu verbinden und dadurch zu stabilisieren. Aufgrund der praktischen Bedeutung und seiner Stabilität ist der
Glaube an äußere Objekte gerechtfertigt.

Literatur

Primärliteratur

Hume, David, *A Treatise of Human Nature*, hrsg. von D. F. Norton & M. J. Norton, Oxford & New York: Oxford University Press 2000.

–, *A Treatise of Human Nature*, hrsg. von L. A. Selby-Bigge & P. H. Nidditch, Oxford: Oxford University Press 1978.

–, *Traktat über die menschliche Natur*, übers. von Th. Lipps, Hamburg: Meiner 1978.

–, *Enquiry Concerning Human Understanding*, hrsg. von T. L. Beauchamp, Oxford: Oxford University Press 1999.

–, *Enquiries Concerning Human Understanding and Concerning the Principles of Morals*, hrsg. von L. A. Selby-Bigge, Oxford: Clarendon Press 1998.

–, *Untersuchung über den menschlichen Verstand*, Stuttgart: Reclam 1967.

–, *Dialoge über die natürliche Religion*, Stuttgart: Reclam 1981.

Reid, Th., *An Inquiry into the Human Mind on the Principles of Common Sense*, hrsg. von D. R. Brookes, Edinburgh: Edinburgh University Press 1997.

Sekundärliteratur

Armstrong, D. M., *Perception and the Physical World*, London: Routledge & Kegan Paul 1961.

Baxter, D. J. M., „Identity, Continued Existence, and the External World", in: *The Blackwell Guide to Hume's Treatise*, hrsg. von S. Traiger, Malden (etc.): Blackwell 2006, 114–132.

Beebee, H., *Hume on Causation*, London & New York: Routledge & Kegan Paul 2006.

Bennett, J., *Locke, Berkeley, Hume. Central Themes*, Oxford: Clarendon Press 1971.

–, *Learning from Six Philosophers: Descartes, Spinoza, Leibniz, Locke, Berkeley, Hume*, Oxford: Clarendon Press 2001.

Dennett, D., *Darwin's Dangerous Idea. Evolution and the Meanings of Life*, London: Penguin Books 1995.

Fogelin, R., *Hume's Scepticism in the Treatise of Human Nature*, London: Routledge & Kegan Paul 1985.

Fodor, J. A., *Hume Variations*, Oxford: Clarendon Press 2003.

Frasca-Spada, M., „Hume on Sense Impressions and Objects", in: *History of Philosophy and Science*, hrsg. von M. Heidelberger & F. Stadler, Amsterdam: Kluwer 2002, 13–24.

Garrett, D., *Cognition and Commitment in Hume's Philosophy*, New York & Oxford [etc.]: Oxford University Press 1997.

Kail, P., „Hume's Natural History of Perception", *British Journal for the History of Philosophy* 13 (2005), 503–519.

Livingston, D., „A Sellarsian Hume?", *Journal of the History of Philosophy* 29 (1991), 281—290.

Loeb, L., *Stability and Justification in Hume's Treatise*, Oxford: Oxford University Press 2002.

Machery, E. „Concepts are Not a Natural Kind", *Philosophy of Science* 72 (2005), 444–467.

Margolis, E. & Laurence, S., *Concepts: Core Readings*, Cambridge, Mass.: MIT Press 1999.

Merleau-Ponty, M., *Das Sichtbare und das Unsichtbare,* hrsg. von C. Lefort, übers. von R. Guiliani & B. Waldenfels, München: Fink 1986.

Mounce, H. O., *Hume's Naturalism*, London: Routledge & Kegan Paul 1999.

Pears, D., *Motivated Irrationality*, Oxford: Oxford University Press 1984.

Penelhum, T., *Hume*, London: Macmillan 1975.

Perler, D., *Zweifel und Gewissheit. Skeptische Debatten im Mittelalter*, Frankfurt a. M.: Klostermann 2006.

Price, H. H., *Hume's Theory of the External World*, Oxford: Clarendon Press 1940.

Popkin, R. H., „David Hume. His Pyrrhonism and his Critique of Pyrrhonism", in: *Hume*, hrsg. von V. Chappel, Garden City: Anchor Books 1966, 53–98.

Stanistreet, P., *Hume's Scepticism and the Science of Human Nature*, Aldershot: Ashgate 2002.

Stroud, B., *Hume*, London & New York: Routledge & Kegan Paul 1977.

Weller, C., „Why Hume Is a Direct Realist", *Archiv für Geschichte der Philosophie* 83 (2001), 258–285.

Wild, M., *Die anthropologische Differenz. Der Geist der Tiere in der frühen Neuzeit bei Montaigne, Descartes und Hume*, Berlin: De Gruyter 2006.

Wilson, F., „Is Hume a Sceptic with Regard to the Senses?", *Journal of the History of Philosophy* 27 (1989), 49–73.

–, „Hume's Critical Realism. A Reply to Livingston", *Journal of the History of Philosophy* 29 (1991), 291–296.

Wright, J., *The Sceptical Realism of David Hume*, Manchester: University Press 1983.

Alexander Staudacher

Thomas Reids semiotischer Realismus

Wahrnehmung nimmt in der Philosophie von Thomas Reid (1710–1796) einen prominenten Platz ein. Der bedeutendste Philosoph der schottischen Common-Sense-Schule hat zwei Hauptwerke zur theoretischen Philosophie verfasst, den *Inquiry into the Human Mind on the Principles of Common Sense* (1764) sowie die *Essays on the Intellectual Powers of Man* (1785).[1] Im *Inquiry* ist Wahrnehmung sogar das zentrale Thema. Neben einer eingehenden Kritik an den philosophischen Positionen, die er für verfehlt hält, weil sie s. E. unweigerlich in den Skeptizismus führen, sowie seiner Darlegung und Verteidigung dessen, was er für den Standpunkt des Common Sense hält, findet sich dort v.a. eine ausführliche Erörterung der fünf Sinne. Die wesentlich umfangreicheren *Essays* widmen sich hingegen weniger den einzelnen Sinnen, sondern der Wahrnehmung im Allgemeinen. Darüber hinaus liefern sie neben der Behandlung von Fragen der Sinnesphysiologie ein weit umfassenderes Bild unserer geistigen Leistungen als der *Inquiry*, indem u. a. auch das Gedächtnis, unser Vorstellungs- und unser Urteilsvermögen sowie unsere Fähigkeit Schlüsse zu ziehen thematisiert werden.

Für ein angemessenes Verständnis von Reids Konzeption der Sinneserfahrung im Allgemeinen sowie der visuellen Wahrnehmung im Besonderen ist es von Vorteil, sich nicht nur auf seine Ausführungen zur visuellen Wahrnehmung zu beschränken, teils, weil Reid grundlegende Züge seiner Philosophie der Wahrnehmung besonders anschaulich unter Rekurs auf einen der anderen Sinne erläutert, teils aber auch, weil die für Reid spezifi-

---

1   Beide Werke werden hier nach dem ersten Band der Werkausgabe von Hamilton
     zitiert. Ein „a" bzw. „b" nach der Seitenzahl verweist auf die linke bzw. rechte
     Spalte der Seite. Durch ein „*I*" bzw. „*E*" wird kenntlich gemacht, ob es sich um
     den *Inquiry* oder die *Essays* handelt. Große römische Zahlen geben beim *Inquiry*
     die Kapitel an, bei den *Essays* den jeweiligen Essay. Kleine römische Zahlen stehen
     beim *Inquiry* für die Unterabschnitte der Kapitel, bei den *Essays* für das Kapitel des
     fraglichen Essays.

schen Eigenschaften der visuellen Wahrnehmung erst im Kontrast mit den anderen Sinnen richtig deutlich werden.

Ein Überblick über Reids Konzeption der Wahrnehmung erfordert die Diskussion der folgenden Punkte, die hier der Reihe nach kurz angesprochen werden sollen:

1. Reids Diagnose, worin der zentrale Fehler der Philosophie der Wahrnehmung vor ihm bestanden haben soll,
2. eine Skizze seines Alternativvorschlags,
3. die Frage, wie Reids spezifische Form von Realismus genauer zu verstehen ist.

1   Reids Kritik an der Tradition

Eine zentrale Frage der Philosophie der Wahrnehmung lautet, was das direkte bzw. unmittelbare Objekt der Wahrnehmung ist. Nach Reid haben so gut wie alle Philosophen von der Antike bis zu Hume eine falsche Antwort auf diese Frage gegeben, derzufolge dieses Objekt kein raumzeitlicher Gegenstand in der Umgebung des Subjekts sein kann, sondern lediglich etwas, was als Repräsentant oder Bild für diesen fungiert (*E* I: 226a).[2] Den spezifischen Fehler der neuzeitlichen Tradition seit Descartes sieht er darin, dieses Objekt als etwas Subjektives und Mentales aufzufassen, das entweder als „Idee" bzw. „Vorstellung" (*idea*)[3], oder auch als „Eindruck" bezeichnet wurde, wenn man sich an der etwas differenzierteren Nomenklatur von Hume orientieren will (*I* VII: 126b–130b, *E* II.vii–xv: 262a–309b).[4]

---

2   Dabei lässt Reid Arnauds Position als mögliche Ausnahme gelten, hat aber Zweifel an deren Konsistenz (*E* II.xiii: 295–298).

3   In den gängigen deutschen Übersetzungen von Berkeley und Hume wird deren Terminus „idea" mit „Vorstellung" wiedergegeben. Hier wird hingegen immer der Terminus „Idee" benutzt werden, da der Ausdruck „Vorstellung" für Reids „conception" oder auch „notion" reserviert werden soll, mit dem etwas ganz anderes gemeint ist, nämlich das, „was die Logiker einfache Auffassung (*simple apprehension*) genannt haben." (*E* IV.i: 361a vgl. auch *I* VII: 208a).

4   Aristoteles und den mittelalterlichen Philosophen hält Reid u. a. vor, dass wir ihres Erachtens immer nur unsere eigenen Empfindungen wahrnehmen, die dann allerdings nicht als etwas Geistiges, sondern eher als etwas Physisches in Analogie zum Eindruck auf einem Wachstäfelchen verstanden werden (*I* VII: 205b; *E* I: 225b). Ob Reids Interpretation seiner Vorläufer zutreffend ist, kann bestritten werden, ist aber für die folgende Diskussion nicht von Bedeutung.

Mit seiner These, dass wir, wenn wir etwas wahrnehmen, in der Regel etwas von unserem Geist und seinen Aktivitäten völlig Unabhängiges in der uns umgebenden Welt wahrnehmen, sah sich Reid demgegenüber als ein Anwalt des Common Sense . In aller Knappheit lässt sich Reids Grundgedanke an folgendem Beispiel illustrieren: Nehme ich einen blauen Fleck auf weißem Grund wahr, dann nehme ich diesen Fleck und nicht etwa eine Vorstellung oder eine Idee von diesem Fleck wahr, selbst wenn gilt, dass ich, indem ich diesen Fleck wahrnehme, dadurch u. a. eine Vorstellung von diesem Fleck habe (*E* I: 224a, *E* II.xiv: 298b). Dass ich diese Vorstellung von ihm habe, bedeutet für sich genommen genauso wenig, dass ich diese Vorstellung wahrnehme, wie der Umstand, dass ich mir ein bestimmtes Buch wünsche (also einen bestimmten Wunsch habe), bedeutet, dass ich mir diesen Wunsch und nicht das Buch wünsche. Wir können Reid für den Moment sicherlich darin zustimmen, dass der Common Sense die Sache ganz ähnlich sieht. Ob Reids Konzeption am Ende auch Implikationen aufweist, die dem gesunden Menschenverstand eher zuwider zu laufen scheinen, wird allerdings noch kritisch zu fragen sein.

Außer dem Umstand, dass sie vom Standpunkt des gesundes Menschenverstandes einfach absurd erscheint (*E* II.x: 283a), hat Reid an der von ihm kritisierten Auffassung, die er als „System der Ideen" bezeichnet, v. a. auszusetzen, dass sie unweigerlich einem Skeptiker in die Hände arbeitet, der sowohl die Existenz einer von uns unabhängigen Welt raumzeitlicher Gegenstände wie auch des eigenen Ichs bezweifelt, wenn man darunter das Subjekt bzw. den Träger all unserer unterschiedlichen geistigen Zustände versteht (*I* I.vi–vii: 103, VII: 207; *E* IV.iv: 438b). Wer einerseits glaubt, dass wir unmittelbar nur Ideen wahrnehmen, andererseits aber unterstellt, dass es eine davon unabhängige Welt raumzeitlicher Gegenstände gibt, über die wir mittels unserer Sinne empirisches Wissen erwerben können, muss erklären können, wie dieser Glaube zu rechtfertigen ist, wenn unsere einzige empirische Informationsquelle die jeweilige Beschaffenheit unserer Ideen ist. So behauptet etwa Locke, dass jede Form von Erkenntnis im Vergleich unserer Ideen besteht, d. h. darin, ob sie „übereinstimmen" oder nicht bzw. ob sie sich „widerstreiten" oder nicht (Locke 1975, IV.i §§ 1–2).

Die entsprechenden Lösungsstrategien der Ideentheoretiker findet Reid wenig überzeugend. So erscheint ihm etwa Lockes „pragmatische" Lösung, wonach der Umstand, dass uns die Wahrnehmung unserer Ideen in Stand setzt, uns erfolgreich durch die Welt zu bewegen, Beweis genug ist, dass diese Ideen von raumzeitlichen Gegenständen hervorgerufen wor-

den sein müssen (Locke 1975, IV.xi § 8), aus folgenden Grund unbefriedigend: Solch ein Schluss ist ungerechtfertigt, da auch ein Idealist, der gar
nicht daran glaubt, dass es eine von unseren Ideen unabhängige Außenwelt
gibt, der These zustimmen kann, dass wir unter Rekurs auf unsere Ideen
erfolgreich das Gute erlangen und das Üble vermeiden können (*E* II.ix:
275b).[5] Darüber hinaus schließt sich Reid auch der Diagnose von Berkeley
an, wonach es aussichtslos ist, auch nur einige unserer Ideen oder unserer
Empfindungen als etwas anzusehen, was uns über die Gegenstände der Umwelt informieren kann, weil es ihnen ähnelt, wie Locke es für die primären
Qualitäten behauptet hatte. (*I* V.vii: 127b–129b, viii: 132a sowie *I* VII:
206a). Reid sah aber mit Berkeley noch eine viel grundlegendere Schwierigkeit für die Auffassung, dass wir raumzeitliche Gegenstände zwar mittelbar
wahrnehmen, die unmittelbaren Gegenstände unserer geistigen Aktivitäten
aber immer nur Ideen sein können: Wir können nicht nur nicht in verläss-
licher Weise auf die *Existenz* der ersteren *schließen*, wir können uns nicht
einmal *irgend eine Art von Vorstellung* von ihnen bilden; d. h., wir können
unter der Voraussetzung, dass Ideen die einzigen Gegenstände unserer geistigen Aktivitäten sind, keinerlei Gedanken bilden, der von raumzeitlichen
Gegenständen handelt,

> denn, sind Ideen die einzigen Gegenstände des Denkens und nur dann existent,
> wenn wir uns ihrer bewusst sind, dann folgt notwendig, dass unsere Gedanken
> nichts zum Gegenstand haben können, was eine kontinuierliche und dauer-
> hafte Existenz aufweist. Körper und Geist, Ursache und Wirkung, Zeit und
> Raum, denen wir alle eine von unseren Gedanken unabhängige Existenz zu-
> zuschreiben geneigt sind, werden alle durch dieses kurze Dilemma um ihre
> Existenz gebracht. (*I* VII: 207b).[6]

Berkeley war nach Reid nicht nur der erste, der diesen Punkt klar gesehen
hat, ironischerweise war es auch ausgerechnet er, der ohne es zu merken,
den prinzipiellen Weg zu einer plausiblen Alternative zum System der Ideen
gewiesen hat. Denn anders als etwa Hume geht er davon aus, dass wir unmittelbar eine Vorstellung von uns selbst (als einem kontinuierlich existierenden Gegenstand) haben können, ohne dass das unmittelbare Objekt
dieser Vorstellung eine Idee sein müsste. Wenn wir uns aber von uns selbst
eine Vorstellung machen können, ohne dass dabei das unmittelbare Objekt
der entsprechenden Gedanken an Stelle unseres Selbsts eine entsprechen-

---

5   Zu Reids Kritik an Descartes und Malebranche in diesem Zusammenhang vgl.
    E II.vii: 266a u. viii: 273ff.
6   Im Anschluss schreibt Reid Berkeley das Verdienst zu, dies gezeigt zu haben. Die
    Argumentation findet sich bei Berkeley u. a. in 1948ff., 205.

de Idee sein muss oder gar sein kann, warum sollen wir uns dann nicht gleichermaßen von der Welt raumzeitlicher Gegenstände eine solche unmittelbare Vorstellung machen können (*I* VII: 207b)? Diese Beobachtung ist der entscheidende Ansatzpunkt für Reids eigene Alternativkonzeption: Gegenstände der Umwelt können das unmittelbare intentionale Objekt all unserer geistigen Aktivitäten und damit auch der Sinneswahrnehmung sein. Betrachten wir also im nächsten Schritt etwas ausführlicher Reids Konzeption der Sinneswahrnehmung.

2   Reids Konzeption der Sinneswahrnehmung

Im „Von der Wahrnehmung" betitelten fünften Kapitel des zweiten *Essays* charakterisiert Reid Wahrnehmung durch drei Faktoren: *Erstens* gehört zur Wahrnehmung eine Vorstellung (*conception or notion*) vom wahrgenommenen Gegenstand. Dieser Gegenstand ist dabei immer ein „äußerer" d. h. raumzeitlicher Gegenstand und kein Objekt in unserem Geist wie eine Idee (*E* II.v: 258a, xvi: 310a). *Zweitens* haben wir eine starke und unwiderstehliche Überzeugung (*conviction and belief*) hinsichtlich seiner gegenwärtigen Existenz; und *drittens*, tritt diese Überzeugung unmittelbar, d. h. nicht als Ergebnis einer Schlussfolgerung (*reasoning*) auf (*E* II.v: 258). Wie aus zahlreichen weiteren Passagen sowohl des *Inquiry* wie der *Essays* deutlich wird, kommt für Reid noch ein weiterer, *vierter* Faktor ins Spiel, der nach Reid für „fast alle" (*E* II.xvi: 310)[7] unsere Wahrnehmungen von Bedeutung ist, und dem er im zweiten *Essay* sogar ein ganzes Kapitel widmet (*E* II.xvi), die Empfindungen. Empfindungen sind mentale Zustände, die insofern unverzichtbar für die Wahrnehmung sind, als sie von den Gegenständen der Wahrnehmungen in unserem Geist ausgelöst werden und dafür verantwortlich sind, dass wir die entsprechenden Vorstellungen und Überzeugungen über diese Gegenstände erwerben. Sie „dienen als Zeichen um Dinge zu unterscheiden, die sich unterscheiden; und die Information, die wir über externe Gegenstände besitzen, erlangen wir mit ihrer Hilfe." (*E* II.xvi: 312a; vgl. auch *I* VI.xxiv: 195a). Es ist u. a. dieser Umstand, der Pate für die hier gewählte Bezeichnung „semiotischer Realismus" gestanden hat.

---

7   Warum Reid hier solch eine Einschränkung vornimmt, wird in Abschnitt 2.5 deutlich werden.

Zum besseren Verständnis von Reids Auffassung erscheint es ange-
bracht, die ersten beiden sowie den vierten Faktor wenigstens schlaglicht-
artig zu kommentieren. Dabei erweist es sich als günstig, mit den Empfindungen zu beginnen.

2.1 Reids Konzeption der Empfindungen

Bei Empfindungen denken wir für gewöhnlich an Körperempfindungen
wie Schmerz und Kitzel oder auch Gefühle wie Trauer und Freude. Typi-
scherweise sind diese entweder angenehm oder unangenehm für uns. Nach
Reid haben wir mentale Zustände dieser Art allerdings nicht nur dann,
wenn wir Schmerzen spüren oder fröhlich bzw. traurig sind, sondern sie
begleiten auch fast alle unsere Wahrnehmungen, wobei hier allerdings, anders als im Fall des Schmerzes, gilt, dass sie in der Regel weder besonders
angenehm oder unangenehm, sondern vielmehr als in dieser Hinsicht neu-
tral empfunden werden (*E* II.xvi: 311b).

Betrachten wir kurz drei Beispiele, mit deren Hilfe er diese These erläutert: Wenn wir an einer Rose riechen, dann nehmen wir nicht nur eine
ihrer Eigenschaften wahr, ihren Duft, wir haben auch eine charakteristische
Geruchsempfindung. Und wenn wir eine Tischkante berühren, dann nehmen wir nicht nur wahr, dass der Tisch glatt, hart und kalt ist, wir haben auch eine charakteristische Tastempfindung (*E* II.xvi: 310 f., *I* II.ii:
105; V.ii: 120a). Genauso gilt es, angesichts der visuellen Wahrnehmung
zwischen der Wahrnehmung der Farbe des Gegenstandes und der Farb-
empfindung, die wir haben, zu unterscheiden.[8]

Diese Unterscheidung fällt dennoch nicht ganz leicht, denn wir bezeichnen häufig beide mit demselben Ausdruck. So meint der Ausdruck
„Geruch" sowohl die Empfindung wie die Eigenschaft des wahrgenommenen Gegenstandes (*E* II.xvi: 311b; *I* II.ix: 114a; VI.iv: 138b). Dies rührt
vom vergleichsweise flüchtigen Charakter dieser Empfindungen her sowie
daher, dass sie, obwohl bewusst, in der Regel unserer Aufmerksamkeit entgehen (*I* V.ii: 120; *E* II.xv: 308b). Gleichwohl handelt es sich um eine

---

8   Allerdings spricht Reid hier seltener von Farbempfindungen (*I* VI.viii: 145a), son-
    dern meist von „Farberscheinungen" (*appearances of color*) oder von „Vorstellungen
    des Gesichtssinnes". An einer Stelle erklärt er sogar den Ausdruck „Idee" zum an-
    gemessenen Namen für die Farbempfindungen (*I* VI.iv: 137).

Unterscheidung, die z. T. in den Auffassungen des Common Sense impliziert ist und aus einer Reihe von Gründen unabdingbar ist:

Erstens unterscheiden wir zwischen einer Geruchsempfindung, die nur solange existiert, als wir etwas riechen, und den von uns wahrgenommenen Gerüchen, die völlig unabhängig davon die Luft einer unbewohnten Insel erfüllen können (*I* II.viii: 112a). Ganz ähnlich kann der Ausdruck „warm", wenn er das Gegenteil von „kalt" bedeuten soll, einmal eine Empfindung bezeichnen, zum anderen jedoch auch eine Eigenschaft des Gegenstandes, nämlich seine Temperatur. In diesem Fall stellt Kälte nicht das Gegenteil von Wärme dar, sondern es handelt sich um unterschiedliche Grade derselben Eigenschaft. Augenfällig wird dies angesichts von Lockes berühmtem Beispiel vom Wasser im Eimer (Locke 1975 II.viii § 21), das sich für die erwärmte Hand eines Wahrnehmungssubjekts kälter anfühlt als für dessen andere kalte Hand. Der gefühlte Unterschied in den Händen ist ein Unterschied der Empfindungen, das Wasser im Eimer besitzt hingegen durchgängig dieselbe Wärme im Sinne von derselben Temperatur (*I* II.ix: 113b), wovon wir uns mittels eines Thermometers ja leicht überzeugen können. Und angesichts der Farben machen wir ebenfalls eine klare Unterscheidung zwischen der Farbe des Gegenstandes als einer konstanten Eigenschaft, die unter unterschiedlichsten Umständen dieselbe bleibt, und unseren unterschiedlichen Farbempfindungen, die sich mit veränderten Wahrnehmungsbedingungen beständig wandeln können (*I* VI.iv: 137).

Zweitens zeigt sich der Unterschied zwischen Empfindungen und wahrgenommenen Eigenschaften auch daran, dass etwa im Fall der Tasterfahrung *ein* Typ von Empfindung mit der Wahrnehmung *unterschiedlicher* Eigenschaften einhergeht, nämlich Härte, Ausdehnung und Gestalt (*I* V.v: 123b).

Drittens können viele der Eigenschaften, die wir den wahrgenommenen Gegenständen bzw. ihren Eigenschaften zusprechen, Empfindungen gar nicht sinnvoll zugeschrieben werden. Ein Gegenstand kann angenehm duften oder schlecht riechen, eine Empfindung bzw. der Geist der Person, um deren mentalen Zustand es sich bei der fraglichen Empfindung handelt, hingegen nicht (*I* II.ix: 114a). Wichtiger noch gilt für Empfindungen, was für alle mentalen Zustände gilt: Anders als den raumzeitlichen Gegenständen der Wahrnehmung lassen sich ihnen weder Farbe noch räumliche Eigenschaften zuschreiben (*I* II.ii: 105a).

Bevor wir die Rolle der Empfindungen beleuchten, die sie beim Zustandekommen der Wahrnehmung spielen, lohnt es sich einen Blick auf zwei weitere ihrer eigentümlichen Eigenschaften zu werfen. Bei einer Wahrneh-

mung können wir immer zwischen dem Akt der Wahrnehmung und dem
Objekt der Wahrnehmung unterscheiden. So kann das Objekt auch dann
existieren bzw. seine Eigenschaften besitzen, wenn es nicht wahrgenommen
wird. Obwohl uns unsere Sprache eine ähnliche Akt-Objekt-Struktur nahe legt, wenn wir davon reden, dass wir einen Schmerz fühlen oder eine
Geschmacksempfindung haben, lässt sich solch eine Unterscheidung bei
Empfindungen nicht sinnvoll treffen; Empfindung und Empfinden sind
dasselbe und man kann nicht von einer Empfindung sprechen, die existiert,
ohne gefühlt zu werden. Ihr *esse* ist ihr *percipi*, oder, wie man vielleicht besser
sagen sollte, ihr *sentiri*. So wie einen Gedanken zu denken einfach heißt zu
denken, heißt eine Empfindung haben nicht mehr als in bestimmter Weise
zu fühlen (*I* II.iii: 105b, VI.xx: 183a; *E* I.i: 229, II.xvii: 310a). Ferner gilt,
dass „[e]ine Empfindung [...] als solche betrachtet weder eine Vorstellung
noch eine Überzeugung hinsichtlich eines externen Gegenstandes [impli-
ziert]. Sie setzt ein empfindendes Wesen voraus und eine bestimmte Art,
in der dieses Wesen affiziert wird, aber nicht mehr." (*E* II.xvi: 312b). Das
heißt offenbar, dass man dem Charakter der Empfindung, also der Art und
Weise, wie diese sich für das Subjekt anfühlt und die ihm erlaubt, eine
Empfindung vom Typ *A* von einer vom Typ *B* zu unterscheiden, keinerlei Information über eine wahrnehmbare Eigenschaft eines Gegenstandes
entnehmen kann, selbst wenn diese für das Auftreten der Empfindung relevant ist. Daher gilt es vielen Autoren als ausgemacht, dass Empfindungen
als solche bei Reid gar keine intentionalen Zustände sind, sondern vielmehr nur zum intentionalen Gegenstand anderer mentaler Zustände, wie
Akten der Aufmerksamkeit oder Überzeugungen des Inhalts, dass man eine
bestimmte Empfindung hat, werden können.[9] In diesem Zusammenhang
ist es auch von Bedeutung, dass für Reid nicht die geringste Ähnlichkeit
zwischen Empfindungen und Eigenschaften raumzeitlicher Gegenstände
besteht (*I* V.vii: 128b).

Wie können Empfindungen dann aber ihre Rolle als *Zeichen* spielen?
Nach Reid kann etwas, was per se kein Zeichen ist, auf unterschiedliche
Art und Weise zu einem Zeichen werden. So stellen z. B. eine Laut- oder
Buchstabenfolge per se betrachtet keine Zeichen für etwas dar, sondern le-

---

9   Vgl. z. B. Lehrer 1989, 15. Anders hingegen Buras, demzufolge Reid der Auffassung
    war, dass Empfindungen eine ganz spezifische Form von intentionalen Zuständen
    sind, nämlich solche, die sich selbst zum intentionalen Objekt haben (vgl. Buras
    2002, 458 f.). Der hier entscheidende Punkt, dass sie per se keine Information
    über die Gegenstände der Wahrnehmung enthalten, bleibt aber auch von dieser
    abweichenden Interpretation unberührt.

diglich eine Geräuschfolge oder ein paar Tintenstriche. Erst dadurch, dass wir ihnen eine bestimmte Bedeutung als sprachliche Zeichen zugeordnet haben, fungieren sie als Zeichen für bestimmte Begriffe. Damit handelt es sich bei ihnen um künstliche Zeichen. Es gibt nach Reid aber auch *natürliche Zeichen*, die ihre Zeichenfunktion nicht dem Umstand verdanken, dass wir sie ihnen verliehen haben, sondern vielmehr dem Umstand, dass dies die „Natur" bzw. letztlich Gott bewerkstelligt hat. In diesem Sinn ist z. B. unsere unwillkürliche Mimik ein natürliches Zeichen für unseren Gemütszustand, an der andere ablesen können, wie wir uns fühlen (*I* IV.ii: 117 f., V.iii: 121b). Heruntergezogene Mundwinkel als solche betrachtet verweisen also noch nicht auf die schlechte Laune unseres Gegenübers. Der Form seiner Lippen können wir darüber per se nichts entnehmen. Erst dadurch, dass es die Natur so eingerichtet hat, dass uns angesichts solch eines Anblicks unwillkürlich der Gedanke an eine Verstimmung unseres Gegenübers kommt, wird dieser Gesichtsausdruck zu einem Zeichen. Ganz analog soll die Natur es so eingerichtet haben, dass Empfindungen auf externe Gegenstände bzw. genauer deren Eigenschaften verweisen oder, wie er es meist ausdrückt, diese „suggerieren" (*suggest*) (*I* II.vii: 111a).

Dies geschieht, indem in uns die Wahrnehmungsvorstellung und die entsprechende Überzeugung hervorgerufen werden (*I* II.vii: 111a, V.iii: 122b). Zumindest im Blick auf viele der von uns wahrgenommenen Eigenschaften und Empfindungen sind wir von Natur aus so eingerichtet, dass die Empfindungen die fraglichen Eigenschaften unmittelbar suggerieren, ohne dass wir dies erst mittels eines durch wiederholte Erfahrung etablierten Assoziationsprozesses lernen müssten. Dass die Empfindung in uns entsprechende Vorstellungen von Eigenschaften der Gegenstände hervorruft, ist daher in einem gewissen Sinne angeboren.[10] Information oder Wissen über den Charakter der Empfindung allein kann aber niemals Schlussfolgerungen über den Wahrnehmungsgegenstand rechtfertigen. Gleichwohl wüssten wir gar nichts von diesem Gegenstand, wenn wir nicht die Emp-

---

10 Die Rede von „Suggestion" wurde schon von Berkeley in seinem berühmten Beispiel zur Erläuterung des Unterschieds zwischen mittelbarer und unmittelbarer Wahrnehmung verwendet, wenn er davon spricht, dass wir unmittelbar nur das Geräusch der Kutsche hören, diese aber nur mittelbar, weil ihre Gegenwart durch das Geräusch suggeriert wird. Dies wissen wir nach Berkeley allerdings nur durch wiederholte Erfahrung (vgl. Berkeley 1948 ff., 204). Reid geht es hier jedoch nicht um den Unterschied zwischen unmittelbarer und mittelbarer Wahrnehmung. Vielmehr nehmen wir nach seiner Ansicht unmittelbar wahr, was uns durch unsere Empfindungen suggeriert wird.

findung hätten, die von Natur aus eine Vorstellung von ihm suggeriert. Genauso wie bei einem Schriftzeichen ist die Beziehung zwischen Empfindung und dem, was sie bezeichnet, übrigens völlig kontingent. Die von uns wahrgenommenen Eigenschaften könnten auch durch ganz andere Empfindungen suggeriert werden, als es faktisch der Fall ist (*I* V.ii: 120b–121a).

2.2   Reids Konzeption von Wahrnehmungsvorstellungen

Was diese Vorstellungen betrifft, so legt der englische Terminus „conception" nahe, dass wir das Objekt der Wahrnehmung unter einen bestimmten Begriff (*concept*) bringen. Etwas Grünes zu sehen würde demnach schon beinhalten es unter den Begriff „grün" zu bringen. Der zweite Faktor, die fragliche Überzeugung, wäre dann einfach die Überzeugung, dass zum Zeitpunkt der Wahrnehmung etwas Grünes existiert. Es wurde schon darauf hingewiesen (vgl. Fn. 3), dass Reid unter Vorstellungen das versteht, was „die Logiker als einfache Auffassung bezeichnet haben". Diese geistige Operation scheint nicht nur deutlich primitiver als das begriffliche Klassifizieren zu sein, sondern es ließe sich auch argumentieren, dass diese Operation eine notwendige Voraussetzung für dieses Klassifizieren darstellt, und daher von diesem zu unterscheiden ist. Dennoch kann es prima facie attraktiv erscheinen, die fragliche Vorstellung als begriffliche Vorstellung aufzufassen.

So deuten viele von Reids Bemerkungen über unsere Wahrnehmung der primären und sekundären Qualitäten in diese Richtung. Denn er charakterisiert die Vorstellungen, die uns mittels unserer Empfindungen in der Wahrnehmung von den primären Qualitäten wie z. B. Ausdehnung und Härte vermittelt werden, als „klar und deutlich", während jene von den sekundären Qualitäten wie Wärme oder Farbe nur „dunkel" und „relativ" sind, da sie nur beinhalten, dass es sich hier um Eigenschaften handelt, die in uns Empfindungen einer bestimmten Art hervorrufen, uns aber im Dunkeln darüber lassen, wie diese Eigenschaften unabhängig von dieser Wirkung auf unseren Geist zu charakterisieren sind.[11] So haben wir von Härte eine klare und deutliche Vorstellung, die uns Hartes als etwas präsentiert, dessen Teile mit mehr oder weniger Kraft zusammengehalten werden

---

11 Das gilt jedoch nur für die durch die Wahrnehmung gelieferte Information. Mit Hilfe der Wissenschaften können wir genauere Kenntnis von ihnen erlangen, indem wir etwa herausbekommen, dass Schall aus Wellen besteht (*E* II.xvii:315a). Zu diesem Punkt vgl. auch Lehrer 1978, 187 f.

(*I* V.v: 125b, V.iv: 123a; *E* II.xvii: 313b–316a). Dass es sich dabei auch um eine *Wahrnehmungs*vorstellung handelt, machen folgende Stellen zu den primären Qualitäten aus den *Essays* und dem *Inquiry* klar:

> Ihre Natur manifestiert sich unseren Sinnen, und kann keinem Menschen unbekannt sein oder falsch von ihm aufgefasst werden [...]. (*E* II.xvii: 315a; vgl. auch 313b). „Die Härte von Körpern ist etwas (*a thing*), was wir so deutlich wie nur etwas in der Natur vorstellen [...]. Wir haben keine andere Möglichkeit als durch eine bestimmte Art von Tastempfindung zu dieser Vorstellung [...] zu gelangen [...] (*I* V.ii: 121a).

Bei den sekundären Qualitäten wird uns hingegen von Natur aus durch die Empfindung nur suggeriert, dass sie „Zeichen für etwas Äußeres" sind (*I* VI.iv: 137b). Alles weitere, z. B. dass Farbe eine Eigenschaft ist, die trotz veränderter Beleuchtungsbedingungen (und damit entsprechend verschiedenen Empfindungen) konstant bleibt, muss gelernt werden.[12]

Das bedeutet aber in jedem Fall, dass wir in der Wahrnehmung ziemlich komplexe begriffliche Vorstellungen von den wahrgenommenen Eigenschaften erlangen, Vorstellungen, die offenbar (im Fall der sekundären Qualitäten) das Verfügen über den Begriff eines von uns unabhängigen Gegenstandes und gegebenenfalls sogar den der Ursache wie den der Empfindung einschließen, und im Fall von primären Qualitäten eine entsprechend klare und deutliche Vorstellung von der fraglichen Eigenschaft. Klarheit und Deutlichkeit ist für Reid im Gegensatz zu bloßer „Lebhaftigkeit" von Vorstellungen ein Merkmal von Vorstellungen, welches uns in Stand setzt, etwas zutreffend beurteilen zu können (*E* IV.i: 366a). Dies kann man als Hinweis darauf sehen, dass nur begriffliche Vorstellungen klar und deutlich sein können.

Diesem Bild stehen jedoch eine Reihe von anderen einschlägigen Passagen entgegen, z. B. die Art und Weise, wie Reid den relevanten Begriff der Vorstellung im Kapitel über Wahrnehmung erläutert. Er unterscheidet dort (*E* II.v: 258) zwischen Wahrnehmungsvorstellungen und jenen Vorstellungen, die wir durch Erinnerung oder bildliches Vorstellen (*imagi-*

---

12 Hier besteht ein Spannungsverhältnis zu Reids These, wonach wir häufig dazu neigen, Empfindungen und die entsprechenden sekundären Qualitäten miteinander gleichzusetzen. Wir halten dann gewissermaßen unsere Farb- und Wärmeempfindungen usw. für objektive Eigenschaften der von uns wahrgenommenen Gegenstände, und sind nur durch Reflexion dazu zu bewegen, diese auseinander zu halten. Das schließt natürlich aus, dass wir die fraglichen Empfindungen *immer* als Zeichen für etwas Äußeres verstehen. Ursache für diese Gleichsetzung ist nach Reid, dass uns unsere Empfindungen den einzigen Anhaltspunkt dafür liefern, die fraglichen Eigenschaften voneinander zu unterscheiden zu können (*I* VI.iv: 138a).

nation) erlangen. Dabei ist wieder von Klarheit und Deutlichkeit die Rede, jedoch ganz offenbar in einem ganz anderen Sinne, als dem, der für korrektes Urteilen und damit begriffliches Klassifizieren von Bedeutung ist. So zeichnen sich Wahrnehmungsvorstellungen gegenüber jenen anderen Vorstellungen dadurch aus, dass sie uns vom wahrgenommenen Gegenstand für gewöhnlich eine „klarere" und „festere" (*more clear and steady*) Vorstellung als jene geben. Ferner können Wahrnehmungsvorstellungen hinsichtlich ihrer Deutlichkeit variieren, je nachdem, ob sich das Objekt bei klarer Sicht bzw. in der Nähe darbietet oder nur schemenhaft im Nebel bzw. am fernen Horizont angedeutet ist. Eine Erinnerung kann begrifflich offensichtlich präziser sein als eine Wahrnehmung, und die angesprochenen Unterschiede in der Deutlichkeit von Wahrnehmungen müssen keine Unterschiede in der begrifflichen Repräsentation sein (auch bei starkem Nebel mag man noch sein eigenes Auto als das eigene Auto erkennen können). Wenn Wahrnehmungsvorstellungen aber in einer Hinsicht variieren können, die nichts mit der Klarheit und Deutlichkeit von Begriffen zu tun hat bzw. in einem bestimmten Sinne „klarer und fester" als begrifflich präzise Vorstellungen sein kann, ist dies zumindest ein Indiz dafür, dass sie nicht als begriffliche Vorstellungen zu verstehen sind.

Darüber hinaus gibt es in den *Essays* eine ganze Reihe von Äußerungen, aus denen hervorgeht, dass uns die Wahrnehmung gar nichts begrifflich Geordnetes präsentiert, sondern vielmehr ein ungeordnetes Chaos:

> Es wird allseits anerkannt, dass wir unsere ersten Vorstellungen von wahrnehmbaren [sensible] Gegenständen ausschließlich durch die externen Sinne erlangen und dies vermutlich, bevor irgendein Urteil gefällt wird; jedoch sind diese ersten Vorstellungen weder einfach, noch sind sie akkurat und deutlich; sie sind grob und undeutlich, und wie das *Chaos* ein *rudis indigestaque moles* [d. h. eine unbearbeitete und ungeordnete Masse]. Bevor wir eine deutliche Vorstellung von dieser Masse haben können, muss diese analysiert werden; die heterogenen Teile müssen in unserer Vorstellung getrennt werden, und die einfachen Elemente, welche zuvor in der gemeinsamen Masse verborgen lagen, müssen erst unterschieden und dann zu einem Ganzen zusammengefügt werden. (*E* VI.i: 418a)

Nachdem Reid in diesem Zusammenhang deutlich gemacht hat, dass wir diese Analyse als Erwachsene oft so schnell und unmerklich vollziehen, dass wir uns ihrer in gar keiner Weise mehr bewusst sind, stellt er explizit klar, dass der Umstand, dass ein Erwachsener auf Grund seiner analytischen Fähigkeiten an einer Kugel Aspekte entdecken kann, die einem kleinen Kind entgehen müssen, auf einem Unterschied beruht, der „nicht den Sinnen geschuldet sein kann, sondern einer anderen Fakultät, die das Kind noch nicht erlangt hat" (*E* VI.i: 418). Passagen wie diese machen deutlich, dass Reid modern gesprochen als Anhänger der Auffassung angesehen werden kann, dass Wahrnehmung zumindest auch einen „nichtbegrifflichen" Gehalt besitzt.[13] Insofern dürfen wir die Rede von „Vorstellungen" (*conceptions*) also nicht so verstehen, dass das Vorgestellte dabei zwangsläufig unter Begriffe gebracht wird.[14]

Auch Reids Theorie der Begriffsbildung in den *Essays* passt besser zu der Annahme, dass wir in der Wahrnehmung gewissermaßen mit rohem ungeordneten Material starten, welches wir erst durch Abstraktion (mittels derer wir das in der Wahrnehmung angebotene Material auseinander halten, also die jeweilige Farbe eines Gegenstandes von seiner Form trennen usw.) in seine „Einzelbestandteile" zerlegen, um *erst dann* mittels „Generalisierung" (d. h. der Feststellung von Ähnlichkeiten) zu entsprechenden Begriffen zu gelangen (*E* V.iii: 394 f.). Was uns hier zur Abstraktion und Generalisierung dargeboten wird, sind nicht Einzelgegenstände wie Tische, Stühle, Münzen usw., sondern jeweils einzelne Vorkommnisse spezifischer Eigenschaften, z. B. das Gewicht dieser Münze, ihre Farbe usw., die alle als unterschiedliche einzelne Gegebenheiten anzusehen sind, zwischen denen wir, nachdem wir sie aus dem „Chaos" durch Abstraktion isoliert haben, mittels Generalisierung Ähnlichkeiten feststellen können (*E* V.iii: 395a). Reid erkennt insofern die Existenz von „abstrakten Einzeldingen" oder „Tropen" an.[15] Damit steht ihm die Möglichkeit offen, dass man die spezifische Eigenschaft eines Gegenstands wahrnehmen kann, ohne schon über den entsprechenden Begriff verfügen zu müssen. Anders als die abstrakten Einzeldinge sind unsere entsprechenden generellen Begriffe unsere eigenen Kreationen und werden von uns nach Nützlichkeitsgesichtspunkten gebil-

---

13 Zu nichtbegrifflichem Gehalt vgl. u. a. Dretske 1995, Tye 1995. Allerdings hätte sich Reid kaum der naturalistischen Deutung anschließen wollen, die Dretske und Tye von diesem Gehalt geben.

14 Zu diesem Punkt vgl. auch Alston 1989, 43 f., Wolterstorff 2001, 9 ff., 97 ff. sowie van Cleve 2004, 106 ff.

15 Zu diesem Punkt vgl. Lehrer 1989, 190 ff., Wolterstorff 2001, 72 f. Die Grundidee jeder Form von Tropentheorie ist, dass Eigenschaften von Gegenständen als etwas einzelnes und unwiederholbares aufgefasst werden. Demnach teilen zwei Socken von genau gleichem Farbton (z. B. zinnoberrot) nicht eine Eigenschaft im Sinne eines Universales („Zinnoberröte"), welches unterschiedlichen Gegenständen zukommen kann und insofern „wiederholbar" ist, sondern jeder der beiden Socken weist sein je eigenes, einmaliges Zinnoberrot auf. Zu modernen Versionen der Tropentheorie vgl. Armstrong 1989.

det (*E* V.iv: 400b–401b). Heißt dies jedoch, dass wir bei der Begriffsbildung bewusst auf Nutzengesichtspunkte reflektieren, wird man kaum sagen können, dass der Gehalt unserer Wahrnehmungen in dieser Weise begrifflich geprägt ist; denn schließlich sind wir uns im Zusammenhang mit unseren Wahrnehmungen keiner solcher Überlegungen bewusst.

Andererseits ist klar, dass uns die Sinne keine klare und deutliche Vorstellung von der dispositionalen Rolle der primären Qualitäten liefern können, wenn unsere Wahrnehmungsvorstellungen lediglich abstrakte Einzeldinge präsentieren. Wenn wir z. B. Härte im Sinne eines abstrakten Einzeldinges wahrnehmen, mithin als eine konkrete Gegebenheit, die wir lediglich in einem ganz bestimmten Kontext von anderem unterscheiden können, dann haben wir *damit* sicherlich noch keine klare und deutliche Vorstellung von Härte als der Disposition erhalten, nicht leicht trennbar zu sein, da dies mehr als bloße Abstraktion vom unmittelbaren Kontext beinhaltet, nämlich die Charakterisierung eines situationsunabhängigen Merkmals mittels einer Reihe von Begriffen, die das Verhalten des Gegenstandes unter den relevanten Bedingungen spezifizieren. Dieser Einsicht scheint die Feststellung zu entsprechen, dass uns die Sinne lediglich eine „grobe und undeutliche" Vorstellung von ihren Gegenständen geben, und klare und deutliche Vorstellungen erst durch den Einsatz weiterer kognitiver Leistungen möglich ist (*E* VI.i: 419). Andererseits heißt es nicht nur im *Inquiry*, sondern auch in den *Essays*, dass uns die Sinne eine „direkte und deutliche Vorstellung von den primären Qualitäten" liefern, „und uns darüber informieren, wie sie an sich sind" (*E* II.xvii: 313b).

Um das Spannungsverhältnis zwischen diesen beiden Behauptungen aufzulösen, müssen wir nach Lehrer nur die Möglichkeit ins Auge fassen, dass eine an Nutzengesichtspunkten orientierte Begriffsbildung nicht unbedingt nach Maßgabe bewusster Überlegungen erfolgen muss, sondern auch Resultat unserer natürlichen Konstitution und damit angeboren sein könnte. Sofern bestimmte Begriffe für unser Überleben relevant sind, als ihre automatische Anwendung uns erlaubt, dass wir Schaden von uns abwenden können, würde sich dies mit Reids genereller These treffen, dass wir von unserer natürlichen Konstitution her so eingerichtet sind, unsere Selbsterhaltung effizient und erfolgreich verfolgen zu können (vgl. Lehrer 1989, 195 ff.). Auch wenn uns die Erfahrung zunächst nur einen undifferenzierten Input präsentiert, und unsere Sinne mittels Abstraktion zu nichtbegrifflichen Wahrnehmungsvorstellungen von abstrakten Einzeldingen (von dieser Härte, Röte usw.) gelangen, werden diese Vorstellungen durch angeborene Mechanismen nach an unserem Überleben ausgerichteten Nützlichkeitsgesichtspunkten unter Begriffe gebracht, die zu klaren und deutlichen Vorstellungen von den primären Qualitäten führen. Aber dieser etwas freie Rekonstruktionsvorschlag löst die besagten Spannungen doch nur auf, wenn man diese Mechanismen auch wirklich *den Sinnen* zurechnen kann. Dem steht allerdings Reids oben zitierte These entgegen, wonach die begrifflichen Unterscheidungsfähigkeiten, über die Erwachsene im Gegensatz zu kleinen Kindern angesichts von Gegenständen der Wahrnehmung verfügen, einer „anderen Fakultät" als den Sinnen geschuldet sein müssen. Ferner steht und fällt die Plausibilität dieses Vorschlags auch mit der bezweifelbaren These, dass wir zu unserem Überleben klare und deutliche Vorstellungen von den primären Qualitäten benötigen.

Auf jeden Fall lässt sich aber festhalten, dass Reid im *Inquiry* davon ausgeht, dass uns die Wahrnehmung Vorstellungen liefert, die kaum anders als begrifflich gedacht werden können, dass diese Tendenz auch noch in den *Essays* nachweisbar ist, dort aber mit einer deutlichen Tendenz kontrastiert, den Wahrnehmungsgehalt nichtbegrifflich aufzufassen. Damit können wir uns dem zweiten Faktor, der Überzeugung hinsichtlich der gegenwärtigen Existenz des wahrgenommenen Gegenstandes, zuwenden.

2.3 Reids Konzeption der Wahrnehmungsüberzeugung

Bei Wahrnehmungsüberzeugungen handelt es sich um die Überzeugung, dass das Wahrgenommene existiert. Da Reid Zweifel hat, ob kleine Kinder bereits über einen derart „abstrakten" Begriff verfügen können, macht er die Einschränkung, dass der zweite Faktor nur bei der Wahrnehmung erwachsener wie geistig gesunder Menschen eine Rolle spielt (*E* II.v: 260a). In jedem Fall stellt sich jedoch die Frage, welchen Gehalt diese Überzeugung darüber hinaus aufweisen soll. Glaubt man lediglich, dass etwas zum gegenwärtigen Zeitpunkt der Wahrnehmung existiert, oder glaubt man auch, dass das fragliche Objekt eine bestimmte Beschaffenheit hat? Reid macht hier keine weitergehenden Angaben, aber plausiblerweise wird man annehmen dürfen, dass der Inhalt dieser Überzeugung davon abhängen wird, welcher Art die Wahrnehmungsvorstellungen sind, über die man verfügt.

Von Bedeutung ist hier seine Unterscheidung zwischen „ursprünglicher" bzw. „natürlicher" und „erworbener" Wahrnehmung, wobei die

meisten unserer Wahrnehmungen der zweiten Gruppe angehören sollen
(*I* VI.xx: 184b–185a): Ursprünglich nehmen wir lediglich bestimmte Eigenschaften der Gegenstände wahr, wie etwa ihre Farbe oder ihre Gestalt,
erworben ist hingegen die Wahrnehmung, zu welchem Gegenstand die ursprünglich wahrgenommene Eigenschaft gehört; dass es das Geräusch *einer
Kutsche* ist, welches ich gerade höre, habe ich erst durch Erfahrung lernen
müssen. Solange wir also nicht die entsprechenden Erfahrungen gemacht
haben, nehmen wir angesichts eines Baums in ‚ursprünglicher Weise‘ lediglich seine Gestalt usw. wahr, jedoch noch nicht, dass es sich um einen *Baum*
handelt. Hingegen können wir auf Grundlage entsprechender Erfahrungs-
basis in ‚erworbener Weise‘ einen Baum *als* Baum wahrnehmen und damit
wohl auch die entsprechende Überzeugung erwerben.

2.4   Zum Zusammenhang zwischen Empfindung und Wahrnehmung

Wie deutlich wurde, ist in Reids Erörterung der Wahrnehmung im fünften
Kapitel des *Essays* von Empfindung keine Rede, sondern nur von Vorstellungen und einer nichtinferentiell gewonnenen Überzeugung. Andererseits hat
sich gezeigt, dass Empfindungen eine wichtige Rolle als Zeichen für unsere
Wahrnehmung spielen. Sollen wir daher Reids Erörterung dahingehend
ergänzen, dass Empfindungen ein weiteres Ingredienz der Wahrnehmung
bilden, oder sollen wir sie lediglich als einen unabdingbaren Begleiter jeder
Wahrnehmung ansehen, so dass sie zwar eine notwendige Bedingung dafür darstellen, dass überhaupt etwas wahrgenommen werden kann, dabei
aber keinen Bestandteil der Wahrnehmung ausmachen? Zwar spricht das
fünfte Kapitel des zweiten *Essays* wie auch andere Textstellen cher für die
letztere Konzeption, gleichwohl lassen sich auch Belege zur Stützung der
Ingredienz-Konzeption finden. So setzt Reid an einer Stelle ursprüngliche
Wahrnehmung sogar mit dem Empfinden gleich (*E* II.xxi: 331b), und bezeichnet Empfindungen einmal implizit und einmal auch ganz explizit als
Ingredienz der Wahrnehmung (*E* I: 229b; II.xvi: 311b). In jedem Fall ist
klar, dass Reid die Ingredienz-Konzeption bestenfalls für die meisten Typen
von Sinneswahrnehmungen vertreten hat, denn es gibt einen Ausnahmefall,
in dem Empfindungen überhaupt keine Rolle spielen, die Wahrnehmung
von „gesehener Größe, Gestalt und Position" (*I* VI.vii: 142b). Im nächsten Schritt soll dieser Ausnahmefall und seine Implikationen kurz erläutert
werden.

2.5 Der Ausnahmefall: Wahrnehmung ohne Empfindungen

Wenn wir unsere Perspektive wechseln, ändert sich beständig die Art und Weise, wie uns die Gestalt, die Größe und die relative Position von Gegenständen visuell erscheinen. Was faktisch rund ist, sieht plötzlich oval aus, ein hoher Turm wirkt aus hinreichender Distanz nicht größer als der eigene Daumen, zwei Säulen rücken scheinbar näher zueinander, usw. Reid spricht in diesem Zusammenhang von visueller Gestalt, Lage und Position. Ein de facto runder Gegenstand weist dann eine ovale visuelle Gestalt auf, usw. (*I* VI.vii: 143a). Solch eine visuelle Gestalt (auf die wir uns im Folgenden beschränken wollen) dient als Zeichen für die reale Gestalt (*I* VI.vii: 144a). Es kann sich dabei um keine Empfindung handeln, da sie ausgedehnt ist und sich durch Attribute für Gestalten auszeichnet, die nach Reid Empfindungen nicht zukommen können (*I* VI, viii 144b, II.ii: 105a). Anders als bei Empfindungen und den von ihnen indizierten Eigenschaften besteht hier auch eine Ähnlichkeit zwischen Zeichen und Bezeichnetem, da ein Blinder, der über die entsprechenden geometrischen Kenntnisse und Projektionsregeln verfügt, im Prinzip ermitteln kann, welche visuelle Gestalt ein Gegenstand unter einer bestimmten Perspektive besitzen muss (*I* VI.vii: 142b–143a).[16] Die Zeichenbeziehung ist hier insofern komplexer als in den bisher betrachteten Fällen, als hier zwei Zeichen im Spiel sind. So dient nicht nur die visuelle Gestalt als Zeichen für die reale Gestalt, sondern es fungiert auch der physische Eindruck auf der Retina als Zeichen für die visuelle Gestalt.[17] Daher haben wir es hier mit einem Ausnahmefall zu tun: Es ist keine Empfindung, sondern ein unbewusster physischer Eindruck, der hier dazu führt, dass wir etwas wahrnehmen.[18] Wenn eine

---

16 Für visuelle Gestalten und damit auch den visuell wahrgenommenen Raum gilt nach Reid im Übrigen eine eigene Geometrie (*I* VI.ix: 147b–152a), so dass man mit einem gewissen Recht sagen kann, dass Reid eine Version einer nichteuklidischen Geometrie vorweggenommen hat. Ähnlich wie bei einem Dreieck auf einer Kugeloberfläche weist eine visuelle Dreiecksgestalt keine Winkelsumme von 180° auf. Zur Diskussion des Status dieser Geometrie vgl. die unterschiedlichen Deutungen von Daniels 1974 sowie Yaffe 2002.

17 Der Umstand, dass die Retina eine gewölbte Fläche ist, ist offenbar von Bedeutung dafür, dass die von diesen Eindrücken suggerierten sichtbaren Gestalten ihrerseits in Analogie zu einer Projektion auf eine gewölbte Fläche zu verstehen sind, was letztlich der Grund dafür ist, dass hier eine nichteuklidische Geometrie einschlägig ist (vgl. Daniels 1974, 10 f., *I* VI.vii: 143a).

18 Yaffe hat in 2003a und 2003b gegen diese Standarddeutung von Reids Auffassung argumentiert, dass es vielmehr Farbempfindungen sind, die sowohl Farbe wie

visuelle Gestalt aber weder eine Empfindung noch die reale Gestalt des Gegenstandes ist, was ist sie dann? „[W]ie die reale Gestalt eines Körpers in der Lage ihrer Teile zueinander besteht, so besteht ihre visuelle Gestalt in der Position ihrer unterschiedlichen Teile im Verhältnis zum Auge" (*I* VI.vii: 143b). Das heißt, es handelt sich dabei offensichtlich um eine relationale Eigenschaft des Gegenstandes, eine Eigenschaft, die er relativ zum Auge des Betrachters besitzt. Damit weist Reids Auffassung (allerdings ausschließlich in Bezug auf die genannten visuellen Erscheinungen) eine Parallele zur so genannten „Theorie des Erscheinens" auf, die in der ersten Hälfte des zwanzigsten Jahrhundert eine gewisse Popularität besaß und die neuerdings etwa wieder von Alston ins Spiel gebracht wurde (vgl. Alston 1999). Der Umstand, dass visuelle Gestalten Zeichen für die realen Gestalten der Gegenstände sein sollen, darf nicht so verstanden werden, dass wir etwas anderes als diese betrachterunabhängigen Gegenstände wahrnehmen würden. Vielmehr nehmen wir diese wahr, indem wir eine ihrer relationalen Eigenschaften wahrnehmen, die darüber hinaus als Zeichen für eine ihrer intrinsischen Eigenschaften fungiert (ihre beobachterunabhängige Gestalt). Dementsprechend kann Reid auch gegen Humes Argument vorgehen, wonach der Umstand, dass das, was wir sehen, seine Größe je nach Entfernung des Betrachters ändert, zeigen soll, dass es nicht der betrachterunabhängige raumzeitliche Gegenstand sein kann, den wir sehen, da dessen Eigenschaften konstant bleiben (Hume 1946, 152); wir sehen hier einfach ein und denselben Gegenstand mit sich wandelnden relationalen Eigenschaften.[19]

Reids Vorschlag läuft darauf hinaus, dass die visuelle Wahrnehmung von Farben und visuellen Gestalten relativ autonom sind. Zwar treten sie immer zusammen auf, aber sie sind insofern unabhängig voneinander, als sie auf unterschiedliche Weise zustande kommen, indem nur bei der Letzteren Empfindungen eine Rolle spielen. Farbwahrnehmung bzw. das Verfügen über Farbempfindungen ist für Reid völlig unerheblich dafür, dass man sich eine visuelle Gestalt vorstellen kann, da auch ein Blinder eine Vorstellung von dieser erlangen kann (*I* VI.vii: 143b). Für gewöhnlich würden wir jedoch sagen, dass die Wahrnehmung von Farbkontrasten eine Voraus-

---

Gestalt, Lage und Position suggerieren. Zwar gibt es eine Passage, die diese Lesart explizit stützt (*I* VI.viii: 145a), doch sprechen eine Reihe von Stellen (z. B. *I* VI.viii: 146b, xxi: 187b) wie auch grundsätzliche Überlegungen dagegen (vgl. dazu Falkenstein und Grandi 2003). Zur Standarddeutung vgl. auch van Cleve 2004, 106 sowie Wolterstorff 2001, 136 ff.

19   Vgl. zu diesem Punkt auch Gallie 1989, 33–36, van Cleve 2004, 103, Wolterstorff 2001, 143 f.

setzung dafür ist, dass wir überhaupt eine Gestalt sehen können. Reid räumt in diesem Zusammenhang zumindest ein, dass ein Blinder eine andere Vorstellung von visueller Gestalt hat als Sehende. Während einem in der visuellen Wahrnehmung eine visuelle Gestalt „sofort, ohne jede Anstrengung und Überlegung durch eine Art Inspiration präsentiert" wird, erwirbt der Blinde diese Vorstellung unter Rekurs auf mathematische Prinzipien und Definitionen, ähnlich dem Sehenden, der sich eine Vorstellung von einer Figur machen soll, die er noch nie gesehen hat (*I* VI.vii: 144a).[20] Wie sich im nächsten Abschnitt zeigen wird, ist Reids These von der ‚anstrengungslosen direkten Präsentation durch Intuition' auch von Bedeutung für seine Version des Realismus.

3 Reids semiotischer Realismus – eine Form von direktem Realismus?

Die Rolle der Empfindungen als Zeichen in der Wahrnehmung führt zu der Frage, ob sich Reids Auffassung am Ende wirklich so stark von dem von ihm kritisierten System der Ideen unterscheiden kann wie es zunächst den Anschein hat.[21] Es stellt sich dann auch die Frage, inwieweit sein semiotischer Realismus tatsächlich als eine Rekonstruktion der Common-Sense-Auffassung angesehen werden kann.

Um sich hier Klarheit zu verschaffen, lohnt es sich, noch einmal kurz einen Blick auf die zentralen Implikationen dieser Auffassung zu werfen. Wie bereits oben ausgeführt wurde, und wie auch von Reid unablässig betont wird, gehen wir für gewöhnlich davon aus, dass wir raumzeitliche Gegenstände in Raum und Zeit wahrnehmen, deren Existenz und Beschaffenheit unabhängig davon ist, ob sie von jemandem wahrgenommen werden oder nicht. Hingegen liegt uns die Annahme fern, dass es sich bei diesen Objekten in Wahrheit um mentale Objekte oder Zustände wie Ideen oder Empfindungen handelt. Mithin gehen wir nicht davon aus, dass wir diese Gegenstände nur wahrnehmen können, indem wir *an ihrer Stelle* andere, *von ihnen zu unterscheidende Objekte* wahrnehmen. In diesem Sinne kann man sagen, dass wir gemäß unserer Common Sense Auffassung

---

20 Reid berücksichtigt hier offensichtlich nicht die Möglichkeit, dass der Sehende solche Vorstellungen nur bilden kann, weil er wenigstens einige Figuren auch gesehen hat.

21 Vgl. u. a. Hamilton 1994, 820 f., Chappell 1989, Buras 2002.

raumzeitliche Gegenstände „direkt" wahrnehmen und diese Auffassung als eine Form von *direktem Realismus* charakterisieren, da die Wahrnehmung hier einen im erläuterten Sinne direkten Zugang zu einer betrachterunabhängigen Welt ermöglicht.

Wichtig ist nun, dass diese Charakteristik der Common Sense Auffassung noch in einer wesentlichen Hinsicht unvollständig ist. Die Art, in der die Wahrnehmung gemäß der eben getroffenen Charakterisierung „direkt" ist, unterscheidet sich soweit nämlich nicht grundsätzlich von der Art, in der andere intentionale Zustände „direkt" sind. So können wir uns mittels eines Gedankens gleichermaßen direkt auf ein Objekt beziehen. Der Umstand, dass das Objekt nicht gegenwärtig ist oder gar nicht mehr existiert, sowie der Umstand, dass wir von ihm nur auf eine sehr vermittelte Art und Weise Kenntnis erlangt haben, tut dem keinerlei Abbruch. Auch wenn Julius Caesar schon lange tot ist, und wir nur aus Büchern über ihn Bescheid wissen, hindert uns dies nicht, ihn zum direkten intentionalen Objekt unserer Gedanken zu machen, d. h., ohne dass wir dazu erst etwas anderes zum intentionalen Objekt unserer Gedanken machen müssten, etwa die Darstellung seiner Person in den Büchern, aus denen wir von ihm Kenntnis haben. Die Rede von einem „direkten intentionalen Objekt" stellt dabei insofern, wie übrigens auch Reid feststellt (*E* II.ix: 278b), einen überflüssigen Pleonasmus dar, so dass man einfach von intentionalen Objekten sprechen sollte.

Wahrnehmung unterscheidet sich von intentionalen Zuständen dieser Art aber nicht nur dadurch, dass sie von gegenwärtig existierenden Objekten handelt bzw. diese zum intentionalen Objekt hat, sondern auch dadurch, dass diese in bestimmter Art und Weise in der Wahrnehmung präsentiert werden. Wenn wir eine rote Tomate sehen, dann ist uns ihr leuchtendes Rot in einer Weise präsent, wie dies bei einem Gedanken oder einer Erinnerung an eine Tomate niemals der Fall sein wird. Wir hatten bereits gesehen, dass Reid diesem Umstand Rechnung trägt, wenn er von der besonderen „Klarheit" und „Festigkeit" spricht, durch die sich Wahrnehmungsvorstellungen gegenüber anderen mentalen Zuständen auszeichnen. Was nun den Common Sense betrifft, so scheint nicht nur klar, dass dieser diesen Umstand ebenfalls anerkennt, sondern auch, dass er ihn in einer bestimmten Weise versteht: Wenn wir eine reife Tomate sehen, haben wir demnach nicht nur den Eindruck, dass wir uns auf Grund des Kontakts mit der Tomate in einem bestimmten geistigen Zustand befinden, den man als eine „Rotempfindung" bezeichnen kann und der bloßen Gedanken und Erinnerungen an rote Tomaten abgeht, sondern es werden uns hier einige *Eigenschaften der Tomate* in einer Weise *präsentiert*, wie sie uns kein bloßer Gedanke je präsentieren könnte. Es ist die Tomate selbst, die uns hier erscheint, indem sie uns einen Teil ihrer Oberfläche als gewölbte leuchtende rote rundliche Fläche darbietet. Diese Art der Präsentation ist in einer Weise direkt, in der kein Gedanke an ein Objekt es sein kann; ein Gedanke kann uns entweder mittels Begriffen, die das Objekt charakterisieren, in direkten Kontakt bringen oder durch eine demonstrative Bezugnahme. Erstere liefert uns nur eine Charakteristik des Gegenstands nach Maßgabe eines bestimmten Begriffes (rot), präsentiert uns aber nicht dieses Rot, Letztere ermöglicht eine direkte Bezugnahme auf ihn, ohne dabei auch nur eine seiner Eigenschaften zu präsentieren oder den Gegenstand auch nur durch Begriffe zu charakterisieren. Kurz, Wahrnehmung hat nicht nur einen raumzeitlichen Gegenstand zum intentionalen Objekt, sondern sie *präsentiert* uns auch *direkt* eine Reihe seiner Eigenschaften.

Damit können wir *zwei* unterschiedliche Formen von direktem Realismus unterscheiden, eine, wonach die Wahrnehmung insofern direkt ist, als ihre unmittelbaren intentionalen Objekte raumzeitliche Gegenstände bzw. deren Eigenschaften sind, sie soll hier *direkter Realismus$_{io}$* heißen, sowie eine andere, wonach uns die Eigenschaften der wahrgenommenen raumzeitlichen Objekte zusätzlich direkt präsent sind. Diese Form von direktem Realismus soll hier als *direkter Realismus$_{dp}$* bezeichnet werden.

Im Folgenden soll dafür argumentiert werden, dass Reids Position in Bezug auf die primären Qualitäten zumindest unter gewissen Voraussetzungen den Anforderungen des direkten Realismus$_{dp}$ genügt, seine Auffassungen zu den sekundären Qualitäten jedoch nur mit einem direkten Realismus$_{io}$ verträglich sind. Da der Common Sense hier offenkundig keinen entsprechenden Unterschied kennt, indem er unsere Wahrnehmung als gleichermaßen direkten$_{dp}$ Zugang zu den sekundären Qualitäten wie zu den primären Qualitäten auffasst, bedeutet dies, dass Reids Realismus letztlich nicht als eine in jeder Hinsicht befriedigende Rekonstruktion des Common Sense angesehen werden kann. Insofern Reid sein Unternehmen als eine solche Rekonstruktion angesehen hat, muss dieser Versuch demnach zumindest *in dieser Hinsicht* als gescheitert gelten. Unberührt davon bleibt freilich, dass es ihm gelungen ist, eine Auffassung zu entwickeln, die dem direkten Realismus des Common Sense näher steht als das System der Ideen; denn dieses System kann nicht einmal als ein *direkter Realismus$_{io}$* in Bezug auf raumzeitliche Gegenstände bzw. deren Eigenschaften verstanden werden. Und sein Hauptziel war es zweifellos, eine Alternative zu *dieser* Konzeption bereitzustellen. Der Umstand, dass das Problem an seiner Auffassung der sekundären Qualitäten hängt, macht im übrigen auch deutlich, dass es letztlich *nicht* die Zeichenkonzeption ist, die das Problem darstellt; ein semiotischer Realismus kann also prinzipiell als direkter Realismus$_{dp}$ verstanden werden.

Diese These mag zunächst überraschen, denn so kann man sich mit Blick auf die Zeichenkonzeption sogar fragen, ob diese auch nur mit dem direkten Realismus$_{io}$ verträglich ist. Wenn Empfindungen uns in ähnlicher Weise über unsere Umwelt informieren, wie dies geschriebene oder gehörte Worte tun, was Reid ja zumindest im *Inquiry* mehrfach nahe legt, dann stellt sich die Frage, ob wir diese nicht in ähnlicher Weise wahrnehmen müssen, wie dies bei Worten zweifellos der Fall ist, damit sie ihre Funktion als Zeichen überhaupt erfüllen können. Daher könnte man unsere Wahrnehmung der fraglichen Eigenschaften als indirekt in dem Sinne ansehen wollen, dass sie uns nicht erlaubt, uns direkt auf diese Eigenschaften zu beziehen. Doch diese Schlussfolgerung wäre voreilig, und zwar selbst dann, wenn gelten sollte, dass wir uns unserer Empfindungen immer bewusst sind und auch registrieren müssten, um welche Empfindung es sich jeweils handelt, wenn wir einen Gegenstand bzw. eine Eigenschaft, die von ihr suggeriert wird, wahrnehmen wollen. Denn sofern es nur um den Gegenstand bzw. seine Eigenschaft als *intentionales Objekt* geht, ist nicht zu sehen, warum wir uns auf sie nur indirekt beziehen können, weil wir uns unserer Empfindungen bewusst sind oder gar bewusst sein müssen, um dies tun zu können. Unsere Empfindungen stehen dieser intentionalen Bezugnahme hier genauso wenig im Weg wie unsere bewussten Gedanken oder die Lektüre eines Textes uns hindern, uns direkt auf diejenigen Gegenstände zu beziehen, von denen diese Gedanken oder dieser Text handeln. Ebenso führt das Zeichenmodell auch nicht dazu, dass wir uns auf die Umwelt nur im Sinne der Ideentheorie beziehen können, indem unser Wahrnehmungswissen nur aus einem „Vergleich" der Empfindungen bzw. ihrer Charakteristika gewonnen werden und damit nur erschlossen werden könnte.

Doch wie sieht es mit dem *direkten Realismus*$_{dp}$ aus? Hier führt eine buchstäbliche Auffassung der Zeichenkonzeption ganz offenkundig zu Schwierigkeiten; denn im Fall von Schriftzeichen oder Lauten wird man sagen wollen, dass *nur diese* derart wahrgenommen werden können, dass sie im oben erläuterten Sinne direkt präsent sind, während man dies in Bezug auf das, wofür sie stehen, überhaupt nicht sinnvoll sagen kann. Anders als es bei den Wortzeichen selbst der Fall ist, wird ihr Sinn von uns schließlich weder gesehen noch gehört. Sollten wir folglich nicht gleichermaßen sagen, dass eigentlich nur unser Bewusstsein von unseren Empfindungen

als direkte$_{dp}$ Wahrnehmung zählen kann, nicht hingegen unsere Wahrnehmung der durch diese suggerierten Umwelt? Ist das Bild, welches den
semiotischen Realismus illustriert, mithin vielleicht ausschließlich auf die
Bedürfnisse des direkten Realismus$_{io}$ zugeschnitten, nicht jedoch auf die
Anforderungen des direkten Realismus$_{dp}$? Hier empfiehlt es sich, sich von
der buchstäblichen Orientierung an Schriftzeichen und dergleichen freizumachen. Schließlich handelt es sich ja nur um ein Bild für die Rolle
der Empfindungen. Stattdessen gilt es, noch einmal genauer zu betrachten,
wie wir laut Reid Eigenschaften der Umwelt mittels unserer Empfindungen wahrnehmen. Die Frage, die wir stellen müssen, lautet, ob uns die
Empfindung in irgendeinem Sinne daran hindern kann, dass uns raumzeitliche Gegenstände bzw. ihre Eigenschaften im oben erläuterten Sinne
direkt präsent sein können.

Betrachten wir diese Frage erst im Blick auf einige primäre Qualitä-
ten und dann im Blick auf die sekundären Qualitäten. Bei der visuellen
Gestalt hatten wir gesehen, dass diese uns ohne Empfindung ganz um-
standslos durch „eine Art Inspiration präsentiert wird". Hier ist also kein
Hinderungsgrund für eine direkte Präsentation erkennbar. Bei primären
Qualitäten wie Ausdehnung, Gestalt und Härte, Textur und Bewegung
stellt sich die Lage für die taktile Wahrnehmung so dar, dass ein einziger
Typ von taktiler Empfindung uns all diese unterschiedlichen primären Qualitäten suggeriert (*I* V.v: 123b). Eine entscheidende Frage ist nun, welcher
Art die Vorstellungen sind, die die Tastempfindung uns hier von diesen Eigenschaften suggeriert. Erlauben sie deren direkte Präsentation? Geht man
davon aus, dass uns die Sinneswahrnehmung, wie zumindest in den *Essays*
mehrfach angedeutet, nichtbegriffliche Vorstellungen von abstrakten Einzeldingen wie dieser oder jener Härte, Form und Größe liefern kann, ist
nicht zu sehen, warum man diese Vorstellungen nicht als direkte Präsentation dieser abstrakten Einzeldinge ansehen soll. Gerade im Fall der taktilen
Wahrnehmung einer Eigenschaft wie Härte ist dies auch von der Phänomenologie her, d. h. mit Blick auf die Art und Weise, wie sich die Wahrnehmung dieser Eigenschaft aus der Perspektive der ersten Person darstellt,
eine plausible Annahme: Wenn wir unsere Hand gegen eine Tischplatte
pressen, dann haben wir schließlich nicht nur eine Reihe charakteristischer
Empfindungen, wir nehmen auch unmittelbar die Härte des Gegenstandes wahr, indem wir den Druck, den er auf unseren Körper ausübt bzw.
den Widerstand, den er leistet, wahrnehmen. Die „Vorstellung", die wir
auf diese Weise von der Härte erlangen, ist dabei keine bloße begriffliche
Repräsentation, die die Eigenschaften in bestimmter Weise charakterisiert,

vielmehr erfahren wir direkt$_{dp}$ seine Härte, indem wir ihn berühren und entsprechende Empfindung haben, wobei diese Empfindungen, wie gesagt, von der in der Wahrnehmung präsentierten Härte zu unterscheiden sind. Vergleichbares lässt sich offenbar auch über Gestalt, Größe und Textur sagen.[22]

Aber lässt die Rolle der Empfindungen wirklich Raum für direkte$_{dp}$ Wahrnehmung? So hat Wolterstorff eingewandt, dass die Annahme keinen Sinn macht, dass uns eine Empfindung eine Eigenschaft in der Weise suggeriert, dass wir sie dadurch direkt$_{dp}$ wahrnehmen (oder mit ihr „bekannt" sind, wie er es in Anschluss an Russell ausdrückt), da wir dann über „überflüssige" bzw. über „zu viel" Information verfügen würden, denn: „Meine Bekanntschaft mit der primären Qualität liefert mir Information über sie. Aber die sensorische Erfahrung [d. h. die Empfindung] soll ebenfalls als Informationsquelle über die primäre Qualität fungieren. Irgendetwas muss hier grundlegend falsch sein." Daher soll gelten: „Doppelte Information ist theoretisch inkohärent [...] wenn sie [...] verstanden wird als Bekanntschaft mit äußeren Gegenständen plus Empfindungen welche dasselbe Wahrnehmungswissen liefern wie die Bekanntschaft." (Wolterstorff 2001, 148 u. 150).[23] Da Wolterstorff nicht bestreitet, dass Empfindungen die direkte$_{dp}$ Wahrnehmung von Eigenschaften lediglich begleiten können (Wolterstorff 2001, 150), muss das Problem also an deren Zeichenfunktion hängen und nicht bloß an dem Umstand, dass überhaupt Empfindungen im Spiel sind. Doch wird hier überhaupt eine zutreffende Darstellung der Sachlage geliefert? Wenn Empfindungen dafür verantwortlich sind, dass wir etwas direkt$_{dp}$ wahrnehmen, dann kann man gar nicht davon sprechen, dass hier eine Information*sverdoppelung* auftritt. Was die Eigenschaft des äußeren Gegenstandes betrifft, so werden wir über sie nur insofern informiert, indem wir sie direkt$_{dp}$ wahrnehmen. Dass wir dies überhaupt können, dazu bedürfen wir der Empfindung, die genau diese direkte$_{dp}$ Vorstellung suggeriert. Das bedeutet keineswegs, dass uns die Empfindung zusätzlich

---

22   Fasst man die Wahrnehmung dieser Eigenschaften so auf, dass man dabei *lediglich* ihre dispositionale Rolle klar und deutlich erkennt (nicht leicht trennbar usw.), ist die Rede von direkter$_{dp}$ Wahrnehmung hingegen unplausibel (vgl. dazu die Ausführungen unten im Zusammenhang mit den sekundären Qualitäten). Insofern kann man sagen, dass Reid erst in den *Essays* die erforderlichen Ressourcen für einen direkten$_{dp}$ Realismus entwickelt hat, wo er anders als im *Inquiry* die nicht-begriffliche Wahrnehmung abstrakter Einzeldinge kennt, für welche das Erfassen der dispositionalen Rollen nicht von Bedeutung ist.

23   Zu Russells Begriff der Bekanntschaft vgl. Russell 1997.

auch noch einmal über dasselbe informieren würde. Wie wir gesehen haben (und wie auch von Wolterstorff anerkannt wird 2001, 150 f.), können wir dem Charakter unserer Empfindungen allein nichts darüber entnehmen, wie dasjenige beschaffen ist, worüber uns diejenigen Wahrnehmungen informieren, die von ihnen ausgelöst werden. Und warum sollte eine Empfindung nicht dafür notwendig sein können, dass uns etwas direkt präsentiert wird? Direkte$_{dp}$ Wahrnehmung von X schließt nur aus, dass uns *statt dessen* etwas anderes als X präsentiert wird sowie, dass es uns nur in einer *anderen Art* (etwa bloß in Gedanken) gegeben wird, aber nicht, dass wir uns *außerdem* einer Empfindung bewusst sind, die als Auslöser für die direkte$_{dp}$ Wahrnehmung dient.

Ein ganz anderes Bild ergibt sich jedoch im Blick auf die sekundären Qualitäten. Wie wir gesehen hatten, charakterisiert Reid unsere Wahrnehmungsvorstellungen von diesen derart, dass diese sie uns als etwas darstellen, das für unsere jeweiligen Empfindungen verantwortlich ist, uns aber ansonsten völlig unbekannt ist. Dies macht offenbar nur insofern Sinn, als in oder besser von der Wahrnehmung entsprechende begriffliche Vorstellungen von diesen Qualitäten als entsprechenden Dispositionen ausgelöst werden. Damit werden sie zweifellos zum direkten *intentionalen* aber *nicht* zum direkt *präsenten* Objekt unserer Wahrnehmung. Es ist nämlich völlig unklar, wie wir eine dispositionale Eigenschaft direkt$_{dp}$ *als* dispositionale Eigenschaft wahrnehmen können sollen. So kann ich zwar direkt$_{dp}$ wahrnehmen, wie sich ein Stück Zucker auflöst, ich kann jedoch nicht direkt$_{dp}$ wahrnehmen, dass es wasserlöslich ist, da dies etwas hinsichtlich aller Fälle impliziert, in denen es mit ausreichend Wasser in Kontakt kommt, und dieser Umstand kann mir schon deshalb nicht direkt präsent sein, weil direkte Präsenz an die Gegenwart gebunden ist. Daher ist auch nicht so ohne weiteres zu sehen, wie man, solange man sekundäre Qualitäten ausschließlich in dieser Weise fasst, bei ihnen von nichtbegrifflichen Wahrnehmungsvorstellungen entsprechender abstrakter Einzeldinge ausgehen kann. Mitunter redet Reid allerdings so, als ob er sekundäre Qualitäten gar nicht als dispositionale Eigenschaften verstehen will, sondern vielmehr als intrinsische physische Eigenschaften (*I* V.i: 119b; *E* II.xvii: 314).[24] Das würde natürlich entsprechende Wahrnehmungsvorstellungen erlauben. Doch es ist klar, dass wir keine solche Eigenschaft direkt$_{dp}$ wahrnehmen, wenn wir uns der leuchtenden Farbe eines Gegenstands in der Wahrnehmung bewusst sind.

---

24 Zu einem Vorschlag, wie sich die dispositionale Redeweise mit dieser nichtdispositionalen Redeweise vereinbaren lässt, vgl. van Cleve 2004, 111.

So ändert sich das Rot, dessen wir uns in der Wahrnehmung einer reifen Tomate direkt$_{dp}$ bewusst sind, beständig mit den Beleuchtungsbedingungen, die entsprechende physische, intrinsische Eigenschaft muss aber als konstant angesehen werden. Ferner wissen wir über dieses leuchtende Rot wesentlich mehr als wir auf Grund unserer Wahrnehmung über Rot als intrinsische physische Eigenschaft eines Gegenstandes wissen. Wir wissen nämlich, wie dieses Rot aussieht, ein Wissen, welches keinem Blindgeborenen jemals zugänglich sein wird, und welches sich nicht darin erschöpft, dass es sich bei Rot um eine bestimmte intrinsische physische Eigenschaft handelt, deren spezifische Eigenschaften uns bestenfalls wissenschaftliche Forschung enthüllen kann. Parallele Überlegungen lassen sich offenbar auch für die anderen sekundären Qualitäten durchführen.

Damit ist jedoch klar, dass jenes leuchtende Rot, dessen wir uns in der Wahrnehmung direkt$_{dp}$ bewusst sind, keine Eigenschaft des raumzeitlichen Gegenstandes sein kann, so dass dieser Bewusstseinszustand auch keine direkte$_{dp}$ Wahrnehmung einer Eigenschaft des Gegenstandes sein kann. Vielmehr wird man sagen müssen, dass wir uns hier lediglich unserer Rot*empfindung* direkt$_{dp}$ bewusst sind.[25]

Wenn primäre Qualitäten direkt$_{dp}$ wahrgenommen werden können, sekundäre hingegen nicht, ergeben sich auch bemerkenswerte Konsequenzen für die Deutung von Reids These, dass sich unsere Wahrnehmungsvorstellungen gegenüber anderen Vorstellungen durch eine spezifische „Klarheit" und „Festigkeit" auszeichnen: Im Fall der primären Qualitäten ist dies dann dem Umstand geschuldet, dass die fragliche Eigenschaft direkt$_{dp}$ wahrgenommen wird, was sonst bei keiner anderen kognitiven Aktivität der Fall ist. Im Fall der sekundären Qualitäten hingegen handelt es sich nur um den Charakter der uns direkt präsenten jeweiligen Empfindung, der für die Klarheit und Festigkeit der Vorstellung verantwortlich ist. Dies bedeutet dann allerdings, dass diese Vorstellung in diesen Fällen nicht jene Vorstellung sein kann, die uns durch die Empfindung suggeriert wird, und die eine intentionale Bezugnahme auf die Eigenschaft des raumzeitlichen Gegenstands ermöglicht.

---

25 Was nicht ausschließt, dass wir die Farbe als objektive Eigenschaft des Gegenstandes direkt$_{io}$ wahrnehmen.

4 Abschließende Würdigung

Resümierend kann man festhalten, dass es Reid gelingt, ein wesentlich differenzierteres Bild von der Sinneswahrnehmung zu liefern als seine von ihm kritisierten Vorläufern. Dies gilt selbst dann, wenn er diese nicht immer korrekt interpretiert haben sollte. Zwar verfügt er durch seine Fixierung auf die Wahrnehmung von Eigenschaften, anders als Kant, über kein aufschlussreiches Modell darüber, was es heißt, einen Gegenstand *als* Gegenstand wahrzunehmen. Und es ergibt sich hinsichtlich des genauen Charakters der Wahrnehmungsvorstellungen ein etwas diffuses Bild. Dennoch braucht sich sein Versuch, sowohl dem intentionalen Gehalt wie ihrem sensorischen Charakter Rechnung zu tragen als auch den Intuitionen des Common Sense gerecht zu werden, nicht hinter ähnlich gelagerten Projekten unserer Tage zu verstecken. Gerade auch auf Grund der Schwierigkeiten, die sich angesichts des Versuchs gezeigt haben, einen durchgängigen direkten$_{dp}$ Realismus zu verteidigen, der auch die sekundären Qualitäten erfasst, bleibt eine Beschäftigung mit Reids Auffassung für jede aktuelle Auseinandersetzung mit diesem Thema lehrreich.

Literatur

Primärliteratur

Berkeley, G., *The Works of George Berkeley, Bishop of Cloyne*, Vol. II, hrsg. von A. A. Luce und T. E. Jessop, London: Nelson 1948 ff.

Hume, D., *An Enquiry Concerning Human Understanding*, in: *Enquiries* hrsg. von L. A. Selby-Bigge, Oxford: Clarendon Press 1946.

Locke, J., *An Essay concerning Human Understanding*. hrsg. von P. H. Nidditch, Oxford: Oxford University Press 1975.

Reid, Th., *The Works of Thomas Reid*, 2 Bde., hrsg. von W. Hamilton, Bristol: Thoemmes Press 1994 [Nachdruck der 6. Auflage von 1863].

Sekundärliteratur

Alston, W. P., „Reid on Perception and Conception", in: *The Philosophy of Thomas Reid*, hrsg. von E. Dalgarno und E. Matthews, Dordrecht: Kluwer Academic Publishers 1989, 35–47.

–, „Back to the Theory of Appearing", *Philosophical Perspectives* 13 (1999), 181–203.

Armstrong, D. M., *Universals. An Opinionated Introduction*, Boulder: Westview Press 1989.

Buras, J. T., „The Problem with Reid's Direct Realism", *Philosophical Quarterly* 52 (2002), 457–477.

Chappell, V., „The Theory of Sensation", in: *The Philosophy of Thomas Reid*, hrsg. von E. Dalgarno und E. Matthews, Dordrecht: Kluwer Academic Publishers 1989, 49–63.

Daniels, N., *Thomas Reid's Inquiry, The Geometry of Visibles and The Case for Realism*, New York: Burt Franklin 1974.

Dretske, F., *Naturalizing the Mind*, Cambridge, Mass.: MIT Press 1995.

Falkenstein, L. und Grandi, G., „The Role of Material Impressions in Reid's Theory of Vision: A Critique of Gideon Yaffe's 'Reid on the Perception of Visible Figure'", *The Journal of Scottish Philosophy*, 1 (2003), 117–133.

Gallie, R. D., *Thomas Reid and „The Way of Ideas"*, Dordrecht: Kluwer 1989.

Hamilton, W., „On the Various Theories of External Perception", in: *The Works of Thomas Reid*, Vol. 2, hrsg. von W. Hamilton, Bristol: Thoemmes Press 1994, 816–824.

Lehrer, K., „Reid on Primary and Secondary Qualities", *The Monist* 61 (1978), 184–191.

–, *Thomas Reid*, London: Routledge 1989.

Russell, B., *The Problems of Philosophy*, Oxford: Oxford University Press 1997. (Erstausgabe 1912 in der Home University Library). Deutsche Übersetzung: *Probleme der Philosophie*. Frankfurt a. M., Suhrkamp 1967.

Tye, M., *Ten Problems of Consciousness*, Cambridge, Mass.: MIT Press 1995.

van Cleve, J., „Reid's Theory of Perception", in: *The Cambridge Companion to Thomas Reid*, hrsg. von T. Cuneo und R. van Woudenberg, Cambridge: Cambridge University Press 2004, 101–133.

Wolterstorff, N., *Thomas Reid and the Story of Epistemology*, Cambridge: Cambridge University Press 2001.

Yaffe, G., „Reconsidering Reid's Geometry of Visibles", The *Philosophical Quarterly* 52 (2002), 602–620.

–, „Reid on the Perception of Visible Figure", *The Journal of Scottish Philosophy*, 1 (2003), 103–115.

–, „The Office of an Introspectible Sensation: A Reply to Falkenstein and Grandi", *The Journal of Scottish Philosophy*, 1 (2003), 135–140.

Die Autoren

Stephen Gaukroger ist Professor für Geschichte der Philosophie und Wissenschaftsgeschichte an der Universität Sydney. Veröffentlichungen u. a.: Descartes. An Intellectual Biography (Oxford 1995), Francis Bacon and the Transformation of Early Modern Philosophy (Cambridge 2001), Descartes' System of Natural Philosophy (Cambridge 2002), The Emergence of a Scientific Culture. Science and the Shaping of Modernity, 1210–1685 (Oxford 2006).

Johannes Haag ist Privatdozent für Philosophie an der Ludwig-Maximilians-Universität München und Forschungsgruppenleiter an der Humboldt-Universität zu Berlin. Veröffentlichungen u. a.: Der Blick nach innen. Wahrnehmung und Introspektion (Paderborn 2001), Erfahrung und Gegenstand. Das Verhältnis von Sinnlichkeit und Verstand (Frankfurt a. M. 2007).

Michael Hampe ist Professor für Philosophie an der ETH Zürich. Veröffentlichungen u. a.: Gesetz und Distanz. Studien über die Prinzipien der Gesetzmäßigkeit in der theoretischen und praktischen Philosophie (Heidelberg 1996), Alfred North Whitehead (München 1998), Erkenntnis und Praxis. Zur Philosophie des Pragmatismus (Frankfurt a. M. 2006), Die Macht des Zufalls. Vom Umgang mit dem Risiko (Berlin 2006).

Andreas Kemmerling ist Professor für Philosophie an der Ruprecht-Karls Universität Heidelberg. Veröffentlichungen u. a.: Ideen des Ichs. Studien zu Descartes' Philosophie (Frankfurt a. M. 1996, 2. Aufl. 2005), Descartes nachgedacht (Hg. mit H.-P. Schütt, Frankfurt a. M. 1996).

Dominik Perler ist Professor für Philosophie an der Humboldt-Universität zu Berlin. Veröffentlichungen u. a.: Repräsentation bei Descartes (Frankfurt a. M. 1996), René Descartes (München 1998, 2. Aufl. 2006), Theorien der Intentionalität im Mittelalter (Frankfurt a. M. 2002, 2. Aufl. 2004), Zweifel und Gewissheit: Skeptische Debatten im Mittelalter (Frankfurt a. M. 2006).

Stephen Puryear ist Postdoctoral Fellow an der Universität Stanford. PhD Thesis: Perception and Representation in Leibniz (University of Pittsburgh 2006). Veröffentlichung u. a.: Was Leibniz Confused about Confusion? (The Leibniz Review 2005, ausgezeichnet mit dem Essay-Preis der Leibniz Society).

Andrew Pyle ist Senior Lecturer an der Universität Bristol. Veröffentlichungen u. a.: Atomism and its Critics: Democritus to Newton (Bristol 1995), Key Philosophers in Conversation: The Cogito Interviews (Hg., London 1999), Dictionary of Seventeenth Century British Philosophers (Hg., Bristol 2000), Malebranche (London 2003).

Katia Saporiti ist Professorin für Philosophie an der Universität Zürich. Veröffentlichungen u. a.: Die Sprache des Geistes (Berlin & New York 1997), Die Wirklichkeit der Dinge. Eine Untersuchung des Begriffs der Idee in der Philosophie George Berkeleys (Frankfurt a. M. 2006).

Alexander Staudacher ist wissenschaftlicher Assistent am Institut für Philosophie der Otto-von-Guericke-Universität Magdeburg. Veröffentlichungen u. a.: Phänomenales Bewusstsein als Problem für den Materialismus (Berlin & New York 2002), Begriff, Erklärung, Bewusstsein. Neue Beiträge zum Qualia-Problem (Hg. mit M. Pauen & M. Schütte, Paderborn 2007).

Markus Wild ist wissenschaftlicher Assistent am Institut für Philosophie der Humboldt-Universität zu Berlin. Veröffentlichungen u. a.: Der Geist der Tiere. Philosophische Texte zu einer aktuellen Diskussion (Hg. mit D. Perler, Frankfurt a. M. 2005), Die anthropologische Differenz. Der Geist der Tiere in der frühen Neuzeit bei Montaigne, Descartes und Hume (Berlin & New York 2006), Unsicheres Wissen. Formen des Skeptizismus und Theorien der Wahrscheinlichkeit in der frühen Neuzeit (Hg. mit D. Werle & C. Spoerhase, Berlin & New York 2008).

Sachregister

126, 128ff., 134, 172, 186, 209,
212ff., 219, 231, 308n, 309n,
332f.
Meinung, Glaube, Überzeugung
(conviction, belief) 3, 4, 27,
46f., 59, 80, 129, 136, 160,
223, 246, 289, 290f., 294f.,
297ff., 302, 307ff., 323, 321,
326ff., 333
Mentale, das, mental, mentalistisch
12, 44, 51, 54, 100, 102, 124,
126, 192, 291, 294, 299f., 320,
323ff., 337, 338
Metapher 139, 189n, 200f.
Metaphilosophie 307ff.
Modifikation, modifizieren 30,
46f., 97, 102, 106, 109, 110,
113ff., 119n, 120, 149f., 153,
155, 160ff., 164ff., 170, 235
Modus 9n, 104, 106, 149, 172,
185n, 229
Monade 236, 242, 243n, 245,
261
Monismus 25, 179

Natur 6, 7, 10ff., 15, 33, 34n,
45, 55, 73, 78, 79, 85ff., 90,
137, 270, 277, 281, 284, 293,
296, 300, 301, 302, 327f.
– Naturgesetz 11, 24f., 33, 34,
197n, 227, 279, 280, 283
– Naturgeschichte 73f., 75, 308n
Naturphilosoph 36n, 71f., 76,
79, 81, 85, 92
Naturphilosophie 10ff., 21, 29f.,
32ff., 35ff., 44, 45n, 48, 55, 56,
71f., 74, 81, 85, 88f., 91, 124,
126, 130
Naturwissenschaft 26f., 29, 32,
38, 40n, 48f., 54, 55, 57ff., 62,
63, 64, 97, 114, 120, 293, 301
Naturalismus, naturalistisch 10,
15, 16, 56, 131, 331n

Objekt 1, 30, 32n, 35n, 36n,
50, 51f., 101, 127, 130, 132n,
147, 149, 152, 153, 159, 161,
172, 182n, 185, 186, 187, 190,
191, 193, 205n, 206, 220, 270,
273, 279, 282, 288, 289, 293,
306, 307, 312, 320, 322, 323,
326, 330, 338, 343
– der Wahrnehmung → Wahrneh-
munmgsobjekt
– intentionales 186, 187, 190,
338f., 340
– mentales, geistiges 12, 51, 53,
109, 152, 323
Objektive und subjektive Auffassung der sek. Q. 31, 32n,
40f., 44f., 47f.
Objektivität 76, 92, 162
Occasionalismus 25, 156
Ontologie, ontologisch 33, 34,
37, 38, 206, 207, 226, 133f.
204
Optik 1, 8n, 57, 71, 137, 267,
268ff., 273
Ordnung 36f., 86, 88, 132, 139,
162, 163, 178, 181, 185, 188,
193n, 201, 221, 222n, 294, 299
– begriffliche und logische 193n
– metaphysische, ontlogische 38,
182

Parallelismus-These 181, 185,
187, 200
Perzeptionen 20n, 50, 51ff., 96f.,
100, 106, 109, 111, 113, 115,
152, 168, 205ff., 212ff., 215ff.,
224ff., 245, 290ff., 298ff., 302,
303, 309, 310, 311ff., 314
Phänomen, Phänomenalismus,
Phänomenologie, phänomenal
164, 204, 243, 268, 288, 289,
298, 300, 307, 308, 341
Phantasie 89n, 127, 129, 130,
132, 239n

Personenregister

www.ingramcontent.com/pod-product-compliance
Lightning Source LLC
Chambersburg PA
CBHW021150160426
42812CB00078B/398